Veröffentlichungen zum Verfahrensrecht

Band 155

herausgegeben von

Rolf Stürner

Jakob Horn

Der Emergency Arbitrator und die ZPO

Mohr Siebeck

Jakob Horn, geboren 1988; Studium der Rechtswissenschaft an der Friedrich-Schiller-Universität Jena; Wissenschaftlicher Mitarbeiter an der Universität Jena; 2018 Promotion; derzeit LL.M.-Studium, Harvard Law School, Cambridge, MA, USA.
orcid.org/0000-0003-4556-9199

ISBN 978-3-16-156939-5 / eISBN 978-3-16-156940-1
DOI 10.1628/978-3-16-156940-1

ISSN 0722-7574 / eISSN 2568-7255 (Veröffentlichungen zum Verfahrensrecht)

Die Deutsche Nationalbibliothek verzeichnet diese Publikation in der Deutschen Nationalbibliographie; detaillierte bibliographische Daten sind über *http://dnb.dnb.de* abrufbar.

Das Buch wurde von Gulde Druck in Tübingen auf alterungsbeständiges Werkdruckpapier gedruckt und gebunden.

Printed in Germany.

Meinen Eltern

Vorwort

Als ich Mitte 2015 begonnen habe, mich mit dem *Emergency Arbitrator* zu beschäftigen, war mir nicht bekannt, dass es im Bundesministerium der Justiz und für Verbraucherschutz (BMJV) Überlegungen gibt, das deutsche Schiedsrecht zu reformieren und dabei Regelungen zum *Emergency Arbitrator* einzufügen. Ich freue mich daher umso mehr, dass die Veröffentlichung der Arbeit in einen Zeitraum fällt, in dem es seitens des BMJV Bestrebungen gibt, den *Emergency Arbitrator* bei einer Reform des Schiedsrechts zu berücksichtigen.

Die vorliegende Arbeit wurde im Sommersemester 2018 von der Friedrich-Schiller-Universität Jena als Dissertation angenommen. Mein größter Dank gilt meiner Doktormutter und langjährigen Chefin, Professor Dr. Giesela Rühl, LL.M. (Berkeley), die mich bereits im zweiten Semester meines Jura-Studiums an ihren Lehrstuhl geholt und meine Ausbildung seitdem in vielfältiger Hinsicht unterstützt hat. Neben wertvollen Hinweisen während der Anfertigung der Arbeit und stets aufmunternder Hilfestellung bei der Realisierung meiner Auslandsaufenthalte, gilt ihr mein besonderer Dank für das überaus positive Erstgutachten, das sie innerhalb weniger Tage erstellt hat.

Danken möchte ich zudem Professor Dr. Christian Fischer für die rasche Erstellung des Zweitgutachtens, wodurch ich das Promotionsverfahren trotz engem Zeitkorsetts noch vor meiner Abreise zum LL.M.-Studium abschließen konnte. Dank gilt zudem Professor Dr. Christoph Ohler, LL.M. (Brügge), der als Drittprüfer während der Semesterferien zur Verfügung stand.

Diese Dissertation wäre nicht ohne die Hilfe zahlreicher Menschen entstanden, die mir wichtig sind. Danken möchte ich zunächst meinen Eltern, Dr. med. Petra Horn und Christian Horn, die mir bereits im Jurastudium einen Auslandsaufenthalt ermöglicht haben, der mein Interesse an internationalen Themen geweckt hat. Besonderer Dank gilt meiner Freundin, Dr. rer. nat. Franziska Schulzeck, die über drei Jahre hinweg die Leiden des werdenden Doktors ertragen und mich davor bewahrt hat, zu sehr in der Doktorarbeit zu versinken. Von unschätzbarem Wert war zudem die Unterstützung meiner Kollegin Pauline Köstner, die sich stets Zeit genommen hat, um über Fragen der Schiedsgerichtsbarkeit zu diskutieren, meine Gedankengebäude in Frage zu stellen und zu bereichern. Vor allem anderen aber hat sie keine Mühe gescheut, das gesamte Manuskript meiner Doktorarbeit – stellenweise mehrfach – Korrektur zu lesen und mit zahlreichen Anmerkungen um ein Vielfaches zu verbessern.

Gleichsam gilt mein Dank Dr. jur. Sandra Kühn, die große Teile der Arbeit gelesen und durch ihre Hinweise und Anregungen zum Gelingen der Arbeit beigetragen hat. Danken möchte ich meinen Freunden und Kollegen Georg Höxter, Lukas Haun, Niovy Sarakinis, Alessa Stache, Andreas Vetter und Alexander Holzer, die mir sehr bei der formalen Korrektur der Abgabeversion geholfen haben.

Zu Dank verpflichtet bin ich meinen Stipendiengebern, die mir die Arbeit und meine Forschungsaufenthale finanziell ermöglicht haben. An erster Stelle ist der Freistaat Thüringen und die Friedrich-Schiller-Universität Jena zu nennen, die mich über die gesamte Zeit der Anfertigung der Doktorarbeit mit einem Landesgraduiertenstipendium unterstützt haben. Besonderer Dank gilt dabei dem Team der Graduiertenakademie, insbesondere Frau Angela Köhler-Saß, für die hervorragende Verwaltung des Stipendiums. Dem DAAD gilt mein Dank für die Unterstützung meiner Forschungsaufenthalte an der National University of Singapore and der Fordham University, New York City. Der Studienstiftung Ius Vivum – vor allem Prof. Dr. Haimo Schack, LL.M. (Berkeley) – gilt mein Dank für die Unterstütztung des Forschungsaufenthalts an der Fordham University.

Herrn Prof. Dr. Rolf Stürner bin ich dafür verbunden, dass er die Arbeit in die Schriftenreihe *Veröffentlichungen zum Verfahrensrecht* aufgenommen hat. Frau Daniela Taudt und Frau Jana Trispel vom Verlag Mohr Siebeck gilt mein Dank für die vorbildliche Unterstützung bei der Herstellung des Buches.

Cambridge (Massachusetts/USA), im November 2018 *Jakob Horn*

Inhaltsübersicht

Inhaltsverzeichnis

Abkürzungsverzeichnis

2nd Cir.	United States Court of Appeals, 2nd Circuit
5th Cir.	United States Court of Appeals, 5th Circuit
6th Cir.	United States Court of Appeals, 6th Circuit
7th Cir.	United States Court of Appeals, 7th Circuit
9th Cir.	United States Court of Appeals, 9th Circuit
a.A.	andere Auffassung
AAA	American Arbitration Association
Abs.	Absatz
Am.Rev.Int'l Arb.	American Review of International Arbitration
Arb.Int.	Arbitration International
Art.	Artikel/Article
ASA Bulletin	Offizielles Journal der ASA
ASA	Association Suisse de l'Arbitrage
Aufl.	Auflage
BayObLG	Bayerisches Oberstes Landesgericht
BayObLGZ	Entscheidungen des Bayerischen Obersten Landesgerichts
BB	Betriebs-Berater
BGBl.	Bundesgesetzblatt
BGE	Entscheidungen des Schweizerischen Bundesgerichts
BGH	Bundesgerichtshof
BGHZ	Entscheidungen des Bundesgerichtshofs in Zivilsachen
BMJ	Bundesministerium der Justiz
BMJV	Bundesministerium der Justiz und für Verbraucherschutz
Bombay High Court	High Court of Judicature at Bombay
BT-Drs.	Bundestagsdrucksache
BVerfG	Bundesverfassungsgericht
BVerfGE	Entscheidungen des Bundesverfassungsgerichts
CCIG	Industrie und Handelskammer Genf (*Chamber of Commerce and Industry of Geneva*)
CEPANI	Le Centra Belge d'Arbitrage et de Mediation/Het Belgisch Centrum voor Arbitrage en Mediatie
CHF	Schweizer Franken
D. Montana	United States District Court, District of Montana
Delhi High Court	High Court of Delhi at New Delhi
DIS	Deutsche Institution für Schiedsgerichtsbarkeit e.V.
Disp.Resol.Int'l	Dispute Resolution International
Disp.Resol.J.	Dispute Resolution Journal
DZWIR	Deutsche Zeitschrift für Wirtschafts- und Insolvenzrecht
E.D. Michigan	United States District Court, Eastern District of Michigan

E.D. Pennsylvania	United States District Court, Eastern District of Pennsylvania
EGMR	Europäischer Gerichtshof für Menschenrechte
Einl.	Einleitung
EL	Ergänzungslieferung
et al.	et alii (und andere)
EuGH	Europäischer Gerichtshof
EUR	Euro
Europ.J.L.Stud.	European Journal of Legal Studies
F. Supp.	Federal Supplement
F.2d	Federal Reporter, 2nd Series
F.3d	Federal Reporter, 3rd Series
F.Supp.2d	Federal Supplement 2nd Series
Fed.Appx.	Federal Appendix
Fn.	Fußnote
Fordham Int'l L.J.	Fordham International Law Journal
FS	Festschrift
German Yb.Int'l L.	German Yearbook of International Law
h.L.	herrschende Lehre
h.M.	herrschende Meinung
Hague Yb.Int'l L.	Hague Yearbook of International Law
HdBdGR	Handbuch der Grundrechte
HdBdStR	Handbuch des Staatsrechts
Hrsg.	Herausgeber
HKIAC	Hong Kong International Arbitration Center
i.S.d.	im Sinne des/der
i.V.m.	in Verbindung mit
IBA	International Bar Association
ICC Dispute Resolution Bulletin	Offizielles Journal der ICC
ICC	International Chamber of Commerce
ICDR	International Center for Dispute Resolution
ICJ Reports	Entscheidungen des Internationalen Gerichtshofs
IGH	Internationaler Gerichtshof
ICSID Review	ICSID Review: Foreign Investment Law Journal
IPR	Internationales Privatrecht
J.Arb.Stud.	Journal of Arbitration Studies
J.Int.Arb.	Journal of International Arbitration
KG	Kammergericht
Law&Prac.Int'l Cts Trib.	The Law & Practice of International Courts and Tribunals
LCIA	London Court of International Arbitration
LG	Landgericht
lit.	littera (Buchstabe)
m.Nachw.	mit Nachweisen
m.w.Nachw.	mit weiteren Nachweisen
m.zahlr.Nachw.	mit zahlreichen Nachweisen
MDR	Monatsschrift für Deutsches Recht
MüKo	Münchener Kommentar
NJW	Neue Juristische Wochenschrift

NJW-RR	NJW – Rechtsprechungsreport Zivilrecht
Nr.	Nummer
NZG	Neue Zeitschrift für Gesellschaftsrecht
OLG	Oberlandesgericht
Qd.R.	Queensland Reports
RG	Reichsgericht
RGZ	Entscheidungen des Reichsgerichts in Zivilsachen
RIAA	UN Reports of International Arbitral Awards
RIW	Recht der internationalen Wirtschaft
Rn.	Randnummer
S.	Seite
S.Ac.L.J.	Singapore Academy of Law Journal
S.D.Cal.	United States District Court, Southern District of California
S.D.N.Y	United States District Court, Southern District of New York
S.D.OH.	United States District Court, Southern District of Ohio
SCAI	The Swiss Chambers' Arbitration Institute
SCC	Stockholm Chamber of Commerce
SchiedsVZ	Zeitschrift für Schiedsverfahren
SchwBG	Schweizer Bundesgericht
Sec.	Section
SGD	Singapur Dollar
SIAC	Singapore International Arbitration Centre
u.	und
UNCITRAL	United Nations Commission on International Trade Law
v.	von/vom
VersR	Versicherungsrecht
VerwRspr	Verwaltungsrechtsprechung
vgl.	vergleiche
VIAC	Vienna International Arbitration Centre
Vorb.	Vorbemerkung
WL	Westlaw
WTO	World Trade Organization
YAR	Young Arbitration Review
YCA	Yearbook Commercial Arbitration
Z.	Zeile
z.B.	zum Beispiel
ZGR	Zeitschrift für Unternehmens- und Gesellschaftsrecht
ZZP	Zeitschrift für Zivilprozeß

Einleitung

Konflikte im Wirtschaftsleben erfordern immer wieder rasches Handeln, um Schaden abzuwenden. Verletzt zum Beispiel der Vertragspartner eine Wettbewerbsklausel, indem er abredewidrig exklusiv vermietete Maschinen einem Konkurrenten zur Verfügung stellt,[1] so muss der Exklusivberechtigte schnell eingreifen, um von der eingeräumten – und bezahlten – Exklusivstellung im Wettbewerb tatsächlich profitieren zu können. Ein reguläres Schieds- oder Gerichtsverfahren würde hier zu lange dauern. Notwendig sind Maßnahmen des einstweiligen Rechtsschutzes.

Haben die Parteien eine Schiedsvereinbarung geschlossen, so standen die Parteien für die Geltendmachung von einstweiligem Rechtsschutz in der Vergangenheit vor der Wahl, sich mit dem Begehren auf einstweiligen Rechtsschutz an ein staatliches Gericht zu wenden oder abzuwarten, bis das Schiedsgericht gebildet ist. Auf diese als unbefriedigend empfundene[2] Situation haben viele Schiedsorganisationen mit einem neuen Angebot reagiert: dem *Emergency Arbitrator*.[3]

Nach den Schiedsregeln zum *Emergency Arbitrator* kann eine Partei – in aller Regel der Schiedskläger[4] – bei einer Schiedsorganisation die Einsetzung eines *Emergency Arbitrators* beantragen. Erfüllt der Antrag die Voraussetzungen, setzt die Organisation innerhalb kurzer Frist eine einzelne Person als *Emergency Arbitrator* ein. Der *Emergency Arbitrator* verhandelt sodann mit den Parteien über den einstweiligen Rechtsschutz („*Emergency*-Verfahren") und entscheidet – je nach Schiedsordnung – nach 5 bis 15 Tagen, ob er die begehrte Maßnahme anordnet oder den Antrag zurückweist.[5] Beantragt wurden *Emergency*-Verfahren in der Vergangenheit zum Beispiel, um ein Verbot für

[1] Vgl. dazu die Sachverhaltsdarstellung in *Rocky Mountain Biologicals, Inc. v. Microbix Biosystems, Inc.*, 986 F.Supp.2d 1187 (D. Montana, 30 October 2013); dort wurde ein *Emergency Arbitrator* eingeschaltet, um das vertragswidrige Verhalten zu unterbinden.

[2] Vgl. *Bao,* Chapter 14, in: Ziyaeva, et al. (Hrsg.), Interim and Emergency Relief, S. 265.

[3] Im Deutschen häufig als „Eilschiedsrichter" bezeichnet, vgl. z.B. *Hauser,* RIW 2013, 364, 366; *S. Horn,* SchiedsVZ 2016, 22 sowie die deutsche Übersetzung von Art. 29 ICC Rules 2017.

[4] Vgl. *Scherer/Richman/Gerbay,* 2014 LCIA Rules, Chapter 10 Rn. 38.

[5] Das *Emergency*-Verfahren wird detailliert in Kapitel 1 besprochen.

die Veräußerung von Gesellschaftsanteilen durchzusetzen,[6] um eine Barsicherheit zu erlangen[7] oder um das Recht eines Formel 1-Rennfahrers durchzusetzen, an einem Rennen teilzunehmen.[8]

Bisher kennen allerdings die wenigsten nationalen und internationalen Schiedsrechtsordnungen den *Emergency Arbitrator*. Ein *Emergency*-Verfahren wirft daher die Frage auf, ob und wie es in nationales und internationales Schiedsrecht zu integrieren ist. Als Erstes stellt sich die Frage, ob der *Emergency Arbitrator* Schiedsgericht ist und dementsprechend nationalem und internationalem Schiedsrecht unterfällt.[9] Die Antwort ist von großem Interesse für die Frage, ob einstweilige Anordnungen des *Emergency Arbitrators* vollstreckt[10] oder aufgehoben[11] werden können. Weiter stellt sich die Frage, wie

---

[6] *Knapp,* Emergency Arbitrator Decisions Rendered 2014, S. 6.

[7] *Knapp,* Emergency Arbitrator Decisions Rendered 2014, S. 6.

[8] *Müller/Pearson,* ASA Bulletin 33 (2015) 808, 819.

[9] Vgl. zur Diskussion in der internationalen Literatur z.B.: *Azelius/Bergqvist/Olsson*, 4 Juridisk Tidskrift 936 (2009–2010); *Baigel*, 31 J.Int.Arb. 1 (2014); Arroyo/*Boog*, Art. 29 ICC Rules 2012 Rn. 37; *Fry*, 7 Disp.Resol.Int'l 179, 185–194 (2013); *S. Horn,* SchiedsVZ 2016, 22, 24 f.; *Ghaffari/Walters*, 30(1) Arb.Int. 153, 159 (2014); *Santacroce*, 31(2) Arb.Int. 283, 311 (2015); *Paraguacuto-Maheo/Lecuyer-Thieffry*, 40 Fordham Int'l L.J. 749, 756–761 (2017); *Webster/Bühler,* Handbook of ICC Arbitration, Art. 29 Rn. 107; *Werdnik,* The Enforceability of Emergency Arbitrators' Decisions, in: Zeiler, et al. (Hrsg.), Austrian Yearbook on International Arbitration 2014, S. 274; *Yeşilirmak,* Provisional Measures, Rn. 4.74.

[10] Siehe dazu aus der weltweiten Rechtsprechung: *Blue Cross Blueshild of Michigan v. Medimpact Healthcare Systems*, 2010 WL 2595340 (E.D. Michigan, 24 June 2010); *Draeger Safety Diagnostics, Inc. v. New Horizon Interlock, Inc.*, 2011 WL 653651 (E.D. Michigan, 14 February 2011); *Yahoo! Inc. v. Microsoft Corp.*, 983 F.Supp.2d 310, 312–315 (S.D.N.Y, 21 October 2013); *Tribunal de commerce de Kinshasa*, Order of 28 March 2014 – 123/2014; Pecherskyi Bezirksgericht Kiev, Urteil v. 08.06.2015 – 757/5777/15-z, im Internet abrufbar unter: <www.italaw.com/sites/default/files/case-documents/italaw6001.pdf>, zuletzt geprüft am 11.11.2018; vgl. auch den Hinweis auf einen Fall in Kalifornien bei Marketwired, Max Sound Accruing Damages as VSL's CEO Continues to Disobey Court's Order, im Internet abrufbar unter: <http://www.marketwired.com/press-release/max-sound-accruing-damages-as-vsls-ceo-continues-to-disobey-courts-order-otcqb-maxd-2092997.htm>, zuletzt geprüft am 11.11.2018; vgl. zudem aus der Literatur z.B.: *Baigel*, 31 J.Int.Arb. 1, 17 (2014); *Ghaffari/Walters*, 30(1) Arb.Int. 153, 158–164 (2014); *Hanessian/Dosman*, 27 Am.Rev.Int'l Arb. 215, 230–235 (2016); *Hanessian,* Chapter 14, in: Newman/Hill (Hrsg.), The Leading Arbitrators' Guide, S. 360–365; *S. Horn,* SchiedsVZ 2016, 22, 24–29; *Santacroce*, 31(2) Arb.Int. 283, 302–310 (2015); *Santens/Kudrna*, 34 J.Int.Arb. 1 (2017); *Tallent,* Chapter 15, in: Ziyaeva, et al. (Hrsg.), Interim and Emergency Relief, S. 299–308; *Paraguacuto-Maheo/Lecuyer-Thieffry*, 40 Fordham Int'l L.J. 749, 761 (2017); *Vasani*, 4 YAR 4, 6 f. (2015); *Werdnik,* The Enforceability of Emergency Arbitrators' Decisions, in: Zeiler, et al. (Hrsg.), Austrian Yearbook on International Arbitration 2014.

[11] Siehe die Entscheidungen nationaler Gerichte weltweit: *Cour d'Appel de Paris*, 29.04.2003 – 2002/05147 – *„Société Nationale des Pétroles du Congo and Republic of Congo v. Société Total Fina Elf E & P Congo"*, 20(1) Arb.Int. 33 (2004); *Chinmax Medical Systems Inc. v. Alere San Diego, Inc.*, 2011 WL 2135350 (S.D.Cal., 27 May 2011).

sich ein *Emergency*-Verfahren in ein Schiedsverfahren einfügt. Beispielweise ist zu klären, ob schon im *Emergency*-Verfahren die Zuständigkeit des Schiedsgerichts gerügt werden muss oder der Antrag auf Feststellung der Unzulässigkeit des Schiedsverfahrens unzulässig wird.[12]

A. Vorteile, Verbreitung und Bedeutung des Emergency-Verfahrens

Das *Emergency*-Verfahren ist in der Regel nicht die einzige Möglichkeit, um einstweiligen Rechtsschutz zu erhalten. Selbst wenn es keine Option ist, die Bildung des Schiedsgerichts abzuwarten, können Eilmaßnahmen immer noch vor einem staatlichen Gericht beantragt werden. Vor allem in Deutschland und Europa betrachten einige Praktiker das *Emergency*-Verfahren mit Skepsis, wie sich in Gesprächen immer wieder zeigt. Als problematisch wird vor allem die Unsicherheit bei der Vollstreckung angesehen sowie die fehlende Notwendigkeit, einstweiligen Rechtschutz abseits der staatlichen Gerichtsbarkeit zu suchen. In Deutschland hat der *Emergency Arbitrator* entsprechend noch keine Verbreitung gefunden. Weder kennen die Schiedsregeln der *Deutschen Institution für Schiedsgerichtsbarkeit* (DIS) einen *Emergency Arbitrator*, noch sind Gerichtsentscheidungen bekannt, bei denen ein *Emergency Arbitrator* in Deutschland eine Rolle gespielt hat.

Dennoch ist eine Arbeit zum *Emergency Arbitrator* vor dem Hintergrund des deutschen Rechts nicht müßig. Die Arbeit trägt dazu bei, Rechtsunsicherheit zu beseitigen, um so den Gebrauch des *Emergency*-Verfahrens zu fördern. Zudem ist zu erwarten, dass der *Emergency Arbitrator* früher oder später auch in Deutschland Bedeutung erlangen wird. Zum einen weist ein *Emergency*-Verfahren Vorteile gegenüber dem staatlichen Eilrechtsschutz auf (sogleich unter I.). Zum anderen hat der *Emergency Arbitrator* international bereits Bedeutung erlangt, wie sich an der Verbreitung bei internationalen Schiedsorganisationen (II.1.) sowie in nationalen Rechtsakten (II.2.) zeigt. In einem internationalen Rechtsgebiet wie der Schiedsgerichtsbarkeit kann diese Bedeutsamkeit leicht auf Deutschland ausstrahlen.

---

[12] Siehe hierzu Kapitel 6.

I. Vorteile des Emergency-Verfahrens

Mit Hilfe des *Emergency*-Verfahrens können die Vorteile des Schiedsverfahrens[13] bereits im Eilrechtsschutzverfahren realisiert werden. So können die Parteien die Verfahrenssprache frei wählen,[14] einen Schiedsrichter ernennen, der national neutral und fachlich hinreichend kompetent ist,[15] auf bewährte Rechtsberater zurückgreifen, ohne Rücksicht darauf, in welchem Staat der Anwalt zugelassen ist,[16] und es bedarf zur Verfahrenseinleitung keiner förmlichen Zustellung – was besonders in internationalen Verfahren von Bedeutung ist.[17] Viele Nutzer von Schiedsverfahren schätzen zudem das hohe Maß an Vertraulichkeit,[18] das auch im *Emergency*-Verfahren gewährleistet werden kann.[19]

Einstweiliger Rechtsschutz durch den *Emergency Arbitrator* wirkt sich außerdem auf die Effizienz aus, weil die einstweilige Anordnung besser in das Hauptsacheverfahren integriert werden kann. Wird es notwendig, die einstweilige Anordnung zu ändern, so ist es effizienter, damit das Schiedsgericht zu betrauen, das ohnehin mit dem Sachverhalt befasst ist.[20] Hat hingegen ein staatliches Gericht einen Arrest oder eine einstweilige Verfügung erlassen, kann ein Schiedsgericht die Maßnahme nicht selbst aufheben oder ändern.[21] Das staatliche Gericht muss sich erneut in den aktuellen Verfahrensstand einarbeiten.

Aufgrund der größeren Freiheit im Verfahrens- und materiellen Recht kann ein *Emergency Arbitrator* zudem Maßnahmen anordnen, die einem staatlichen Gericht verwehrt sind.[22] Beispielsweise kann ein *Emergency Arbitrator* eine sogenannte *anti-suit injuncion* erlassen, die es dem Antragsgegner verbietet, ein gerichtliches Verfahren bei einem staatlichen Gericht einzuleiten.[23] Anders

---

[13] Vgl. zu den Gründen für ein Schiedsverfahren nur: *Lüke,* Probleme der Schiedsgerichtsbarkeit, in: Leonardy/Holschuh (Hrsg.), FS LG Saarbrücken, S. 311; *Leitzen,* Die Anordnung vorläufiger oder sichernder Maßnahmen, S. 2–3.

[14] Vgl. allgemein MüKo ZPO/*Münch*, Vorb. zu § 1025 Rn. 101; *Lachmann,* Schiedsgerichtspraxis, Rn. 176.

[15] *Bösch,* Einstweiliger Rechtsschutz, S. 2; *Brinkmann,* Schiedsgerichtsbarkeit und Maßnahmen des einstweiligen Rechtsschutzes, S. 22; MüKo ZPO/*Münch*, Vorb. zu § 1025 Rn. 92; so auch *Nicklisch,* RIW 1978, 633, 638, der den Vorteil der Expertise gerade bei einstweiligen Verfahren betont.

[16] *Bösch,* General Introduction, in: Bösch (Hrsg.), Provisional Remedies, S. 5.

[17] MüKo ZPO/*Münch*, Vorb. zu § 1025 Rn. 101.

[18] *Queen Mary University*, 2018 International Arbitration Survey, S. 7; vgl. auch MüKo ZPO/*Münch*, Vorb. zu § 1025 Rn. 95.

[19] *Cavalieros/Kim*, 35 J.Int.Arb. 275, 300 (2018); *Vasani*, 4 YAR 4, 5 (2015).

[20] *Brinkmann,* Schiedsgerichtsbarkeit und Maßnahmen des einstweiligen Rechtsschutzes, S. 18.

[21] Vgl. dazu schon *Brinkmann,* Schiedsgerichtsbarkeit und Maßnahmen des einstweiligen Rechtsschutzes, S. 18.

[22] *Cavalieros/Kim*, 35 J.Int.Arb. 275, 296 f. (2018); ähnlich *Lachmann,* Schiedsgerichtspraxis, Rn. 2939 zum Eilrechtsschutz durch das Hauptsacheschiedsgericht.

[23] *Cavalieros/Kim*, 35 J.Int.Arb. 275, 296 f. (2018).

als *Emergency Arbitrator* und Schiedsgerichte[24] dürfen jedenfalls europäische Gerichte *anti-suit injunction* nicht anordnen.[25] Ein anderes Beispiel ist die Sicherung von Geldforderungen: Ein Schiedsgericht ist nicht auf den dinglichen Arrest beschränkt, sondern kann andere interessengerechtere Sicherungsinstrumente wählen.[26] Ein deutsches staatliches Gericht ist hingegen an §§ 916 ff. ZPO gebunden und müsste Geldforderungen stets mit Arresten sichern, die dann durch Pfändung in das Vermögen bewirkt werden.[27]

Ein *Emergency Arbitrator* kann zudem einen frühen Vergleichsschluss fördern, wie einige Praktiker im persönlichen Gespräch berichten.[28] Durch Einleitung eines *Emergency*-Verfahrens unterstreicht der Antragsteller die Ernsthaftigkeit seiner Forderung und befördert allein dadurch die Vergleichsbereitschaft.[29] Das gleiche Ziel kann der Antragsteller zwar auch mit einer Schiedsklage oder einem Eilantrag an ein staatliches Gericht erreichen. Gegenüber der Schiedsklage ist das *Emergency*-Verfahren jedoch intensiver, weil sehr frühzeitig eine Entscheidung von einem Dritten getroffen wird, die das Prozessrisiko in neuem Licht erscheinen lässt.[30] Zugleich verliert der Antragsteller beim *Emergency*-Verfahren keine oder weniger Zeit, weil er sein Sicherungsinteresse verfolgt. Im Vergleich zum staatlichen Gerichtsverfahren zeichnet sich das *Emergency*-Verfahren dadurch aus, dass der Antragsteller ein Instrument der Schiedsgerichtsbarkeit wählt. Damit respektiert er die früher getroffene Schiedsvereinbarung, indem sich der Antragsteller bewusst gegen die Möglichkeit staatlichen Eilrechtsschutzes stellt. Die Schiedsgerichtsbarkeit wird zudem als Streitschlichtungsmethode empfunden, die dem Geschäftsklima förderlich ist.[31] Indem der Antragsteller sich an eine Einrichtung der Schiedsgerichtsbarkeit wendet, signalisiert er daher, weiter an einer einvernehmlichen Geschäftsbeziehung interessiert zu sein.

Besonders interessant wird ein *Emergency*-Verfahren in internationalen Fällen, bei denen in mehreren Ländern noch vollstreckt werden soll.[32] Wird ein

---

[24] *Besson,* Anti-suit Injunctions by ICC Emergency Arbitrators, in: Carlevaris, et al. (Hrsg.), International Arbitration under Review. Vgl. zur Kompetenz von Schiedsgerichten, *anti-suit injunctions* zu erlassen: EuGH, 13.05.2015 – C-536/13, EuZW 2015, 509 – *„Gazprom/Litauen“*.

[25] EuGH, 10.02.2009 – C-185/07, NJW 2009, 1655 – *„Allianza SpA/West Tankers Inc.“*.

[26] *Leitzen,* Die Anordnung vorläufiger oder sichernder Maßnahmen, S. 75, 83 f.

[27] *Leitzen,* Die Anordnung vorläufiger oder sichernder Maßnahmen, S. 83–84.

[28] Vgl. auch: *Cavalieros/Kim,* 35 J.Int.Arb. 275, 301 (2018); *Paraguacuto-Maheo/Lecuyer-Thieffry,* 40 Fordham Int'l L.J. 749, 778 (2017); *Vasani,* The Emergency Arbitrator.

[29] *Cavalieros/Kim,* 35 J.Int.Arb. 275, 300 (2018)

[30] *Paraguacuto-Maheo/Lecuyer-Thieffry,* 40 Fordham Int'l L.J. 749, 778 (2017).

[31] Vgl. allgemein zur Schiedsgerichtsbarkeit als Streitbeilegungsmethode, die dem Geschäftsklima förderlich ist: *Bösch,* General Introduction, in: Bösch (Hrsg.), Provisional Remedies, S. 3; *Chattopadhyay,* Recent Event: The Case for Arbitration of Patent Disputes.

[32] *Cavalieros/Kim,* 35 J.Int.Arb. 275, 296 (2018).

Emergency Arbitrator angerufen, so bedarf es nur einer einzigen Sachentscheidung; die staatlichen Gerichte werden nur noch für die Vollstreckung benötigt. Je nach beteiligten Jurisdiktionen kann ein solches Vorgehen günstiger sein als in jedem Vollstreckungsstaat ein staatliches Eilverfahren anzustrengen.[33] In internationalen Fällen kann das *Emergency*-Verfahren auch dann Vorteile bringen, wenn noch nicht klar ist, in welchem Land eine einstweilige Anordnung vollstreckt werden müsste. Denkbar wäre etwa die Arrestierung eines noch auf See befindlichen Schiffes, dessen nächster Zielhafen nicht sicher feststeht. Hier könnte eine Partei zunächst eine Entscheidung des *Emergency Arbitrators* („*Emergency*-Anordnung") erlangen und versuchen, diese bei Ankunft des Schiffes im Hafen mit Hilfe des staatlichen Gerichts zu vollstrecken. Ein Vorteil ergibt sich vor allem bei Fällen mit komplexen Sachverhalten. Dem staatlichen Gericht wird die Last abgenommen, sich selbst mit den Tatsachen zu beschäftigen, sodass das Verfahren beschleunigt werden kann. Das staatliche Gericht wird nur noch benötigt, um die *Emergency*-Anordnung zu vollziehen.

II. Bedeutung des Emergency Arbitrators

Die internationale Bedeutung des *Emergency Arbitrators* zeigt zudem, dass die Vorteile des *Emergency*-Verfahrens nicht nur theoretische Konstrukte sind, sondern sich in der Praxis niederschlagen.

1. Verbreitung bei den Schiedsorganisationen

Die Bedeutung des *Emergency Arbitrators* schlägt sich zunächst in der Verbreitung unter den Schiedsordnungen nieder, die über die letzten Jahre hinweg stattgefunden hat. Die Idee, vor Konstituierung eines Schiedsgerichts eine Person einzusetzen, welche über Maßnahmen des einstweiligen Rechtsschutzes entscheidet, ist dabei nicht neu. Bereits 1990 hatte die ICC für Eilmaßnahmen vor Konstituierung des Schiedsgerichts den sogenannten *Pre-arbitral Referee* eingeführt.[34] Das *Pre-arbitral Referee*-Verfahren war als eigenständiges Verfahren in den *ICC Rules for a Pre-arbitral Referee Procedure* (ICC PAR-Rules) geregelt und musste ausdrücklich von den Parteien in der Schiedsvereinbarung gewählt werden („opt-in").[35] 1999 folgte die *American Arbitration*

---

[33] *Cavalieros/Kim*, 35 J.Int.Arb. 275, 296 (2018).

[34] Vgl. zur Historie des *Emergency Arbitrators* z.B. *Castineira,* Les Cahiers de l'Arbitrage 2012, 65, 65–67; *Bao,* Chapter 14, in: Ziyaeva, et al. (Hrsg.), Interim and Emergency Relief, S. 266–267; *Sheppard/Townsend*, 61(2) Disp.Resol.J. 74, 78 (2006). Siehe speziell zum *Pre-arbitral Referee* die eingehende Behandlung bei *Giessen,* Der Pre-Arbitral-Referee.

[35] *Bao,* Chapter 14, in: Ziyaeva, et al. (Hrsg.), Interim and Emergency Relief, S. 266–267; *Giessen,* Der Pre-Arbitral-Referee, S. 24; *Sheppard/Townsend*, 61(2) Disp.Resol.J. 74, 78 (2006).

Association (AAA) mit den *Optional Rules for Emergency Measures of Protection*,[36] die ebenfalls als *opt-in*-Modell ausgestaltet waren und nur für inländische Handelsstreitigkeiten („domestic commercial disputes") innerhalb der USA zur Verfügung standen.[37] Häufig unterließen es die Schiedsparteien jedoch den *Pre-arbitral Referee* oder die *Optional Rules* ausdrücklich zu wählen;[38] beide Verfahren erlangten daher nur wenig praktische Bedeutung.

Eine Wende vollzog 2006 das *International Center for Dispute Resolution* (ICDR), der internationale Ableger der AAA. Als erste Schiedsorganisation weltweit nahm das ICDR einen sogenannten *Emergency Arbitrator* in seine Schiedsordnung auf, der nicht mehr aktiv von den Parteien gewählt werden muss, sondern vorbehaltlich einer Abwahl durch die Parteien automatisch zur Verfügung steht („opt-out").[39] Mittlerweile haben eine ganze Reihe von Schiedsorganisationen einen *Emergency Arbitrator* in ihre Schiedsordnungen aufgenommen und es wird schon wieder als „innovativ" bezeichnet, bewusst auf den *Emergency Arbitrator* zu verzichten,[40] wie es beispielsweise das *Vienna International Arbitration Centre* (VIAC) und die DIS tun.

Enthalten ist der *Emergency Arbitrator* zum Beispiel in den Schiedsordnungen derjenigen Schiedsordnungen, die laut der *„2018 International Arbitration Survey"* der *Queen Mary University of London, School of International Arbitration*[41] am häufigsten für Handelsstreitigkeiten gewählt werden: Die *International Chamber of Commerce* (ICC),[42] der *London Court of International Arbitration* (LCIA),[43] das *Singapore International Arbitration Centre* (SIAC),[44] das *Hong Kong International Arbitration Centre* (HKIAC),[45]die *Stockholm*

[36] *Sheppard/Townsend*, 61(2) Disp.Resol.J. 74, 78 (2006).

[37] Art. R-1 AAA Rules 1999–2013.

[38] *Lemenez/Quigley*, 63(3) Disp.Resol.J. 60, 62 (2008).

[39] Vgl. dazu die Ergänzung des Art. 37 (1) ICDR Rules 2006, niedergelegt in den *Summary of Changes for the International Dispute Resolution Procedures* vom 01.05.2006, im Internet abrufbar unter: <https://www.adr.org/sites/default/files/Summary%20of%20Changes%20for%20the%20International%20Dispute%20Resolution%20Procedures%20May%2001%2C%202006.pdf>, zuletzt geprüft am 11.11.2018 sowie die Darstellungen bei *Bao,* Chapter 14, in: Ziyaeva, et al. (Hrsg.), Interim and Emergency Relief, S. 267; *Fry*, 7 Disp.Resol.Int'l 179, 182 (2013); *Hanessian/Dosman*, 27 Am.Rev.Int'l Arb. 215 (2016).

[40] *Wilske/Markert/Bräuninger*, SchiedsVZ 2015, 49, 50.

[41] *Queen Mary University*, 2018 International Arbitration Survey, S. 13; zum gleichen Ergebnis gelangt bereits die *Queen Mary University*, 2015 International Arbitration Survey, S. 17 wobei dort noch HKIAC vor SIAC liegt. Das Ergebnis der *Queen Mary University* spiegelt sich zudem in einem Bericht der *International Bar Association* (IBA) wieder: IBA Arb 40, The Current State and Future of International Arbitration, S. 13 f.

[42] Art. 29 ICC Rules 2017 i.V.m. Anhang V.

[43] Art. 9B LCIA Rules 2014.

[44] Art. 30.2 SIAC Rules 2016 i.V.m. Anhang 1.

[45] Art. 23.1 HKIAC Rules 2018 i.V.m. Anhang 4.

Chamber of Commerce (SCC),[46] sowie das *International Center for Dispute Resolution* (ICDR)[47]. Daneben gibt es noch zahlreiche weitere Schiedsorganisationen, die ebenfalls einen *Emergency Arbitrator* anbieten. Hierzu gehören beispielsweise *Le Centre Belge D'Arbitrage et de Mediation/Het Belgisch Centrum voor Arbitrage en Mediatie* (CEPANI),[48] das *International Institute for Conflict Prevention & Resolution* (CPR),[49] die *China International Economic and Trade Arbitration Commission* (CIETAC),[50] das *Netherlands Arbitration Institute* (NAI),[51] das *Australian Centre for International Commercial Arbitration* (ACICA)[52] und die *Swiss Chambers' Arbitration Institution* (SCAI).[53]

Weltweit gab es mittlerweile ca. 250 Anträge auf Ernennung eines *Emergency Arbitrators*.[54] Die meisten Anträge entfallen dabei auf das ICDR, das von Einführung des *Emergency Arbitrators* 2006 bis heute 87 Anträge verzeichnen konnte.[55] Dahinter folgt das SIAC mit 72 Anträgen auf Ernennung eines *Emergency Arbitrators* von 2010 bis Ende 2017.[56] An dritter Stelle steht die ICC mit insgesamt 49 Anträgen von 2012 bis einschließlich 2016.[57] Auffällig ist, dass bei der ICC allein 2016 25 Anträge gestellt wurden;[58] damit haben sich die Zahlen der ICC im Vergleich zum Zeitraum 2012 bis 2015 verdoppelt. Mit einigem Abstand folgt auf Platz vier die *Stockholm Chamber of*

---

[46] Art. 37 (4) SCC Rules 2017 i.V.m. Anhang II.

[47] Art. 6 ICDR Rules 2014.

[48] Art. 26 CEPANI Rules 2013

[49] Rule 14 CPR Rules 2014, hier als „special arbitrator" bezeichnet.

[50] Art. 23 (2) CIETAC Rules 2015 i.V.m. Anhang III.

[51] Art. 36 NAI Rules 2015, hier als „summary arbitral proceedings" bezeichnet, bei denen ein einzelner Schiedsrichter als Schiedsgericht eingesetzt wird.

[52] Schedule 1 ACICA Rules 2016.

[53] Art. 43 Swiss Rules 2012.

[54] Siehe die sogleich folgenden Statistiken der sieben Schiedsorganisationen (ICC, LCIA, HKIAC, SIAC, ICDR, SCC, SCAI), die Grundlage dieser Arbeit sind (vgl. Kapitel 1 auf S. 19).

[55] Die Zahl 87 wurde dem Autor am 17.07.2018 von einer Mitarbeiterin des ICDR mitgeteilt; eine offizielle Statistik veröffentlicht das ICDR nicht. Ältere Zahlen finden sich in einem Bericht eines ICDR-Mitarbeiters im ICDR Newsletter (*Johns*, 5 ICDR International Arbitration Reporter, 5 (2016): 70 Anträge mit Stand Herbst 2016), sowie bei *Hanessian/Dosman*, 27 Am.Rev.Int'l Arb. 215, 225 (2016) (59 Anträge mit Stand August 2016, ebenfalls mit Hinweis auf eine persönliche Nachricht).

[56] SIAC Annual Report 2017, S. 11.

[57] ICC Dispute Resolution Bulletin 2017, 49 und ICC Dispute Resolution Bulletin 2016, 9, 18.

[58] ICC Dispute Resolution Bulletin 2017, 49.

Commerce (SCC), bei der ein *Emergency Arbitrator* von 2010 bis 2017 insgesamt 30-mal beantragt wurde.[59]

Weniger häufig genutzt wird das *Emergency*-Verfahren bei den übrigen Schiedsorganisationen. So gab es beim HKIAC von 2013 bis einschließlich 2016 lediglich 8 *Emergency*-Verfahren,[60] die SCAI administrierte 7 *Emergency*-Verfahren von 2012 bis 2016[61] und CEPANI hat 2017 immerhin 2 *Emergency Arbitrator* ernannt.[62] Wenig Zuspruch hat das *Emergency*-Verfahren bisher beim LCIA erfahren: 2016 und 2017 wurde jeweils einmal ein *Emergency Arbitrator* beantragt, der Antrag aber beide Male von der LCIA zurückgewiesen.[63]

2. *Gegenstand in nationalen Rechtsakten*

Die praktische Relevanz des *Emergency*-Verfahrens spiegelt sich zudem in staatlichen Rechtsakten wider. So gibt es weltweit bereits zahlreiche Gerichtsentscheidungen, in denen *Emergency*-Verfahren relevant geworden sind.[64] Allen voran gibt es mehrere Urteile, die sich unmittelbar mit der Vollstreckung[65] und Aufhebung[66] von *Emergency*-Anordnungen beschäftigen. Daneben gibt es Entscheidungen, bei denen die einstweilige Anordnung nicht unmittelbar Ver-

---

[59] Vgl. SCC Statistics 2017; SCC Statistics 2016, S. 12 und SCC Statistics 2015, S. 7; für die Zeit vor 2015 finden sich keine veröffentlichten Daten, die Zahl von vor 2015 wurde auf Anfrage mitgeteilt.

[60] Vgl. bis 2015: HKIAC, Statistics (zuletzt geprüft am 11.11.2018); auf Anfrage wurde mitgeteilt, dass es im Jahr 2016 zwei weitere Verfahren gab.

[61] *Oreamuno/Dreyfuss*, SCAI Newsletter 3/2016: Emergency Relief under the Swiss Rules (Art. 43).

[62] CEPANI, 2017 Statistical Report, S. 4.

[63] LCIA, Facts and Figures 2016, S. 14; LCIA, Facts and Figures 2017, S. 18.

[64] Vgl. auch die Darstellung bei *Santens/Kudrna*, 34 J.Int.Arb. 1, 7 (2017).

[65] *Blue Cross Blueshild of Michigan v. Medimpact Healthcare Systems*, 2010 WL 2595340 (E.D. Michigan, 24 June 2010); *Draeger Safety Diagnostics, Inc. v. New Horizon Interlock, Inc.*, 2011 WL 653651 (E.D. Michigan, 14 February 2011); *Yahoo! Inc. v. Microsoft Corp.*, 983 F.Supp.2d 310, 312–315 (S.D.N.Y, 21 October 2013); *Tribunal de commerce de Kinshasa*, Order of 28 March 2014 – 123/2014; Pecherskyi Bezirksgericht Kiev, Urteil v. 08.06.2015 – 757/5777/15-z, im Internet abrufbar unter: <www.italaw.com/sites/default/files/case-documents/italaw6001.pdf>, zuletzt geprüft am 11.11.2018; vgl. auch einen Fall in Kalifornien, auf den bei *Marketwired* hingewiesen wird (Max Sound Accruing Damages as VSL's CEO Continues to Disobey Court's Order, im Internet abrufbar unter: <http://www.marketwired.com/press-release/max-sound-accruing-damages-as-vsls-ceo-continues-to-disobey-courts-order-otcqb-maxd-2092997.htm>, zuletzt geprüft am 11.11.2018).

[66] *Cour d'Appel de Paris*, 29.04.2003 – 2002/05147 – *„Société Nationale des Pétroles du Congo and Republic of Congo v. Société Total Fina Elf E & P Congo"*, 20(1) Arb.Int. 33 (2004); *Chinmax Medical Systems Inc. v. Alere San Diego, Inc.*, 2011 WL 2135350 (S.D.Cal., 27 May 2011).

fahrensgegenstand war, aber eine Rolle spielt. So nahmen zwei indische Gerichte, die die jeweilige *Emergency*-Anordnung nicht unmittelbar vollstrecken konnten, diese zum Anlass, um eine gleichlautende eigene einstweilige Verfügung zu erlassen.[67] In einem Fall aus Montana, USA, war die *Emergency*-Anordnung zwar nicht unmittelbar Gegenstand des Verfahrens, spielte aber eine Rolle für die Gesamtumstände.[68] Aufmerksamkeit verdient zudem die englische Entscheidung *Gerald Metals S.A. v. Timis & Ors*,[69] in der das Gericht die Existenz des *Emergency*-Verfahrens zum Anlass nahm, staatlichen Eilrechtsschutz zu verweigern.[70]

Neben der Rechtsprechung hat das *Emergency*-Verfahren Einzug in die nationalen Schiedsgesetze der Republik Singapur und der Sonderverwaltungszone Hong Kong der Volksrepublik China erhalten. In Singapur wird der *Emergency Arbitrator* per Legaldefinition zum Schiedsrichter ernannt (Sec. 2 (1) des *Singapore International Arbitration Act* (Singapore IAA 2012)); die Regelungen für die Durchsetzung von Eilmaßnahmen eines Schiedsgerichts können daher auf den *Emergency Arbitrator* übertragen werden.[71] Einen detailreicheren Ansatz verfolgt Hong Kong. 2013 wurde die Hong Kong Arbitration Ordinance um Part 3A ergänzt, der sich dem *Emergency Arbitrator* annimmt und aus Sec. 22A und 22B besteht. Während Sec. 22A Hong Kong Arbitration Ordinance den *Emergency Arbitrator* definiert, regelt Sec. 22B Hong Kong Arbitration Ordinance die Vollstreckung der einstweiligen Anordnungen, die von einem *Emergency Arbitrator* erlassen wurden. Dass Singapur und Hong Kong den *Emergency Arbitrator* in ihre nationalen Gesetze aufgenommen haben, ist insofern von Bedeutung, als beide Staaten bestrebt sind, ihre herausgehobene Stellung als Austragungsort von Schiedsverfahren auszubauen und zu sichern.[72] Für beide Staaten war das *Emergency*-Verfahren so bedeutsam, dass sie eine Regelung in ihre nationalen Schiedsgesetze aufgenommen

---

[67] *Bombay High Court*, Judgement of 22 January 2014 – Arbitration Petition 1062/2012 – „*HSBC PI Holdings (Mauritius) Limited v. Avitel Post Studioz Limited*"; *Delhi High Court*, Judgement of 7 October 2016 – O.M.P.(I)(COMM.) 23/2015 – „*Raffles Design International v. Educomp Professional Education*"; vgl. zur indirekten Vollstreckbarkeit auch die Überlegungen bei *Simsive*, Indirect Enforceability of Emergency Arbitrator's Orders.

[68] *Rocky Mountain Biologicals, Inc. v. Microbix Biosystems, Inc.*, 986 F.Supp.2d 1187, 1195 (D. Montana, 30 October 2013).

[69] *Gerald Metals S.A. v. Timis & Ors*, High Court of Justice [2016] EWHC 2327 (CH).

[70] Der Fall ist Anlass für die Betrachtungen zum potentiellen Ausschluss des staatlichen Eilrechtsschutzes wegen der Existenz des *Emergency*-Verfahrens: Kapitel 6.C.

[71] *Xavier/Rong*, Chapter 2, in: Menon/Brock (Hrsg.), Arbitration in Singapore, Rn. 2.067; *Joseph/Lee*, Chapter 7, in: Joseph/Foxton (Hrsg.), Singapore International Arbitration, Rn. 1.36.

[72] Vgl. die Äußerungen eines Abgeordneten des Parlaments von Singapur (Parliament of Singapore, International Arbitration (Amendment) Bill, Second Reading (Parliament No. 12, Session No. 1, Volume No. 89, Sitting No. 1, Date: 09-04-2012), MP Tay Teck Guan) sowie die Hinweise unter Hong Kong Legislative Council, Legislative Council Brief. Arbitration

haben, um den eigenen Schiedsstandort im internationalen Vergleich weiter zu stärken.[73]

B. Ziele der Arbeit

Wie soeben aufgezeigt,[74] bietet der *Emergency Arbitrator* Vorteile beim einstweiligen Rechtsschutz und erlangt bereits Aufmerksamkeit in der internationalen Schiedspraxis. Ein Land wie Deutschland, das attraktiver Schiedsort sein will und durch Schiedsgerichte die staatlichen Gerichte entlasten will,[75] muss den Blick offen halten für moderne Entwicklungen in der Schiedsgerichtsbarkeit.

Hauptanliegen der Arbeit ist es daher zu untersuchen, ob ein *Emergency*-Verfahren nach gegenwärtigem deutschen Schiedsrecht (§§ 1025 ff. ZPO) als Teil eines Schiedsverfahrens durchgeführt werden kann und welche Folgen sich daraus für das Schiedsverfahren ergeben (dazu Kapitel 2 bis 8). Die Erkenntnisse der Arbeit werden für einen Regelungsvorschlag verwendet, der darauf abzielt, das *Emergency*-Verfahren in der ZPO zu verankern. Da das *Emergency*-Verfahren nicht losgelöst vom einstweiligen Rechtsschutz durch Schiedsgerichte betrachtet werden kann, sollen zudem die Vorschriften in § 1041 ZPO über den einstweiligen Rechtsschutz durch Schiedsgerichte verbessert werden.[76]

I. *Untersuchung der gegenwärtigen Rechtslage*

Die folgende Arbeit ordnet den *Emergency Arbitrator* vorrangig in das gegenwärtige deutsche Schiedsrecht ein, um aufzuzeigen, inwiefern *Emergency*-Verfahren in Deutschland bereits möglich sind. Das deutsche Schiedsrecht erlangt zunächst Bedeutung, wenn der Schiedsort (oder jedenfalls der *Emergency*-Ort[77]) in Deutschland liegt. Nach Maßgabe des Territorialitätsprinzips[78] eröffnet der deutsche Schiedsort den Anwendungsbereich des 10. Buches der ZPO

(Amendment) Bill 2013, LP CLU 5037/35/1C, Rn. 2 (einschließlich der Überschrift vor Rn. 4).

[73] In Singapur ergibt sich das bereits aus der parlamentarischen Diskussion: Parliament of Singapore, International Arbitration (Amendment) Bill, Second Reading (Parliament No. 12, Session No. 1, Volume No. 89, Sitting No. 1, Date: 09-04-2012), MP Tay Teck Guan.

[74] Siehe den vorangehenden Abschnitt unter A.II.

[75] Siehe hierzu die Begründung zum SchiedsVfG (BT-Drs. 13/5274, S. 1) sowie eine Rede vom ehemaligen Bundesjustizminister Heiko Maas (*Maas,* Streitbeilegung – Made in Germany, Rede vom 13.06.2017).

[76] Siehe dazu die Bewertung in Kapitel 9 sowie den Regelungsvorschlag im Anhang.

[77] Siehe die eingehende Besprechung des *Emergency*-Ortes in Kapitel 7.

[78] Vgl. zum Territorialitätsprinzip nur MüKo ZPO/*Münch,* § 1025 Rn. 10; Wieczorek/Schütze/*Schütze,* § 1025 Rn. 103; Musielak/Voit/*Voit,* § 1025 Rn. 3.

(§§ 1025ff. ZPO)(siehe § 1025 Abs. 1 ZPO).[79] In der Arbeit wird grundsätzlich davon ausgegangen, dass der Schiedsort in Deutschland liegt und deutsches Schiedsrecht anwendbar ist. Bisher lag der Schiedsort vor allem bei ICC-Schiedsverfahren in Deutschland. 2016 wurde 29 Mal ein deutscher Schiedsort gewählt,[80] 2015 21 Mal.[81] Bei der SCC wurde 2017 immerhin 1 Mal Berlin als Schiedsort gewählt.[82] Die übrigen Schiedsorganisationen weisen in ihren Statistiken nicht explizit aus, wie häufig Deutschland als Schiedsort gewählt wurde.

Liegt der Schiedsort im Ausland, so ist deutsches Recht einschlägig, wenn die *Emergency*-Anordnung in Deutschland vollstreckt werden soll. Der Vollstreckung ausländischer *Emergency*-Anordnungen wird Kapitel 8 gewidmet. Eine Vollstreckung in Deutschland kommt vor allem dann in Betracht, wenn eine Partei – vornehmlich die Beklagte – ihren Sitz in Deutschland hat. Bei den untersuchten Schiedsorganisationen sind häufiger deutsche Parteien beteiligt, als dass ein deutscher Schiedsort gewählt wird. So waren 2016 bei der ICC 115 deutsche Parteien beteiligt, 52 davon als Beklagte.[83] 2015 waren die Zahlen mit 111 deutschen Parteien (davon 54 als Beklagte) ähnlich.[84] Die SCC konnte 2017 10,[85] 2016 9[86] und 2015 12[87] deutsche Parteien verzeichnen. An Schiedsverfahren der asiatischen SIAC nahmen 2017 6 deutsche Parteien, davon 4 als Beklagte teil;[88] 2016 waren lediglich 5 deutsche Parteien (alle als Kläger) involviert.[89] Bei den übrigen Schiedsorganisationen finden sich nur unkonkrete oder gar keine Nachweise über den Anteil deutscher Nutzer: Beim LCIA werden 2015 2,2% der Parteien als deutsch ausgewiesen;[90] im letzten statistischen Bericht aus 2015 der SCAI heißt es, dass Parteien aus Deutschland traditionell stark vertreten sind.[91]

Als zentrales Ergebnis der Arbeit wird der *Emergency Arbitrator* als Teil eines einheitlichen Schiedsgerichts qualifiziert, dessen Zusammensetzung sich

---

[79] MüKo ZPO/*Münch*, § 1025 Rn. 10; Prütting/Gehrlein/*Prütting*, § 1043 Rn. 3; Saenger/*Saenger*, § 1043 Rn. 2; *Schwab/Walter*, Schiedsgerichtsbarkeit, Kapitel 15 Rn. 38; BeckOK ZPO/*Wilske/Markert*, Stand: 01.03.2018, § 1043 Rn. 1, vgl. auch allgemein zur Bedeutung des Schiedsortes: *Bělohlávek*, ASA Bulletin 31 (2013) 262; *Born*, International Commercial Arbitration, S. 2052.

[80] ICC Dispute Resolution Bulletin 2017, 49, 55.

[81] ICC Dispute Resolution Bulletin 2016, 9, 16.

[82] SCC Statistics 2017, S. 9.

[83] ICC Dispute Resolution Bulletin 2017, 49, 51.

[84] ICC Dispute Resolution Bulletin 2016, 9, 12.

[85] SCC Statistics 2017, S. 3.

[86] SCC Statistics 2016, S. 3.

[87] SCC Statistics 2015.

[88] SIAC Annual Report 2017, S. 18.

[89] SIAC Annual Report 2016, S. 15.

[90] LCIA, Registrar's Report 2015, S. 2.

[91] SCAI, Commented Statistics 2015, S. 4.

mit Konstituierung des Hauptsacheschiedsgerichts ändert.[92] Die *Emergency*-Anordnungen sind daher nichts anderes als „vorläufige oder sichernde Maßnahmen" im Sinne des § 1041 Abs. 1 ZPO. Als solche können sie zur Vollziehung zugelassen (§ 1041 Abs. 2 ZPO) und anschließend vollstreckt werden.[93]

Abseits der staatlichen Vollstreckung entfalten *Emergency*-Anordnungen materielle Wirkungen, die den Verpflichteten motivieren sollen, der Anordnung freiwillig nachzukommen.[94] Die materiellen Wirkungen belasten den Antragsgegner. Getragen von dem Gedanken, dass die Schiedsgerichtsbarkeit einer staatlichen Mindestkontrolle unterliegen muss,[95] wird deshalb untersucht, inwiefern sich der Antragsgegner initiativ an das staatliche Gericht wenden kann, um die einstweilige Anordnung und die materiellen Wirkungen zu beseitigen. Im Ergebnis werden die Wirkungen des § 1041 Abs. 2 ZPO erweiternd ausgelegt, sodass die Verweigerung der Vollziehungszulassung wie eine Aufhebung wirkt.[96]

Vor dem Hintergrund der Mindestgarantien, die ein Schiedsverfahren erfüllen muss, treten zudem Fragen auf, weil das *Emergency*-Verfahren besonders schnell ablaufen soll: Zur Beschleunigung sehen die Schiedsordnungen sehr kurze Fristen für die Ablehnung des *Emergency Arbitrators* vor und wenige Schiedsordnungen lassen ein *ex parte*-Verfahren ohne Anhörung des Antragsgegners zu. Im Lichte der ZPO wird untersucht, ob die kurzen Fristen noch rechtsstaatlichen Anforderungen genügen[97] und ob *ex parte*-Entscheidungen ohne Anhörung des Antragsgegners zur Vollziehung zugelassen werden können.[98]

Aus der Qualifikation des *Emergency Arbitrators* als Teil eines einheitlichen Schiedsgerichts ergeben sich zudem Folgefragen. So wird untersucht,

---

92 Kapitel 2.

93 Die Voraussetzungen für die Zulassung zur Vollziehung nach § 1041 Abs. 2 ZPO werden im Detail unter Kapitel 3 besprochen.

94 Kapitel 4.A.

95 *Aden,* DZWIR 2013, 149, 150; *Ebbing,* Private Zivilgerichte, S. 98–99; *Geimer,* Schiedsgerichtsbarkeit und Verfassung, in: Schlosser (Hrsg.), Integritätsprobleme im Umfeld der Justiz, S. 171; *Haas,* SchiedsVZ 2010, 286, 292; Maunz/Dürig/*Herzog,* GG, 31. EL, Art. 92 Rn. 168–169; Maunz/Dürig/*Hillgruber,* GG, Art. 92 Rn. 88; Böckstiegel/Kröll/Nacimiento/*Kröll/Kraft*, § 1059 Rn. 1; *Leitzen,* Die Anordnung vorläufiger oder sichernder Maßnahmen, S. 183; HdBdStR VIII/*Papier*, § 176 Rn. 13; Stein/Jonas/*Schlosser*, Vorb. vor § 1025 Rn. 7; *Schütze,* SchiedsVZ 2009, 241, 242; Wieczorek/Schütze/*Schütze*, § 1059 Rn. 5; *Sonnauer,* Die Kontrolle der Schiedsgerichte, S. 32–34; *Spohnheimer,* Gestaltungsfreiheit, S. 379; die gleiche Anforderung wird auch Art. 6 Abs. 1 EMRK entnommen: *Haas,* SchiedsVZ 2009, 73, 81; *Besson,* ASA Bulletin 24 (2006) 395 Rn. 31; *Schütze,* SchiedsVZ 2009, 241, 242.

96 Kapitel 4.C.III.

97 Kapitel 5.A.

98 Kapitel 5.B.

welche Bedeutung der *Emergency*-Ort erlangt,[99] welche Auswirkungen die Existenz des *Emergency*-Verfahrens auf den Feststellungsantrag nach § 1032 Abs. 2 ZPO,[100] auf die Rügepflicht nach § 1040 Abs. 2 ZPO[101] oder den einstweiligen Rechtsschutz durch staatliche Gerichte (§ 1033 ZPO) hat.[102]

Von besonderem Interesse ist zudem die staatliche Vollstreckung ausländischer *Emergency*-Anordnungen. In einem eigenen Kapitel wird deshalb untersucht, ob die Vorschriften zur Vollstreckung inländischer *Emergency*-Anordnungen auf ausländische *Emergency*-Anordnungen übertragen werden können.[103] In diesem Rahmen wird auch die Anwendung der besonders wichtigen New York Convention auf *Emergency*-Anordnungen besprochen.[104]

II. Unterbreitung eines Regelungsvorschlags

Insgesamt zeigt die Arbeit auf, dass ein *Emergency*-Verfahren nach deutschem Schiedsrecht durchgeführt und eine *Emergency*-Anordnung vollstreckt werden kann.[105] Gleichwohl gibt es Verbesserungsbedarf. Daher wird ein Vorschlag unterbreitet, um eine gesetzliche Grundlage für das *Emergency*-Verfahren zu schaffen.[106] In diesem Zuge sollte auch der einstweilige Rechtsschutz durch Schiedsgerichte reformiert werden, auf dem das *Emergency*-Verfahren aufbaut. Der im Anhang vorgestelle Regelungsvorschlag enthält entsprechende Vorschriften. Der Vorschlag knüpft an die Bemühungen des Bundesjustizministeriums an, das deutsche Schiedsrecht 20 Jahre nach Inkrafttreten des SchiedsVfG zu überprüfen und weiter zu verbessern.[107] Das Fachreferat des Bundesjustizministeriums arbeitet derzeit die (unveröffentlichten) Ergebnisse einer Arbeitsgruppe in einen Diskussionsentwurf für eine ZPO-Reform um.

Der Regelungsvorschlag dient dazu, die Ziele des SchiedsVfG weiterzuverfolgen. Das SchiedsVfG sollte die Transparenz des deutschen Schiedsrechts fördern, die Attraktivität des deutschen Schiedsstandortes erhöhen und die staatlichen Gerichte entlasten.[108] Transparenz wird dadurch hergestellt, dass die rudimentäre Regelung des einstweiligen Rechtsschutzes durch Schiedsgerichte um detailreichere Vorschriften ergänzt wird. Die Attraktivität wird sodann durch verbesserte Ausgestaltungen im Detail gesteigert. Namentlich sollte ein Aufhebungsverfahren gegen einstweilige Anordnungen eingeführt

---

[99] Kapitel 7.
[100] Kapitel 6.A.
[101] Kapitel 6.B.
[102] Kapitel 6.C.
[103] Kapitel 8.
[104] Kapitel 8.A.
[105] Siehe die Bewertungen unter Kapitel 9.
[106] Anhang: Regelungsvorschlag, ab S. 221.
[107] *Maas,* Streitbeilegung – Made in Germany, Rede vom 13.06.2017.
[108] BT-Drs. 13/5274, S. 1.

und Schiedsgerichten und *Emergency Arbitrator* der Erlass von *ex parte*-Entscheidungen erlaubt werden. Insgesamt helfen mehr Transparenz und höhere Attraktivität beim einstweiligen Rechtsschutz durch *Emergency Arbitrator* und Schiedsgerichte, die staatlichen Gerichte zu entlasten.

C. Positionierung der Arbeit

In der Literatur findet der *Emergency Arbitrator* reges Interesse.[109] Die überwiegende Mehrheit der Aufsätze beschreibt dabei überblicksweise das *Emergency*-Verfahren nach einer bestimmten Schiedsordnung.[110] In aller Regel ordnen die Autoren das *Emergency*-Verfahren aber nur oberflächlich in übergeordnete Regelungsregime, wie nationale Schiedsgesetze oder die New York Convention, ein. Wenige Aufsätze besprechen bewusst eine nationale Rechtsordnung: Behandelt wurde das *Emergency*-Verfahren nach dem Recht von Schweden,[111] Großbritannien,[112] Singapur,[113] Frankreich,[114] Korea[115] und

[109] Vgl. nur *Baigel*, 31 J.Int.Arb. 1 (2014); *Bao,* Chapter 14, in: Ziyaeva, et al. (Hrsg.), Interim and Emergency Relief; *Azelius/Bergqvist/Olsson*, 4 Juridisk Tidskrift 936 (2009–2010); *Born/Lee,* Asian Dispute Review 2013, 116; *Castineira,* Les Cahiers de l'Arbitrage 2012, 65; *Cavalieros/Kim*, 35 J.Int.Arb. 275 (2018); *Fry*, 7 Disp.Resol.Int'l 179 (2013); *Ghaffari/Walters*, 30(1) Arb.Int. 153 (2014); *Hanessian,* Chapter 14, in: Newman/Hill (Hrsg.), The Leading Arbitrators' Guide; *S. Horn,* SchiedsVZ 2016, 22; *Hosking/Valentine/Lindsey,* Emergency Measures of Protection; *Lemenez/Quigley*, 63(3) Disp.Resol.J. 60 (2008); *Lemenez/Quigley*, 63(4) Disp.Resol.J. 66 (2008/2009); *Lye/Yeo/Miller*, 23 S.Ac.L.J. 93 (2011); *Müller/Pearson,* ASA Bulletin 33 (2015) 808; *Paraguacuto-Maheo/Lecuyer-Thieffry*, 40 Fordham Int'l L.J. 749 (2017); *Osadchiy*, 34 J.Int.Arb. 239 (2017); *Santacroce*, 31(2) Arb.Int. 283 (2015); *Santens/Kudrna*, 34 J.Int.Arb. 1 (2017); *Shaughnessy*, 27 J.Int.Arb. 337 (2010); *Sheppard/Townsend*, 61(2) Disp.Resol.J. 74 (2006); *Tallent,* Chapter 15, in: Ziyaeva, et al. (Hrsg.), Interim and Emergency Relief; *Vasani*, 4 YAR 4 (2015); *Vasani,* The Emergency Arbitrator; *Werdnik,* The Enforceability of Emergency Arbitrators' Decisions, in: Zeiler, et al. (Hrsg.), Austrian Yearbook on International Arbitration 2014.

[110] *Baigel*, 31 J.Int.Arb. 1 (2014); *Bao,* Chapter 14, in: Ziyaeva, et al. (Hrsg.), Interim and Emergency Relief; *Azelius/Bergqvist/Olsson*, 4 Juridisk Tidskrift 936 (2009–2010); *Born/Lee,* Asian Dispute Review 2013, 116; *Castineira,* Les Cahiers de l'Arbitrage 2012, 65; *Hosking/Valentine/Lindsey,* Emergency Measures of Protection; *Lemenez/Quigley*, 63(3) Disp.Resol.J. 60 (2008); *Müller/Pearson,* ASA Bulletin 33 (2015) 808; *Shaughnessy*, 27 J.Int.Arb. 337 (2010); *Sheppard/Townsend*, 61(2) Disp.Resol.J. 74, 76 (2006).

[111] *Azelius/Bergqvist/Olsson*, 4 Juridisk Tidskrift 936, 939 f. (2009–2010).

[112] *Ghaffari/Walters*, 30(1) Arb.Int. 153 (2014).

[113] *Lye/Yeo/Miller*, 23 S.Ac.L.J. 93 (2011)(Der Aufsatz behandelt die Rechtslage von vor 2012, seit 2012 ist der *Emergency Arbitrator* ausdrücklich im Singapore IAA 2012 aufgeführt).

[114] *Paraguacuto-Maheo/Lecuyer-Thieffry*, 40 Fordham Int'l L.J. 749 (2017).

[115] *Do*, 28 J.Arb.Stud. 45 (2018).

der USA[116]. *Werdnik* widmet sich in einem Aufsatz zudem intensiv der Frage, ob der *Emergency Arbitrator* unter die New York Convention fällt.[117] Zahlreiche Aufsätze behandeln den *Emergency Arbitrator* allgemein, ohne sich auf eine bestimmte Schiedsordnung oder nationale Rechtsordnung zu fokussieren.[118] Sie stellen Schiedsordnungen und Rechtsordnungen mehr oder weniger vergleichend nebeneinander, beziehen sich teilweise aber nur auf allgemeine Rechtsprinzipien oder nennen exemplarisch nationale Rechtsordnungen.

Mit der Rechtslage nach deutschem Recht hat sich bisher nur *S. Horn* beschäftigt.[119] Der auf Deutsch erschienene Aufsatz widmet dem deutschen Recht allerdings nur einen Absatz und geht ansonsten auf zahlreiche weitere Rechtsordnungen sehr kurz und überblicksartig ein.

Aus dem Bereich der Monographien sind die Arbeiten von *Yeşilirmak,*[120] *Giessen,*[121] *Bandel*[122] und *Leitzen*[123] zu erwähnen. *Yeşilirmak* thematisiert in seiner Arbeit einstweiligen Rechtsschutz durch Schiedsgerichte allgemein und widmet dem *Emergency Arbitrator* lediglich ein allgemeines Kapitel. Nachdem die Arbeit bereits 2005 veröffentlicht wurde, kann sie selbstverständlich viele der erst weit später entstandenen Schiedsordnungen gar nicht behandeln. *Giessen* wiederum beschäftigt sich schwerpunktmäßig mit dem *Pre-arbitral Referee* der ICC. Mehr als Ergänzung wird der *Emergency Arbitrator* nach den ICDR Rules 2006 behandelt. *Bandel* und *Leitzen* analysieren jeweils die Regelungen des deutschen SchiedsVfG zum einstweiligen Rechtsschutz, die zur Zeit der Veröffentlichung (*Bandel*: 2000, *Leitzen*: 2002) recht neu waren. Sie bieten wertvolle Denkanstöße für die Bewertung des einstweiligen Rechtsschutzes durch Schiedsgerichte allgemein, thematisieren den erst später in Erscheinung getretenen *Emergency Arbitrator* aber nicht.

Die vorliegende Arbeit zeichnet sich vor diesem Hintergrund zunächst dadurch aus, dass sie die Vorschriften des deutschen Schiedsrechts untersucht. Sie bietet Orientierung für Gerichte, Anwälte und Autoren, um Rechtsfragen zu lösen, wenn sie in Verbindung mit deutschem Recht mit einem *Emergency Arbitrator* konfrontiert sind. Einer gesonderten Betrachtung bedarf das deutsche Recht schon deshalb, weil § 1041 ZPO weitgehend ohne Vorbild aus dem

---

[116] *Tallent,* Chapter 15, in: Ziyaeva, et al. (Hrsg.), Interim and Emergency Relief.

[117] *Werdnik,* The Enforceability of Emergency Arbitrators' Decisions, in: Zeiler, et al. (Hrsg.), Austrian Yearbook on International Arbitration 2014.

[118] *Cavalieros/Kim,* 35 J.Int.Arb. 275 (2018); *Fry,* 7 Disp.Resol.Int'l 179 (2013); *Hanessian,* Chapter 14, in: Newman/Hill (Hrsg.), The Leading Arbitrators' Guide; *Santacroce*, 31(2) Arb.Int. 283 (2015); *Santens/Kudrna*, 34 J.Int.Arb. 1 (2017); *Vasani*, 4 YAR 4 (2015).

[119] *S. Horn,* SchiedsVZ 2016, 22.

[120] *Yeşilirmak,* Provisional Measures.

[121] *Giessen,* Der Pre-Arbitral-Referee.

[122] *Bandel,* Einstweiliger Rechtsschutz im Schiedsverfahren.

[123] *Leitzen,* Die Anordnung vorläufiger oder sichernder Maßnahmen.

UNCITRAL ModG 1985 entworfen wurde.[124] Die rechtliche Grundlage für den einstweiligen Rechtsschutz durch Schiedsgerichte weicht in Deutschland damit von anderen Ländern ab. Mit Blick auf die Fortentwicklung des deutschen Schiedsrechts ermöglicht die Fokussierung auf eine Rechtsordnung zudem, einen Regelungsvorschlag zu unterbreiten.

Darüber hinaus zeigt die Arbeit Problemfelder auf, die im Zusammenhang mit dem *Emergency Arbitrator* international nicht besprochen wurden. So findet sich bisher keine Stellungnahme zur Frage, welchen rechtlichen Status ein eigenständiger Schiedsort für das *Emergency*-Verfahren einnimmt. Die Frage wird hier zwar nur aus Perspektive des deutschen Rechts besprochen. Das Territorialitätsprinzip der Schiedsgerichtsbarkeit, auf dem die Überlegungen fußen, gilt jedoch nicht nur in Deutschland, sondern auch in anderen Rechtsordnungen.[125] Die Ergebnisse können daher auf andere Rechtsordnungen übertragen werden.

Die Arbeit fokussiert sich auf die Handelsschiedsgerichtsbarkeit, auf die §§ 1025 ff. ZPO ohne Weiteres anwendbar sind. Auf mögliche Besonderheiten im Rahmen der Investitionsschiedsgerichtsbarkeit wird nicht eingegangen, auch wenn der *Emergency Arbitrator* in solchen Verfahren zur Anwendung gelangt.[126]

D. Begriffsbildungen

Um die Lesbarkeit zu erleichtern, erhalten bestimmte, häufig genutzte Begriffe feste Bedeutungen:

„*Emergency*-Verfahren" meint dasjenige Verfahren, das vor einem *Emergency Arbitrator* stattfindet bzw. von diesem durchgeführt wird. Nicht gemeint ist das staatliche Verfahren, in dem die einstweilige Anordnung des *Emergency Arbitrators* zur Vollziehung zugelassen wird (§ 1041 Abs. 2 ZPO).

Unter „einstweiliger Anordnung" sind alle Maßnahmen des einstweiligen Rechtsschutzes zu verstehen, die ein Schiedsgericht oder ein *Emergency Arbitrator* anordnet. Die einstweilige Anordnung eines *Emergency Arbitrators* wird teilweise verkürzt als *Emergency*-Anordnung bezeichnet. In Abgrenzung zu einstweiligen Anordnungen meint der Begriff „einstweilige Verfügung" im

---

[124] Vgl. die Darstellungen in der Gesetzesbegründung: BT-Drs. 13/5274, S. 44 f.

[125] Siehe zur generellen Bedeutung des Schiedsortes z.B. *Born,* International Commercial Arbitration, S. 2052–2053; vgl. auch den Anwendungsbereich des UNCITRAL ModG 2006, geregelt in Art. 1 (2).

[126] Vgl. nur die beiden Fälle mit *Emergency Arbitrator* bei der SCC 2016 (SCC Statistics 2016) sowie die Überlegungen bei *Gätzschmann,* Der vorläufige Rechtsschutz, S. 293 ff.; *Osadchiy*, 34 J.Int.Arb. 239 (2017).

Rahmen der Arbeit die einstweiligen Verfügungen deutscher Gerichte nach § 935 ZPO.

Der *Emergency*-Ort ist der Schiedsort des *Emergency*-Verfahrens. Er muss nicht zwingend mit dem Schiedsort des Hauptsacheschiedsverfahrens übereinstimmen.[127]

In der Arbeit wird der Begriff „Eilschiedsrichter" nicht verwendet. Stattdessen wird durchgehend dar englische Originalbegriff *Emergency Arbitrator* benutzt. Entsprechend wird der Terminus *Emergency Arbitrator Rules* verwendet, um den Teil einer Schiedsordnung zu bezeichnen, welcher die Regeln zum *Emergency Arbitrator* enthält. Abgekürzt wird auch die Form *EA Rules* verwendet, insbesondere wenn eine Schiedsordnung zitiert wird. Zum Beispiel meint die Bezeichnung ICC EA Rules 2017 den Appendix V zu den ICC Rules 2017, weil dort die Regeln zum *Emergency Arbitrator* enthalten sind.

In der Arbeit wird zuweilen davon gesprochen, dass ein staatliches Gericht eine einstweilige Anordnung zur Vollziehung zulassen kann. Die Formulierung „zur Vollziehung zulassen" entspricht der Begriffswahl in § 1041 Abs. 2 ZPO und meint ausschließlich die Vollziehungszulassung nach § 1041 Abs. 2 ZPO. *Bandel* hat den Begriff „Vollziehung", der § 928 ZPO entlehnt ist, kritisiert: Im Vergleich zum Begriff „Vollstreckung" sei nichts gewonnen, gleichzeitig werde das Gemeinte aber verschleiert.[128] Alle anderen Verfahren, die der Vollstreckung von schiedsrichterlichen Maßnahmen dienen, werden deshalb als „Vollstreckung" oder „Vollstreckbarerklärung" bezeichnet. Das gilt sowohl für die Vollstreckbarerklärung nach § 1059 ZPO, als auch für Verfahren zur Vollstreckung von einstweiligen Anordnungen nach ausländischen Rechtsordnungen ohne deutsche amtliche Fassung.

---

[127] Der *Emergency*-Ort wird in Kapitel 7 besprochen.

[128] *Bandel,* Einstweiliger Rechtsschutz im Schiedsverfahren, S. 197–198.

Kapitel 1

Das Emergency-Verfahren in den Schiedsordnungen

Im folgenden Kapitel werden der *Emergency Arbitrator* und das *Emergency*-Verfahren vorgestellt, um eine Basis für die Analyse der ZPO zu schaffen. Ergebnis der Betrachtungen ist eine Definition des *Emergency Arbitrators* (unten E.), die Ausgangspunkt für eine Definition im Regelungsvorschlag sein wird.[1]

Als typisierende Beispiele für die Vorstellung des *Emergency Arbitrators* sowie für die gesamte Arbeit dienen die Regeln zum *Emergency Arbitrator* in den Schiedsordnungen der ICC,[2] des LCIA,[3] des HKIAC,[4] des SIAC,[5] der SCC,[6] des ICDR,[7] sowie des SCAI[8]. Die ersten sechs der sieben genannten Schiedsorganisationen werden von den Parteien am häufigsten für Handelsstreitigkeiten gewählt, wie die „*2018 International Arbitration Survey*" der *Queen Mary University of London, School of International Arbitration*[9] ergab. Sie sind daher gut geeignet, das Konstrukt *Emergency Arbitrator* beispielhaft darzustellen. Die Swiss Rules 2012 der SCAI wurden zusätzlich ausgewählt, weil sie zwar grundsätzlich ähnlich ausgestaltet sind wie die übrigen Schiedsordnungen, zusätzlich aber als bisher einzige Schiedsordnung ein *ex parte*-Verfahren ohne Anhörung des Antragsgegners zulassen. Im Vergleich zu den übrigen Schiedsordnungen weisen sie damit eine Besonderheit auf, die sich möglicherweise künftig auch in anderen Schiedsordnungen wiederfinden kann.[10] Es erscheint daher angemessen, auch die Swiss Rules 2012 als Beispiel heranzuziehen.

---

[1] Siehe Anhang: Regelungsvorschlag, ab S. 221.

[2] Art. 29 ICC Rules 2017 i.V.m. Anhang V.

[3] Art. 9B LCIA Rules 2014.

[4] Art. 23.1 HKIAC Rules 2018 i.V.m. Anhang 4.

[5] Art. 30.2 SIAC Rules 2016 i.V.m. Anhang 1.

[6] Art. 32 (4) SCC Rules 2010 i.V.m. Anhang II.

[7] Art. 6 ICDR Rules 2014.

[8] Art. 43 Swiss Rules 2012.

[9] *Queen Mary University*, 2018 International Arbitration Survey, S. 13, vgl. zudem bereits die 2015 International Arbitration Survey, S. 17 sowie einen Bericht der IBA: IBA Arb 40, The Current State and Future of International Arbitration, S. 13 f.

[10] Siehe zum *ex parte*-Verfahren die Erörterungen unter Kapitel 5.B.

Das *Emergency*-Verfahren der hier zugrunde gelegten Schiedsorganisationen ähnelt sich.[11] Im Folgenden werden daher zusammenfassend Gemeinsamkeiten und Unterschiede herausgearbeitet. Grundlage der Beschreibung sind allein die Schiedsordnungen. Die Regelungen werden noch nicht in Zusammenhang mit der ZPO oder einem sonstigen staatlichen oder überstaatlichen Recht gebracht.

Beschrieben werden der Status des *Emergency Arbitrators* im Rahmen der Schiedsordnungen (A.), der Ablauf des *Emergency*-Verfahrens (B.), die Entscheidung des *Emergency Arbitrators* (C.) sowie das Verhältnis von *Emergency Arbitrator* zum staatlichen Gericht, wie es die Schiedsordnungen vorsehen (D.).

A. Status des Emergency Arbitrators

Obwohl die Qualifikation des *Emergency Arbitrators* von zentraler Bedeutung für die Frage ist, ob schiedsrechtliche Regelungen wie §§ 1025 ff. ZPO oder die New York Convention überhaupt anwendbar sind,[12] äußern sich nicht alle Schiedsordnungen ausdrücklich zum rechtlichen Status des *Emergency Arbitrators*. Einig sind sich die Schiedsordnungen in der Bezeichnung als „*Emergency Arbitrator*"[13] und darin, dass ein *Emergency Arbitrator* wie ein normaler Schiedsrichter unparteiisch und unabhängig sein muss.[14]

Deutliche Anhaltspunkte zum Status des *Emergency Arbitrators* finden sich lediglich bei LCIA, HKIAC und SIAC. Art. 9.4 LCIA Rules 2014 beschreibt den *Emergency Arbitrator* als Einzelschiedsrichter, der vor Konstituierung des Hauptsacheschiedsgerichts das *Emergency*-Verfahren durchführt. Der *Emergency Arbitrator* wird somit als regulärer Schiedsrichter angesehen. Ebenso weist Art. 1.3 SIAC Rules 2016 den Status als Schiedsrichter zu: Der *Emergency Arbitrator* wird zum Schiedsrichter erklärt, der nach Art. 3 SIAC EA Rules 2016 ernannt wurde. Einen gegenteiligen Ansatz verfolgt Art. 2.8 HKIAC Rules 2018, der den *Emergency Arbitrator* ausdrücklich vom Begriff des Schiedsgerichts („arbitral tribunal") ausschließt. Darüber hinaus äußern sich die HKIAC Rules 2018 aber nicht zur Frage, ob der *Emergency Arbitrator* Schiedsrichter ist.

---

[11] So auch *Ghaffari/Walters*, 30(1) Arb.Int. 153, 157 (2014).

[12] Siehe zur Qualifikation des *Emergency Arbitrators* sogleich Kapitel 2.

[13] Siehe z.B. Art. 29 ICC Rules 2017; Art. 9B LCIA Rules 2014; Art. 3 SIAC EA Rules 2016; Art. 1 HKIAC EA Rules 2018; Art. 1 (1) SCC EA Rules 2017; Art. 6 (2) ICDR Rules 2014; Art. 43 (4) Swiss Rules 2012 .

[14] Art. 2 (4) ICC EA Rules 2017; Art. 9.6 LCIA Rules 2014 i.V.m. Art. 5.3 LCIA Rules 2014; Art. 5 SIAC EA Rules 2016; Art. 7 HKIAC EA Rules 2018 i.V.m. Art. 11.1 HKIAC Rules 2018; Art. 4 (3) SCC EA Rules 2017 i.V.m. Art. 19 (1) SCC Rules 2017; Art. 6 (2) ICDR Rules 2014; Art. 43 (4) Swiss Rules 2012 i.V.m. Art. 10 (1) Swiss Rules 2012.

Deutlich wird in allen Schiedsordnungen, dass der *Emergency Arbitrator* gegenüber dem Schiedsgericht eine untergeordnete, aushelfende Funktion einnimmt: Sofern sich nicht alle Parteien einigen, darf der *Emergency Arbitrator* nicht Teil des Hauptsacheschiedsgerichts werden.[15] Außerdem endet sein Mandat mit Ernennung des Schiedsgerichts grundsätzlich, wie sich aus manchen Schiedsordnungen ausdrücklich ergibt.[16] Lediglich bei ICC, HKIAC und SCAI kann der *Emergency Arbitrator* nach Konstituierung des Schiedsgerichts noch einige Tage im Amt bleiben, um das begonnene *Emergency*-Verfahren noch durch eine einstweilige Anordnung abzuschließen.[17] Die Unterordnung des *Emergency Arbitrators* ergibt sich zudem daraus, dass das Hauptsacheschiedsgericht nicht an die *Emergency*-Anordnung gebunden ist; es kann sie aufheben oder ändern.[18]

B. Ablauf des Emergency-Verfahrens

Ein *Emergency*-Verfahren beginnt immer mit einem Antrag einer Partei an die Schiedsorganisation auf Einsetzung eines *Emergency Arbitrators* (I.). Erfüllt der Antrag die Voraussetzungen nach der Schiedsordnung, so setzt die Organisation einen *Emergency Arbitrator* ein (II.). Anschließend führt der *Emergency Arbitrator* das *Emergency*-Verfahren durch (III.).

I. Antrag an die Schiedsorganisation

Am Anfang des *Emergency*-Verfahrens steht ein Antrag an die Schiedsorganisation, einen *Emergency Arbitrator* einzusetzen. Als Teil des Antrags werden typischerweise Angaben zu den Parteien, zum (Hauptsache-)Rechtsstreit, Angaben zu den ersuchten Maßnahmen und eine Begründung verlangt.[19] Außerdem muss die Schiedsvereinbarung vorgelegt werden.[20] Darf das *Emergency*-

---

[15] Art. 2 (6) ICC EA Rules 2017; Art. 6 SIAC EA Rules 2016; Art. 19 HKIAC EA Rules 2018; Art. 4 (4) SCC EA Rules 2017; Art. 6 (5) ICDR Rules 2014; Art. 43 (11) Swiss Rules 2012.

[16] Art. 10 SIAC EA Rules 2016; Art. 18 HKIAC EA Rules 2018; Art. 1 (2) SCC EA Rules 2017; Art. 6 (5) ICDR Rules 2014.

[17] Art. 2 (2) ICC EA Rules 2017; Art. 13 HKIAC EA Rules 2018; Art. 43 (7) Swiss Rules 2012.

[18] Art. 29 (3) ICC Rules 2017; Art. 9.11 LCIA Rules 2014; Art. 11 HKIAC EA Rules 2018 i.V.m. Art. 23.5 HKIAC Rules 2018; Art. 10 SIAC EA Rules 2016; Art. 6 (5) ICDR Rules 2014; Art. 9 (5) SCC EA Rules 2017; Art. 43 (8) Swiss Rules 2012.

[19] Art. 1 (3) ICC EA Rules 2017; Art. 9.5 LCIA Rules 2014; Art. 1 SIAC EA Rules 2016; Art. 2 HKIAC EA Rules 2018; Art. 6 (1) ICDR Rules 2014; Art. 2 SCC EA Rules 2017; Art. 43 (1) Swiss Rules 2012.

[20] Art. 1 (3)(f) ICC EA Rules 2017; Art. 2 (f) HKIAC EA Rules 2018; Art. 2 (iv) SCC EA Rules 2017; Art. 43 (1) Swiss Rules 2012 i.V.m. Art. 3 (3)(b) Swiss Rules 2012.

Verfahren nur zeitgleich mit oder nach Erhebung der Schiedsklage eingeleitet werden, so muss bereits Schiedsklage erhoben sein.[21] Der Antragsteller muss zudem einen Kostenvorschuss für die Gebühren der Schiedsorganisation und des *Emergency Arbitrators* entrichten.[22]

Sobald der Antrag und Kostenvorschuss vollständig eingegangen sind, prüft die Schiedsorganisation, ob sie dem Antrag auf Ernennung eines *Emergency Arbitrators* stattgibt und einen *Emergency Arbitrator* einsetzt.[23] In aller Regel wird der Antrag positiv beschieden. So hat die SIAC alle 2017 eingegangenen Anträge akzeptiert;[24] die ICC hat bisher auf die meisten Anträge hin, einen *Emergency Arbitrator* eingesetzt.[25] Die Beantragung eines *Emergency Arbitrators* mündet aber nicht automatisch in der Ernennung eines *Emergency Arbitrators*, wie Fälle von ICC und LCIA zeigen. Die ICC lehnte 2014 einen Antrag auf Ernennung eines *Emergency Arbitrators* ab, weil die zugrundeliegende Schiedsvereinbarung auf vor 1. Januar 2012 datierte.[26] Der LCIA lehnte zwei Anträge ab,[27] vermutlich, weil die Schiedsorganisation keinen Notfall als Voraussetzung für die Ernennung eines *Emergency Arbitrators* anerkannte.[28]

Im Folgenden werden Voraussetzungen dargestellt, die die Schiedsordnungen für die Ernennung eines *Emergency Arbitrators* aufstellen. Die Voraussetzungen lassen sich unterteilen in Stand des Verfahrens (1.), die Zuständigkeit des *Emergency Arbitrators* (2.) sowie die Frage, ob dem ersten Anschein nach ein Notfall vorliegt (3.).

1. Stand des Verfahrens

Ein *Emergency Arbitrator* kann nicht zu jeder beliebigen Zeit eingesetzt werden, sondern nur solange bis das Schiedsgericht konstituiert ist bzw. es die

[21] Art. 9.5 LCIA Rules 2014.

[22] Art. 1 (3)(h) ICC EA Rules 2017; Art. 9.5 LCIA Rules 2014; Art. 2 SIAC EA Rules 2016; Art. 2 (h) HKIAC EA Rules 2018; Art. 2 (vi) SCC EA Rules 2017; Art. 43 (1)(c) Swiss Rules 2012.

[23] Art. 29 (5) u. (6) ICC Rules 2017; Art. 9.6 LCIA Rules 2014 (vgl. auch *Scherer/Richman/Gerbay,* 2014 LCIA Rules, Chapter 10 Rn. 58); Art. 3 SIAC EA Rules 2016; Art. 4 HKIAC EA Rules 2018; Art. 4 (2) SCC EA Rules 2017; Art. 43 (2) Swiss Rules 2012; keinen ausdrücklichen Hinweis auf eine inhaltliche Prüfung des Parteiantrags enthält Art. 6 (2) ICDR Rules 2014.

[24] SIAC Annual Report 2017, S. 17.

[25] Vgl. für 2015 (alle Anträge positiv beschieden): ICC Dispute Resolution Bulletin 2016, 9, 18; 2014 (bis auf einen Antrag, alle positiv beschieden): ICC Dispute Resolution Bulletin 2015, 7, 16; keine Aussage zur Entscheidung durch die Schiedsorganisation für 2016: ICC Dispute Resolution Bulletin 2017, 49, 57.

[26] ICC Dispute Resolution Bulletin 2015, 7, 16.

[27] LCIA, Facts and Figures 2016, S. 14; LCIA, Facts and Figures 2017, S. 18.

[28] Siehe die Ausführungen zu den Gründen für die Ablehnung des Antrags auf Ernennung eines *Emergency Arbitrators* bei *Gerald Metals S.A. v. Timis & Ors*, High Court of Justice [2016] EWHC 2327 (CH), Rn. 54–56.

Verfahrensakte erhalten hat.[29] Hier wird der Zweck des *Emergency*-Verfahrens deutlich, die Zeit bis zur Konstituierung des Schiedsgerichts zu überbrücken.

LCIA, SIAC und ICDR verlangen zusätzlich für den Antrag auf Einsetzung eines *Emergency Arbitrators* vorhergehende oder gleichzeitige Einreichung einer Schiedsklage („Request for Arbitration" oder „Notice of Arbitration").[30] Dadurch soll sichergestellt werden, dass das *Emergency*-Verfahren nicht missbraucht wird, um auf unlautere Weise Druck auf die Gegenseite auszuüben.[31] Durch Einreichung der Schiedsklage soll zudem sichergestellt werden, dass der Streitgegenstand klar definiert ist.[32]

Bei ICC, HKIAC, SCC und SCAI wurden diese Bedenken offenbar nicht geteilt. Dort genügt es, wenn die Schiedsklage später eingereicht wird.[33] ICC und SCAI fordern die Schiedsklage – vorbehaltlich einer Fristverlängerung[34] – bereits innerhalb von 10 Tagen nach Beantragung des *Emergency Arbitrators* ein,[35] beim HKIAC sind es nur 7 Tage.[36] Der SCC genügt es, wenn die Schiedsklage 30 Tage nach Erlass der *Emergency*-Anordnung eingeht.[37] Wird die jeweilige Frist versäumt, beenden ICC und SCAI das *Emergency*-Verfahren,[38] bei der SCC soll die *Emergency*-Anordnung ihre Bindungswirkung verlieren.[39]

2. *Prüfung der Zuständigkeit*

Weiterhin ist Voraussetzung für die Ernennung eines *Emergency Arbitrators*, dass er nach Ansicht der Schiedsorganisation dem ersten Anschein nach zuständig ist. Nach welchem Maßstab bereits die Schiedsorganisation die Zuständigkeit des *Emergency Arbitrators* prüft, hängt von der einzelnen Schiedsordnung ab.

---

[29] Art. 2 (2) ICC EA Rules 2017; Art. 9.4 LCIA Rules 2014; Art. 30.2 SIAC Rules 2016; Art. 1 HKIAC EA Rules 2018; Art. 1 (1) SCC EA Rules 2017; Art. 6 (1) ICDR Rules 2014; Art. 43 (1) Swiss Rules 2012.

[30] Art. 9.5 LCIA Rules 2014; Art. 1 SIAC EA Rules 2016; Art. 6 (1) ICDR Rules 2014. Bis zum 31.10.2018 hatte das HKIAC die gleiche Vorgabe (Art. 1 HKIAC EA Rules 2013). Seit Inkrafttreten der HKIAC EA Rules 2018 am 01.11.2018 darf der Antrag auf Ernennung eines *Emergency Arbitrators* aber auch vor Erhebung der Schiedsklage beim HKIAC eingereicht werden.

[31] *Bao,* Chapter 14, in: Ziyaeva, et al. (Hrsg.), Interim and Emergency Relief, S. 273.

[32] *Bao,* Chapter 14, in: Ziyaeva, et al. (Hrsg.), Interim and Emergency Relief, S. 272.

[33] Art. 29 (1) ICC Rules 2017; Art. 1 HKIAC EA Rules 2018 (anders noch in Art. 1 HKIAC EA Rules 2013); Art. 9 (4)(iii) SCC EA Rules 2017 i.V.m. Art. 8 SCC Rules 2017; Art. 43 (3) Swiss Rules 2012.

[34] Art. 1 (6) ICC EA Rules 2017; Art. 43 (3) Swiss Rules 2012.

[35] Art. 1 (6) ICC EA Rules 2017; Art. 43 (3) Swiss Rules 2012.

[36] Art. 21 HKIAC EA Rules 2018.

[37] Art. 9 (4)(iii) SCC EA Rules 2017.

[38] Art. 1 (6) ICC EA Rules 2017; Art. 43 (3) Swiss Rules 2012.

[39] Art. 9 (4)(iii) SCC EA Rules 2017.

a) Vorliegen einer Schiedsvereinbarung

Ein *Emergency Arbitrator* ist nur bei Vorliegen einer Parteivereinbarung zuständig, denn er zieht wie ein Schiedsgericht seine Legitimation ausschließlich aus dem übereinstimmenden Willen der Parteien, ihm die Entscheidung über einstweilige Anordnungen zu überantworten. Alle Schiedsorganisationen prüfen daher bereits, ob es voraussichtlich eine wirksame Schiedsvereinbarung gibt, auf die das *Emergency*-Verfahren gestützt werden kann. Die Prüfung erfolgt anhand unterschiedlicher Maßstäbe, fällt generell aber oberflächlich aus und soll Fälle offensichtlicher Unzuständigkeit ausfiltern.

Die Schiedsordnungen der ICC, SCC und SCAI weisen der jeweiligen Organisation daher ausdrücklich die Aufgabe zu, vor Ernennung des *Emergency Arbitrators* zu prüfen, ob eine Schiedsvereinbarung vorliegt.[40] Unterschiede gibt es bei der Prüfungsdichte. So verlangt Art. 29 Abs. 5 ICC Rules 2017 als strengste Ausgestaltung, dass die Parteien entweder selbst eine Schiedsvereinbarung unterschrieben haben, in der die ICC Rules – frühestens in der Fassung von 2012 – gewählt werden, oder Rechtsnachfolger solcher Unterzeichner sind. Dies soll dem Antragsgegner eine gewisse Sicherheit bieten, nur dann einem Verfahren vor dem *Emergency Arbitrator* ausgesetzt zu sein, wenn er sich überhaupt für Schiedsgerichtsbarkeit entschieden hat[41] und mit einem Verfahren vor dem *Emergency Arbitrator* rechnen konnte.[42] Außerdem soll der Unterzeichner-Test Staat-Investor-Streitigkeiten auf der Grundlage von völkerrechtlichen Verträgen ausklammern.[43] Weniger detailliert sind Art. 4 (2) SCC EA Rules 2017 und Art. 43 (2)(a) Swiss Rules 2012. Der *Emergency Arbitrator* soll danach nicht eingesetzt werden, wenn die Organisation offensichtlich unzuständig ist.[44] Das wird typischerweise der Fall sein, wenn der Antragssteller keine Schiedsvereinbarung vorlegen kann oder diese keinen Hinweis auf die jeweilige Organisation enthält.

Auch bei HKIAC und SIAC finden sich Regeln, wonach bereits die Schiedsorganisation überprüfen muss, ob es möglicherweise eine Schiedsvereinbarung gibt. Art. 19.5 HKIAC Rules 2018 berechtigt das HKIAC bei jeder eingereichten Schiedsklage zu prüfen, ob es dem ersten Anschein nach („prima facie") eine wirksame Schiedsvereinbarung gibt, der der Rechtsstreit unterfällt. Soweit die Organisation nicht von der Existenz einer wirksamen Schiedsvereinbarung überzeugt ist, die den Rechtsstreit einem HKIAC-Schiedsverfahren überant-

---

[40] Art. 1 (5) ICC EA Rules 2017 i.V.m. Art. 29 (5) ICC Rules 2017; Art. 4 (2) SCC EA Rules 2017; Art. 43 (2)(a) Swiss Rules 2012.

[41] Arroyo/*Boog*, Art. 29 ICC Rules 2012 Rn. 14.

[42] Arroyo/*Boog*, Art. 29 ICC Rules 2012 Rn. 11.

[43] Arroyo/*Boog*, Art. 29 ICC Rules 2012 Rn. 15.

[44] Art. 4 (2) SCC EA Rules 2017; Art. 43 (2)(a) Swiss Rules 2012.

wortet, beendet sie das Verfahren. Diese Regel ist auch beim *Emergency*-Verfahren anzuwenden, denn beim HKIAC kann ein *Emergency*-Verfahren nur beantragt werden, wenn bereits Schiedsklage eingereicht wurde.

Eine ähnliche Regel enthält Art. 28.1 SIAC Rules 2016. Widerspricht eine Partei der Existenz, Gültigkeit oder der Anwendbarkeit der Schiedsvereinbarung, prüft die Schiedsorganisation dem ersten Anschein nach die Wirksamkeit der Schiedsvereinbarung. Die Aussage *Hanessians*,[45] wonach die SIAC auf Grundlage der Schiedsordnung die Wirksamkeit der Schiedsvereinbarung prüfen könne, stimmt in dieser Pauschalität demnach nicht. Jedenfalls der Widerspruch der anderen Partei ist Voraussetzung für die *prima facie*-Prüfung.

Art. 9B LCIA Rules 2014 und Art. 6 ICDR Rules 2014 äußern sich gar nicht zur Frage der Überprüfung der Schiedsvereinbarung. Die Ernennung des *Emergency Arbitrators* muss aber dennoch abgelehnt werden, wenn der Antragsteller keine Schiedsvereinbarung vorlegt, die den Rechtsstreit betrifft. Das ergibt sich daraus, dass der Antragsteller den *Emergency Arbitrator* nur beantragen darf, wenn bereits Schiedsklage erhoben wurde. Teil dieser Schiedsklage ist eine Kopie der Schiedsvereinbarung.[46] Hat der Antragsteller somit keine Schiedsvereinbarung eingereicht, hat er keine vollständige Schiedsklage erhoben und die Schiedsorganisation muss wegen der Unvollständigkeit der Unterlagen die Eröffnung des *Emergency*-Verfahrens ablehnen. ICDR und LCIA erhalten durch ihre Schiedsordnung aber kein Recht, die Wirksamkeit der vorgelegten Schiedsvereinbarung zu prüfen.

b) *Intertemporaler Anwendungsbereich*

Unterschiedliche Ansätze verfolgen die Schiedsorganisationen im Hinblick auf die rückwirkende Anwendung des *Emergency*-Verfahrens. Gemeint sind Situationen, in denen die Schiedsvereinbarung geschlossen wurde, bevor die jeweilige Schiedsorganisation den *Emergency Arbitrator* eingeführt hatte.[47] ICC, LCIA und HKIAC leiten ein *Emergency*-Verfahren nur ein, wenn die zugrundeliegende Schiedsvereinbarung am oder nach dem Tag des Inkrafttretens derjenigen Fassung der Schiedsordnung abgeschlossen wurde, die erstmals Regelungen zum *Emergency*-Verfahren enthielt. Bei der ICC ist der Stichtag der 1.

---

[45] *Hanessian,* Chapter 14, in: Newman/Hill (Hrsg.), The Leading Arbitrators' Guide, S. 355.

[46] Art. 1.1 (ii) LCIA Rules 2014; Art. 2 (3)(c) ICDR Rules 2014.

[47] Siehe zur Zulässigkeit der rückwirkenden Anwendung der *Emergency Arbitrator Rules* die ausführliche Behandlung in Kapitel 2.C.

Januar 2012,[48] beim LCIA der 1. Oktober 2014,[49] beim HKIAC der 1. November 2013.[50]

Gegen den Ausschluss „alter“ Schiedsvereinbarungen vom *Emergency*-Verfahren haben sich SIAC, SCC, ICDR und SCAI entschieden. Hier greift die Grundregel, wonach jeweils diejenige Fassung einer Schiedsordnung anzuwenden ist, die bei Beginn des Schiedsverfahrens gilt, unabhängig davon, wann die Schiedsvereinbarung geschlossen wurde.[51] Die Regel gilt auch dann, wenn die neue Fassung noch nicht bekannt war, als die Schiedsvereinbarung geschlossen wurde.[52] Nach der Konzeption der Schiedsordnung findet das *Emergency*-Verfahren somit auch auf Schiedsordnungen Anwendung, die vor erstmaligem Inkrafttreten der *Emergency Arbitrator Rules* abgeschlossen worden sind.

c) *Kein opt-out*

Ein *Emergency Arbitrator* darf zudem nicht ernannt werden, wenn die Parteien die Anwendbarkeit ausdrücklich ausgeschlossen haben. Art. 29 (6)(b) ICC Rules 2017, Art. 9.14 LCIA Rules 2014 und Art. 43 (1) Swiss Rules 2012 ordnen dies für das *Emergency*-Verfahren ausdrücklich an. Bei allen anderen Schiedsordnungen muss auch ohne ausdrücklichen Hinweis gleiches gelten: Schiedsordnungen sind Musterverträge[53] oder vorformulierte, typisierte Prozessverträge,[54] die einer zulässigen Parteivereinbarung Ausdruck verleihen.[55] Findet sich in der Schiedsvereinbarung oder einer anderen Abrede der Parteien daher eine Modifizierung der Schiedsregeln, etwa eine *opt-out*-Klausel für den *Emergency Arbitrator*, so geht diese Parteivereinbarung der Schiedsvereinba-

---

[48] Art. 29 (6)(a) ICC Rules 2017, der nur auf den Tag des Inkrafttretens der Schiedsordnung abstellt, sollte entsprechend interpretiert werden. Die aktuelle Fassung der Schiedsordnung ist zwar am 01.03.2017 in Kraft getreten, das *Emergency*-Verfahren war aber mit wortgleicher Regelung bereits in der Schiedsordnung vom 01.01.2012 enthalten.

[49] Art. 9.14 LCIA Rules 2014.

[50] Art. 1.5 HKIAC Rules 2018; vgl. auch Art. 1.4 HKIAC Rules 2013.

[51] Art. 1.2 SIAC Rules 2016; Preamble SCC Rules 2017; Art. 1 (1) ICDR Rules 2014; Art. 1 (3) Swiss Rules 2012.

[52] Vgl. für die SCC: *Gätzschmann,* Der vorläufige Rechtsschutz, S. 302–303; für die SCAI: *Müller/Pearson,* ASA Bulletin 33 (2015) 808, 809.

[53] *Aden,* Internationale Handelsschiedsgerichtsbarkeit, Kapitel 6 Rn. 13.

[54] *Spohnheimer,* Gestaltungsfreiheit, S. 108; ähnlich *Wolf,* Die institutionelle Handelsschiedsgerichtsbarkeit, S. 14 („von dritter Stelle vorformulierte Verfahrensvereinbarung“) und *Schroeder,* Die lex mercatoria arbitralis, S. 38 („ vorformulierte Parteivereinbarung“).

[55] *Wolf,* Die institutionelle Handelsschiedsgerichtsbarkeit, S. 14.

rung vor. Allenfalls kann sich die Organisation weigern, einen Schiedsorganisationsvertrag abzuschließen und das Verfahren zu administrieren.[56] Das ist bei einer Abwahl des *Emergency*-Verfahrens eher nicht zu erwarten.

3. *Prima Facie Prüfung eines Notfalls*

Die Schiedsordnungen unterscheiden sich darin, ob bereits die Schiedsorganisation das Bestehen eines Notfalles dem ersten Anschein nach prüfen darf. Ein Notfall ist Voraussetzung für den Erlass einer *Emergency*-Anordnung.[57] Er liegt vor, wenn die begehrte Maßnahme so dringend erforderlich ist, dass ein Hauptsacheschiedsgericht darüber nicht rechtzeitig entscheiden kann. Kann bereits die Schiedsorganisation das Vorliegen des Notfalles prüfen, so kann das *Emergency*-Verfahren zu einem sehr frühen Zeitpunkt enden, ohne dass es überhaupt zu einer Verhandlung gekommen ist.

Keinen Spielraum für eine *prima facie*-Prüfung durch die Schiedsorganisation lassen die ICC Rules 2017, SCC Rules 2017 und ICDR Rules 2014. Die ICC Rules 2017 beschränken die Antragsprüfung durch die ICC auf formale Aspekte der Schiedsvereinbarung,[58] eine inhaltliche Prüfung nimmt erst und ausschließlich der *Emergency Arbitrator* vor.[59] Nach den SCC Rules 2017 darf die SCC die Ernennung des *Emergency Arbitrators* ablehnen, wenn die SCC offensichtlich nicht zuständig ist.[60] Ob ein Notfall vorliegt oder nicht, ist für die Zuständigkeit der SCC jedoch irrelevant. Erst recht darf das ICDR nicht prüfen, ob dem ersten Anschein nach ein Notfall vorliegt. Art. 6 (2) ICDR Rules 2014 verlangt vom ICDR lediglich, einen *Emergency Arbitrator* einzusetzen ohne Verweis auf eine Prüfung des Antrags („the Administrator shall appoint a single emergency arbitrator").

Anders sind die Schiedsordnungen der LCIA, SIAC, HKIAC und SCAI zu verstehen: Diese räumen der Schiedsorganisation ein Recht ein, zumindest dem ersten Anschein nach zu prüfen, ob ein Notfall vorliegt. Besonders deutlich wird das bei der SCAI. Diese soll den *Emergency Arbitrator* dann nicht einsetzen, wenn es sinnvoller („more appropriate") erscheint, mit der Konstituierung des Schiedsgerichts fortzufahren.[61] Eine solche Abwägung kann nur getroffen werden, wenn die Schiedsorganisation zuvor bewertet, ob die Sache in ihren Augen dringlich ist. Der LCIA, dem HKIAC und dem SIAC wird hingegen

---

[56] Vgl. zur Frage des zwingenden Rechts in Schiedsordnungen: *Rüßmann,* Zwingendes Recht in den Schiedsregeln einer Schiedsinstitution?, in: Bruns, et al. (Hrsg.), FS Stürner, S. 492.

[57] Siehe sogleich die ausführliche Behandlung des Notfalls unter C.2.

[58] Art. 1 (5) ICC EA Rules 2017 i.V.m. Art. 29 (5) u. (6) ICC Rules 2017; siehe auch die Einschätzung bei Arroyo/*Boog*, Appendix V ICC Rules 2012 Rn. 10.

[59] Art. 6 (2) ICC EA Rules 2017; vgl. auch *Sesser/Voser,* SchiedsVZ 2012, 120, 127.

[60] Art. 4 (2) SCC EA Rules 2017.

[61] Art. 43 (2)(b) Swiss Rules 2012.

aufgegeben, festzustellen („determine"), ob sie dem Antrag auf Ernennung eines *Emergency Arbitrators* stattgeben.[62] Als Teil der Prüfung soll dem ersten Anschein nach („prima facie") bewertet werden, ob ein Notfall vorliegt.[63] Entsprechend hatte der LCIA einen Antrag auf Ernennung eines *Emergency Arbitrators* abgewiesen, weil die begehrte Maßnahme nicht als hinreichend eilbedürftig angesehen wurde.[64]

II. Auswahl und Ernennung des Emergency Arbitrators

Nimmt die Schiedsorganisation den Antrag auf Ernennung eines *Emergency Arbitrators* an, so setzt sie eine geeignete Person als *Emergency Arbitrator* ein. Die Entscheidung über den Antrag, Auswahl und Ernennung des *Emergency Arbitrators* soll innerhalb von 24 Stunden,[65] einem Werktag,[66] einem,[67] zwei[68] oder drei[69] Tagen nach Eingang des Ernennungsantrags bei der Schiedsorganisation erfolgen. Bei der Auswahl geeigneter Schiedsrichter spielen ähnliche Erwägungen eine Rolle wie bei der Auswahl eines normalen Schiedsrichters.[70] In der Praxis werden die Schiedsorganisationen den Anforderungen an die schnelle Auswahl eines geeigneten *Emergency Arbitrators* gerecht, indem sie intern entsprechende Prozesse festgelegt haben und ein – zumindest informelles – Panel an Personen vorhalten, die als *Emergency Arbitrator* in Betracht kommen.[71]

---

[62] Im Wortlaut lauten die betreffenden Passagen in den Schiedsordnungen: Art. 9.6 LCIA Rules 2014: „The LCIA Court shall determine the application as soon as possible"; Art. 4 HKIAC EA Rules 2018: „if HKIAC determines that it should accept the Application"; Art. 3 SIAC EA Rules 2016: „if [the President] determines that SIAC should accept the application".

[63] *Bao,* Chapter 14, in: Ziyaeva, et al. (Hrsg.), Interim and Emergency Relief, S. 274; *Ghaffari/Walters*, 30(1) Arb.Int. 153, 157 f. (2014); *Hanessian,* Chapter 14, in: Newman/Hill (Hrsg.), The Leading Arbitrators' Guide, S. 349; *Mangan/Reed/Choong,* A Guide to the SIAC Arbitration Rules, Chapter 11 Rn. 11.35; *Scherer/Richman/Gerbay,* 2014 LCIA Rules, Chapter 10 Rn. 58.

[64] *Gerald Metals S.A. v. Timis & Ors*, High Court of Justice [2016] EWHC 2327 (CH), Rn. 13 mit LCIA, Facts and Figures 2016, S. 14; zwar wird nirgendwo ein Grund für die Zurückweisung genannt, die Entscheidung des englischen High Court vermittelt jedoch insgesamt den Eindruck, dass es letztlich um die Frage der Eilbedürftigkeit ging.

[65] Art. 4 HKIAC EA Rules 2018; Art. 4 (1) SCC EA Rules 2017.

[66] Art. 6 (2) ICDR Rules 2014.

[67] Art. 3 SIAC EA Rules 2016.

[68] Art. 2 (1) ICC EA Rules 2017.

[69] Art. 9.6 LCIA Rules 2014.

[70] *Mangan/Reed/Choong,* A Guide to the SIAC Arbitration Rules, Chapter 11 Rn. 11.37.

[71] Vgl. zur HKIAC *Bao,* Chapter 14, in: Ziyaeva, et al. (Hrsg.), Interim and Emergency Relief, S. 275.

Statistische Berichte darüber, ob die engen Zeitvorgaben eingehalten werden, liegen nur für die SCC vor. Daraus ergibt sich, dass die SCC mit Ausnahme eines Falles die vorgegebenen 24 Stunden immer einhalten konnte.[72] In dem einen Fall, in dem die Ernennung nicht innerhalb von 24 Stunden erfolgte, hat der Antragsteller den Antrag an einem Freitagabend an eine Emailadresse geschickt, die nicht durchgehend überwacht wird.[73] Eine Ernennung erfolgte aber am folgenden Montag, innerhalb weniger Stunden nach Sichtung der Email.

Ähnliche Geschwindigkeiten bietet wohl das SIAC. Bei der Überarbeitung der Schiedsordnung 2016 wurde die Frist zur Ernennung des *Emergency Arbitrators* von einem Werktag[74] auf einen Tag reduziert. Damit wird die ohnehin übliche Praxis des SIAC, *Emergency Arbitrator* auch am Wochenende und an Feiertagen zu ernennen, zum Zwecke größerer Sichtbarkeit für die Nutzer in der Schiedsordnung verankert.[75]

III. Verfahren vor dem Emergency Arbitrator

Wenige Hinweise geben die Schiedsordnungen zur Gestaltung des *Emergency*-Verfahrens. Im Wesentlichen ist der *Emergency Arbitrator* frei darin, das Verfahren in Anbetracht der Dringlichkeit des Anliegens so auszugestalten, wie er es für erforderlich hält.[76] Das entspricht letztlich auch den offenen Vorgaben, die einem Hauptsacheschiedsgericht gemacht werden.[77]

Es gibt lediglich die Vorgabe, jeder Partei die Möglichkeit einzuräumen, die eigene Sichtweise vorzutragen.[78] Dazu ist aber keine persönliche Anhörung erforderlich, sondern es können auch andere Medien gewählt werden.[79] Manche

---

[72] SCC Statistics 2016, S. 12; SCC, APRAG Conference 2013, S. 7; vgl. auch die einzelnen Fallberichte bei *Lundstedt,* Emergency Arbitrator Decisions, S. 3, 6, 8, 11, 13, 15, 17, 20, 23 sowie bei *Knapp,* Emergency Arbitrator Decisions Rendered 2014, S. 3 u. 7.

[73] *Knapp,* Emergency Arbitrator Decisions Rendered 2014, S. 5.

[74] Art. 2 SIAC EA Rules 2013.

[75] Vgl. *Boog/Raneda,* ASA Bulletin 34 (2016) 584, 599 sowie die Aussagen eines Mitarbeiters des SIAC im persönlichen Gespräch.

[76] Art. 5 (2) ICC EA Rules 2017; Art. 9.7 LCIA Rules 2014; Art. 10 HKIAC EA Rules 2018; Art. 7 SCC EA Rules 2017 i.V.m. Art. 23 (1) SCC Rules 2017; Art. 43 (6) Swiss Rules 2012; vgl. auch die Hintergründe der Regelung bei *Bao,* Chapter 14, in: Ziyaeva, et al. (Hrsg.), Interim and Emergency Relief, S. 276.

[77] Vgl. zu den Vorgaben zur Verfahrensgestaltung, die einem Hauptsacheschiedsgericht gemacht werden: Art. 22 (2) ICC Rules 2017; Art. 19.1 SIAC Rules 2016; Art. 13.1 HKIAC Rules 2018; Art. 23 (1) SCC Rules 2017; Art. 20 (1) ICDR Rules 2014; Art. 15 (1) Swiss Rules 2012.

[78] Art. 5 (2) ICC EA Rules 2017; Art. 9.7 LCIA Rules 2014; Art. 7 SIAC EA Rules 2016; Art. 13.1 HKIAC Rules 2018; Art. 7 SCC EA Rules 2017 i.V.m. Art. 23 (2) SCC Rules 2017; Art. 6 (3) ICDR Rules 2014; Art. 43 (6) Swiss Rules 2012.

[79] Art. 9.7 LCIA Rules 2014; Art. 7 SIAC EA Rules 2016; Art. 6 (3) ICDR Rules 2014.

Schiedsordnungen erlauben jedoch einen Verzicht auf jede Form der Anhörung.[80]

Neben dem *Emergency Arbitrator* bleibt die jeweilige Schiedsorganisation mit administrativen Aufgaben in das Verfahren involviert, die in ihrer Bedeutung über eine bloße „backseat role“[81] hinausgehen. So entscheidet die Schiedsorganisation über Ablehnungsanträge gegen den *Emergency Arbitrator*[82] und ernennt gegebenenfalls einen Ersatzschiedsrichter.[83] Daneben kann die Schiedsorganisation die Frist verlängern innerhalb derer der *Emergency Arbitrator* entscheiden muss.[84] Zudem kann die Schiedsorganisation das *Emergency*-Verfahren beenden, wenn die Schiedsklage nicht rechtzeitig eingereicht wurde.[85] haben die Parteien keinen Schiedsort vereinbart und gibt die Schiedsordnung keinen *Emergency*-Ort vor,[86] so legt die Schiedsorganisation einen *Emergency*-Ort fest.[87] LCIA und SIAC dürfen darüber hinaus Fristen abkürzen,[88] das SIAC prüft den Beschluss des *Emergency Arbitrators* auf formale Richtigkeit[89] und der Präsident des Gerichtshofs der ICC entscheidet bei Unklarheiten und Lücken in den *Emergency Arbitrator Rules*.[90]

---

[80] Art. 9.7 LCIA Rules 2014 („if possible“); Art. 8 SIAC EA Rules 2016 („pending any hearing“); Art. 43 (8) Swiss Rules 2012 i.V.m. Art. 26 (3) Swiss Rules 2012; siehe auch die ausführliche Diskussion des *ex parte*-Verfahrens in Kapitel 5.B.

[81] *Grierson/van Hooft,* Arbitrating under the 2012 ICC Rules, S. 67.

[82] Art. 3 (2) ICC EA Rules 2017; Art. 9.6 LCIA Rules 2014 i.V.m. Art. 10.6 LCIA Rules 2014; Art. 7 HKIAC EA Rules 2018 i.V.m. Art. 11.9 HKIAC Rules 2018; Art. 4 (3) SCC EA Rules 2017 i.V.m. Art. 19 (5) SCC Rules 2017; Art. 43 (4) Swiss Rules 2012 i.V.m.Art. 11 (2) Swiss Rules 2012.

[83] Art. 8 HKIAC EA Rules 2018.

[84] Art. 6 (4) ICC EA Rules 2017; Art. 9.8 LCIA Rules 2014; Art. 9 SIAC EA Rules 2016; Art. 12 HKIAC EA Rules 2018; Art. 8 (1) SCC EA Rules 2017; Art. 43 (7) Swiss Rules 2012.

[85] Art. 1 (6) ICC EA Rules 2017; Art. 43 (3) Swiss Rules 2012.

[86] Einen *Emergency*-Ort legen fest: Art. 9.13 LCIA Rules 2014 i.V.m. Art. 16.2 LCIA Rules 2014: London; Art. 9 HKIAC EA Rules 2018: Hong Kong; Art. 4 SIAC EA Rules 2016: Singapur.

[87] Art. 4 (1) ICC EA Rules 2017; Art. 5 SCC EA Rules 2017; Art. 43 (5) Swiss Rules 2012.

[88] Art. 9.13 LCIA Rules 2014; Art. 14 SIAC EA Rules 2016.

[89] Art. 9 SIAC EA Rules 2016.

[90] Art. 8 (1) ICC EA Rules 2017.

C. Die Entscheidung des Emergency Arbitrators

I. Form der Entscheidung

Am Ende des *Emergency*-Verfahrens steht eine Entscheidung des *Emergency Arbitrators*, in der er die begehrte Maßnahme entweder anordnet oder den Antrag zurückweist. In welcher Form die Entscheidung ergeht, unterscheidet sich zwischen den Schiedsordnungen.

LCIA, SIAC und ICDR lassen dem *Emergency Arbitrator* die Wahl, ob er einen Schiedsspruch („award") oder einen Beschluss („order") erlässt.[91] Die Wahl der einen oder anderen Form hat bei LCIA und ICDR Konsequenzen für die geltenden Formvorschriften,[92] hat innerhalb der Schiedsordnung ansonsten aber keine Bedeutung. Die SCAI hingegen erlaubt nur den Erlass eines vorläufigen Schiedsspruchs („interim award"), einstweilige Anordnungen in der Form von Beschlüssen kennen die Swiss Rules 2012 nicht.[93] Bei der ICC ergeht die Entscheidung des *Emergency Arbitrators* stets als Beschluss („order"),[94] um sie von der aufwendigen Überprüfung auszunehmen, die Art. 34 ICC Rules 2017 für jeden Schiedsspruch vorsieht.[95] SCC und HKIAC wiederum enthalten sich einer Einordnung als Schiedsspruch oder Beschluss und bezeichnen die Entscheidung des *Emergency Arbitrators* schlicht als „Emergency Decision".[96]

II. Voraussetzungen der Emergency-Anordnung

Von zentraler Bedeutung für Parteien und *Emergency Arbitrator* sind die Voraussetzungen, die erfüllt sein müssen, damit eine *Emergency*-Anordnung ergehen kann. Hierzu machen die Schiedsordnungen nur wenige Vorgaben.

---

[91] Art. 9.8 LCIA Rules 2014; Art. 8 SIAC EA Rules 2016; Art. 6 (4) ICDR Rules 2014.

[92] LCIA: Schiedssprüche müssen unterschrieben sein (Art. 9.9 LCIA Rules 2014 i.V.m. Art. 26.2 LCIA Rules 2014), bei Beschlüssen gibt es diese Vorgabe nicht (Art. 9.9 LCIA Rules 2014); ICDR: keine Formvorschriften für Beschlüsse, Schiedssprüche müssen schriftlich niedergelegt (Art. 30 (1) ICDR Rules 2014), begründet (Art. 6 (4) ICDR Rules 2014) und unterschrieben (Art. 30 (2) ICDR Rules 2014) sein.

[93] Art. 43 (1) Swiss Rules 2012 i.V.m. Art. 26 (2) Swiss Rules 2012; Arroyo/*Habegger*, Art. 43 Swiss Rules 2012 Rn. 41 behauptet allerdings, *Emergency*-Anordnungen könnten auch in der Form von Beschlüssen ergehen.

[94] Art. 6 (1) ICC EA Rules 2017 i.V.m. Art. 29 (2) ICC Rules 2017.

[95] Arroyo/*Boog*, Art. 29 ICC Rules 2012 Rn. 34; Arroyo/*Boog*, Appendix V ICC Rules 2012 Rn. 50.

[96] Art. 12 HKIAC EA Rules 2018; Art. 8 (1) SCC EA Rules 2017.

1. Zuständigkeit

Damit der *Emergency Arbitrator* eine *Emergency*-Anordnung erlassen kann, muss er zuständig sein.[97] Zu den Voraussetzungen der Zuständigkeit äußern sich lediglich die ICC Rules 2017 in Art. 29 (5) u. (6), die über den Wortlaut hinaus auch vom *Emergency Arbitrator* zu berücksichtigen sind.[98] Die wichtigste Aussage zur Zuständigkeit findet sich in Art. 29 (5) ICC Rules 2017. Danach können nur Rechtssubjekte, die selbst eine Schiedsvereinbarung unterschrieben haben oder Rechtsnachfolger eines entsprechenden Rechtssubjekts sind, Parteien in einem *Emergency*-Verfahren werden. Komplexe Entscheidungen über „non-signatories" sollen aus dem *Emergency*-Verfahren ausgeklammert werden.[99]

Die übrigen Schiedsordnungen machen keine detaillierten Vorgaben zur Zuständigkeit des *Emergency Arbitrators*. Voraussetzung ist eine wirksame Schiedsvereinbarung, die das *Emergency*-Verfahren nicht ausschließt. Das ergibt sich schon daraus, dass die Schiedsgerichtsbarkeit auf Parteiautonomie beruht und die Schiedsordnungen zusammen mit dem Antrag auf Ernennung eines *Emergency Arbitrators* eine Kopie der Schiedsvereinbarung verlangen.[100]

Unklar bleibt jedoch, ob sich der *Emergency Arbitrator* mit einer überschlägigen Prüfung der Wirksamkeit zufriedengeben darf. Das ist im Ergebnis zu bejahen,[101] denn das *Emergency*-Verfahren bietet nicht den Raum, um umfassend die Wirksamkeit der Schiedsvereinbarung zu prüfen. Die Schiedsordnungen erwarten dies offenbar auch nicht, denn das Hauptsacheschiedsgericht ist nicht an die Zuständigkeitsentscheidung des *Emergency Arbitrators* gebunden.[102] Eine intensive Prüfung der Wirksamkeit der Schiedsvereinbarung wäre

---

[97] Einige Schiedsordnungen sehen ausdrücklich vor, dass der *Emergency Arbitrator* über seine Zuständigkeit entscheidet: Art. 6 (2) ICC EA Rules 2017; Art. 9.13 LCIA Rules 2014 i.V.m. Art. 23.1 LCIA Rules 2014; Art. 7 SIAC EA Rules 2016; Art. 11 HKIAC EA Rules 2018; Art. 6 (3) ICDR Rules 2014; siehe außerdem *Lundstedt,* Emergency Arbitrator Decisions, S. 7; Zuberbühler/Müller/Habegger/*Meier,* Swiss Rules 2012, Art. 43 Rn. 47; Arroyo/*Habegger*, Art. 43 Swiss Rules 2012 Rn. 52.

[98] Arroyo/*Boog*, Appendix V ICC Rules 2012 Rn. 58; *Fry/Greenberg/Mazza,* The Secretariat's Guide to ICC Arbitration, Rn. 3.1083; *Webster/Bühler,* Handbook of ICC Arbitration, Art. 29 Rn. 29.84.

[99] Zuberbühler/Müller/Habegger/*Meier,* Swiss Rules 2012, Art. 43 Rn. 47.

[100] Art. 1 (3)(f) ICC EA Rules 2017; Art. 2 (f) HKIAC EA Rules 2018; Art. 2 (iv) SCC EA Rules 2017; Art. 43 (1) Swiss Rules 2012 i.V.m. Art. 3 (3)(b) Swiss Rules 2012.

[101] Ebenso die Entscheidung eines *Emergency Arbitrators* der SCC; die Entscheidung wird beschrieben bei *Lundstedt,* Emergency Arbitrator Decisions, S. 7, diese Quelle zitierend, aber ohne eigene Wertung: *Hanessian,* Chapter 14, in: Newman/Hill (Hrsg.), The Leading Arbitrators' Guide, S. 356.

[102] So ausdrücklich: Art. 7 SIAC EA Rules 2016; das Gleiche ergibt sich bei den übrigen Schiedsordnungen daraus, dass das Hauptsacheschiedsgericht nicht an die Entscheidung des *Emergency Arbitrators* gebunden ist: Art. 29 (3) ICC Rules 2017; Art. 9.11 LCIA Rules

daher möglicherweise umsonst, wenn sich das Hauptsacheschiedsgericht letztlich anders entscheidet.

Um festzustellen, ob der *Emergency Arbitrator* zuständig ist, muss er daher nur prüfen, ob es allem Anschein nach eine wirksame Schiedsvereinbarung gibt, die das *Emergency*-Verfahren nicht ausschließt.

2. *Notfall*

Eine *Emergency*-Anordnung darf nur erlassen werden, wenn es einen Notfall („(case of) emergency")[103] oder Dringlichkeit („urgency" oder „urgent")[104] gibt. Der Notfall bzw. die Dringlichkeit ist Rechtfertigungsgrund dafür, den Antragsgegner in einem besonders schnellen Verfahren hohem zeitlichen Druck auszusetzen[105] und ihn mit einem Schiedsrichter zu konfrontieren, der in Abweichung zu den Standardbestimmungen der Schiedsordnung ernannt wurde.[106] Die Beschränkung auf Notfälle wird zudem als erforderlich angesehen, um einen Missbrauch des *Emergency*-Verfahrens zu verhindern.[107]

Nicht alle Schiedsordnungen definieren, was sie unter einem Notfall verstehen. Aus dem Zusammenhang der Schiedsordnungen und dem Zweck des *Emergency Arbitrators* ergibt sich aber, dass nach allen Schiedsordnungen ein Notfall vorliegt, wenn die begehrte Maßnahme so dringend erforderlich ist, dass ein Hauptsacheschiedsgericht darüber nicht rechtzeitig entscheiden kann. In den einzelnen Schiedsordnungen lässt sich das folgendermaßen begründen:

a) *ICC, HKIAC und SCAI*

Eine mögliche Definition des Notfalles (dort als Dringlichkeit („urgent") bezeichnet) findet sich in den ICC Rules 2017, den HKIAC Rules 2018 und den Swiss Rules 2012. Alle drei machen die *Emergency*-Anordnung davon abhän-

---

2014; Art. 11 HKIAC EA Rules 2018 i.V.m. Art. 23.5 HKIAC Rules 2018; Art. 9 (5) SCC EA Rules 2017; Art. 6 (5) ICDR Rules 2014; Art. 43 (8) Swiss Rules 2012.

[103] Art. 9.4 LCIA Rules 2014; Art. 1 SIAC EA Rules 2016; Art. 6 (1) ICDR Rules 2014.

[104] Art. 29 (1) ICC Rules 2017; Art. 2 (d) HKIAC EA Rules 2018; Art. 43 (1)(a) Swiss Rules 2012.

[105] Vgl. *Park/Richardson,* Asian Dispute Review 2016, 174.

[106] Zuberbühler/Müller/Habegger/*Meier,* Swiss Rules 2012, Art. 43 Rn. 14.

[107] *Sesser/Voser,* SchiedsVZ 2012, 120, 126; *Ghaffari/Walters*, 30(1) Arb.Int. 153, 157 f. (2014); Arroyo/*Boog*, Art. 29 ICC Rules 2012 Rn. 30.

gig, dass die vorläufige Maßnahme so dringend erforderlich ist, dass die Bildung des Schiedsgerichts nicht abgewartet werden kann.[108] Maßgeblich ist somit nicht allein die Dringlichkeit des Vorbringens an sich, sondern auch, wie schnell ein Hauptsacheschiedsgericht eingesetzt werden kann.[109]

Über den Wortlaut hinaus ist diese Definition zu ergänzen:[110] Eine *Emergency*-Anordnung ist auch dann gerechtfertigt, wenn zwar das Hauptsacheschiedsgericht rechtzeitig gebildet werden könnte, es aber nicht rechtzeitig eine eigene Anordnung erlassen kann.[111] Allein die Konstituierung des Hauptsacheschiedsgerichts garantiert nämlich nicht, dass dieses sofort eine Eilmaßnahme erlassen kann. So muss sich das Schiedsgericht selbst erst organisieren und muss zudem die Parteien hinsichtlich der Eilmaßnahme anhören.

Dass es nicht allein auf die Konstituierung des Hauptsacheschiedsgerichts, sondern auf dessen Entscheidungsfähigkeit ankommt, wird dadurch bestärkt, dass ein rechtzeitig ernannter *Emergency Arbitrator* auch nach Konstituierung des Schiedsgerichts noch eine *Emergency*-Anordnung treffen darf.[112] Ab diesem Zeitpunkt steht ein Schiedsgericht zur Verfügung. Eine *Emergency*-Anordnung dürfte nach dem Wortlaut der Schiedsordnungen daher nicht mehr erlassen werden, denn die Konstituierung des Schiedsgerichts muss nicht mehr abgewartet werden. Eine *Emergency*-Anordnung kann hingegen weiterhin erlassen werden, wenn es nur darauf ankommt, ob das Schiedsgericht die Anordnung rechtzeitig selbst treffen kann.

b) LCIA

Keine Definition des Notfalls („case of emergency")[113] findet sich in den LCIA Rules 2014.[114] Aus der Struktur der Schiedsordnung ergibt sich jedoch auch hier, dass ein Notfall vorliegt, wenn mit der einstweiligen Anordnung nicht so lange gewartet werden kann, bis das Hauptsacheschiedsgericht entscheiden kann. Der *Emergency Arbitrator* hat nämlich immer die Option, den Antrag auf Erlass der einstweiligen Anordnung an das Hauptsacheschiedsgericht zu

---

[108] Art. 29 (1) ICC Rules 2017 und Art. 1 (3)(e) ICC EA Rules 2017: „urgent interim measures that cannot await the constitution of an arbitral tribunal"; Art. 2 (d) HKIAC EA Rules 2018: „Emergency Relief on an urgent basis that cannot await the constitution of an arbitral tribunal"; Art. 43 (1) Swiss Rules 2012: „requiring urgent interim measures […] before the arbitral tribunal is constituted".

[109] Zu den ICC Rules: *Webster/Bühler,* Handbook of ICC Arbitration, Art. 29 Rn. 29.83; zu den Swiss Rules: Arroyo/*Habegger*, Art. 43 Swiss Rules 2012 Rn. 59; Zuberbühler/Müller/Habegger/*Meier,* Swiss Rules 2012, Art. 43 Rn. 14.

[110] Vgl. *Webster/Bühler,* Handbook of ICC Arbitration, Art. 29 Rn. 29.83.

[111] *Webster/Bühler,* Handbook of ICC Arbitration, Art. 29 Rn. 29.83.

[112] Art. 2 (2) ICC EA Rules 2017; Art. 13 HKIAC EA Rules 2018; Art. 43 (7) Swiss Rules 2012.

[113] Art. 9.4 LCIA Rules 2014.

[114] *Scherer/Richman/Gerbay,* 2014 LCIA Rules, S. 5.

verweisen, statt selbst zu entscheiden.[115] Zweckmäßigerweise wird der *Emergency Arbitrator* verweisen, wenn die Anordnung so viel Aufschub duldet, dass das Schiedsgericht selbst über den Antrag entscheiden kann. Der *Emergency Arbitrator* sollte eine *Emergency*-Anordnung hingegen nur dann selbst erlassen, wenn das Schiedsgericht die Anordnung nicht rechtzeitig selbst treffen kann.

c) SIAC, ICDR und SCC

Keinerlei Anhaltspunkte für die Definition des Notfalls finden sich in den SIAC Rules 2016, den ICDR Rules 2014 und den SCC Rules 2017; abgesehen von der Bezeichnung als *Emergency Arbitrator* findet sich in den SCC Rules 2017 noch nicht einmal ein Hinweis auf das Erfordernis eines Notfalls.

Dennoch wird die gleiche Definition für den Notfall vorgeschlagen wie bei den übrigen Schiedsordnungen: Eine *Emergency*-Anordnung darf nur ergehen, wenn eine Entscheidung durch das Schiedsgericht nicht abgewartet werden kann.[116] Diese Definition ist durch die allgemeine Überlegung zu rechtfertigen, dass der *Emergency Arbitrator* eine untergeordnete Funktion zum Hauptsacheschiedsgericht einnimmt.[117] Deutlich wird die Unterordnung vor allem an der Kompetenz des Hauptsacheschiedsgerichts, die *Emergency*-Anordnung aufzuheben oder zu ändern.[118] Das Hauptsacheschiedsgericht übernimmt daher später ohnehin die Verantwortung für die *Emergency*-Anordnung. Ihm sollte nur vom *Emergency Arbitrator* vorgegriffen werden, wenn das erforderlich ist, weil nicht abgewartet werden kann, bis das Schiedsgericht selbst entscheiden kann. Auch nach den SIAC Rules 2016, ICDR Rules 2014 und SCC Rules 2017 sind einstweilige Anordnungen damit nur dann zulässig, wenn ein Hauptsacheschiedsgericht nicht rechtzeitig entscheiden kann.[119]

---

[115] Art. 9.8 LCIA Rules 2014.

[116] Für die SIAC Rules 2016: *Mangan/Reed/Choong,* A Guide to the SIAC Arbitration Rules, Chapter 11 Rn. 11.30; für die SCC Rules: Erörterungen eines *Emergency Arbitrators* in einem SCC-*Emergency*-Verfahren; die Entscheidung ist dargestellt bei *Knapp,* Emergency Arbitrator Decisions Rendered 2014, S. 6 f. (die Erörterung erfolgte zu den SCC Rules 2010, kann aber auf die SCC Rules 2017 übertragen werden, da sich keine relevanten Vorschriften geändert haben).

[117] Siehe Kapitel 1.A.

[118] Art. 10 SIAC EA Rules 2016; Art. 6 (5) ICDR Rules 2014; Art. 9 (4)(i) SCC EA Rules 2017.

[119] Im Ergebnis ebenso *Mangan/Reed/Choong,* A Guide to the SIAC Arbitration Rules, Chapter 11 Rn. 11.30; vgl. auch die Entscheidung eines *Emergency Arbitrators* bei der SCC, nachgewiesen bei *Knapp,* Emergency Arbitrator Decisions Rendered 2014, S. 6 f.

3. Weitere Voraussetzungen

Weitere Voraussetzungen für den Erlass einstweiliger Maßnahmen lassen sich den meisten Schiedsordnungen nicht entnehmen.[120] Die Schiedsordnungen gestehen dem *Emergency Arbitrator* das Recht zu, einstweilige Maßnahmen zu erlassen, die er für erforderlich („necessary")[121] oder angemessen („appropriate")[122] hält.[123] Lediglich das HKIAC hat sich bei der Reform der Schiedsregeln 2018 entschieden, Richtlinien in die Schiedsordnung aufzunehmen, an die sich das Schiedsgericht bzw. der *Emergency Arbitrator* halten kann.[124]

Die Vorgaben des HKIAC entsprechen dabei denjenigen, auf die auch sonst für einstweilige Anordnungen durch ein Schiedsgericht gelten und auf die auch für den Erlass von *Emergency*-Anordnungen zurückgegriffen wird.[125] Dies wiederum orientiert sich an Art. 17A (1) UNCITRAL ModG 2006.[126] Als Voraussetzungen genannt werden demnach:

- der Nachweis von „irreparable harm",[127] ggf. ergänzt um das Erfordernis, dass der Schaden des Antragstellers bei Verzicht auf die Maßnahme größer ist als der Schaden, den der Antragsgegner durch die Maßnahme erleidet (vgl. Art. 17A (1)(a) UNCITRAL ModG 2006; Art. 23.4 (a) HKIAC Rules 2018),[128]
- die Glaubhaftmachung eines Anspruchs, der zumindest dem ersten Anschein nach besteht (vgl. Art. 17A (1)(b) UNCITRAL ModG 2006; Art. 23.4 (b) HKIAC Rules 2018)[129] sowie

---

[120] Vgl. für die Swiss Rules 2012: Zuberbühler/Müller/Habegger/*Meier,* Swiss Rules 2012, Art. 43 Rn. 48.

[121] Art. 8 SIAC EA Rules 2016; Art. 6 (4) ICDR Rules 2014.

[122] Art. 1 (2) SCC EA Rules 2017 i.V.m. Art. 37 (1) SCC Rules 2017.

[123] Vgl. auch den Hinweis auf ein *Emergency*-Verfahren bei der SCC: *Lundstedt,* Emergency Arbitrator Decisions, S. 13.

[124] Art. 23.4 HKIAC Rules 2018

[125] *Webster/Bühler,* Handbook of ICC Arbitration, Art. 29 Rn. 29.85.

[126] Vgl. z.B. Zuberbühler/Müller/Habegger/*Meier,* Swiss Rules 2012, Art. 43 Rn. 48.

[127] *Born,* International Commercial Arbitration, S. 2468; *Lundstedt,* Emergency Arbitrator Decisions, S. 25; *Knapp,* Emergency Arbitrator Decisions Rendered 2014, S. 9; Zuberbühler/Müller/Habegger/*Meier,* Swiss Rules 2012, Art. 43 Rn. 48; *Webster/Bühler,* Handbook of ICC Arbitration, Art. 29 Rn. 29.86 sowie im Einzelnen die Zusammenfassungen zu verschiedenen Verfahren vor einem SCC *Emergency Arbitrator* bei *Lundstedt,* Emergency Arbitrator Decisions, S. 5, 7, 14, 18 und *Knapp,* Emergency Arbitrator Decisions Rendered 2014, S. 4, 6 f., 9.

[128] *Born,* International Commercial Arbitration, S. 2470; *Webster/Bühler,* Handbook of ICC Arbitration, Art. 29 Rn. 29.86.

[129] *Born,* International Commercial Arbitration, S. 2467; Zuberbühler/Müller/Habegger/*Meier,* Swiss Rules 2012, Art. 43 Rn. 48; *Lundstedt,* Emergency Arbitrator Decisions, S. 25; *Webster/Bühler,* Handbook of ICC Arbitration, Art. 29 Rn. 29.86 sowie im Einzelnen zu verschiedenen SCC *Emergency*-Verfahren: *Lundstedt,* Emergency Arbitrator Decisions, S. 7, 14.

– ein Verbot der Vorwegnahme der Hauptsache.[130]

Einer intensiveren Beschäftigung mit den Voraussetzungen der Anordnung bedarf es im Rahmen dieser Arbeit nicht, da dies vorrangig den inneren Verfahrensablauf betrifft und wenig Anlass gibt, Spannungen zwischen den Schiedsordnungen und der ZPO anzunehmen, die ebenfalls keine Anforderungen für den Erlass einer einstweiligen Anordnung normiert.

III. Mögliche Inhalte einer Emergency-Anordnung

Welchen Inhalt eine *Emergency*-Anordnung haben kann, geben die Schiedsordnungen nicht vor. Denkbar sind alle Anordnungen, die erforderlich sind, um mindestens eine Partei vor Schaden zu bewahren, der verursacht wird, weil das Schiedsverfahren einige Zeit dauert.[131] Eine Einteilung möglicher Anordnungen ist in Art. 17 (2) UNCITRAL ModG 2006 aufgeführt, die auch für *Emergency*-Anordnungen als Leitlinie gelten kann. Einstweilige Anordnungen können demnach dazu dienen, (a) den *status quo* zu Beginn des Verfahrens aufrechtzuerhalten oder wiederherzustellen, (b) Handlungen zu unterbinden, die geeignet sind, das Schiedsverfahren zu schädigen, (c) Vermögenswerte für eine spätere Vollstreckung aus einem Schiedsspruch oder (d) Beweise für das Verfahren zu sichern.

Zu beachten ist allerdings, dass mit einer *Emergency*-Anordnung nur die Parteien der Schiedsvereinbarung verpflichtet werden können.[132] Andere Personen, wie Gesellschafter und Organwalter einer Gesellschaft, können vom *Emergency Arbitrator* nicht verpflichtet werden.[133] Ist es dringend erforderlich, Dritte in die Pflicht zu nehmen, müssen gegebenenfalls kreative Lösungen gefunden werden. In einem *Emergency*-Verfahren wurde die beklagte Gesellschaft beispielsweise verpflichtet, auf ihren einzigen Gesellschafter und Geschäftsführer einzuwirken, eine bestimmte Handlung zu unterlassen.[134]

---

[130] *Born,* International Commercial Arbitration, S. 2467; *Park/Richardson,* Asian Dispute Review 2016, 174, 175; BeckOK ZPO/*Wolf/Eslami*, Stand: 01.03.2018, § 1041 Rn. 7 sowie die Zusammenfassung eines SCC *Emergency*-Verfahrens bei *Lundstedt,* Emergency Arbitrator Decisions, S. 9.

[131] *Born,* International Commercial Arbitration, S. 2480.

[132] *Leitzen,* Die Anordnung vorläufiger oder sichernder Maßnahmen, S. 105; *Tallent,* Chapter 15, in: Ziyaeva, et al. (Hrsg.), Interim and Emergency Relief, S. 292; *Yeşilirmak,* Provisional Measures, Rn. 3.24.

[133] Vgl. dazu auch die Entscheidung eines *Emergency Arbitrators* der SCC: *Lundstedt,* Emergency Arbitrator Decisions, S. 3–5.

[134] So der Bericht einer der am Verfahren beteiligten Anwälte.

Unproblematisch sind demgegenüber Fälle, in denen Dritte mittelbar betroffen sind. Gemeint sind insbesondere Veräußerungsverbote.[135] Diese beeinträchtigten jeden potentiellen Erwerber des streitbefangenen Gegenstands, weil der Verkäufer den begehrten Gegenstand nun nicht mehr veräußern darf. Solange der Erwerber nicht selbst verpflichtet wird, vom Erwerb Abstand zu nehmen, ist das Veräußerungsverbot nicht anders zu behandeln als jedes vertragliche Veräußerungsverbot.[136] Es ist daher grundsätzlich zulässig.[137]

In der Vergangenheit wurden beispielsweise die folgenden *Emergency*-Anordnungen erlassen oder zumindest beantragt:

- *Yahoo!* wurde verpflichtet, mit der Überführung einer Datenbank in ein System von *Microsoft* fortzufahren, weil ein Abwarten die gesamten Vorbereitungen entwertet hätte.[138]
- Das Unternehmen *Chinmax*, das sich verpflichtet hatte, Medizinprodukte in China zu registrieren, wurde verpflichtet, Informationen herauszugeben, die zur Registrierung erforderlich waren, nachdem *Chinmax* seiner vertraglichen Registrierungspflicht nicht nachgekommen ist.[139]
- Das Unternehmen *Microbix* wurde verpflichtet, seinem Vertragspartner *Irvine* Zugang zur Fabrikhalle zu verschaffen, damit *Irvine* Maschinen zeitweise unbrauchbar machen konnte, die *Microbix* einem Konkurrenten von *Irvine* zur Verfügung stellte, was gegen ein Wettbewerbsverbot zwischen *Microbix* und *Irvine* verstieß.[140]
- Ein Antragsgegner wurde verpflichtet, näher bezeichnete Geschäftsanteile an einer Tochtergesellschaft nicht zu veräußern.[141]
- Ein Antragsteller hatte beantragt, dass der Antragsgegner ein Treuhandkonto bei einer europäischen Bank einrichtet und eine näher genannte

---

[135] Vgl. zu einem Verbot Geschäftsanteile zu veräußern beispielsweise die Entscheidung eines SCC *Emergency Arbitrators*, nachgewiesen bei *Lundstedt,* Emergency Arbitrator Decisions, S. 10–12.

[136] *Leitzen,* Die Anordnung vorläufiger oder sichernder Maßnahmen, S. 107–108.

[137] *Lachmann,* Schiedsgerichtspraxis, Rn. 2897; entsprechend für die Zulässigkeit von Veräußerungsverboten mit (hoheitlich angeordneter) dinglicher Wirkung argumentierend: *Leitzen,* Die Anordnung vorläufiger oder sichernder Maßnahmen, S. 71; gegen die Zulässigkeit von schiedsrichterlich angeordneten Veräußerungsverboten plädieren: *Schwab,* Einstweiliger Rechtsschutz und Schiedsgerichtsbarkeit, in: Grunsky, et al. (Hrsg.), FS Baur, S. 639; *Lüke,* Probleme der Schiedsgerichtsbarkeit, in: Leonardy/Holschuh (Hrsg.), FS LG Saarbrücken, S. 313; Vgl. aus der US-Rechtsprechung außerdem: *Arrowhead Global Solutions, Inc. v. Datapath, Inc.*, 166 Fed.Appx. 39, 45 (5th Cir., 3 February 2006).

[138] Siehe die Darstellung in *Yahoo! Inc. v. Microsoft Corp.*, 983 F.Supp.2d 310, 312–315 (S.D.N.Y, 21 October 2013).

[139] *Chinmax Medical Systems Inc. v. Alere San Diego, Inc.*, 2011 WL 2135350 (S.D.Cal., 27 May 2011).

[140] *Rocky Mountain Biologicals, Inc. v. Microbix Biosystems, Inc.*, 986 F.Supp.2d 1187, 1195 (D. Montana, 30 October 2013).

[141] *Lundstedt,* Emergency Arbitrator Decisions, S. 10–12.

Summe einzahlt;[142] der Antrag wurde allerdings abgelehnt, weil er im konkreten Fall nicht dringlich war.[143]

IV. Beendigungsgründe für die Emergency-Anordnung

Die Anordnung des *Emergency Arbitrators* ist auf begrenzte Dauer angelegt und kann aus vielfältigen Gründen beendet werden. In allen Schiedsordnungen verliert die Maßnahme ihre Wirksamkeit durch entsprechende Entscheidung des *Emergency Arbitrators* oder des Hauptsacheschiedsgerichts.[144] Daneben endet die Maßnahme mit Erlass eines Endschiedsspruchs, sofern das Schiedsgericht nichts anderes bestimmt,[145] sowie bei jeder sonstigen Beendigung des Schiedsverfahrens.[146]

Darüber hinaus verliert die *Emergency*-Anordnung nach manchen Schiedsordnungen ihre Wirkung, wenn das Schiedsverfahren nicht weiter betrieben wird. So verliert die Anordnung bei ICC, SCC und SCAI die Wirkung, wenn nicht rechtzeitig Schiedsklage eingereicht wird,[147] HKIAC, SIAC und SCC beenden die *Emergency*-Anordnung zudem, wenn innerhalb von 90 Tagen kein Hauptsacheschiedsgericht konstituiert wurde.[148]

Eine Besonderheit weist die ICC auf. Dort verliert die einstweilige Anordnung ihre Wirkung auch dann, wenn der *Emergency Arbitrator* nach Erlass der Anordnung erfolgreich abgelehnt wird.[149]

D. Verhältnis des Emergency Arbitrators zum staatlichen Gericht

Alle Schiedsordnungen formulieren den Anspruch, das *Emergency*-Verfahren lediglich als zusätzliche Option zur Verfügung zu stellen. Anträge auf einst-

---

[142] *Knapp,* Emergency Arbitrator Decisions Rendered 2014, S. 6.

[143] *Knapp,* Emergency Arbitrator Decisions Rendered 2014, S. 7.

[144] Art. 6 (8) ICC EA Rules 2017; Art. 29 (3) ICC Rules 2017; Art. 9.11 LCIA Rules 2014; Art. 10 SIAC EA Rules 2016; Art. 17 (a) HKIAC EA Rules 2018; Art. 11 HKIAC EA Rules 2018 i.V.m. Art. 23.5 HKIAC Rules 2018; Art. 9 (4)(i) SCC EA Rules 2017; Art. 6 (5) ICDR Rules 2014; Art. 43 (8) Swiss Rules 2012.

[145] Art. 6 (6)(c) ICC EA Rules 2017; Art. 10 SIAC EA Rules 2016; Art. 17 (d) HKIAC EA Rules 2018; Art. 9 (4)(ii) SCC EA Rules 2017; Art. 43 (10) Swiss Rules 2012.

[146] Art. 6 (6)(d) ICC EA Rules 2017; Art. 10 SIAC EA Rules 2016; Art. 17 (c) HKIAC EA Rules 2018; Art. 43 (10) Swiss Rules 2012.

[147] Art. 6 (6)(a) ICC EA Rules 2017; Art. 9 (4)(iii) SCC EA Rules 2017; Art. 43 (10) Swiss Rules 2012.

[148] Art. 10 SIAC EA Rules 2016; Art. 17 (d) HKIAC EA Rules 2018; Art. 9 (4)(iv) SCC EA Rules 2017.

[149] Art. 6 (6)(b) ICC EA Rules 2017.

weiligen Rechtsschutz vor dem staatlichen Gericht sollen daneben weiter zulässig bleiben.[150] Eine Einschränkung findet sich lediglich bei der ICC: Sobald die Ernennung eines *Emergency Arbitrators* beantragt wurde, soll der Gang zum staatlichen Gericht – nach Vorstellung der Schiedsordnung – nur noch bei geeigneten Umständen („appropriate circumstances“) zulässig sein. Geeignete Umstände sollen vorliegen, wenn eine unmittelbare Vollstreckung notwendig wird oder die Maßnahme vom *Emergency Arbitrator* nicht gewährt werden kann.[151]

E. Ergebnis: Definition des Emergency Arbitrators

Wesensmerkmale des *Emergency Arbitrators* sind damit die Folgenden:

Der *Emergency Arbitrator* wird von einer Schiedsorganisation eingesetzt, sofern noch kein Hauptsacheschiedsgericht besteht. Dem *Emergency Arbitrator* kommt eine reine Überbrückungsfunktion zu. Er darf Maßnahmen nur erlassen, wenn sie nicht rechtzeitig von einem Hauptsacheschiedsgericht zu erlangen sind. Sein Amt endet außerdem mit Konstituierung des Hauptsacheschiedsgerichts und seine Maßnahmen können vom Hauptsacheschiedsgericht aufgehoben und geändert werden.

Aus den genannten Wesensmerkmalen lässt sich die folgende Definition des *Emergency Arbitrators* ableiten: Ein *Emergency Arbitrator* ist eine Person, die auf Antrag einer Partei von einer neutralen Stelle aufgrund vorheriger Parteivereinbarung zeitweilig ernannt wird, um vor Konstituierung eines Hauptsacheschiedsgerichts eine Maßnahme des einstweiligen Rechtsschutzes zu erlassen, die so dringend erforderlich ist, dass eine Entscheidung des Hauptsacheschiedsgerichts nicht abgewartet werden kann.

---

[150] Art. 29 (7) ICC Rules 2017; Art. 9.12 LCIA Rules 2014; Art. 30.3 SIAC Rules 2016; Art. 20 HKIAC EA Rules 2018; Art. 37 (5) SCC Rules 2017; Art. 6 (7) ICDR Rules 2014; Art. 43 (1) Swiss Rules 2012 i.V.m. Art. 26 (5) Swiss Rules 2012.

[151] Arroyo/*Boog*, Art. 29 ICC Rules 2012 Rn. 58.

Kapitel 2

Qualifikation des Emergency Arbitrators als Schiedsgericht

Das deutsche Recht kennt einen *Emergency Arbitrator* nicht. Ausgangspunkt für alle weiteren Überlegungen ist es deshalb, den *Emergency Arbitrator* einem Institut des deutschen Rechts zuzuordnen, d.h. den *Emergency Arbitrator* zu qualifizieren.[1] Im folgenden Kapitel wird der *Emergency Arbitrator* als Schiedsgericht i.S.d. §§ 1025 ff. ZPO qualifiziert,[2] denn er entscheidet aufgrund einer privaten Vereinbarung einen bürgerlich-rechtlichen Streit, für den die Parteien des Schiedsverfahrens ein Schiedsgericht bestellen wollten (A.). Die Qualifikation als Schiedsgericht erfolgt im Einklang mit einem Teil der internationalen Literatur, die den *Emergency Arbitrator* ebenfalls als Schiedsgericht einstuft, wenn auch ohne direkten Bezug zur deutschen ZPO.[3]

Hauptsacheschiedsgericht und *Emergency Arbitrator* sind zudem so eng miteinander verzahnt, dass eine Trennung zwischen Hauptsacheschiedsgericht und *Emergency Arbitrator* von den Parteien nicht gewollt ist.[4] Beide müssen daher als Teile eines einheitlichen Schiedsgerichts verstanden werden, die ein einheitliches Schiedsverfahren i.S.d. ZPO durchführen[5] (B.). Durch die Behandlung als einheitliches Schiedsgericht, kann der *Emergency Arbitrator* – wie das Hauptsacheschiedsgericht – unproblematisch einstweilige Anordnungen nach § 1041 Abs. 1 ZPO erlassen, die das Hauptsacheschiedsgericht

---

[1] Der Begriff der Qualifikation wird hier dem IPR entlehnt, wo er die Subsumtion unter die Anknüpfungsgegenstände des Kollisionsrechts beschreibt (vgl. zur Qualifikation im IPR: MüKo BGB/*von Hein*, Einl. IPR Rn. 108–111). Hier geht es allerdings um die Subsumtion unter die Vorschriften der ZPO.

[2] Ebenso *S. Horn,* SchiedsVZ 2016, 22, 25.

[3] Arroyo/*Boog*, Art. 29 ICC Rules 2012 Rn. 37; *Ghaffari/Walters*, 30(1) Arb.Int. 153, 159 (2014); *Santacroce*, 31(2) Arb.Int. 283, 311 (2015); *Webster/Bühler,* Handbook of ICC Arbitration, Art. 29 Rn. 107; *Werdnik,* The Enforceability of Emergency Arbitrators' Decisions, in: Zeiler, et al. (Hrsg.), Austrian Yearbook on International Arbitration 2014, S. 274; *Yeşilirmak,* Provisional Measures, Rn. 4.74; a.A. (*Emergency Arbitrator* ist kein Schiedsgericht): *Baigel*, 31 J.Int.Arb. 1, 18 (2014); *Azelius/Bergqvist/Olsson*, 4 Juridisk Tidskrift 936, 941 (2009–2010); wohl auch: *Fry*, 7 Disp.Resol.Int'l 179, 192 f. (2013).

[4] *S. Horn,* SchiedsVZ 2016, 22, 25.

[5] Ähnlich für das Recht von Singapur von vor 2012: *Lye/Yeo/Miller*, 23 S.Ac.L.J. 93 Rn. 43 (2011).

später wieder aufheben oder ändern kann. Die Qualifikation als einheitliches Schiedsgericht wirft zwar auch Folgefragen auf, etwa welche Bedeutung dem *Emergency*-Ort zukommt,[6] ob mit Ernennung des *Emergency Arbitrators* der Antrag nach § 1032 Abs. 2 ZPO noch zulässig bleibt[7] und ob die Zuständigkeit des Schiedsgerichts bereits im *Emergency*-Verfahren gerügt werden muss.[8] Darauf lassen sich aber zufriedenstellende Antworten finden, wie in den folgenden Kapiteln ausführlich erörtert wird.

In manchen Konstellationen stellt sich zudem ein Sonderproblem. Nach einigen Schiedsordnungen ist ein *Emergency*-Verfahren auch dann zulässig, wenn die Schiedsvereinbarung geschlossen wurde, bevor die *Emergency Arbitrator Rules* in Kraft getreten sind. Es stellt sich dann die Frage, ob der *Emergency Arbitrator* als Schiedsgericht i.S.d. ZPO qualifiziert werden kann, obwohl sich die Parteien beim Abschluss der Schiedsvereinbarung keine Gedanken zum *Emergency Arbitrator* machen konnten. Im Ergebnis wird das bejaht. Das *Emergency*-Verfahren belastet die Parteien mit nichts grundsätzlich Neuem. Es verstößt daher unter Berücksichtigung von Treu und Glauben nicht gegen die anerkennenswerten Parteiinteressen (C.).

A. Emergency Arbitrator als Schiedsgericht

I. Definition des Schiedsgerichts

In der ZPO, anderen Rechtsordnungen oder dem UNCITRAL ModG 2006 gibt es keine Legaldefinition des Begriffs „Schiedsgericht".[9] Die deutsche Rechtsprechung und Literatur sind sich aber im Kern einig, dass Schiedsgerichte private Instanzen, bestehend aus einer oder mehreren Personen sind, denen durch private Willenserklärung die Aufgabe übertragen ist, bürgerliche Rechtsstreitigkeiten anstelle staatlicher Gerichte zu entscheiden.[10] Unerheblich ist es, ob die Parteien die Streitschlichtungsinstanz als Schiedsgericht oder Schiedsrichter bezeichnen.[11] Es kommt allein darauf an, wie die Kompetenzen der beauf-

---

[6] Siehe zum *Emergency*-Ort im Detail Kapitel 7.

[7] Siehe zu § 1032 Abs. 2 ZPO im Detail Kapitel 6.A.

[8] Siehe zu den Rügepflichten im *Emergency*-Verfahren im Detail unter Kapitel 6.B.

[9] Vgl. zur internationalen Rechtslage z.B. *Poudret/Besson/Berti,* Comparative Law of International Arbitration, Rn. 1 *Fry*, 7 Disp.Resol.Int'l 179, 186 f. (2013).

[10] Vgl. statt aller: OLG Frankfurt, Beschluss v. 05.04.2001 – 24 Sch 1/01, Rn. 12 (juris) = NJW-RR 2001, 1078; *Rosenberg/Schwab/Gottwald,* Zivilprozessrecht, § 175 Rn. 1; *Schwab/Walter,* Schiedsgerichtsbarkeit, Kapitel 1 Rn. 1; MüKo ZPO/*Münch*, Vorb. zu § 1025 Rn. 1.

[11] MüKo ZPO/*Münch*, Vorb. zu § 1025 Rn. 80 mit ausführlichen Nachweisen aus Rechtsprechung und Literatur; weniger streng aber *Berger,* SchiedsVZ 2006, 176, 180, der anhand der Wortwahl ein anderweitig gefundenes Ergebnis immerhin stützen will. Zu den „limits of

tragten Person ausgestaltet sind. Der *Emergency Arbitrator* erfüllt die Anforderungen dieser Definition, wobei allein das Merkmal „anstelle staatlicher Gerichte" Diskussionsbedarf hervorruft.

II. *Private Instanz zur Entscheidung bürgerlich-rechtlicher Streitigkeiten*

Ohne jeden Zweifel ist der *Emergency Arbitrator* eine private Instanz: Er wird nur aufgrund einer privatrechtlichen Schiedsvereinbarung ernannt,[12] das *Emergency*-Verfahren wird von einer Schiedsorganisation verwaltet, die keine hoheitlichen Aufgaben wahrnimmt[13] und der *Emergency Arbitrator* verfährt nach einer Schiedsordnung, die ebenfalls kein hoheitlicher Rechtsakt ist, sondern eine private Verfahrensvereinbarung.[14]

Der *Emergency Arbitrator* entscheidet zudem über eine bürgerlich-rechtliche Streitigkeit. Dieses Tatbestandsmerkmal des Schiedsgerichts folgt aus der Definition der Schiedsvereinbarung in § 1029 Abs. 1 ZPO i.V.m. § 13 GVG. Schiedsvereinbarungen sind danach Vereinbarungen, durch die die Parteien alle oder einzelne Streitigkeiten einem Schiedsgericht unterwerfen (§ 1029 Abs. 1 ZPO). Der Begriff der Streitigkeit wird unter Bezugnahme auf § 13 GVG als „bürgerliche Rechtsstreitigkeit" konkretisiert.[15]

Das Merkmal des „bürgerlichen" dient der Abgrenzung des Rechtswegs zu anderen Rechtswegen, wie etwa der Verwaltungsgerichtsbarkeit.[16] Im Rahmen der Handelsschiedsgerichtsbarkeit, die hier allein interessiert,[17] wird eine „bürgerliche" Angelegenheit verhandelt.

Der *Emergency Arbitrator* entscheidet zudem über eine Rechtsstreitigkeit. Rechtstreitigkeit meint jede Rechtsverfolgung aus einem Anspruch in einem zivilgerichtlichen Verfahren,[18] wobei nicht der Anspruch selbst streitig sein

---

nomenclature" bei der Qualifikation des *Emergency Arbitrators* als Schiedsrichter auch *Fry*, 7 Disp.Resol.Int'l 179, 186 (2013).

[12] Ebenso *Santacroce*, 31(2) Arb.Int. 283, 292 (2015); vgl. auch die Vorstellung des *Emergency Arbitrators* in Kapitel 1.

[13] Siehe nur Stein/Jonas/*Schlosser*, Vorb. vor § 1025 Rn. 15; ausführlich zur Schiedsorganisation *Wolf*, Die institutionelle Handelsschiedsgerichtsbarkeit.

[14] Vgl. auch *Schroeder*, Die lex mercatoria arbitralis, S. 46; *Spohnheimer*, Gestaltungsfreiheit, S. 104–105; Wieczorek/Schütze/*Schütze*, § 1025 Rn. 70.

[15] So ausdrücklich *Schwab/Walter*, Schiedsgerichtsbarkeit, Kapitel 3 Rn. 2, vgl. aber auch MüKo ZPO/*Münch*, § 1029 Rn. 76; *Rosenberg/Schwab/Gottwald*, Zivilprozessrecht, § 175 Rn. 3; Prütting/Gehrlein/*Prütting*, § 1025 Rn. 1; Wieczorek/Schütze/*Schütze*, § 1025 Rn. 23.

[16] MüKo ZPO/*Zimmermann*, § 13 GVG Rn. 1.

[17] Siehe zur Beschränkung der Arbeit auf die Handelsschiedsgerichtsbarkeit Einleitung.C. auf S. 17.

[18] MüKo ZPO/*Münch*, § 1029 Rn. 87; Prütting/Gehrlein/*Prütting*, § 1029 Rn. 9; *Schwab/Walter*, Schiedsgerichtsbarkeit, Kapitel 3 Rn. 3.

muss.[19] Eine Streitigkeit liegt daher immer vor, wenn eine gerichtliche Entscheidung möglich ist, also nicht lediglich eine Tatsache festgestellt oder eine theoretische Rechtsfrage beantwortet werden soll.[20] Der Begriff der Streitigkeit darf daher nicht zu eng interpretiert werden.[21] Diesen Anforderungen genügt eine Entscheidung über einstweilige Anordnungen:[22] Maßnahmen des einstweiligen Rechtsschutzes sind gerichtlicher Entscheidung zugänglich. Es werden nicht nur theoretische Fragen oder einzelne Tatsachen festgestellt, sondern Verhaltenspflichten der Parteien festgelegt oder festgestellt.[23] Zudem bleibt auch ein Gericht, das ausschließlich über einstweiligen Rechtsschutz entscheidet,[24] ein Gericht.[25] Gerichtliche Entscheidung über einstweiligen Rechtsschutz ist daher möglich. Gegenstand des *Emergency*-Verfahrens ist somit eine bürgerliche Rechtsstreitigkeit.

III. Abgrenzung zum Schiedsgutachten

Genauerer Betrachtung bedarf die Frage, ob der *Emergency Arbitrator* anstelle der staatlichen Gerichte über die Rechtsstreitigkeit entscheidet. Eine private Streitschlichtungsinstanz ist nur dann Schiedsgericht im Sinne der §§ 1025 ff. ZPO, wenn sie die staatsgerichtliche Entscheidung ersetzt.[26] Dieses Tatbestandsmerkmal fängt die umstrittene Abgrenzung zwischen Schiedsgericht und Schiedsgutachter auf.[27]

Grob gesprochen befindet der Schiedsgutachter nur über ein einzelnes Element eines Rechtsstreits, erlässt aber keinen urteilsgleichen Spruch, der den

---

[19] Prütting/Gehrlein/*Prütting*, § 1029 Rn. 9; *Schwab/Walter,* Schiedsgerichtsbarkeit, Kapitel 3 Rn. 3.

[20] *Schwab/Walter,* Schiedsgerichtsbarkeit, Kapitel 3 Rn. 4.

[21] *Schwab/Walter,* Schiedsgerichtsbarkeit, Kapitel 3 Rn. 7.

[22] So in anderem Kontext *Bandel,* Einstweiliger Rechtsschutz im Schiedsverfahren, S. 347.

[23] Im Ergebnis ebenso *Santacroce*, 31(2) Arb.Int. 283, 293 (2015), wenn auch nicht explizit zum deutschen Recht.

[24] Siehe z.B. § 942 Abs. 1 ZPO: Zuständigkeit des Amtsgerichts für einstweilige Verfügung am Belegenheitsort der Sache auch wenn keine Hauptsachezuständigkeit gegeben ist; Art. 35 Brüssel I-VO: trotz mangelnder internationaler Zuständigkeit in der Hauptsache bleibt ein Gericht für Eilmaßnahmen zuständig.

[25] *S. Horn,* SchiedsVZ 2016, 22, 25; *Webster/Bühler,* Handbook of ICC Arbitration, Art. 29 Rn. 106; *Santacroce*, 31(2) Arb.Int. 283, 299 f. (2015); vgl. auch zum *Pre-arbitral Referee Giessen,* Der Pre-Arbitral-Referee, S. 47.

[26] BGH, Urteil v. 04.06.1981 – III ZR 4/80, MDR 1982, 36; MüKo ZPO/*Münch*, § 1029 Rn. 90; Wieczorek/Schütze/*Schütze*, § 1025 Rn. 22; *Schwab/Walter,* Schiedsgerichtsbarkeit, Kapitel 3 Rn. 5; Stein/Jonas/*Schlosser*, Vorb. vor § 1025 Rn. 11.

[27] Vgl. BGH, Urteil v. 04.06.1981 – III ZR 4/80, MDR 1982, 36; *Schwab/Walter,* Schiedsgerichtsbarkeit, Kapitel 3 Rn. 5; Schütze/Tscherning/Wais/*Schütze*, Einleitung Rn. 35.

Rechtsstreit als Ganzes entscheidet.[28] Kommen die Parteien aufgrund des Schiedsgutachtens zu keiner Einigung, muss noch ein staatliches Gericht (oder ein Schiedsgericht[29]) entscheiden. Schiedsgutachter dienen regelmäßig dazu, lückenhafte oder streitträchtige Vertragsverhältnisse auszufüllen.[30] Das Schiedsgericht hingegen ersetzt das staatliche Gericht (fast) vollständig.[31] Eine allgemeine Definition des Schiedsgutachtens fällt jedoch schwer, da unter den Begriff des Schiedsgutachtens eine Vielzahl von Fallgestaltungen zu fassen sind.[32]

Die Rechtsfolgen von Schiedsgutachten und Schiedsgerichtsbarkeit unterscheiden sich (jedenfalls nach herrschender Meinung) deutlich.[33] Schiedsgutachten entspringen materiell-rechtlichen Verträgen ohne prozessuale Bedeutung, die im Ansatz in §§ 317 ff. BGB geregelt sind.[34] Die Vereinbarung eines Schiedsgerichts hat hingegen prozessuale Wirkungen[35] und unterfällt in §§ 1025 ff. ZPO einem umfassenden Regelungsregime. Aufgrund dieser Differenzierung bei den Rechtsfolgen, bietet die Abgrenzung zwischen Schiedsgutachten und Schiedsgericht den dogmatischen Rahmen für die Diskussion in der internationalen Literatur, ob der *Emergency Arbitrator* in seiner Rechtsnatur vertraglich („contractual", entspricht dem Schiedsgutachter) oder prozessual („jurisdictional", entspricht dem Schiedsgericht) ist.[36]

Im Folgenden wird daher näher untersucht, ob der *Emergency Arbitrator* Schiedsgericht oder Schiedsgutachter ist. Maßgeblich für die Abgrenzung ist

---

[28] MüKo ZPO/*Münch*, Vorb. zu § 1025 Rn. 75; Schütze/Tscherning/Wais/*Schütze*, Einleitung Rn. 35; Wieczorek/Schütze/*Schütze*, § 1025 Rn. 58; Stein/Jonas/*Schlosser*, Vorb. vor § 1025 Rn. 42.

[29] Schütze/Tscherning/Wais/*Schütze*, Einleitung Rn. 35.

[30] Vgl. nur die Beispiele bei *Habscheid,* Das Schiedsgutachten, in: Nipperdey (Hrsg.), FS Lehmann, S. 789–790.

[31] MüKo ZPO/*Münch*, Vorb. zu § 1025 Rn. 2; Prütting/Gehrlein/*Prütting*, § 1025 Rn. 1; Stein/Jonas/*Schlosser*, Vorb. vor § 1025 Rn. 11.

[32] Vgl. zu den Erscheinungsformen des Schiedsgutachtens nur Staudinger BGB/*Rieble*, § 317 Rn. 19.

[33] Siehe zur h.M. nur MüKo ZPO/*Münch*, Vorb. zu § 1025 Rn. 76a, 81; Staudinger BGB/*Rieble*, § 317 Rn. 30, jeweils m.w.Nachw.; a.A.: *Habscheid,* Das Schiedsgutachten, in: Nipperdey (Hrsg.), FS Lehmann, wonach §§ 1025 ff. ZPO analog auf den Schiedsgutachter anzuwenden seien; für eine differenzierende Betrachtung: Stein/Jonas/*Schlosser*, Vorb. vor § 1025 Rn. 64–78.

[34] Siehe z.B. Staudinger BGB/*Rieble*, § 317 Rn. 30.

[35] Stein/Jonas/*Schlosser*, Vorb. vor § 1025 Rn. 4.

[36] Für vertragliche Natur: *Baigel*, 31 J.Int.Arb. 1, 3 (2014); für prozessuale Natur: *Santacroce*, 31(2) Arb.Int. 283, 297–302 (2015); vgl. zudem die Auffassungen, wonach der *Pre-arbitral Referee* nur vertraglicher Natur war *Cour d'Appel de Paris*, 29.04.2003 – 2002/05147 – *„Société Nationale des Pétroles du Congo and Republic of Congo v. Société Total Fina Elf E & P Congo"*, 20(1) Arb.Int. 33 (2004); *Beraudo*, 22 J.Int.Arb. 245, 253 (2005); *Berger,* SchiedsVZ 2006, 176, 179–181.

der Parteiwille, ein Schiedsgericht oder einen Schiedsgutachter für die Streitentscheidung zu berufen.[37] Der Parteiwille ergibt sich aus den getroffenen Regelungen,[38] die Bezeichnung als Schiedsgericht ist nicht maßgeblich.[39]

Die Parteien eines *Emergency*-Verfahrens werden in aller Regel keine eigenen Regelungen zum *Emergency*-Verfahren treffen, sondern verweisen in ihrer Schiedsvereinbarung auf eine Schiedsordnung, die (auch) ein *Emergency*-Verfahren bereitstellt.[40] Die Schiedsordnungen sind Musterverträge[41] oder vorformulierte, typisierte Prozessverträge[42], die die Parteien anstelle selbst entwickelter Verfahrensregeln nutzen.[43] Ausgangspunkt der Untersuchung sind daher die Schiedsordnungen.

1. Argumente für die Einordnung des Emergency Arbitrators als Schiedsgericht

Im Folgenden werden zunächst Argumente aufgezeigt, die dafür sprechen, den *Emergency Arbitrator* als Schiedsgericht zu qualifizieren. Zum einen ersetzt der *Emergency Arbitrator* das staatliche Gericht im einstweiligen Rechtsschutz, zum anderen bestehen zwischen *Emergency Arbitrator* und Hauptsacheschiedsgericht zahlreiche Parallelen, die eine gleichlaufende Behandlung als Schiedsgericht rechtfertigen.

---

[37] *Berger,* SchiedsVZ 2006, 176, 180; *Habscheid,* Das Schiedsgutachten, in: Nipperdey (Hrsg.), FS Lehmann, S. 796–797; *Greger/Stubbe,* Schiedsgutachten, Rn. 14; MüKo ZPO/*Münch*, Vorb. zu § 1025 Rn. 79; Staudinger BGB/*Rieble*, § 317 Rn. 33; Stein/Jonas/*Schlosser*, Vorb. vor § 1025 Rn. 54. Bezogen auf den *Emergency Arbitrator* und dessen Einordung als Schiedsrichter will *Fry*, 7 Disp.Resol.Int'l 179, 187 (2013) den Parteiwillen nicht gelten lassen. Für die Einordnung nach deutschem Recht ist diese Sichtweise jedoch nicht erheblich, da gerade die deutsche Rechtsordnung dem Parteiwillen Bedeutung zumisst.

[38] *Greger/Stubbe,* Schiedsgutachten, Rn. 14; MüKo ZPO/*Münch*, Vorb. zu § 1025 Rn. 79.

[39] *Greger/Stubbe,* Schiedsgutachten, Rn. 11; MüKo ZPO/*Münch*, Vorb. zu § 1025 Rn. 80; Wieczorek/Schütze/*Schütze*, § 1025 Rn. 58.

[40] Vgl. z.B. die Musterschiedsklauseln der ICC (ICC Rules 2017, S. 75) oder der SCC (SCC Rules 2017, S. 1).

[41] *Aden,* Internationale Handelsschiedsgerichtsbarkeit, Kapitel 6 Rn. 13.

[42] *Spohnheimer,* Gestaltungsfreiheit, S. 108; ähnlich *Wolf,* Die institutionelle Handelsschiedsgerichtsbarkeit, S. 14 („von dritter Stelle vorformulierte Verfahrensvereinbarung“) und *Schroeder,* Die lex mercatoria arbitralis, S. 38 („vorformulierte Parteivereinbarung“).

[43] *Wolf,* Die institutionelle Handelsschiedsgerichtsbarkeit, S. 14.

a) Emergency Arbitrator ersetzt staatliches Gericht

Wie eingangs aufgezeigt, ersetzen Schiedsgerichte staatliche Gerichte.[44] Der *Emergency Arbitrator* ersetzt das staatliche Gericht im Bereich des einstweiligen Rechtsschutzes. Das deutet darauf hin, ihn als Schiedsgericht anzusehen. Zwar argumentiert *Baigel*, losgelöst vom deutschen Recht, in der entgegengesetzten Richtung.[45] Der *Emergency Arbitrator* verdränge das staatliche Gericht nicht aus seiner Zuständigkeit für einstweiligen Rechtsschutz. Seine Kompetenzen könnten deshalb nur vertraglicher Natur sein, nicht aber schiedsrichterlicher.

Es trifft zu, dass der *Emergency Arbitrator* nur eine zusätzliche Option zum staatlichen Gericht bietet.[46] Die Parteien können sich trotz Verfügbarkeit des *Emergency*-Verfahrens an ein staatliches Gericht wenden. Das ist für die Qualifikation des *Emergency Arbitrator* als Schiedsgericht aber unerheblich. Maßgeblich ist allein, dass dem Schiedsgericht die gesamte Entscheidung übertragen wird, wenn es angerufen wird.[47] Es ist daher ohne Weiteres zulässig in der Schiedsvereinbarung festzulegen, dass der Kläger auswählen kann, ob er sich an ein Schiedsgericht oder ein staatliches Gericht wendet.[48] Der private Spruchkörper kann trotzdem Schiedsgericht sein. Dies gilt umso mehr im einstweiligen Rechtsschutz. § 1033 ZPO gestattet dem Antragsteller ausdrücklich, trotz bestehender Schiedsvereinbarung einstweiligen Rechtsschutz beim staatlichen Gericht nachzusuchen.

Das gleiche Wahlrecht eröffnen die Schiedsvereinbarungen nun den Parteien beim *Emergency Arbitrator*. Der Antragsteller darf entscheiden, ob er sich an den *Emergency Arbitrator* oder ein staatliches Gericht wendet. Fällt die Wahl des Antragstellers auf den *Emergency Arbitrator*, so entscheidet er allein und ohne weitere Einbeziehung des staatlichen Gerichts über den Antrag. Nur darauf kommt es an. Der *Emergency Arbitrator* ersetzt daher das staatliche Gericht.

---

[44] BGH, Urteil v. 04.06.1981 – III ZR 4/80, MDR 1982, 36, 36; Urteil v. 20.03.1953 – V ZR 5/52 (Frankfurt), NJW 1953, 825 Rn. 826; MüKo ZPO/*Münch*, § 1029 Rn. 90; Wieczorek/Schütze/*Schütze*, § 1025 Rn. 22; *Schwab/Walter*, Schiedsgerichtsbarkeit, Kapitel 3 Rn. 5; Stein/Jonas/*Schlosser*, Vorb. vor § 1025 Rn. 11.

[45] *Baigel*, 31 J.Int.Arb. 1, 14 (2014).

[46] Vgl. nur hinsichtlich der ICC Rules 2017: Arroyo/*Boog*, Art. 29 ICC Rules 2012 Rn. 56 und hinsichtlich der SIAC Rules 2013: *Mangan/Reed/Choong*, A Guide to the SIAC Arbitration Rules, Chapter 11 Rn. 11.58 sowie die Regelungen in den Schiedsordnungen: Art. 29 (7) ICC Rules 2017; Art. 9.12 LCIA Rules 2014; Art. 30.3 SIAC Rules 2016; Art. 20 HKIAC EA Rules 2018; Art. 37 (5) SCC Rules 2017; Art. 6 (7) ICDR Rules 2014; Art. 43 (1) Swiss Rules 2012 i.V.m. Art. 26 (5) Swiss Rules 2012.

[47] *Schwab/Walter*, Schiedsgerichtsbarkeit, Kapitel 3 Rn. 5.

[48] *Schwab/Walter*, Schiedsgerichtsbarkeit, Kapitel 3 Rn. 22, Vgl. auch BGH, Urteil v. 10.10.1991 – III ZR 141/90, BGHZ 115, 324, wo die Möglichkeit zwischen Schiedsgericht und staatlichem Gericht zu wählen überhaupt nicht als Problem diskutiert wird.

b) Befugnisse des Emergency Arbitrators

Die Schiedsordnungen räumen dem *Emergency Arbitrator* weitgehend die gleichen Befugnisse zur Anordnung von einstweiligen Anordnungen ein wie dem Hauptsacheschiedsgericht.[49] Das spricht für eine gleichlaufende Behandlung.[50] Gleiche Befugnisse ergeben sich bei manchen Schiedsordnungen schon daraus, dass sie ausdrücklich auf die Befugnisse des Hauptsacheschiedsgerichts verweisen, um die Kompetenzen des *Emergency Arbitrators* zu konkretisieren.[51] In anderen Schiedsordnungen findet sich zwar kein Verweis auf das Hauptsacheschiedsgericht, sie verwenden aber ähnliche Formulierungen, die allenfalls eine gesteigerte Dringlichkeit erfordern, inhaltlich aber keine Unterscheidung zulassen. So kann ein ICC *Emergency Arbitrator* dringende Sicherungsmaßnahmen oder vorläufige Maßnahmen („urgent interim or conservatory measures") anordnen,[52] ein ICC-Schiedsgericht Sicherungsmaßnahmen oder vorläufige Maßnahmen („interim or conservatory measures").[53] Ein *Emergency Arbitrator* der SIAC hat die Befugnis durch Anordnung oder Schiedsspruch diejenige Eilmaßnahme zu erlassen, die er für notwendig erachtet („[the] Emergency Arbitrator shall have the power to order or award any interim relief that he deems necessary").[54] Das Schiedsgericht darf ebenfalls durch Anordnung oder Schiedsspruch, eine Verfügung oder Eilmaßnahme erlassen, die es für angemessen erachtet („The tribunal may [...] issue an order or an award granting an injunction or any other interim relief it deems appropriate").[55]

Emergency Arbitrator und Schiedsgericht dürfen somit die gleichen einstweiligen Anordnungen erlassen. Es würde nun überraschen, dass die Parteien die einstweiligen Anordnungen einerseits den Regeln über die Schiedsgerichtsbarkeit, andererseits den Regeln über das Schiedsgutachten unterwerfen wollten. Mithin gibt es hier ein starkes Indiz dafür, *Emergency Arbitrator* – wie das Hauptsacheschiedsgericht auch – als Schiedsgericht einzustufen.[56]

---

[49] *Redfern, et al.*, Redfern and Hunter on International Arbitration, Rn. 5.27.

[50] *S. Horn,* SchiedsVZ 2016, 22, 25; *Webster/Bühler,* Handbook of ICC Arbitration, Art. 29 Rn. 106; *Santacroce*, 31(2) Arb.Int. 283, 295 f. (2015).

[51] Art. 9.8 LCIA Rules 2014; Art. 11 HKIAC EA Rules 2018; Art. 6 (4) ICDR Rules 2014; Art. 1 (2) SCC EA Rules 2017; Art. 43 (8) Swiss Rules 2012; vgl. zu den SCC Rules 2010 auch *Santacroce*, 31(2) Arb.Int. 283, 295 f. (2015).

[52] Art. 29 (1) ICC Rules 2017.

[53] Art. 28 (1) ICC Rules 2017; vgl. zu den ICC EA Rules 2017 auch *Santacroce*, 31(2) Arb.Int. 283, 295 f. (2015).

[54] Art. 8 SIAC EA Rules 2016.

[55] Art. 30.1 SIAC Rules 2016.

[56] *S. Horn,* SchiedsVZ 2016, 22, 25; *Webster/Bühler,* Handbook of ICC Arbitration, Art. 29 Rn. 106; *Santacroce*, 31(2) Arb.Int. 283, 295 f. (2015).

c) *Weitere Parallelen zwischen Emergency Arbitrator und Schiedsgericht*

Zwischen *Emergency Arbitrator* und Hauptsacheschiedsgericht gibt es weitere Parallelen. In der Sache zwingen sie zwar nicht dazu, den *Emergency Arbitrator* als Schiedsgericht einzuordnen. Sie zeigen aber auf, dass der *Emergency Arbitrator* einem Schiedsgericht nachempfunden ist. Das spricht dafür, den *Emergency Arbitrator* nach dem Willen der Parteien als Schiedsgericht anzusehen.

So muss der *Emergency Arbitrator* die gleichen Anforderungen an Unabhängigkeit und Unparteilichkeit erfüllen, wie ein Hauptsacheschiedsrichter.[57] Außerdem gibt es ein Ablehnungsverfahren, das entweder ausdrücklich auf die Regeln für die Ablehnung des Hauptsacheschiedsrichters verweist[58] oder diesem zumindest nachempfunden ist.[59] Der hohen Geschwindigkeit des Verfahrens geschuldet, sind lediglich die Fristen gekürzt. Anforderungen an Unabhängigkeit und Unparteilichkeit sowie das Ablehnungsverfahren indizieren, dass die Parteien ein Schiedsgericht gewollt haben.[60]

d) *Kompetenz-Kompetenz des Emergency Arbitrators*

Santacroce argumentiert zudem damit, dass dem *Emergency Arbitrator* Kompetenz-Kompetenz eingeräumt wird.[61] Aufgrund dessen darf ein Schiedsgericht bzw. der *Emergency Arbitrator* (zumindest vorläufig) selbst über die ei gene Zuständigkeit entscheiden, vgl. z.B. § 1040 Abs. 1 S. 1 ZPO.[62] Nach *Santacroce* sei Kompetenz-Kompetenz etwas originär prozessuales, das sich rein vertraglich nicht begründen lasse.[63] Dürfe der *Emergency Arbitrator* selbst

[57] Art. 2 (4) ICC EA Rules 2017; Art. 9.6 LCIA Rules 2014 i.V.m.Art. 5.3 LCIA Rules 2014; Art. 5 SIAC EA Rules 2016; Art. 7 HKIAC EA Rules 2018 .V.m. Art. 11.1 HKIAC Rules 2018; Art. 4 (3) SCC EA Rules 2017 i.V.m. Art. 19 (1) SCC Rules 2017; Art. 6 (2) ICDR Rules 2014; Art. 43 (4) Swiss Rules 2012 i.V.m. Art. 10 (1) Swiss Rules 2012.

[58] Art. 9.6 LCIA Rules 2014; Art. 7 HKIAC EA Rules 2018; Art. 4 (3) SCC EA Rules 2017; Art. 43 (4) Swiss Rules 2012.

[59] Vgl. Art. 3 (2) ICC EA Rules 2017 und Art. 14 (3) ICC Rules 2017.

[60] *Santacroce*, 31(2) Arb.Int. 283, 295 (2015); *S. Horn,* SchiedsVZ 2016, 22, 25; *Werdnik,* The Enforceability of Emergency Arbitrators' Decisions, in: Zeiler, et al. (Hrsg.), Austrian Yearbook on International Arbitration 2014, S. 274.

[61] *Santacroce*, 31(2) Arb.Int. 283, 294 (2015); Schiedsordnungen die dem *Emergency Arbitrator* Kompetenz-Kompetenz einräumen: Art. 6 (2) ICC EA Rules 2017; Art. 11 HKIAC EA Rules 2018; Art. 7 SIAC EA Rules 2016; Art. 6 (3) ICDR Rules 2014.

[62] Vgl. zur Kompetenz-Kompetenz im internationalen Schiedsverfahren *Born,* International Commercial Arbitration, Chapter 7.

[63] Vgl. *Santacroce*, 31(2) Arb.Int. 283, 294 (2015), der sich in der Terminologie „contractual" und „jurisdictional" bewegt, was letztlich aber die deutsche Differenzierung zwischen Schiedsgutachten und Schiedsgericht aufgreift.

über seine Zuständigkeit entscheiden, so sei er schon deswegen als Schiedsgericht gewollt.[64] Kompetenz-Kompetenz könne nämlich nur durch eine objektiv geltende Rechtsnorm verliehen werden, nicht durch Vertrag.[65] Denn ist der Entscheidungsträger mit Kompetenz-Kompetenz ausgestattet, so darf er (verbindlich) entscheiden, dass die Parteivereinbarung, die seine Entscheidungsbefugnis begründet, unwirksam ist.[66] Damit würde er sich aber zugleich die Befugnis entziehen, sich selbst für unzuständig zu erklären.[67] Kompetenz-Kompetenz könne es daher nur aufgrund einer objektiv geltenden Norm geben, die unabhängig von der Parteivereinbarung gilt.[68]

Dies zwingt letztlich aber nicht dazu, den *Emergency Arbitrator* als Schiedsgericht einzuordnen. Das zeigt die BGH-Rechtsprechung zum alten deutschen Schiedsrecht, wonach dem Schiedsgericht Kompetenz-Kompetenz vertraglich zugewiesen werden konnte.[69] Die entsprechende Klausel wurde als eine zweite Schiedsvereinbarung angesehen, die dem Schiedsgericht die Entscheidung zuweist, über die Wirksamkeit der eigentlichen Schiedsvereinbarung zu entscheiden.[70] Dadurch wird zwar der Befund nicht in Frage gestellt, wonach nur eine objektiv-rechtliche Norm „echte" Kompetenz-Kompetenz verleihen kann. Die „zweite Schiedsvereinbarung" verleiht nämlich keine Kompetenz dafür, verbindlich über die Wirksamkeit der Vereinbarung selbst zu entscheiden.[71] Am Ende der Kette bedarf es daher einer hoheitlichen Norm. Auf die genannte Rechtsprechung müssen sich Schiedsparteien heute zwar nicht mehr verlassen, weil § 1040 Abs. 1 ZPO dem Schiedsgericht Kompetenz-Kompetenz verleiht.[72] Die alte Rechtsprechung zeigt aber, dass Kompetenz-Kompetenz zumindest zum Teil vertraglich zugewiesen werden kann. Nur weil der *Emergency Arbitrator* über die eigene Zuständigkeit entscheiden darf, muss er nicht zwingend Schiedsgericht sein.

Allerdings begründet die Kompetenz-Kompetenz des *Emergency Arbitrators* eine weitere Parallele zum Hauptsacheschiedsgericht, das ebenfalls über die eigene Zuständigkeit entscheiden darf.[73] Dies verstärkt den Befund,

[64] *Santacroce*, 31(2) Arb.Int. 283, 294 (2015), ähnlich aber sehr knapp, ohne Begründung: *S. Horn*, SchiedsVZ 2016, 22, 25.

[65] *Santacroce*, 31(2) Arb.Int. 283, 294 (2015).

[66] *Santacroce*, 31(2) Arb.Int. 283, 294 (2015).

[67] *Santacroce*, 31(2) Arb.Int. 283, 294 (2015).

[68] Siehe rechtsvergleichend *Born*, International Commercial Arbitration, S. 1048.

[69] Vgl. z.B. BGH, Urteil v. 05.05.1977 – III ZR 177/74, BGHZ 68, 356.

[70] Siehe erläuternd *Habscheid*, Kompetenz-Kompetenz der Schiedsgerichte, in: Grunsky, et al. (Hrsg.), FS Baur, S. 430 ff.

[71] *Habscheid*, Kompetenz-Kompetenz der Schiedsgerichte, in: Grunsky, et al. (Hrsg.), FS Baur, S. 430 ff.

[72] Vgl. zur Beendigung des Streits um vertragliche Einräumung der Kompetenz-Kompetenz durch § 1040 Abs. 1 ZPO: MüKo ZPO/*Münch*, § 1040 Rn. 1.

[73] Siehe aus den Schiedsordnungen Art. 6 (3) ICC Rules 2017; Art. 23.1 LCIA Rules 2014; Art. 28.2 SIAC Rules 2016; Art. 19.1 HKIAC Rules 2018; Art. 19 ICDR Rules 2014;

Emergency Arbitrator und Schiedsgericht rechtlich gleichlaufend zu behandeln.[74]

2. Widerlegung von Argumenten gegen die Einordnung als Schiedsgericht

Der *Emergency Arbitrator* ersetzt somit ein staatliches Gericht und ist mit dem Hauptsacheschiedsgericht vergleichbar. Dennoch werden in der Literatur verschiedene Argumente vorgebracht, weshalb der *Emergency Arbitrator* nicht als Schiedsgericht angesehen werden könne. Im Folgenden wird aufgezeigt, weshalb diese Argumente nicht durchgreifen.

a) Aufhebung der Emergency-Anordnung durch das Schiedsgericht

Baigel, der sich allerdings nicht ausdrücklich auf das deutsche Recht bezieht, bringt vor, einstweilige Anordnungen von *Emergency Arbitrator* und Hauptsacheschiedsgericht hätten unterschiedliche Bindungswirkung.[75] Die Schiedsordnungen erlaubten dem Hauptsacheschiedsgericht die *Emergency*-Anordnung aufzuheben, ohne an Voraussetzungen gebunden zu sein.[76] Das spreche dafür, den *Emergency Arbitrator* als vertraglich einzustufen.[77] Wäre der *Emergency Arbitrator* selbst Schiedsgericht, würde man erwarten, dass die *Emergency*-Anordnung für das Hauptsacheschiedsgericht bindend sei. Immerhin habe ein ordnungsgemäß ernannter Schiedsrichter entschieden.

Das Argument *Baigels* kann im Lichte eines Kriteriums betrachtet werden, das in der deutschen Rechtsprechung und Literatur zur Abgrenzung von Schiedsgericht und Schiedsgutachten herangezogen wird.[78] Der Schiedsspruch eines Schiedsgerichts darf nämlich nur in den engen Grenzen des § 1059 Abs. 2 ZPO aufgehoben werden.[79] Die Parteien vereinbaren daher nur dann ein Schiedsgericht, wenn sie eine inhaltliche Prüfung durch das staatliche Gericht vermeiden wollen. Steht dem Gericht hingegen ein weiterreichendes Prüfungsrecht zu, so vereinbaren sie ein Schiedsgutachten. Im nachfolgenden Zivilpro-

---

Art. 21 Swiss Rules 2012; siehe zur Kompetenz-Kompetenz eines Schiedsgerichts auch § 1040 ZPO sowie Art. 16 UNCITRAL ModG 2006.

[74] *S. Horn,* SchiedsVZ 2016, 22, 25.

[75] *Baigel*, 31 J.Int.Arb. 1, 11 (2014).

[76] *Baigel*, 31 J.Int.Arb. 1, 11 (2014).

[77] *Baigel*, 31 J.Int.Arb. 1, 11 (2014); wohl ebenso mit der gleichen Idee, aber ohne eingehende Begründung: *Azelius/Bergqvist/Olsson*, 4 Juridisk Tidskrift 936, 938 (2009–2010).

[78] BGH, Urteil v. 04.06.1981 – III ZR 4/80, MDR 1982, 3636 f.; *Greger/Stubbe,* Schiedsgutachten, Rn. 12, 14; MüKo ZPO/*Münch*, Vorb. zu § 1025 Rn. 78; Staudinger BGB/*Rieble*, § 317 Rn. 33; Stein/Jonas/*Schlosser*, Vorb. vor § 1025 Rn. 54.

[79] *Greger/Stubbe,* Schiedsgutachten, Rn. 14.

zess kann ein Schiedsgutachten auf offensichtliche Unbilligkeit oder Unrichtigkeit[80] überprüft werden (§ 319 Abs. 1 BGB (analog)).[81] Auf den *Emergency Arbitrator* übertragen würde diese Abgrenzung zwischen Schiedsgericht und Schiedsgutachten bedeuten: Weil das Schiedsgericht die *Emergency*-Anordnung noch weitergehender überprüfen darf als ein Gericht ein Schiedsgutachten, könne der *Emergency Arbitrator* kein Schiedsgericht sein.

Im Ergebnis überzeugt das aber nicht, denn der *Emergency Arbitrator* soll nur einstweilige Anordnungen erlassen.[82] Diese sind provisorisch und können daher wieder aufgehoben werden, selbst wenn sie von einem Schiedsgericht stammen.[83] Art. 23.5 HKIAC Rules 2018 und Art. 26 (1) Swiss Rules 2012 lassen das ebenso ausdrücklich zu, wie Art. 17D UNCITRAL ModG 2006. Für andere Schiedsordnungen wird ohne große Diskussion angenommen, dass das Schiedsgericht die einstweilige Anordnung aufheben oder ändern kann.[84] Das ergebe sich schon aus dem provisorischen Charakter der einstweiligen Anordnungen.[85] Allein der Umstand, dass die einstweilige Anordnung vom Schiedsgericht aufgehoben werden kann, spricht deshalb nicht dagegen, den *Emergency Arbitrator* als Schiedsgericht einzuordnen.

Verwunderlich ist allerdings, dass manche Schiedsordnungen zumindest textlich zwischen *Emergency Arbitrator* und Hauptsacheschiedsgericht differenzieren. Während bei einstweiligen Anordnungen des *Emergency Arbitrators* ausdrücklich angeordnet wird, diese könnten aufgehoben werden, findet sich eine vergleichbare Vorschrift nicht bei allen Schiedsordnungen in Bezug auf das Hauptsacheschiedsgericht. Der Unterschied ist aber zu erklären.[86] Für die *Emergency*-Anordnung muss klargestellt werden, dass das Hauptsacheschiedsgericht die Verantwortung übernimmt, sobald der *Emergency Arbitrator* (planmäßig) sein Amt verliert.[87] Erlässt das Hauptsacheschiedsgericht eine einstweilige Anordnung, bedarf es dieser Klarstellung nicht. Mithin deutet die

---

[80] Vgl. zur Überprüfung des Schiedsgutachtens auf offenbare Unrichtigkeit nur Staudinger BGB/*Rieble*, § 319 Rn. 9–10; MüKo BGB/*Würdinger*, § 319 Rn. 14.

[81] OLG Hamm, Urteil v. 28.10.2008 – 19 U 64/08, Rn. 27 (juris); *Greger/Stubbe*, Schiedsgutachten, Rn. 14.

[82] Ebenso *Santacroce*, 31(2) Arb.Int. 283, 300 (2015).

[83] Nedden/Herzberg/*Bassiri*, Art. 28 ICC-SchO Rn. 63; *Scherer/Richman/Gerbay*, 2014 LCIA Rules, Chapter 17 Rn. 59; Wieczorek/Schütze/*Schütze*, § 1041 Rn. 54; *Schwab/Walter*, Schiedsgerichtsbarkeit, Kapitel 17a Rn. 38; *Verbist/Schäfer/Imhoos*, ICC Arbitration in Practice, S. 159; Musielak/Voit/*Voit*, § 1041 Rn. 12; BeckOK ZPO/*Wolf/Eslami*, Stand: 01.03.2018, § 1041 Rn. 22.

[84] Nedden/Herzberg/*Bassiri*, Art. 28 ICC-SchO Rn. 63; *Scherer/Richman/Gerbay*, 2014 LCIA Rules, Chapter 17 Rn. 59; *Verbist/Schäfer/Imhoos*, ICC Arbitration in Practice, S. 159.

[85] *Scherer/Richman/Gerbay*, 2014 LCIA Rules, Chapter 17 Rn. 59.

[86] *Santacroce*, 31(2) Arb.Int. 283, 300 (2015).

[87] *Santacroce*, 31(2) Arb.Int. 283, 300 (2015).

unterschiedliche Ausgestaltung nicht auf eine unterschiedliche Qualifizierung von Hauptsacheschiedsgericht und *Emergency Arbitrator* hin.

Baigel wirft weiter ein, die Verfasser der Schiedsordnungen hätten die Aufhebung für *Emergency*-Anordnungen an bestimmte Voraussetzungen knüpfen können, wenn der *Emergency Arbitrator* hätte Schiedsgericht sein sollen.[88] Als mögliche Voraussetzungen nennt *Baigel* Fehler in der Anordnung oder veränderte Umstände. Richtigerweise ist es aber unerheblich, ob die Aufhebung von solchen Voraussetzungen abhängig ist.

Zunächst gibt es auch in den Normtexten, die dem Schiedsgericht ausdrücklich erlauben, die eigene einstweilige Anordnung aufzuheben, keine vergleichbaren Einschränkungen. In den Normtexten wird daher schon kein Unterschied deutlich, der es rechtfertigen würde, *Emergency Arbitrator* und Hauptsacheschiedsgericht unterschiedlich zu qualifizieren. Allerdings knüpfen manche Stimmen in der Literatur die Aufhebung der *Emergency*-Anordnung und der einstweiligen Anordnung eines Schiedsgerichts an unterschiedliche Voraussetzungen: Während die einstweilige Anordnung des Schiedsgerichts nur bei veränderten Umständen aufgehoben werden dürfe,[89] diene die Aufhebung der *Emergency*-Anordnung auch als Rechtsmittel („appeal“).[90] Das Schiedsgericht dürfe die *Emergency*-Anordnung deshalb auch dann aufheben, wenn sich die Umstände nicht geändert haben.

Selbst wenn man die Aufhebung der *Emergency*-Anordnung als Rechtsmittel ansieht, kann der *Emergency Arbitrator* aber Schiedsgericht sein. Die Parteien können ohne Weiteres eine schiedsrichterliche Rechtsmittelinstanz vereinbaren.[91] Das erstinstanzliche Schiedsgericht bleibt dennoch Schiedsgericht, wie ein erstinstanzliches Gericht Gericht bleibt, obwohl es eine Berufungs- oder Revisionsinstanz gibt. Der erstinstanzliche Spruchkörper wäre nur dann nicht mehr Schiedsgericht, wenn ein staatliches Gericht Rechtsmittelinstanz

---

[88] *Baigel*, 31 J.Int.Arb. 1, 11 (2014).

[89] *Scherer/Richman/Gerbay,* 2014 LCIA Rules, Chapter 17 Rn. 59; Nedden/Herzberg/*Bassiri*, Art. 28 ICC-SchO Rn. 63.

[90] Arroyo/*Boog*, Art. 29 ICC Rules 2012 Rn. 41; Arroyo/*Habegger*, Art. 43 Swiss Rules 2012 Rn. 49.

[91] An der Zulässigkeit von Rechtsmittelinstanzen wird nicht gezweifelt, auch wenn die ZPO ein Oberschiedsgericht nicht vorsieht: *Schwab/Walter,* Schiedsgerichtsbarkeit, Kapitel 22 Rn. 1; Stein/Jonas/*Schlosser*, § 1042 Rn. 4; *Schönke,* Das Schiedsgerichtsverfahren nach dem heutigen Deutschen Recht, S. 78–80; vgl. aus der Rechtsprechung auch BGH, Urteil v. 27.02.1957 – V ZR 134/55, NJW 1957, 791; OLG Düsseldorf, Urteil v. 27.10.1975 – 6 U 2/25, BB 1976, 251, die die Zulässigkeit von mehreren Instanzen nicht einmal in Frage stellen. Rechtsmittelinstanzen gibt es z.B. in der Schiedsordnung des Deutschen Verbands des Großhandels mit Ölen, Fetten und Öhlrohstoffen e.V. (§ 29 (3) GROFOR Arbitration Conditions) oder der Schiedsgerichtsordnung des Vereins der Getreidehändler der Hamburger Börse e.V. (§ 29 (3) SchGO VdG Hamburger Börse).

sein soll, weil das Schiedsgericht dann nicht mehr anstelle des staatlichen Gerichts entscheidet.[92] Für die *Emergency*-Anordnung wird, wenn überhaupt, nur das Hauptsacheschiedsgericht zur Rechtsmittelinstanz. Nur dieses kann die Anordnung aufheben; dem staatlichen Gericht wird diese Befugnis in den Schiedsordnungen nicht eingeräumt. Es steht der Qualifikation des *Emergency Arbitrators* als Schiedsgericht daher nicht entgegen, die Aufhebung der *Emergency*-Anordnung als Rechtsmittel zu begreifen.

Im Ergebnis führt der Verweis *Baigels* auf die unterschiedliche Bestandskraft von einstweiliger Anordnung des *Emergency Arbitrators* und des Hauptsacheschiedsgerichts nicht dazu, den *Emergency Arbitrator* nicht als Schiedsgericht anzusehen. Vielmehr noch kann man umgekehrt argumentieren: Mit Bestellung des *Emergency Arbitrators* beschreiten die Parteien bereits den Weg zum Schiedsgericht, welches schließlich die Verantwortung für die einstweilige Anordnung übernimmt. Der *Emergency Arbitrator* sollte deshalb gerade als Schiedsgericht gelten.[93]

b) Bestellung des Emergency Arbitrators durch die Schiedsorganisation

Baigel argumentiert zudem, der *Emergency Arbitrator* werde nicht von den Parteien, sondern von der Schiedsorganisation ernannt.[94] In den Augen *Baigels* spricht das gegen die Qualifikation des *Emergency Arbitrators* als Schiedsgericht. Das Argument überzeugt nicht.

Richtig ist, dass die freie Schiedsrichterwahl zu den Wesensmerkmalen der Schiedsgerichtsbarkeit gehört.[95] *Schütze* spricht daher dem *Iran-US Claims Tribunal* die Eigenschaft als Schiedsgericht ab, weil es dort feste Spruchkammern gab, deren Zusammensetzung die Parteien nicht bestimmen konnten.[96] Beim *Emergency Arbitrator* liegt die Sache anders. Zwar wählen die Parteien den *Emergency Arbitrator* nicht selbst, die Parteien beeinflussen die Schiedsrichterwahl aber durch die Wahl einer Schiedsorganisation, die anstelle der Parteien den *Emergency Arbitrator* beauftragt.[97] Die Auswahl des Schiedsrichters durch einen Dritten ist ohne Weiteres zulässig.[98] Art. 5.7 LCIA Rules 2014 schreibt die Schiedsrichterwahl durch die Schiedsorganisation sogar für das Hauptsacheschiedsgericht vor. Dennoch würde niemand einem Schiedsgericht nach den LCIA Rules 2014 die Qualität als Schiedsgericht absprechen.

---

[92] Vgl. *Schwab/Walter*, Schiedsgerichtsbarkeit, Kapitel 22 Rn. 4; Stein/Jonas/*Schlosser*, § 1029 Rn. 30.

[93] Vgl. dazu auch die Erwägungen unten, dass *Emergency Arbitrator* und Hauptsacheschiedsgericht ein einheitliches Schiedsgericht bilden, unten Abschnitt B.

[94] *Baigel*, 31 J.Int.Arb. 1, 15 (2014).

[95] Wieczorek/Schütze/*Schütze*, § 1025 Rn. 7.

[96] Wieczorek/Schütze/*Schütze*, § 1025 Rn. 7.

[97] *Santacroce*, 31(2) Arb.Int. 283, 301 (2015).

[98] Siehe nur Wieczorek/Schütze/*Schütze*, § 1035 Rn. 17.

Die Bestellung des *Emergency Arbitrators* durch die Schiedsorganisation spricht damit nicht gegen die Einordnung des *Emergency Arbitrators* als Schiedsgericht. Umgekehrt wird man aber aus der Bestellung durch einen Dritten auch nicht schließen können, dass der *Emergency Arbitrator* Schiedsgericht sein muss.

c) Emergency Arbitrator vor Einreichung der Schiedsklage

Baigel merkt weiter an, dass der *Emergency Arbitrator* nicht als Schiedsgericht angesehen werden könne,[99] weil er schon vor Beginn des Schiedsverfahrens zum Einsatz komme.[100] In der Tat kann ein Antrag auf Ernennung des *Emergency Arbitrators* nach den Schiedsordnungen von ICC, SCC und SCAI bereits gestellt werden, bevor Schiedsklage (ICC/SCC: „request for arbitration", SCAI: „notice for arbitration") eingereicht wurde.[101] Als Beginn des Schiedsverfahrens gilt hingegen erst der Tag der Klageerhebung.[102]

Daraus ist aber nicht abzuleiten, der *Emergency Arbitrator* sei kein Schiedsgericht. Zum einen sind an den Beginn des Schiedsverfahrens keine Rechtsfolgen geknüpft, die es ausschließen, den *Emergency Arbitrator* als Schiedsgericht anzusehen. Zum anderen würde dies zu zufälligen Ergebnissen führen, die in der Sache nicht gerechtfertigt sind, wenn es maßgeblich auf den Beginn des Schiedsverfahrens ankommt:

An den Beginn des Schiedsverfahrens sind innerhalb der Schiedsordnungen keine weiteren Rechtsfolgen geknüpft. Die Formulierung lautet denn auch nur, als Beginn des Verfahrens gilt der Zeitpunkt, zu dem die Schiedsorganisation die Klage erhalten hat („shall be deemed to commence"). Die Formulierung will also gar nicht ausdrücken, zu welchem Zeitpunkt die ersten Verfahrensschritte vorgenommen werden, sondern es soll ein Anknüpfungspunkt geschaffen werden, um den Zeitpunkt der Schiedshängigkeit festzulegen.[103] Die Schiedshängigkeit ist für bestimmte materiell-rechtliche Rechtsfolgen wichtig,[104] insbesondere die Verjährungshemmung (siehe z.B. § 204 Nr. 11 BGB).[105] Ob das *Emergency*-Verfahren materielle-rechtliche Folgen auslöst oder nicht, ist für die Qualifikation als Schiedsgericht aber nebensäch-

---

[99] *Baigel*, 31 J.Int.Arb. 1, 10 (2014).

[100] *Baigel*, 31 J.Int.Arb. 1, 9 (2014).

[101] Art. 29 (1) ICC Rules 2017; Art. 9 (4)(iii) SCC EA Rules 2017 i.V.m. Art. 8 SCC Rules 2017; Art. 43 (3) Swiss Rules 2012; siehe auch die Vorstellung des *Emergency Arbitrators* Kapitel 1.

[102] Art. 4 (2) ICC Rules 2017; Art. 8 SCC Rules 2017; Art. 3 (2) Swiss Rules 2012.

[103] Arroyo/*Reiter*, Art. 3 Swiss Rules 2012 Rn. 10; Musielak/Voit/*Voit*, § 1044 Rn. 6; Nedden/Herzberg/*Schilling*, Art. 4 ICC-SchO Rn. 43.

[104] Nedden/Herzberg/*Schilling*, Art. 4 ICC-SchO Rn. 43.

[105] Arroyo/*Vito Bieri*, Art. 4 ICC Rules 2012 Rn. 7; Arroyo/*Reiter*, Art. 3 Swiss Rules 2012 Rn. 14; Nedden/Herzberg/*Schilling*, Art. 4 ICC-SchO Rn. 54.

lich. Zum einen können die Parteien über materielle Folgen auch eine Vereinbarung treffen, etwa die Verjährung frei vereinbaren.[106] Ob ein Streitschlichtungsverfahren materiell-rechtliche Folgen auslöst, ist daher nicht von hohem Wert für die Abgrenzung von Schiedsgericht und Schiedsgutachten. Zum anderen können die Parteien bei deutschem Schiedsort nach § 1044 ZPO ohnehin selbst festlegen, wann das Schiedsverfahren beginnt. Gleiches gilt für andere Rechtsordnungen, die Art. 21 UNCITRAL ModG 2006 umgesetzt haben. Es ist nicht ersichtlich, weshalb die Parteien nicht vereinbaren sollen, dass das Schiedsverfahren erst beginnt, wenn schon eine dringend notwendige Entscheidung getroffen wurde.

Führt man den Gedanken *Baigels* zu Ende, so ergeben sich zudem wenig überzeugende Differenzierungen. Konsequenterweise hinge die Qualifikation des *Emergency Arbitrators* als Schiedsrichter nämlich davon ab, ob er vor oder nach Einreichung der Schiedsklage ernannt wurde. Das *Emergency*-Verfahren wäre damit einmal als Schiedsverfahren, einmal als etwas anderes anzusehen. Und das, obwohl das *Emergency*-Verfahren immer gleich abläuft und der *Emergency Arbitrator* immer die gleichen Befugnisse hat. Eine solche Differenzierung wäre rein zufällig und in der Sache nicht gerechtfertigt. Das gilt erst recht, wenn man berücksichtigt, dass bei ICC und SCAI die Schiedsklage ohnehin spätestens zehn Tage nach dem Antrag auf Ernennung des *Emergency Arbitrators* eingereicht werden muss.[107] Das *Emergency*-Verfahren wird also nicht sehr lange ohne Schiedsklage betrieben.

Es würde sich auch eine ungerechtfertigte Differenzierung zwischen den Schiedsordnungen der ICC, HKIAC, SCC und SCAI einerseits und den Schiedsordnungen der LCIA, SIAC und ICDR andererseits ergeben. LCIA, SIAC und ICDR verlangen nämlich, dass die Schiedsklage gleichzeitig mit oder vor dem Antrag auf Ernennung eines *Emergency Arbitrators* eingereicht wird;[108] nur bei ICC, HKIAC, SCC und SCAI darf der *Emergency Arbitrator* vor Erhebung der Schiedsklage beantragt werden.[109] Käme es für die Qualifikation des *Emergency Arbitrators* maßgeblich darauf an, ob er vor Erhebung der Schiedsklage, d.h. vor gedachtem Beginn des Schiedsverfahrens, ernannt werden kann, müsste der *Emergency Arbitrator* bei LCIA, SIAC und ICDR als Schiedsgericht angesehen werden, bei ICC, HKIAC, SCC und SCAI hingegen nicht. Die Verfahren aller Schiedsorganisationen sind aber im Wesentlichen gleich aufgebaut.[110] Es bedürfte daher gewichtiger Gründe, um zwischen den

---

[106] Vgl. zur Verjährung nur MüKo BGB/*Grothe*, § 202 Rn. 1.

[107] Art. 1 (6) ICC EA Rules 2017; Art. 43 (3) Swiss Rules 2012.

[108] Art. 9.5 LCIA Rules 2014; Art. 1 SIAC EA Rules 2016; Art. 6 (1) ICDR Rules 2014.

[109] Art. 29 (1) ICC Rules 2017; Art. 1 HKIAC EA Rules 2018; Art. 9 (4)(iii) SCC EA Rules 2017 i.V.m. Art. 8 SCC Rules 2017; Art. 43 (3) Swiss Rules 2012.

[110] *Ghaffari/Walters*, 30(1) Arb.Int. 153, 157 (2014); siehe dazu auch die zusammenfassende Vorstellung des *Emergency Arbitrators* in Kapitel 1.

einzelnen Schiedsordnungen zu differenzieren. Dem formalen Aspekt, wann die Schiedsklage eingereicht wird, kommt kein solches Gewicht zu.

Im Ergebnis ist es für die Qualifikation des *Emergency Arbitrators* als Schiedsgericht daher irrelevant, dass das *Emergency*-Verfahren nach manchen Schiedsordnungen vor dem gedachten Beginn des Schiedsverfahrens stattfinden kann. Dem *Emergency Arbitrator* kann daher nicht die Qualifikation als Schiedsgericht abgesprochen werden.

d) Emergency Arbitrator nicht Teil des Hauptsacheschiedsgerichts

Berger führt mit Blick auf den *Pre-arbitral Referee* aus, dieser disqualifiziere sich für das Hauptsacheschiedsgericht und könne daher gar nicht Schiedsrichter sein.[111] Schließlich könne ein Hauptsacheschiedsgericht nach Erlass einer einstweiligen Anordnung trotzdem in der Sache entscheiden. Daher könne ein *Pre-arbitral Referee* bzw. *Emergency Arbitrator* nicht Schiedsgericht sein.

Das überzeugt nicht.[112] Grund für die Regelung ist die befürchtete Voreingenommenheit des *Emergency Arbitrators*.[113] Der *Emergency Arbitrator* wäre immer dem Risiko ausgesetzt, von der im Eilverfahren unterlegenen Partei abgelehnt zu werden.[114] Das Verfahren kann so verzögert werden und der *Emergency Arbitrator* hätte nicht viel gewonnen. Es ist also wohl begründet, den *Emergency Arbitrator* – vorbehaltlich einer anderslautenden Parteivereinbarung – von der Mitwirkung am Hauptsacheschiedsgericht auszuschließen. Der Ausschluss ist Ausdruck der Gestaltungsfreiheit im Schiedsverfahren,[115] nicht aber eine Regelung die darauf hindeuten soll, der *Emergency Arbitrator* sei kein Schiedsgericht.[116]

Zudem ist es nicht ausgeschlossen, ein Verfahren zu vereinbaren, bei dem eine Person zunächst Schiedsrichter ist, später aber diese Funktion verliert. So sind Schiedsverfahren mit mehreren Instanzen zulässig,[117] bei denen die Mit-

---

[111] *Berger,* SchiedsVZ 2006, 176, 180.

[112] Im Ergebnis ebenso *S. Horn,* SchiedsVZ 2016, 22, 25.

[113] *Mangan/Reed/Choong,* A Guide to the SIAC Arbitration Rules, Chapter 11 Rn. 11.44; Arroyo/*Habegger,* Art. 43 Swiss Rules 2012 Rn. 67; *Müller/Pearson,* ASA Bulletin 33 (2015) 808, 815.

[114] Vgl. *Bao,* Chapter 14, in: Ziyaeva, et al. (Hrsg.), Interim and Emergency Relief, S. 280.

[115] Vgl. zur Gestaltungsfreiheit als Vorteil der Schiedsgerichtsbarkeit: MüKo ZPO/*Münch,* Vorb. zu § 1025 Rn. 97; *Lachmann,* Schiedsgerichtspraxis, Rn. 139–142.

[116] *Lye/Yeo/Miller,* 23 S.Ac.L.J. 93 Rn. 55 (2011).

[117] *Schwab/Walter,* Schiedsgerichtsbarkeit, Kapitel 22 Rn. 1.

glieder des Oberschiedsgerichts nicht identisch mit den Mitgliedern des Ausgangsschiedsgerichts sein dürfen.[118] Dennoch ist der ersten Instanz nicht die Qualifikation als Schiedsgericht abzusprechen.

Insgesamt ist es daher unschädlich für die Qualifikation des *Emergency Arbitrators* als Schiedsgericht, dass dieser nicht am Hauptsacheverfahren beteiligt ist und sich regelmäßig für eine Position im Hauptsacheschiedsgericht disqualifiziert.

e) Gefahr widerstreitender Entscheidungen

Baigel meint weiter, es bestünde die Gefahr widerstreitender Entscheidungen zweier Schiedsgerichte, wenn der *Emergency Arbitrator* Schiedsgericht ist.[119] Dem muss entgegengetreten werden,[120] denn die Entscheidungen von *Emergency Arbitrator* und Hauptsacheschiedsgericht können sich nicht widersprechen. Das Hauptsacheschiedsgericht darf die *Emergency*-Anordnung ohne Weiteres aufheben und durch eine eigene ersetzen.[121] Zwischen Hauptsacheschiedsgericht und *Emergency Arbitrator* besteht damit eine klare Hierarchie, wonach die Anordnungen des Hauptsacheschiedsgerichts Vorrang haben.[122] Im Ergebnis gibt es daher keine Gefahr widersprüchlicher Entscheidungen. Es gibt damit keinen Grund, den *Emergency Arbitrator* nicht als Schiedsgericht zu qualifizieren.

f) Verpflichtung der Emergency-Anordnung Folge zu leisten

Der *Cour d'Appel de Paris* stützte seine Entscheidung, der *Pre-arbitral Referee* sei kein Schiedsgericht unter anderem auf die Erwägung, Art. 6.6 ICC PAR-Rules verpflichte die Parteien, den Entscheidungen des *Pre-arbitral Referee* Folge zu leisten („The parties agree to carry out the Referee's Order without delay").[123] Der *Pre-arbitral Referee* müsse vertraglicher Natur sein, denn andernfalls hätte es dieser Vorschrift nicht bedurft. In manchen Schiedsordnungen finden sich nun ähnliche Regelungen zum *Emergency Arbitrator*.[124]

---

[118] Siehe zum Verbot für die Schiedsrichter der ersten Instanz am Oberschiedsgericht mitzuwirken z.B.: § 29 (3) GROFOR Arbitration Conditions; § 29 (3) SchGO VdG Hamburger Börse.

[119] *Baigel*, 31 J.Int.Arb. 1, 9 (2014).

[120] So auch *Santacroce*, 31(2) Arb.Int. 283, 298 (2015).

[121] Art. 29 (3) ICC Rules 2017; Art. 9.11 LCIA Rules 2014; Art. 11 HKIAC EA Rules 2018 i.V.m. Art. 23.5 HKIAC Rules 2018; Art. 10 SIAC EA Rules 2016; Art. 9 (4)(i) SCC EA Rules 2017; Art. 6 (5) ICDR Rules 2014; Art. 43 (8) Swiss Rules 2012.

[122] *Santacroce*, 31(2) Arb.Int. 283, 299 (2015).

[123] *Cour d'Appel de Paris*, 29.04.2003 – 2002/05147 – *„Société Nationale des Pétroles du Congo and Republic of Congo v. Société Total Fina Elf E & P Congo"*, 20(1) Arb.Int. 33, 37 (2004); aufgegriffen von *Berger,* SchiedsVZ 2006, 176, 180.

[124] Art. 29 (2) ICC Rules 2017; Art. 12 SIAC EA Rules 2016; Art. 9 (3) SCC EA Rules 2017; Art. 6 (4) ICDR Rules 2014.

Das Argument überzeugt allerdings nicht. Vergleichbare Formulierungen finden sich in den Schiedsordnungen auch für Entscheidungen des Hauptsacheschiedsgerichts.[125] Dennoch käme niemand auf die Idee deshalb ein Schiedsgericht, das nach einer der genannten Schiedsordnungen verfährt, nicht als Schiedsgericht im Sinne von §§ 1025 ff. ZPO anzusehen.

Überraschend ist vor diesem Hintergrund aber die Erklärung von *Berger*:[126] Beim *Pre-arbitral Referee* entstehe die Pflicht, die einstweilige Anordnung zu befolgen erst durch die ausdrückliche Erwähnung. Er sei deshalb kein Schiedsgericht, denn es bedürfe gerade der vertraglichen Anordnung. Beim Schiedsgericht sei die Pflicht zur Befolgung schon vorhanden, die ausdrückliche Erwähnung daher nur deklaratorischer Art. Woher er diese Unterscheidung nimmt, erklärt er nicht. Vielmehr ist festzustellen, dass *Emergency Arbitrator* und Hauptsacheschiedsgericht gleich zu behandeln sind, weil bei beiden Einrichtungen ausdrücklich vorgesehen ist, dass die Parteien den Anordnungen Folge leisten sollen.

IV. Ergebnis

Die Erörterung hat zunächst ergeben, dass es gewichtige Gründe gibt, den *Emergency Arbitrator* als Schiedsgericht einzuordnen. Der *Emergency Arbitrator* ersetzt ein staatliches Gericht und verfügt über die gleichen Befugnisse wie ein Schiedsgericht. Zwar werden in der Literatur und Rechtsprechung Argumente genannt, weswegen der *Emergency Arbitrator* nicht als Schiedsgericht einzuordnen sei. Im Ergebnis überzeugen diese Argumente jedoch nicht. Der *Emergency Arbitrator* ist daher, entgegen einiger Stimmen in der Literatur,[127] als Schiedsgericht zu qualifizieren.[128]

B. Emergency Arbitrator und Hauptsacheschiedsgericht als Einheit

Die vorstehenden Ausführungen haben gezeigt, dass der *Emergency Arbitrator* die Anforderungen an ein Schiedsgericht erfüllt. An einigen Stellen wurde be-

---

[125] So auch *Santacroce*, 31(2) Arb.Int. 283, 301 (2015); vgl. aus den Schiedsordnungen: Art. 35 (6) ICC Rules 2017; Art. 26.8 LCIA Rules 2014; Art. 32.11 SIAC Rules 2016; Art. 35.3 HKIAC Rules 2018; Art. 46 SCC Rules 2017; Art. 30 (1) ICDR Rules 2014.

[126] *Berger,* SchiedsVZ 2006, 176, 180.

[127] *Baigel*, 31 J.Int.Arb. 1, 8 (2014); *Azelius/Bergqvist/Olsson*, 4 Juridisk Tidskrift 936, 983 (2009–2010).

[128] Arroyo/*Boog*, Art. 29 ICC Rules 2012 Rn. 37; *S. Horn,* SchiedsVZ 2016, 22, 25; *Santacroce*, 31(2) Arb.Int. 283, 311 (2015); *Webster/Bühler,* Handbook of ICC Arbitration, Art. 29 Rn. 107; *Yeşilirmak,* Provisional Measures, Rn. 4.74.

reits auf einen Vergleich zum mehrstufigen Schiedsverfahren mit Rechtsmittelinstanz zurückgegriffen. *Schwab/Walter* begreifen alle Instanzen eines mehrstufigen Schiedsverfahrens als einheitliches Schiedsverfahren im Sinne der ZPO.[129] Das fordert die Frage heraus, ob *Emergency Arbitrator* und Hauptsacheschiedsgericht gleichermaßen ein einheitliches Schiedsverfahren durchführen. Dies wird im Ergebnis bejaht:[130] *Emergency*-Verfahren und Hauptsacheverfahren sind so eng verzahnt, dass die Parteien ein einheitliches Verfahren wollten. *Emergency Arbitrator* und Hauptsacheschiedsgericht bilden im Sinne der ZPO daher ein einheitliches Schiedsgericht, das seine Zusammensetzung im Laufe des Verfahrens ändert.

Zugleich erübrigt sich durch die Einheit von *Emergency Arbitrator* und Hauptsacheschiedsgericht die Diskussion, ob nur dasjenige Schiedsgericht einstweilige Anordnungen nach § 1041 ZPO erlassen kann, das auch den verfahrensabschließenden Schiedsspruch erlässt.[131] Der *Emergency Arbitrator* ist Teil dieses Schiedsgerichts.

I. Ein Rechtsstreit, eine Schiedsordnung, eine Schiedsvereinbarung

Ein erster Indikator für die These vom einheitlichen Schiedsverfahren ist der einheitliche Rechtsstreit.[132] Mit der einstweiligen Anordnung trägt der *Emergency Arbitrator* dazu bei, denjenigen Streit beizulegen, den das Hauptsacheschiedsgericht endgültig entscheiden soll. Das allein zwingt aber noch nicht zur Annahme eines einheitlichen Verfahrens, denn es wäre denkbar, dass sich mehrere Streitbeilegungsinstitutionen um den gleichen Rechtsstreit kümmern, etwa wenn zunächst eine Mediation und daran anschließend ein Schiedsverfahren durchgeführt wird.

Unterschiedliche Einrichtungen werden jedoch selten eine einheitliche Verfahrensordnung haben. *Emergency Arbitrator* und Hauptsacheschiedsgericht verfügen nun aber über eine einheitliche Schiedsordnung, denn die *Emergency*

---

[129] *Schwab/Walter,* Schiedsgerichtsbarkeit, Kapitel 22 Rn. 1.

[130] Ebenso *Lye/Yeo/Miller*, 23 S.Ac.L.J. 93 Rn. 43 f. (2011) in Bezug auf das Recht von Singapur von vor 2012; andere Auffassung *Giessen,* Der Pre-Arbitral-Referee, S. 107, der den *Pre-arbitral Referee* zwar als Schiedsgericht einstuft, aber als separates Schiedsgericht. *Berger,* SchiedsVZ 2006, 176, 180; *Baigel*, 31 J.Int.Arb. 1, 9 f. (2014) stufen *Pre-arbitral Referee* bzw. *Emergency Arbitrator* ebenfalls als separate Streitschlichtungsinstanz ein, nicht aber als Schiedsgericht.

[131] Vgl. dazu *Hauser,* RIW 2013, 364, 366; *Pörnbacher/Baur,* BB 2011, 2627, 2631; aus der internationalen Literatur ähnlich: *Ghaffari/Walters*, 30(1) Arb.Int. 153, 159 (2014)(in Bezug auf den English Arbitration Act 1996); *Simsive,* Indirect Enforceability of Emergency Arbitrator's Orders (in Bezug auf Art. 17H UNCITRAL ModG 2006); *Fry*, 7 Disp.Resol. Int'l 179, 187 (2013) (ohne Bezug zu konkreter Rechtsordnung).

[132] *Lye/Yeo/Miller*, 23 S.Ac.L.J. 93 Rn. 48 (2011).

Arbitrator Rules sind in die Schiedsordnung integriert. Das spricht für die Annahme eines einheitlichen Schiedsgerichts.[133]

Bestärkt wird die These dadurch, dass die Parteien nur eine Schiedsvereinbarung schließen müssen, um ein Schiedsverfahren mit *Emergency Arbitrator* zu erhalten. Wählen sie eine Schiedsordnung mit *Emergency Arbitrator*, so findet das *Emergency*-Verfahren automatisch Anwendung, ohne dass der *Emergency Arbitrator* in der Schiedsvereinbarung erwähnt werden müsste.

II. Abhängigkeit des Emergency-Verfahrens vom Hauptsacheschiedsverfahren

Für die These vom einheitlichen Verfahren spricht zudem, dass das *Emergency*-Verfahren vom Hauptsacheschiedsverfahren abhängig ist. Es kann nicht selbstständig durchgeführt werden. So muss für die Beantragung eines *Emergency Arbitrators* bereits Schiedsklage erhoben sein[134] oder sie muss jedenfalls zeitnah nachgereicht werden.[135] Einige Schiedsordnungen gehen noch weiter: Die *Emergency*-Anordnung wird unwirksam und das Amt des *Emergency Arbitrators* endet, wenn nicht innerhalb von 90 Tagen nach Erlass der *Emergency*-Anordnung das Schiedsgericht konstituiert wird.[136]

Die Abhängigkeit des *Emergency*-Verfahrens wird auch daran deutlich, dass das Schicksal der *Emergency*-Anordnung eng mit dem Hauptsacheverfahren verbunden ist. Mit Erlass des Hauptsacheschiedsspruchs[137] oder bei sonstiger Beendigung des Schiedsverfahrens[138] verliert sie regelmäßig ihre Bindungswirkung; das Hauptsacheschiedsgericht kann sie außerdem nach eigenem Ermessen aufheben.[139]

---

[133] Ähnlich *S. Horn,* SchiedsVZ 2016, 22, 25, der davon spricht eine „Auftrennung zwischen Maßnahmen des Eilschiedsrichters und Maßnahmen des Schiedsgerichts [sei] künstlich"; andere führen die einheitliche Schiedsordnung zudem als Argument dafür an, den *Emergency Arbitrator* als Schiedsgericht einzustufen: *Werdnik,* The Enforceability of Emergency Arbitrators' Decisions, in: Zeiler, et al. (Hrsg.), Austrian Yearbook on International Arbitration 2014, S. 274.

[134] Art. 9.5 LCIA Rules 2014; Art. 1 SIAC EA Rules 2016; Art. 6 (1) ICDR Rules 2014.

[135] Art. 1 (6) ICC EA Rules 2017; Art. 1 HKIAC EA Rules 2018; Art. 9 (4)(iii) SCC EA Rules 2017; Art. 43 (3) Swiss Rules 2012.

[136] Art. 10 SIAC EA Rules 2016; Art. 17 (d) HKIAC EA Rules 2018; Art. 9 (4)(iv) SCC EA Rules 2017.

[137] Art. 6 (6)(c) ICC EA Rules 2017; Art. 10 SIAC EA Rules 2016; Art. 17 (d) HKIAC EA Rules 2018; Art. 9 (4)(ii) SCC EA Rules 2017; Art. 43 (10) Swiss Rules 2012.

[138] Art. 6 (6)(d) ICC EA Rules 2017; Art. 10 SIAC EA Rules 2016; Art. 17 (c) HKIAC EA Rules 2018; Art. 43 (10) Swiss Rules 2012.

[139] Art. 6 (8) ICC EA Rules 2017; Art. 29 (3) ICC Rules 2017; Art. 9.11 LCIA Rules 2014; Art. 10 SIAC EA Rules 2016; Art. 17 (a) HKIAC EA Rules 2018; Art. 11 HKIAC EA Rules 2018 i.V.m. Art. 23.5 HKIAC Rules 2018; Art. 9 (4)(i) SCC EA Rules 2017 Art. 6

III. Verzahnungen zwischen Hauptsache- und Emergency-Verfahren

Die These vom einheitlichen Verfahren wird durch weitere Verzahnungen von *Emergency*- und Hauptsacheschiedsverfahren gestützt.

Verzahnungen ergeben sich beim *Emergency*-Ort und bei der Amtsdauer des *Emergency Arbitrators*. Der *Emergency*-Ort ist mit dem Ort des Hauptsacheschiedsverfahrens identisch, sofern die Parteien den Schiedsort festgelegt haben.[140] Der *Emergency*-Ort, der für das anwendbare Recht und die Zuständigkeit staatlicher Gerichte relevant ist,[141] hängt damit vom Hauptsacheverfahren ab. Das spricht für die Einheit der beiden Verfahren.

Gleiches gilt für die Amtsdauer. Zum einen darf ein *Emergency Arbitrator* nur ernannt werden, soweit das Hauptsacheschiedsgericht noch nicht besteht oder die Akte noch nicht erhalten hat.[142] Zum anderen endet das Amt des *Emergency Arbitrators* mit Konstituierung des Hauptsacheschiedsgerichts.[143] Nur wenige Schiedsordnungen erlauben es dem *Emergency Arbitrator*, nach Konstituierung des Schiedsgerichts das begonnene Verfahren noch durch eine einstweilige Anordnung zu beenden.[144]

Das Hauptsacheschiedsgericht darf zudem darüber entscheiden, wie die Kosten des *Emergency*-Verfahrens verteilt werden.[145] Auch hier wird eine enge Verzahnung deutlich, die auf ein einheitliches Schiedsverfahren hinweist. In der Regel ist es nämlich Aufgabe des Schiedsgerichts am Ende des Verfahrens selbst über die Verteilung der Kosten zu entscheiden.[146] Anders als „normale“,

---

(5) ICDR Rules 2014 Art. 43 (8) Swiss Rules 2012; vgl. zu den Voraussetzungen der Aufhebung auch: Arroyo/*Boog*, Art. 29 ICC Rules 2012 Rn. 41; Arroyo/*Habegger*, Art. 43 Swiss Rules 2012 Rn. 49.

[140] Art. 4 (1) ICC EA Rules 2017; Art. 9.13 LCIA Rules 2014 i.V.m. Art. 16.1 LCIA Rules 2014; Art. 4 SIAC EA Rules 2016; Art. 9 HKIAC EA Rules 2018; Art. 5 SCC EA Rules 2017; Art. 43 (5) Swiss Rules 2012; vgl. auch die eingehende Behandlung des *Emergency*-Ortes in Kapitel 7.

[141] Siehe zur Bedeutung des *Emergency*-Ortes die Ausführungen in der Einleitung zu Kapitel 7 auf S. 161.

[142] Art. 2 (2) ICC EA Rules 2017; Art. 9.4 LCIA Rules 2014; Art. 30.2 SIAC Rules 2016; Art. 1 HKIAC EA Rules 2018; Art. 1 (1) SCC EA Rules 2017; Art. 6 (1) ICDR Rules 2014; Art. 43 (1) Swiss Rules 2012.

[143] Siehe dazu: Art. 10 SIAC EA Rules 2016; Art. 18 HKIAC EA Rules 2018; Art. 1 (2) SCC EA Rules 2017; Art. 6 (5) ICDR Rules 2014; bei ICC, LCIA und SCAI findet sich diese Regelung nicht; vgl. dazu aber die Erwägungen unter Kapitel 1.A. auf S. 21.

[144] Art. 2 (2) ICC EA Rules 2017; Art. 13 HKIAC EA Rules 2018; Art. 43 (7) Swiss Rules 2012.

[145] Art. 29 (4) ICC Rules 2017; Art. 9.10 LCIA Rules 2014; Art. 13 SIAC EA Rules 2016; Art. 15 HKIAC EA Rules 2018; Art. 6 (8) ICDR Rules 2014; Art. 10 (5) SCC EA Rules 2017; Art. 43 (9) Swiss Rules 2012.

[146] Vgl. dazu in den Schiedsordnungen Art. 38 (4) ICC Rules 2017; Art. 28.2 LCIA Rules 2014; Art. 35.1 SIAC Rules 2016; Art. 34.1 HKIAC Rules 2018; Art. 49 (6) SCC Rules 2017; Art. 34 ICDR Rules 2014; Art. 38 Swiss Rules 2012.

eigenständige Schiedsgerichte darf der *Emergency Arbitrator* die Kosten „seines“ Verfahrens nicht selbst zwischen den Parteien verteilen, jedenfalls nicht abschließend. Diese Aufgabe fällt dem Hauptsacheschiedsgericht zu. Es übernimmt für den *Emergency Arbitrator* eine Aufgabe, die ihm als Schiedsgericht normalerweise selbst zustehen würde. Das spricht dafür, *Emergency Arbitrator* und Hauptsacheschiedsgericht als einheitliches Schiedsgericht anzusehen.

Die Verteilung der Kosten des *Emergency*-Verfahrens kann zudem vom Hauptsacheverfahren abhängen. Einerseits kann die *Emergency*-Anordnung noch aufgehoben oder geändert werden, weswegen es erforderlich sein kann, die vorläufige Kostenverteilung zwischen Antragsteller und Antragsgegner zu ändern.[147] Andererseits kann der endgültige Ausgang des Schiedsverfahrens auch bei der Verteilung der Kosten des *Emergency*-Verfahrens berücksichtigt werden.[148] Es wäre nun aber schwer vorstellbar, dass erst der Ausgang eines zweiten Schiedsverfahrens über die Verteilung der Kosten für ein erstes Verfahren entscheidet. Besser erscheint es, *Emergency*-Verfahren und Hauptsacheverfahren als Einheit zu begreifen.

IV. Einwendungen gegen einheitliches Schiedsgericht

In den vorangehenden Abschnitten wurden Gründe aufgezeigt, weshalb *Emergency*-Verfahren und Hauptsacheverfahren eine Einheit bilden. Gleichwohl lassen sich Bedenken gegen diese Qualifikation vorbringen. Im Folgenden wird jedoch aufgezeigt, dass es diese Bedenken im Ergebnis nicht rechtfertigen, von der Qualifikation als Einheit Abstand zu nehmen.

Zunächst ist festzustellen, dass die Schiedsordnungen zwischen Hauptsacheschiedsgericht und *Emergency Arbitrator* begrifflich trennen.[149] Am deutlichsten wird dies in Art. 2.8 HKIAC Rules 2018, wonach der Ausdruck „arbitral tribunal“ gerade nicht den *Emergency Arbitrator* beinhalten soll. Aber auch in den übrigen Schiedsordnungen darf der *Emergency Arbitrator* eben nur vor Konstituierung des Hauptsacheschiedsgerichts („tribunal“) ernannt werden, Hauptsacheschiedsgericht und *Emergency Arbitrator* können dementsprechend nicht das Gleiche sein.[150] Das kann für die Beurteilung des Verhältnisses von *Emergency Arbitrator* und Hauptsacheschiedsgericht im Lichte der ZPO aber nur zweitrangig sein: Die Schiedsordnungen müssen zwischen *Emergency Arbitrator* und Hauptsacheschiedsgericht trennen, weil die internen Regeln der Schiedsordnung sonst kaum verständlich wären. Die ZPO kann ein anderes Verständnis entwickeln, damit ihre Regelungen sinnvoll zur Anwendung gebracht werden. Die begriffliche Trennung von *Emergency Arbitrator* und

[147] Arroyo/*Boog*, Art. 29 ICC Rules 2012 Rn. 54.

[148] Zuberbühler/Müller/Habegger/*Meier,* Swiss Rules 2012, Art. 43 Rn. 60; Arroyo/*Habegger*, Art. 43 Swiss Rules 2012 Rn. 63; *Habegger,* ASA Bulletin 30 (2012) 269, 306.

[149] So wohl auch *Fry*, 7 Disp.Resol.Int'l 179, 187 (2013).

[150] Vgl. auch die Feststellungen bei *Lye/Yeo/Miller*, 23 S.Ac.L.J. 93 Rn. 51 (2011).

Hauptsacheschiedsgericht in den Schiedsordnungen steht der Betrachtung als Einheit im Sinne der ZPO daher nicht entgegen.[151]

Die Qualifikation des *Emergency Arbitrators* und Hauptsacheschiedsgerichts als einheitliches Schiedsgericht wirft zudem Folgefragen auf, weil die ZPO ein Schiedsgericht mit wechselnder Besetzung nicht kennt. So stellt sich die Frage, ob mit Ernennung des *Emergency Arbitrators* der Antrag auf Feststellung der Zulässigkeit des Schiedsverfahrens (§ 1032 Abs. 2 ZPO) unzulässig wird,[152] welche Konsequenzen sich für die Rüge der Zuständigkeit des Schiedsgerichts ergeben (§ 1041 Abs. 2 ZPO)[153] und wie sich *Emergency*-Ort und Schiedsort zueinander verhalten, wenn sie auseinanderfallen.[154] Wie in den folgenden Kapiteln gezeigt wird, lassen sich diese Fragen zufriedenstellend beantworten. Das Vorhandensein dieser Fragen spricht daher nicht dagegen, *Emergency Arbitrator* und Hauptsacheschiedsgericht als Einheit zu begreifen. Umgekehrt würde auch die Alternative, *Emergency Arbitrator* und Hauptsacheschiedsgericht als eigenständige Schiedsgerichte zu betrachten, Fragen aufwerfen. Insbesondere wäre dann zu diskutieren, ob es überhaupt zulässig ist, ein Schiedsgericht zu bestellen, das ausschließlich über Fragen des einstweiligen Rechtsschutzes entscheiden darf,[155] ob ein solches Schiedsgericht ein Schiedsgericht i.S.d. § 1041 ZPO sein kann[156] und ob ein Schiedsgericht ermächtigt werden kann, die einstweiligen Anordnungen eines anderen Schiedsgerichts wieder aufzuheben.

V. Ergebnis

Die Ausführungen haben gezeigt, dass *Emergency Arbitrator* und Hauptsacheschiedsgericht nach der Konstruktion in den Schiedsordnungen als einheitliches Schiedsgericht begriffen werden müssen, welches ein einheitliches Schiedsverfahren durchführt. So werden *Emergency Arbitrator* und Haupt-

---

[151] Im Ergebnis ähnlich die Erwägungen bei *Lye/Yeo/Miller*, 23 S.Ac.L.J. 93 Rn. 52 (2011) in Bezug auf den Singapore International Arbitration Act von vor 2012.

[152] Siehe dazu die ausführliche Behandlung von § 1032 Abs. 2 ZPO unter Kapitel 6.A.

[153] Siehe dazu die ausführliche Behandlung der Rügepflichten unter Kapitel 6.B.

[154] Siehe die Behandlung des *Emergency*-Ortes in Kapitel 7.

[155] Vgl. die sehr knappen Erwägungen bei *Lye/Yeo/Miller*, 23 S.Ac.L.J. 93 Rn. 59 (2011), die sich gerade wegen der Vermeidung dieser Probleme für ein Verständnis vom *Emergency Arbitrator* und Hauptsacheschiedsgericht als Einheit aussprechen. Vgl. auch die Fragestellung bei *Wolff*, ASA Bulletin 26 (2008) 626, der analysiert, ob es „non-final arbitration" überhaupt geben kann.

[156] Siehe insbesondere die Erwägungen bei *Hauser*, RIW 2013, 364, 366; *Pörnbacher/Baur*, BB 2011, 2627, 2631; ähnlich auch: *Ghaffari/Walters*, 30(1) Arb.Int. 153, 159 (2014)(in Bezug auf den English Arbitration Act 1996); *Simsive*, Indirect Enforceability of Emergency Arbitrator's Orders (in Bezug auf Art. 17H UNCITRAL ModG 2006); *Fry*, 7 Disp.Resol.Int'l 179, 187 (2013)(ohne Bezug zu konkreter Rechtsordnung).

sacheschiedsgericht nicht nur aufgrund einer einheitlichen Schiedsvereinbarung berufen, um unter einheitlicher Schiedsordnung einen einheitlichen Streit zu entscheiden, sondern das *Emergency*-Verfahren ist auch abhängig vom Hauptsacheverfahren und zwischen beiden bestehen enge Verzahnungen. Der Qualifikation des *Emergency Arbitrators* als Teil eines einheitlichen Schiedsgerichts stehen zudem keine durchgreifenden Bedenken entgegen.

C. Emergency Arbitrator bei „alten“ Schiedsvereinbarungen

Die Schiedsordnungen der SIAC, SCC, ICDR und SCAI werfen ein besonderes Problem für die Qualifikation des *Emergency Arbitrators* auf. Die vier Organisationen ernennen – anders als ICC, LCIA und HKIAC[157] – einen *Emergency Arbitrator* auch dann, wenn die Parteien ihre Schiedsvereinbarung geschlossen haben, bevor die *Emergency Arbitrator Rules* eingeführt wurden.[158] Das führt zu der Frage, ob das *Emergency*-Verfahren bei einer solchen „alten“ Schiedsvereinbarung noch auf einer parteiautonomen Entscheidung beruht,[159] die Voraussetzung für eine Qualifikation als Schiedsgericht ist. Da die Parteien bei Abschluss der Schiedsvereinbarung nichts von dem *Emergency*-Verfahren wussten, konnten sie dieses bei der Auswahl einer bestimmten Schiedsordnung nicht berücksichtigen.[160] ICC, LCIA und HKIAC zogen aus diesem Dilemma den Schluss, das *Emergency*-Verfahren nur für Schiedsvereinbarungen anzubieten, die nach Einführung des *Emergency*-Verfahrens geschlossen wurden. Bei der ICC empfand man die Neuerung durch den *Emergency Arbitrator* als zu schwerwiegend, um sie rückwirkend auf alte Schiedsvereinbarungen anzuwenden.[161] Ähnliche Bedenken wurden während der Entwicklung der SCC Rules 2010 geäußert,[162] letztlich aber beiseitegeschoben.

Im Folgenden wird aufgezeigt, dass der *Emergency Arbitrator* aus Sicht der ZPO auch dann als Schiedsgericht qualifiziert werden kann, wenn die Parteien das *Emergency*-Verfahren bei Abschluss ihrer Schiedsvereinbarung noch nicht kannten. Der *Emergency Arbitrator* ist dennoch aufgrund einer privaten Willenserklärung eingesetzt. Zwar stellt der *Emergency Arbitrator* eine Neuerung

---

157 Art. 29 (6) a) ICC Rules 2017; Art. 9.14 LCIA Rules 2014; Art. 1.5 HKIAC Rules 2018.

158 Siehe die Vorstellung des *Emergency*-Verfahrens unter Kapitel 1.B.I.2.b) auf S. 25 sowie aus der Literatur *Habegger,* ASA Bulletin 30 (2012) 269, 294 in Bezug auf die Swiss Rules 2012; *Shaughnessy*, 27 J.Int.Arb. 337, 350–354 (2010) in Bezug auf die SCC Rules 2010 (die Ausführungen bleiben gültig für die SCC Rules 2017).

159 Vgl. auch *Gätzschmann,* Der vorläufige Rechtsschutz, S. 302–303.

160 *Shaughnessy*, 27 J.Int.Arb. 337, 351 (2010).

161 *Webster/Bühler,* Handbook of ICC Arbitration, Art. 29 Rn. 29.136; *Castineira,* Les Cahiers de l'Arbitrage 2012, 65 Rn. 23.

162 *Shaughnessy*, 27 J.Int.Arb. 337, 351 (2010).

dar. Solange die Parteien jedoch keinen entgegenstehenden Willen geäußert haben, wollten sie das Schiedsverfahren unter Berücksichtigung der aktuellsten Fassung der Schiedsordnung führen. Davon ausgenommen sind nur solche Regeln, die unter Berücksichtigung von Treu und Glauben gegen die anerkennenswerten Interessen der Parteien verstoßen.[163] Wie aufgezeigt wird, verstoßen die *Emergency Arbitrator Rules* aber nicht gegen die anerkennenswerten Interessen der Parteien.

I. Grundsätze zur Änderung der Schiedsordnungen

Schiedsordnungen werden von Zeit zu Zeit geändert, um mit neuen Entwicklungen Schritt zu halten.[164] Wurde die Schiedsvereinbarung vor Inkrafttreten einer neuen Fassung geschlossen, stellt sich immer die Frage, welche Fassung der Schiedsordnung Anwendung finden soll. Die Schiedsordnungen selbst wollen in derjenigen Fassung zur Anwendung gebracht werden, die bei Einleitung des Verfahrens die aktuellste ist; wann die Schiedsvereinbarung geschlossen wird, ist unerheblich.[165] Die Schiedsordnungen sind in dieser Hinsicht nationalem Prozessrecht nachempfunden, das ebenfalls in der jeweils aktuellsten Fassung zur Anwendung kommt, unabhängig davon, wann sich die Tatsachen ereignet haben, die dem Rechtsstreit zu Grunde liegen.[166] Die Anwendung der jeweils aktuellsten Fassung entspricht zudem einer international verbreiteten

---

[163] BGH, Urteil v. 05.12.1985 – III ZR 180/84, Rn. 23 (juris) = NJW-RR 1986, 1059; ebenso: MüKo ZPO/*Münch*, § 1042 Rn. 90; *Raeschke-Kessler/Berger,* Recht und Praxis des Schiedsverfahrens, Rn. 626; *Kindler,* NZG 2014, 961, 966; Zöller/*Geimer*, § 1042 Rn. 25; Musielak/Voit/*Voit*, § 1042 Rn. 33.

[164] Vgl. *Greenberg/Mange*, 27 J.Int.Arb. 199, 200 (2010); *Shaughnessy*, 27 J.Int. Arb. 337, 352 f. (2010); so auch BGH, Urteil v. 05.12.1985 – III ZR 180/84, Rn. 23 (juris) = NJW-RR 1986, 1059.

[165] Art. 6 (1) ICC Rules 2017; Preamble LCIA Rules 2014; Art. 1.2 SIAC Rules 2016; Art. 1.4 HKIAC Rules 2018; Preamble SCC Rules 2017; Art. 1 (1) ICDR Rules 2014; Art. 1 (3) Swiss Rules 2012; siehe auch die Erwägungen bei *Habegger,* ASA Bulletin 30 (2012) 269, 294 f.; *Shaughnessy*, 27 J.Int.Arb. 337, 351 (2010) sowie die allgemeine Darstellung zur Anwendung der aktuellsten Fassung der Schiedsordnungen bei *Greenberg/Mange*, 27 J.Int.Arb. 199 (2010).

[166] Vgl. ohne Bezug zu einer nationalen Rechtsordnung *Greenberg/Mange*, 27 J.Int.Arb. 199, 202 (2010); vgl. zum deutschen Recht z.B. BVerfG, Beschluss v. 07.07.1992 – 2 BvR 1631/90, NJW 1993, 1123, 1124: Danach gelte der Grundsatz, dass auch bei bereits rechtshängigen Streitigkeiten die jeweils aktuellste Fassung des Prozessrechts Anwendung findet – das geht über die Schiedsordnungen sogar noch hinaus.

Ansicht, wonach die Parteien konkludent die aktuellste Fassung einer Schiedsordnung anwenden wollen, wenn nichts anderes vereinbart ist:[167] Die Parteien profitieren damit von den verbesserten neuen Regeln.[168]

Der BGH sieht das ähnlich.[169] Parteien, die sich einer institutionellen Verfahrensordnung unterwerfen, würden regelmäßig mit einer Änderung der Verfahrensordnung rechnen, weil diese neuen Entwicklungen angepasst werden.[170] Solange ein entgegenstehender Wille nicht geäußert sei, würden die Parteien künftige Änderungen der Verfahrensordnung deshalb billigen, soweit die Änderungen nicht unter Berücksichtigung von Treu und Glauben gegen die anerkennenswerten Interessen der Parteien verstoßen. Andere deutsche Gerichte und ein Großteil der Literatur sehen das ähnlich.[171] Nur wenige Autoren sind der Ansicht, dass eine dynamische Verweisung auf die aktuellste Fassung der Schiedsordnung im Zweifel nicht gewollt sei.[172] Eine dynamische Verweisung sei ein „Sprung ins Dunkel“.[173]

Dem ist eine Absage zu erteilen. Die Schiedsordnungen selbst wollen in der aktuellen Fassung zur Anwendung gebracht werden. Das machen sich die Parteien grundsätzlich zu eigen, wenn sie die entsprechende Schiedsordnung wählen. Die Regelung in den Schiedsordnungen ist zudem international akzeptiert,[174] die Parteien können daher von der Wirksamkeit der Anwendungsregelung in den Schiedsordnungen ausgehen. Dieser Befund spricht für einen konkludenten Willen, im Zweifel die aktuelle Fassung anzuwenden. Zudem bietet die Formel des BGH hinreichenden Schutz vor völlig unvorhersehbaren Regelungen, die das Schiedsverfahren in einem gänzlich anderen Licht erscheinen lassen und daher nicht mehr als vereinbart gelten können.

II. Anwendung der Grundsätze auf das Emergency-Verfahren

Es stellt sich demnach die Frage, ob das *Emergency*-Verfahren die Schiedsordnung so grundlegend verändert, dass bei dessen Anwendung unter Berücksichtigung von Treu und Glauben gegen die anerkennenswerten Parteiinteressen

[167] Vgl. die Übersicht zur internationalen Rechtsprechung bei *Greenberg/Mange*, 27 J.Int.Arb. 199 (2010); vgl. auch die Ansicht bei *Shaughnessy*, 27 J.Int.Arb. 337, 351 (2010); *Müller/Pearson,* ASA Bulletin 33 (2015) 808, 809.

[168] *Greenberg/Mange*, 27 J.Int.Arb. 199, 200 (2010); *Shaughnessy*, 27 J.Int.Arb. 337, 352 f. (2010).

[169] BGH, Urteil v. 05.12.1985 – III ZR 180/84, Rn. 23 (juris) = NJW-RR 1986, 1059.

[170] BGH, Urteil v. 05.12.1985 – III ZR 180/84, Rn. 23 (juris) = NJW-RR 1986, 1059.

[171] OLG München, Beschluss v. 13.09.2013 – 34 SchH 10/13, SchiedsVZ 2013, 287, 291; MüKo ZPO/*Münch*, § 1042 Rn. 90; *Raeschke-Kessler/Berger,* Recht und Praxis des Schiedsverfahrens, Rn. 626; Stein/Jonas/*Schlosser*, § 1042 Rn. 16; Musielak/Voit/*Voit*, § 1042 Rn. 33.

[172] Zöller/*Geimer*, § 1042 Rn. 25; *Kindler,* NZG 2014, 961, 966 .

[173] *Kindler,* NZG 2014, 961, 966.

[174] Vgl. die Zusammenstellung bei *Greenberg/Mange*, 27 J.Int.Arb. 199 (2010).

verstoßen wird. Im Ergebnis ist das zu verneinen, denn weder Antragsteller, noch Antragsgegner werden im *Emergency*-Verfahren mit grundsätzlich Neuem belastet, das vorher nicht bekannt war.

Für die Untersuchung, ob die Einführung des *Emergency Arbitrators* gegen die anerkennenswerten Parteiinteressen verstößt, ist zwischen Antragsteller und Antragsgegner des *Emergency*-Verfahrens zu differenzieren. Die Interessen des Antragstellers werden nicht beeinträchtigt, denn für ihn ist das *Emergency*-Verfahren nur eine zusätzliche Option.[175] Trotz *Emergency*-Verfahren kann er sich wie gehabt an das staatliche Gericht wenden, um einstweiligen Rechtsschutz zu erhalten.[176]

Anderes gilt für den Antragsgegner: Er kann nicht zwischen *Emergency Arbitrator* und staatlichem Gericht wählen. Wird ein *Emergency Arbitrator* eingesetzt, muss sich der Antragsgegner am Verfahren beteiligen, um einer ungünstigen Entscheidung entgegenzuwirken. Ihm wird es vorenthalten, vor einem staatlichen Gericht über den einstweiligen Rechtsschutz zu verhandeln. Das war bei Abschluss der Schiedsvereinbarung nicht absehbar, wenn die gewählte Schiedsordnung das *Emergency*-Verfahren noch nicht kannte. Dennoch beeinträchtigt das *Emergency*-Verfahren keine anerkennenswerten Interessen des Antragsgegners.

Zunächst ist festzuhalten, dass sich der Antragsgegner, genauso wie der Antragsteller, auf ein Schiedsverfahren eingelassen hat. Regelmäßig deshalb, weil er sich von einem Schiedsverfahren Vorteile im Vergleich zur Verhandlung vor dem staatlichen Gericht erhoffte. Wählt der Antragsteller daher ein *Emergency*-Verfahren, um den Streit möglichst frühzeitig durch die Schiedsgerichtsbarkeit entscheiden zu lassen, so kann dies vom Grundgedanken her nicht gegen die Interessen des Antragsgegners verstoßen. Das gilt jedenfalls insoweit, als dass das Verfahren den Antragsgegner mit nichts grundsätzlich Neuem belastet, mit dem er nicht rechnen konnte und das vernünftigerweise sein Interesse an dem Schiedsverfahren beeinträchtigt.

Gegen die Annahme, der Antragsgegner werde durch das *Emergency*-Verfahren mit grundsätzlich Neuem belastet, spricht zunächst die Funktion des *Emergency Arbitrators*. Durch den *Emergency Arbitrator* werden nämlich keine neuen schiedsrichterlichen Befugnisse geschaffen, sondern es wird lediglich der Zeitpunkt nach vorne verlagert, zu dem einstweilige Anordnungen vom Schiedsgericht zu erlangen sind. Die Befugnis, einstweilige Anordnungen zu erlassen, hatten Schiedsgerichte schon vor Einführung des *Emergency Arbitrators*: In Deutschland gibt es einstweiligen Rechtsschutz durch Schiedsgerichte seit 1998 mit Einführung des SchiedsVfG; das UNCITRAL ModG 1985 kennt einstweiligen Rechtsschutz bereits in der ursprünglichen Fassung von 1985; die SCC Rules lassen einstweiligen Rechtsschutz mindestens seit 1999

[175] Vgl. Arroyo/*Boog*, Art. 29 ICC Rules 2012 Rn. 56.

[176] Vgl. dazu Kapitel 6.C.

zu;[177] SIAC hatte den einstweiligen Rechtsschutz bereits in die ursprüngliche Version der SIAC Rules von 2007 aufgenommen,[178] zuvor aber schon Schiedsverfahren nach den UNCITRAL Rules administriert, die einstweiligen Rechtsschutz seit 1976 kennen;[179] das SCAI kennt einstweiligen Rechtsschutz seit der ursprünglichen Fassung der Swiss Rules von 2004,[180] einstweiligen Rechtsschutz gab es aber schon 1992 in der Schiedsordnung der Genfer Handelskammer,[181] einer Vorläuferschiedsordnung der Swiss Rules. Selbst wenn der Antragsgegner einen *Emergency Arbitrator* nicht kannte, so hatte er sich mit Wahl eines Schiedsverfahrens nach den Schiedsordnungen der SIAC, SCC, ICDR oder SCAI dennoch darauf eingelassen, einstweiligen Rechtsschutz vor einem Schiedsgericht zu verhandeln. Es verstößt nun nicht gegen die Interessen des Antragsgegners, wenn der einstweilige Rechtsschutz nun schneller vom Schiedsgericht zu erhalten ist, als ursprünglich zu erwarten war.

Denkbar wäre es aber, aus der Ausgestaltung des *Emergency*-Verfahrens abzuleiten, dass der Antragsgegner mit grundsätzlich Neuem belastet wird, sodass seine Interessen verletzt sind. Mit Blick auf die SCC Rules 2010, denen die SCC Rules 2017 entsprechen, wirft *Shaughnessy* mehrere problematische Aspekte des *Emergency*-Verfahrens auf, ohne aber selbst zu erörtern, ob die Bedenken durchgreifen oder nicht.[182] Es ist zwar berechtigt, auf diese Aspekte hinzuweisen (siehe sogleich die Besprechung der Bedenken). Letztlich rechtfertigen sie es aber nicht, im *Emergency*-Verfahren ein Verfahren zu erkennen, durch das der Antragsgegner mit so grundsätzlich Neuem belastet wird, dass seine anerkennenswerten Interessen verletzt werden:

Shaughnessy wendet zunächst ein, es sei fraglich, ob die Parteien mit Abschluss ihrer Schiedsvereinbarung auch einem vorschiedsrichterlichen („prearbitral") Verfahren zugestimmt hätten.[183] Gleichzeitig merkt sie an, dass der Einwand nicht haltbar sei, wenn der *Emergency Arbitrator* als Teil des Schiedsverfahrens begriffen werden könne.[184] Eine eigene klare Position zur Einstufung des *Emergency Arbitrators* formuliert sie nicht. Nach der hier vertretenen Auffassung ist der *Emergency Arbitrator* Teil des Schiedsgerichts,[185] der *Emergency Arbitrator* ist gerade nicht vorschiedsrichterlich. Zudem ist die Unterscheidung danach, ob der *Emergency Arbitrator* vorschiedsrichterlich

---

[177] Vgl. Art. 31 SCC Rules 1999, der ältesten verfügbaren Fassung der SCC Rules auf der Website der SCC: <http://www.sccinstitute.com/dispute-resolution/rules/>, zuletzt geprüft am 11.11.2018.

[178] Art. 24.1 (j) SIAC Rules 2007.

[179] Art. 26 UNCITRAL Rules 1976.

[180] Art. 26 Swiss Rules 2004.

[181] Art. 23 CCIG Rules 1992.

[182] *Shaughnessy*, 27 J.Int.Arb. 337, 354 (2010).

[183] *Shaughnessy*, 27 J.Int.Arb. 337, 354 (2010).

[184] *Shaughnessy*, 27 J.Int.Arb. 337, 355 (2010).

[185] Siehe oben Abschnitt B. dieses Kapitels.

oder schiedsrichterlich ist, sehr technisch. In der Sache erlässt der *Emergency Arbitrator* in einer Art „Expressschiedsverfahren", bei dem regelmäßig alle Parteien gehört werden, eine einstweilige Anordnung, die auch ein Schiedsgericht erlassen könnte. Allein aus dem Umstand, dass der *Emergency Arbitrator* vor Konstituierung des Hauptsacheschiedsgerichts tätig wird, ergeben sich daher keine Eingriffe in die anerkennenswerten Interessen des Antragsgegners.

Im Ergebnis ebenfalls unbeachtlich ist *Shaughnessys* Anmerkung, dass im *Emergency*-Verfahren besonders kurze Fristen gelten, weswegen sich der Antragsgegner einem sehr schnellen Verfahren ausgesetzt sieht.[186] Auch ohne *Emergency Arbitrator* ist eine potentielle Schiedspartei der Gefahr ausgesetzt, unerwartet in einem (staatlichen) Verfahren des einstweiligen Rechtsschutzes in Anspruch genommen zu werden. Von jedem Unterzeichner einer Schiedsvereinbarung – wie von jedem anderen auch – wird daher ohnehin die latente Bereitschaft gefordert, notfalls sehr schnell zu reagieren. Das *Emergency*-Verfahren begründet hier kein grundsätzlich neues Risiko. Eher werden Risiken noch vermindert, weil der Antragsteller nicht mehr gezwungen ist, vor ein (für den Antragsgegner ggf. ausländisches) staatliches Gericht zu ziehen.

Unbegründet ist auch der dritte Einwurf *Shaughnessys*, dass der *Emergency Arbitrator* nicht von den Parteien ernannt werde, sondern die Schiedsorganisation einen Einzelschiedsrichter nach eigenem Ermessen einsetzt.[187] Zwar dürfen die Parteien bei SIAC, SCC, ICDR und SCAI grundsätzlich die Schiedsrichter selbst aussuchen.[188] Sofern sich die Parteien aber nicht auf einen Einzelschiedsrichter einigen können oder eine Partei ihren Schiedsrichter nicht ernennt, werden die Schiedsrichter von der Schiedsorganisation ernannt.[189] Die Ernennung durch die Schiedsorganisation ist somit kein vollkommen neues Konzept; neu ist allein, dass die Parteien keine Wahl zur Ernennung des *Emergency Arbitrators* haben. Das genügt aber nicht, um gegen anerkennenswerte Interessen des Antragsgegners zu verstoßen. Von der Ernennung des *Emergency Arbitrators* bleibt die Wahl des Hauptsacheschiedsgerichts nämlich unberührt. Die Parteien können hier nach den vereinbarten Regeln verfahren. Der *Emergency Arbitrator* selbst ist dem Hauptsacheschiedsgericht jedoch untergeordnet. Insbesondere kann das Hauptsacheschiedsgericht die *Emergency*-Anordnung aufheben oder ändern, sodass es alsbald die Verantwortung für die *Emergency*-Anordnung übernimmt. Zweifelt eine Partei zudem

---

[186] *Shaughnessy*, 27 J.Int.Arb. 337, 354 (2010).

[187] Vgl. dazu auch *Shaughnessy*, 27 J.Int.Arb. 337, 354 (2010).

[188] Art. 10, 11 SIAC Rules 2016; Art. 17 SCC Rules 2017; Art. 12 ICDR Rules 2014; Art. 7, 8 Swiss Rules 2012.

[189] Art. 10.2, 11.2 SIAC Rules 2016; Art. 17 (3), (4) SCC Rules 2017; Art. 12 (3) ICDR Rules 2014; Art. 7 (2), 8 (2) Swiss Rules 2012.

an der Eignung, Unparteilichkeit oder Unabhängigkeit des *Emergency Arbitrators*, besteht die Möglichkeit diesen abzulehnen.[190]

Das Ablehnungsverfahren führt zu einem weiteren Einwand *Shaughnessys*:[191] Die Fristen zur Ablehnung des *Emergency Arbitrators* sind im Vergleich zu den sonst üblichen Ablehnungsfristen sehr kurz, sie betragen zwischen 24 Stunden und drei Tagen ab Bekanntgabe der Person, die als *Emergency Arbitrator* fungieren soll, oder ab Kenntnis der Umstände, die zur Ablehnung berechtigen.[192] Letztlich verstößt aber auch das nicht gegen die anerkennenswerten Interessen des Antragsgegners. Die kurzen Fristen sind grundsätzlich unbedenklich, wie noch eingehend dargestellt wird.[193] Zudem gilt auch für die Ablehnungsfristen, dass die Schiedsparteien immer der Gefahr ausgesetzt sind, in einem Eilverfahren in Anspruch genommen zu werden. Sie müssen dann in jeder Hinsicht schnell reagieren, für das Ablehnungsverfahren gilt nichts anderes. Darüber hinaus agiert der *Emergency Arbitrator* eben nur zeitweise, er ist nicht am Erlass des Hauptsacheschiedsspruchs beteiligt. Nötigenfalls kann das Hauptsacheschiedsgericht eine *Emergency*-Anordnung wieder aufheben, wenn diese ungerechtfertigt war.

Denkbar wäre es zudem, dass das *Emergency*-Verfahren gegen die anerkennenswerten Interessen des Antragsgegners verstößt, weil mit ihm ein neuer Kostentatbestand geschaffen wurde, den es vorher nicht gab. Mit SGD 30.000,00 bei der SIAC,[194] EUR 20.000,00 bei der SCC[195] und CHF 6.500,00 bis CHF 44.500,00[196] sind die Kosten für ein *Emergency*-Verfahren nicht unerheblich.[197] Vor allem in Verfahren mit Streitwert unter EUR 500.000 können die Kosten für das *Emergency*-Verfahren sogar über den Kosten für das Hauptsacheverfahren liegen, wenn nur ein Einzelschiedsrichter bestellt wurde.[198] An diesen Kosten kann der Antragsgegner nach den Schied-

---

[190] Siehe zur Ablehnung des *Emergency Arbitrators* Art. 3 (2) ICC EA Rules 2017; Art. 9.6 LCIA Rules 2014 i.V.m. Art. 10.6 LCIA Rules 2014; Art. 7 HKIAC EA Rules 2018 i.V.m. Art. 11.9 HKIAC Rules 2018; Art. 4 (3) SCC EA Rules 2017 i.V.m.Art. 19 (5) SCC Rules 2017; Art. 43 (4) Swiss Rules 2012 i.V.m.Art. 11 (2) Swiss Rules 2012.

[191] *Shaughnessy*, 27 J.Int.Arb. 337, 354 (2010).

[192] Art. 4 (3) SCC EA Rules 2017: 24 Stunden; Art. 6 (2) ICDR Rules 2014: ein Werktag; Art. 5 SIAC EA Rules 2016: zwei Tage; Art. 3 (1) ICC EA Rules 2017; Art. 7 HKIAC EA Rules 2018; Art. 43 (4) Swiss Rules 2012: drei Tage.

[193] Siehe zur Unbedenklichkeit kurzer Fristen die eingehende Erörterung unter Kapitel 5.A.I.

[194] Art. 42 SIAC Rules 2016.

[195] Art. 10 (2)(i) u. (ii) SCC EA Rules 2017.

[196] Appendix B, 1.6 u. 2.9 Swiss Rules 2012.

[197] Das ICDR macht keine Angaben zu den Kosten des *Emergency*-Verfahrens.

[198] Aus den Gebührentabellen der Schiedsorganisationen ergeben sich folgende Streitwerte, die erreicht sein müssen, damit die Gebühren für Schiedsorganisation und Einzelschiedsrichter der jeweiligen Gebühr für das *Emergency*-Verfahren entsprechen: Bei SIAC

sordnungen beteiligt werden, da die Kosten abhängig von den Umständen zwischen den Parteien verteilt werden sollen.[199] Im Ergebnis verstößt der neue Kostentatbestand jedoch nicht gegen die anerkennenswerten Interessen des Antragsgegners:

Zum Ersten besteht immer die Möglichkeit, dass die Schiedsorganisation ihre Gebühren durch die Erneuerung der Schiedsordnung erhöht. Darauf haben sich die Parteien bei Abschluss der Schiedsvereinbarung eingelassen. Zum Zweiten sind die Kosten eines Schiedsverfahrens im Vorhinein ohnehin kaum zu bestimmen, weil bei Abschluss der Schiedsvereinbarung weder der Streitwert des Rechtsstreits – Berechnungsgrundlage bei SIAC und SCC[200] – noch der Aufwand des Schiedsgerichts – Berechnungsgrundlage bei ICDR und SCAI[201] – bekannt sind. Die Schiedsvereinbarung wurde daher regelmäßig ohnehin nicht in Erwartung einer konkreten Kostenlast abgeschlossen. Zum Dritten würden auch vor dem staatlichen Gericht möglicherweise Kosten für den einstweiligen Rechtsschutz auflaufen. Diese Kosten sind gerade im internationalen Kontext nicht kalkulierbar, weil möglicherweise noch nicht einmal das Land feststeht, in welchem der Antragsgegner in Anspruch genommen wird. Erscheint es trotz dieser Erwägungen unangemessen, dem Antragsgegner die Kosten des *Emergency*-Verfahrens ganz oder teilweise aufzuerlegen, weil er damit bei Abschluss der Schiedsvereinbarung nicht rechnen konnte, so kann und muss das Schiedsgericht diesen Umstand bei der Kostenverteilung berücksichtigen.

III. Ergebnis

Das *Emergency*-Verfahren ist zwar ein neues Verfahren in den Schiedsordnungen, allerdings belastet es die Parteien nicht in einer Art und Weise, dass die anerkennenswerten Interessen der Parteien unter Berücksichtigung von Treu und Glauben verletzt werden. Aus Sicht des Antragstellers gibt es schon keine Bedenken, weil sich dieser frei zwischen *Emergency*-Verfahren und staatlichem Eilverfahren entscheiden kann. Der Antragsgegner hat diese Wahl zwar nicht, allerdings wird er mit nichts grundsätzlich Neuem belastet. Die Ernennung des *Emergency Arbitrators* beruht daher auch dann auf einem privaten Willensentschluss der Parteien, wenn die Schiedsvereinbarung geschlossen

---

ein Streitwert von SGD 165.000; bei der SCC ein Streitwert von EUR 56.000; bei der SCAI ein Streitwert von CHF 406.000.

[199] Art. 13 SIAC EA Rules 2016; Art. 10 (5) SCC EA Rules 2017; Art. 43 (9) Swiss Rules 2012.

[200] Vgl. den *Schedule of Fees* zu den SIAC Rules 2016; *Appendix IV (Schedule of Costs)* zu den SCC Rules 2017.

[201] Vgl. Art. 35 ICDR Rules 2014; Art. 39 Swiss Rules 2012.

wurde, bevor die *Emergency Arbitrator Rules* in die Schiedsordnung aufgenommen wurden. Der *Emergency Arbitrator* ist daher auch bei „alten“ Schiedsvereinbarungen als Schiedsgericht zu qualifizieren.[202]

[202] Zu einem ähnlichen Ergebnis gelangen *Habegger,* ASA Bulletin 30 (2012) 269, 294 f. und *Müller/Pearson,* ASA Bulletin 33 (2015) 808, 809.

Kapitel 3

Vollstreckung inländischer Emergency-Anordnungen

Trotz aller Beteuerungen, schiedsrichterliche Entscheidungen würden häufig freiwillig befolgt,[1] ist es zuweilen erforderlich, *Emergency*-Anordnungen zwangsweise durchzusetzen. Nachdem der *Emergency Arbitrator* als Schiedsgericht qualifiziert wurde, finden auf die Vollstreckung der *Emergency*-Anordnung die gleichen Vorschriften Anwendung, die auch für die Vollstreckung einstweiliger Anordnungen von Schiedsgerichten gelten. Eine *Emergency*-Anordnung kann daher in Deutschland zwangsvollstreckt werden, sobald sie nach § 1041 Abs. 2 ZPO zur Vollziehung zugelassen und solange die Vollziehungszulassung nicht nach § 1041 Abs. 3 ZPO aufgehoben wurde. Das folgende Kapitel beschränkt sich auf die Vollziehung von *Emergency*-Anordnungen, die einem *Emergency*-Verfahren entstammen, bei dem der Schiedsort (bzw. der *Emergency*-Ort)[2] in Deutschland liegt (inländische *Emergency*-Anordnungen). Auf die Besonderheiten bei ausländischen *Emergency*-Anordnungen, bei denen Schieds- oder *Emergency*-Ort im Ausland liegen, wird in Kapitel 8 eingegangen.

Zuständig für die Vollziehungszulassung ist gemäß § 1062 Abs. 1 Nr. 3 ZPO das Oberlandesgericht, das die Parteien bezeichnet haben oder in dessen Bezirk sich der Ort des schiedsrichterlichen Verfahrens befindet. Nach § 1041 Abs. 2 S. 1 ZPO kann das staatliche Gericht auf Antrag einer Partei die Vollziehung einer Maßnahme nach § 1041 Abs. 1 ZPO zulassen, sofern nicht schon eine entsprechende Maßnahme des einstweiligen Rechtsschutzes bei einem staatlichen Gericht beantragt worden ist. Anders als § 1060 Abs. 2 S. 1 ZPO, der die Vollstreckbarerklärung von Schiedssprüchen regelt, äußert sich § 1041 Abs. 2 S. 1 ZPO nicht im Detail zu den Voraussetzungen der Voll-

---

[1] *Edler,* Die Aufhebung von Schiedssprüchen, S. 65; *Herdegen,* RIW 1981, 304, 304; *Leitzen,* Die Anordnung vorläufiger oder sichernder Maßnahmen, S. 171; *Lüke,* Probleme der Schiedsgerichtsbarkeit, in: Leonardy/Holschuh (Hrsg.), FS LG Saarbrücken, S. 314; *Schroth,* SchiedsVZ 2003, 102, 109; *Simsive,* Indirect Enforceability of Emergency Arbitrator's Orders; *Vasani*, 4 YAR 4, 7 (2015); *Yeşilirmak,* Provisional Measures, Rn. 6.2.

[2] Vgl. zur Bedeutung des *Emergency*-Ortes die ausführliche Behandlung in Kapitel 7.

ziehungszulassung. Dem staatlichen Gericht wird vielmehr Ermessen eingeräumt[3] – abgesehen von dem Erfordernis, dass bei einem staatlichen Gericht noch keine vergleichbare Maßnahme beantragt sein darf. § 1041 Abs. 3 ZPO erlaubt es dem Oberlandesgericht sodann, den Beschluss nach § 1041 Abs. 2 ZPO auf Antrag wieder aufzuheben oder nachträglich zu ändern. Auch hier nennt das Gesetz keine Voraussetzungen.

Im Folgenden wird zunächst die Vollziehungszulassung nach § 1041 Abs. 2 ZPO erörtert. Die Erörterung beschränkt sich dabei auf die Frage, wie das Ermessen des staatlichen Gerichts zu konkretisieren ist (dazu A.I.) und welche Anforderungen an Beweis und Glaubhaftmachung zu stellen sind (dazu A.II.). Anschließend wird diskutiert, unter welchen Voraussetzungen das staatliche Gericht die Vollziehungszulassung wieder aufheben kann (dazu B.).

Allen Erwägungen werden die Rechtsprechung und Literatur zu einstweiligen Anordnungen eines Schiedsgerichts zugrunde gelegt; Literatur zum *Emergency Arbitrator* im Lichte des § 1041 Abs. 2 u. 3 ZPO gibt es bisher nicht. Werden Ansichten aus Rechtsprechung und Literatur wiedergegeben, wird deshalb vom Schiedsgericht gesprochen, nicht vom *Emergency Arbitrator.* In der Sache gelten die Ergebnisse zu einstweiligen Anordnungen des Hauptsacheschiedsgerichts aber auch für den *Emergency Arbitrator*, denn der *Emergency Arbitrator* ist nach hiesiger Ansicht Teil des Schiedsgerichts, seine Anordnung entsprechend einstweilige Anordnung nach § 1041 Abs. 1 ZPO.[4]

A. Die Entscheidung über die Vollziehungszulassung

I. Konkretisierung des Ermessens

In einem ersten Schritt wird konkretisiert, welche Erwägungen das staatliche Gericht bei der Ermessensentscheidung nach § 1041 Abs. 2 S. 1 ZPO anstellen darf. Ein Teil der Literatur sieht in § 1041 Abs. 2 S. 1 ZPO die Ermächtigung des staatlichen Gerichts, die schiedsgerichtliche Entscheidung umfassend zu überprüfen.[5] Die Rechtsprechung und ein anderer Teil der Literatur wollen die

---

[3] So bereits der Regierungsentwurf zum SchiedsVfG, BT-Drs. 13/5274, S. 45; vgl. aus Literatur und Rechtsprechung nur: OLG Frankfurt, Beschluss v. 31.07.2013 – 26 SchH 4/13, Rn. 11 (juris); OLG Saarbrücken, Beschluss v. 27.02.2007 – 4 Sch 1/07, Rn. 26 (juris) = SchiedsVZ 2007, 323; *Bandel,* Einstweiliger Rechtsschutz im Schiedsverfahren, S. 215; Zöller/*Geimer*, § 1041 Rn. 3; Baumbach/Lauterbach/Albers/*Hartmann*, § 1041 Rn. 4; *Leitzen,* Die Anordnung vorläufiger oder sichernder Maßnahmen, S. 195; MüKo ZPO/*Münch*, § 1041 Rn. 37; Saenger/*Saenger*, § 1041 Rn. 4; Musielak/Voit/*Voit*, § 1041 Rn. 8; BeckOK ZPO/*Wolf/Eslami*, Stand: 01.03.2018, § 1041 Rn. 17.

[4] Siehe zur Qualifikation des *Emergency Arbitrators* Kapitel 2.

[5] Baumbach/Lauterbach/Albers/*Hartmann*, § 1041 Rn. 4; *Krimpenfort,* Vorläufige und sichernde Maßnahmen, S. 142; Prütting/Gehrlein/*Prütting*, § 1041 Rn. 7; *Schütze,* BB 1998, 1650, 1652.

Prüfungskompetenz des staatlichen Gerichts hingegen in der einen oder anderen Weise beschränken.[6] Über die genauen Beschränkungen herrscht keine Einigkeit. Die folgende Darstellung unternimmt nicht den Versuch einer pauschalen Streitentscheidung, sondern es werden vier Teilaspekte untersucht, die bei der Ermessensentscheidung relevant werden können: *Ordre public* (dazu 1.), Zuständigkeit des *Emergency Arbitrators* (dazu 2.), materielle Voraussetzungen der Anordnung (dazu 3.), Verfahrensmängel (dazu 4.). Im Ergebnis hat das staatliche Gericht nur geringe Spielräume. Die Abwägung der Umstände im Einzelfall hat bereits der *Emergency Arbitrator* vorgenommen, sie ist nicht mehr Aufgabe des staatlichen Gerichts.[7] Ziel muss es sein, möglichst rasch eine Entscheidung zu treffen, um ein schnelles Verfahren zu gewährleisten. Die Vollziehungszulassung darf nur verweigert werden, wenn absolute Mindeststandards an ein Schiedsverfahren nicht eingehalten werden.

Als Auslegungshilfe wird auf § 1059 Abs. 2 ZPO zurückgegriffen, der die Aufhebungs- und Vollstreckungsversagungsgründe für den Schiedsspruch enthält. Anders als in der Literatur vorgeschlagen,[8] wird § 1059 Abs. 2 ZPO hier aber nicht pauschal auf einstweilige Anordnungen angewandt. Die Norm soll lediglich darüber Aufschluss geben, inwiefern der Gesetzgeber die Überprüfung eines Schiedsverfahrens grundsätzlich für erforderlich hält.

1. Ordre public

Unbestritten darf das staatliche Gericht überprüfen, ob eine schiedsrichterliche Entscheidung gegen den *ordre public* verstößt.[9] Dieser Grundsatz ist weltweit

---

[6] OLG Saarbrücken, Beschluss v. 27.02.2007 – 4 Sch 1/07, Rn. 26 (juris) = SchiedsVZ 2007, 323; OLG Frankfurt, Beschluss v. 31.07.2013 – 26 SchH 4/13, Rn. 11 (juris); Beschluss v. 05.04.2001 – 24 Sch 1/01, Rn. 11 (juris) = NJW-RR 2001, 1078; *Bandel,* Einstweiliger Rechtsschutz im Schiedsverfahren, S. 217; Zöller/*Geimer*, § 1041 Rn. 3; *Leitzen,* Die Anordnung vorläufiger oder sichernder Maßnahmen, S. 200; MüKo ZPO/*Münch*, § 1041 Rn. 39–40; Saenger/*Saenger*, § 1041 Rn. 4; Böckstiegel/Kröll/Nacimiento/*Schäfer*, § 1041 ZPO Rn. 33; Stein/Jonas/*Schlosser*, § 1041 Rn. 29; *Thümmel,* DZWIR 1997, 133, 137; Musielak/Voit/*Voit*, § 1041 Rn. 8.

[7] Ebenso OLG Saarbrücken, Beschluss v. 27.02.2007 – 4 Sch 1/07, Rn. 26 (juris) = SchiedsVZ 2007, 323; Musielak/Voit/*Voit*, § 1041 Rn. 8; *Leitzen,* Die Anordnung vorläufiger oder sichernder Maßnahmen, S. 200; *Thümmel,* DZWIR 1997, 133, 136; *Schwab/Walter,* Schiedsgerichtsbarkeit, Kapitel 17a Rn. 29.

[8] *Bandel,* Einstweiliger Rechtsschutz im Schiedsverfahren, S. 217; *Krimpenfort,* Vorläufige und sichernde Maßnahmen, S. 142; *Leitzen,* Die Anordnung vorläufiger oder sichernder Maßnahmen, S. 199; MüKo ZPO/*Münch*, § 1041 Rn. 39–40; vgl. auch *Thümmel,* DZWIR 1997, 133, 137, der eine ausdrückliche Bezugnahme auf § 1059 Abs. 2 ZPO fordert; a.A. Baumbach/Lauterbach/Albers/*Hartmann*, § 1041 Rn. 4, der eine Bindung an § 1059 Abs. 2 ZPO ablehnt.

[9] OLG Frankfurt, Beschluss v. 31.07.2013 – 26 SchH 4/13, Rn. 17 (juris); OLG Saarbrücken, Beschluss v. 27.02.2007 – 4 Sch 1/07, Rn. 26 (juris) = SchiedsVZ 2007, 323; *Bandel,*

in Schiedsgesetzen und völkerrechtlichen Übereinkommen verankert (vgl. für Deutschland § 1059 Abs. 2 Nr. 2 lit. b) ZPO sowie Art. V (2)(b) New York Convention).[10] Einem staatlichen Gericht kann es nicht zugemutet werden, eine schiedsrichterliche Anordnung für vollziehbar zu erklären und dafür die Verantwortung zu übernehmen, wenn diese gegen zentrale Grundsätze der deutschen Rechtsordnung, wie etwa Grundrechte, verstößt.[11] Die *ordre public*-Kontrolle ist jedoch nur ein sehr grober Filter. Die Vollziehungszulassung darf nur solchen Entscheidungen verweigert werden, deren Hinnahme schlicht unerträglich wäre.[12] Denkbar sind zum Beispiel Fälle, in denen die *Emergency*-Anordnung gegen ein Verbotsgesetz verstößt,[13] wenn etwa die Pflicht auferlegt wird, eine Waffenlieferung unter Verstoß gegen das Kriegswaffenkontrollgesetz fortzusetzen.[14]

2. *Zuständigkeit des Emergency Arbitrators*

Neben dem *ordre public*-Vorbehalt stellt sich weiter die Frage, ob, unter welchen Gesichtspunkten und mit welcher Prüfungsdichte das staatliche Gericht die Zuständigkeit des *Emergency Arbitrators* überprüfen darf. Der *Emergency Arbitrator* ist zuständig, wenn es eine wirksame Schiedsvereinbarung gibt, die das *Emergency*-Verfahren abdeckt, und die Ernennung des *Emergency Arbitrators* den Vorgaben der Schiedsordnung entspricht. Das ergibt sich aus der Privatautonomie, auf der das Schiedsverfahren aufbaut.[15] An die Entscheidung eines Schiedsgerichts kann daher nur gebunden sein, wer sich freiwillig unterworfen hat.[16]

Einstweiliger Rechtsschutz im Schiedsverfahren, S. 217; *Krimpenfort,* Vorläufige und sichernde Maßnahmen, S. 142; *Lachmann,* Schiedsgerichtspraxis, Rn. 2917; *Leitzen,* Die Anordnung vorläufiger oder sichernder Maßnahmen, S. 200; MüKo ZPO/*Münch,* § 1041 Rn. 39; Böckstiegel/Kröll/Nacimiento/*Schäfer,* § 1041 ZPO Rn. 33; Wieczorek/Schütze/*Schütze,* § 1041 Rn. 42; *Schwab/Walter,* Schiedsgerichtsbarkeit, Kapitel 17a Rn. 30; *Thümmel,* DZWIR 1997, 133, 137; Musielak/Voit/*Voit,* § 1041 Rn. 8.

[10] Vgl. nur *Born,* International Arbitration, Chapter 17 Rn. 49–53.

[11] Vgl. OLG Saarbrücken, Beschluss v. 27.02.2007 – 4 Sch 1/07, Rn. 26 (juris) = SchiedsVZ 2007, 323; etwas allgemeiner auch *Spohnheimer,* Gestaltungsfreiheit, S. 409.

[12] Zöller/*Geimer,* § 1059 Rn. 47.

[13] Vgl. Zöller/*Geimer,* § 1059 Rn. 73 (Verbotsgesetze als Anwendungsfall des *ordre public*).

[14] Siehe Zöller/*Geimer,* § 1059 Rn. 59 zur Frage, inwiefern wirtschaftsdirigistische Gesetze den Inhalt des *ordre public* bilden.

[15] Vgl. nur MüKo ZPO/*Münch,* § 1029 Rn. 5; *Karl,* Unabhängigkeit und Unparteilichkeit, S. 22.

[16] Siehe zur Zuständigkeit eines Schiedsgerichts nur MüKo ZPO/*Münch,* § 1029 Rn. 5; MüKo ZPO/*Münch,* § 1059 Rn. 12; *Voit,* Die Entscheidung des Schiedsgerichts über die eigene Unzuständigkeit, in: Heinrich (Hrsg.), FS Musielak, S. 606; vgl. auch MüKo ZPO/*Münch,* Vorb. zu § 1025 Rn. 3 (Freiwilligkeit als wesenstypisches Charakteristikum der Schiedsgerichtsbarkeit).

Im Folgenden wird erörtert, inwiefern das staatliche Gericht die Wirksamkeit der Schiedsvereinbarung prüfen darf und inwiefern es überprüfen darf, ob der *Emergency Arbitrator* nach den Vorgaben der Schiedsordnung überhaupt hätte ernannt werden dürfen. Im Grundsatz wird festgestellt, dass die Unzuständigkeit nur dann zur Versagung der Vollziehungszulassung führt, wenn der Antragsgegner die Unzuständigkeit sowohl vor dem *Emergency Arbitrator* als auch dem staatlichen Gericht gerügt hat und die Unzuständigkeit offensichtlich ist.

a) Wirksame Schiedsvereinbarung

Aufgrund der zentralen Bedeutung der Schiedsvereinbarung spricht sich ein großer Teil der Literatur dafür aus, dass das staatliche Gericht die Wirksamkeit der Schiedsvereinbarung bereits im Verfahren nach § 1041 Abs. 2 ZPO prüft.[17] Teilweise wird die Prüfkompetenz allerdings eingeschränkt: So müsse die Unwirksamkeit der Schiedsvereinbarung rechtzeitig gerügt werden[18] oder das staatliche Gericht müsse sich mit einer summarischen Prüfung begnügen.[19] *Hartmann* hingegen ist der Auffassung, das staatliche Gericht dürfe im Verfahren nach § 1041 Abs. 2 ZPO nicht beurteilen, ob die Schiedsvereinbarung wirksam ist.[20] Es stehe nach § 1040 Abs. 1 u. 3 ZPO zunächst dem Schiedsgericht zu, über die Wirksamkeit der Schiedsvereinbarung zu entscheiden.[21] Solange das Schiedsgericht nicht entschieden hat, könne sich das staatliche Gericht nicht zur Wirksamkeit der Schiedsvereinbarung äußern.

aa) Rechtzeitige Rüge im Emergency-Verfahren

Die Schiedsvereinbarung ist Kompetenzgrundlage für den *Emergency Arbitrator*. Vollständig auf eine Prüfung zu verzichten, erscheint daher nicht angebracht. Allerdings bedarf dies einer ersten Einschränkung. § 1040 Abs. 2 ZPO verpflichtet eine Partei, die Unzuständigkeit des Schiedsgerichts rechtzeitig zu

---

[17] *Bandel,* Einstweiliger Rechtsschutz im Schiedsverfahren, S. 217–218; Zöller/*Geimer*, § 1041 Rn. 3; *Leitzen,* Die Anordnung vorläufiger oder sichernder Maßnahmen, S. 199; MüKo ZPO/*Münch*, § 1041 Rn. 39; Saenger/*Saenger*, § 1041 Rn. 4; *Schütze,* BB 1998, 1650, 1652; Wieczorek/Schütze/*Schütze*, § 1041 Rn. 42; Musielak/Voit/*Voit*, § 1041 Rn. 7.

[18] Zöller/*Geimer*, § 1041 Rn. 3; Saenger/*Saenger*, § 1041 Rn. 4.

[19] *Leitzen,* Die Anordnung vorläufiger oder sichernder Maßnahmen, S. 200; ähnlich *Bandel,* Einstweiliger Rechtsschutz im Schiedsverfahren, S. 218 („prima facie" Prüfung); Musielak/Voit/*Voit*, § 1041 Rn. 7 (volle Prüfung, aber nur Glaubhaftmachung der Tatsachen erforderlich); Stein/Jonas/*Schlosser*, § 1041 Rn. 29 (ausschließlich „stärkere Zweifel" seien relevant).

[20] Baumbach/Lauterbach/Albers/*Hartmann*, § 1041 Rn. 4.

[21] Baumbach/Lauterbach/Albers/*Hartmann*, § 1041 Rn. 4.

rügen. Wird die Rüge nicht rechtzeitig erhoben, so ist sie präkludiert.[22] Dies gilt auch im *Emergency*-Verfahren: Hält der Antragsgegner den *Emergency Arbitrator* für unzuständig, muss der Antragsgegner die Unzuständigkeit zu Beginn des *Emergency*-Verfahrens rügen; andernfalls kann die Unzuständigkeit des *Emergency Arbitrators* später nicht mehr eingewandt werden.[23]

Die Präklusion schlägt auf das Verfahren zur Vollziehungszulassung durch.[24] Um die Zuständigkeit des *Emergency Arbitrators* und damit die Unwirksamkeit der Schiedsvereinbarung im Vollziehbarerklärungsverfahren überhaupt einwenden zu können, muss der Antragsgegner die fehlende Zuständigkeit des *Emergency Arbitrators* daher bereits in der ersten inhaltlichen Äußerung zum *Emergency*-Verfahren gerügt haben.

Umgekehrt bedeutet dies: Wurde die Zuständigkeit im *Emergency*-Verfahren gerügt, muss das staatliche Gericht bei der Vollziehungszulassung prüfen, ob es eine wirksame Schiedsvereinbarung gibt. Zwar meint *Hartmann* nun, das staatliche Gericht prüfe „wegen § 1040“ nicht, ob die Schiedsvereinbarung wirksam sei.[25] Das vermag aber nicht zu überzeugen. Richtig ist, dass § 1040 ZPO dem Schiedsgericht ein Recht des „ersten Zugriffs“[26] oder ein „Erstentscheidungsrecht“[27] einräumt, um über die Wirksamkeit der Schiedsvereinbarung zu befinden. Erst wenn das Schiedsgericht nach § 1040 Abs. 1 ZPO über die eigene Zuständigkeit entschieden hat, darf das staatliche Gericht eingreifen; sei es, weil es nach § 1040 Abs. 3 ZPO den Zwischenentscheid überprüft, sei es, weil es nach § 1059 Abs. 2 Nr. 1 lit. a) ZPO über die Aufhebung eines Endschiedsspruchs zu entscheiden hat.

Dieses Erstentscheidungsrecht ist nach hier vertretener Auffassung jedoch nicht so wichtig, dass es dem staatlichen Gericht deshalb generell verwehrt ist, über die Wirksamkeit der Schiedsvereinbarung zu entscheiden, bevor das Schiedsgericht abschließend Stellung bezogen hat. Das zeigt zum einen die Existenz des § 1032 Abs. 2 ZPO, wonach das staatliche Gericht schon vor Bildung des Schiedsgerichts über die Zulässigkeit des Schiedsverfahrens entscheiden kann. Zum anderen gibt es keinen Grund mehr, die Entscheidung des Schiedsgerichts zwingend abzuwarten, nachdem die passive Partei die Zuständigkeit des Schiedsgerichts gerügt hat. Das Erstentscheidungsrecht des Schiedsgerichts sichert lediglich die Präklusionswirkung ab, die § 1040

---

[22] MüKo ZPO/*Münch*, § 1040 Rn. 33; BeckOK ZPO/*Wolf/Eslami*, Stand: 01.03.2018, § 1040 Rn. 18; Böckstiegel/Kröll/Nacimiento/*Huber/Bach*, § 1040 Rn. 20.

[23] Vgl. dazu ausführlich die Erörterung von § 1040 Abs. 2 ZPO im *Emergency*-Verfahren: Kapitel 6.B.

[24] Vgl. nur KG, Beschluss v. 17.12.2007 – 20 Sch 05/07, SchiedsVZ 2009, 179, 181; MüKo ZPO/*Münch*, § 1040 Rn. 42.

[25] Baumbach/Lauterbach/Albers/*Hartmann*, § 1041 Rn. 4.

[26] MüKo ZPO/*Münch*, § 1040 Rn. 13.

[27] Musielak/Voit/*Voit*, § 1040 Rn. 3.

Abs. 2 ZPO bezweckt.[28] Das wiederum dient der Prozessökonomie. Wurde ein Schiedsverfahren trotz unwirksamer Schiedsvereinbarung begonnen, so ist das Schiedsgericht nicht automatisch unzuständig; der Schiedsbeklagte kann sich immer noch auf das Verfahren einlassen. Das staatliche Gericht soll daher erst dann mit der Frage der Zuständigkeit des Schiedsgerichts befasst werden, wenn klar ist, ob eine fehlende Schiedsvereinbarung möglicherweise durch rügelose Einlassung geheilt wurde. Wurde die Zuständigkeitsrüge erhoben, kann die Heilung nicht mehr eintreten. Es gibt dann keinen Grund mehr mit der Überprüfung der Schiedsvereinbarung abzuwarten, wenn das staatliche Gericht ohnehin mit einer Entscheidung des Schiedsgerichts befasst wird.

Es ergibt sich daher Folgendes: Hat der Antragsgegner die Wirksamkeit der Schiedsvereinbarung rechtzeitig gerügt, so kann die Unwirksamkeit der Schiedsvereinbarung der Vollziehungszulassung entgegengehalten werden. Umgekehrt ist es für die Vollziehungszulassung unbeachtlich, wenn der Antragsgegner die Unwirksamkeit der Schiedsvereinbarung nicht rechtzeitig gerügt hat.

bb) Rüge im Vollziehungszulassungsverfahren

Diskutiert wird in der Literatur zudem, ob das staatliche Gericht die Unwirksamkeit der Schiedsvereinbarung von Amts wegen[29] oder nur auf Parteiantrag[30] berücksichtigen darf. Richtigerweise ist ein Parteiantrag erforderlich.

Das ergibt sich zunächst aus der Wertung des § 1059 Abs. 2 Nr. 1 lit. a) ZPO. Ein Schiedsspruch wird nur dann wegen der Unwirksamkeit der Schiedsvereinbarung aufgehoben, wenn der Beklagte die Unwirksamkeit „begründet geltend macht". Der Aufhebungsgrund wird nicht von Amts wegen berücksichtigt.[31]

Auch aus § 1040 Abs. 3 S. 2 ZPO ergibt sich, dass die Unwirksamkeit der Schiedsvereinbarung aktiv geltend gemacht werden muss. Hat sich das Schiedsgericht in einem Zwischenentscheid für zuständig erklärt, muss sich die Partei, die sich auf die Unzuständigkeit beruft, innerhalb eines Monats an das staatliche Gericht wenden. Andernfalls ist die Rüge der Unzuständigkeit auch für ein späteres Aufhebungsverfahren präkludiert.[32]

Die Wertung, dass die Unzuständigkeit vor dem staatlichen Gericht gerügt werden muss, ist auf ein Verfahren zur Vollziehungszulassung nach § 1041 Abs. 2 ZPO zu übertragen. Es ist nicht ersichtlich, weshalb im Verfahren zur

---

[28] Vgl. Zöller/*Geimer*, § 1040 Rn. 2.

[29] So Musielak/Voit/*Voit*, § 1041 Rn. 7; *Leitzen*, Die Anordnung vorläufiger oder sichernder Maßnahmen, S. 200.

[30] So Zöller/*Geimer*, § 1041 Rn. 3; Saenger/*Saenger*, § 1041 Rn. 4.

[31] Zöller/*Geimer*, § 1059 Rn. 33.

[32] MüKo ZPO/*Münch*, § 1040 Rn. 50; Musielak/Voit/*Voit*, § 1040 Rn. 13.

Vollziehungszulassung vom Rügeerfordernis abgerückt werden soll. Die Unwirksamkeit der Schiedsvereinbarung muss somit nicht nur vor dem *Emergency Arbitrator*, sondern nochmals im Vollziehungszulassungsverfahren gerügt werden.

Eine Ausnahme für die Rügepflicht vor dem OLG ist für die Fälle des § 1063 Abs. 3 S. 1 ZPO zu machen. Danach kann das OLG ohne Anhörung des Antragsgegners darüber entscheiden, ob die einstweilige Anordnung zur Vollziehung zugelassen wird. Hier ist eine Prüfung von Amts wegen erforderlich, denn die passive Partei hat zum Zeitpunkt der Entscheidung gar keine Möglichkeit, das Fehlen der Schiedsvereinbarung zu rügen. Voraussetzung bleibt aber auch hier, dass der Antragsgegner die Zuständigkeit des *Emergency Arbitrators* bzw. die Unwirksamkeit der Schiedsvereinbarung im *Emergency*-Verfahren gerügt hat.

cc) Offensichtliche Unwirksamkeit

Es stellt sich weiter die Frage, mit welcher Dichte das staatliche Gericht die Wirksamkeit der Schiedsvereinbarung prüfen muss und darf. Klar ist, dass die Schiedsvereinbarung im Vollziehungszulassungsverfahren nicht so umfassend geprüft werden kann, wie bei der Überprüfung eines Schiedsspruchs im Hauptsacheverfahren.[33] Eine umfassende Prüfung einschließlich Beweiserhebung würde dem Eilrechtsschutz die Geschwindigkeit und damit die Effektivität rauben.[34]

Leitzen schlägt daher eine „summarische" Prüfung vor.[35] *Bandel* meint, es genüge „prima facie" Wirksamkeit.[36] *Voit* wiederum geht von einer umfassenden rechtlichen Prüfung aus, will aber die Beweisanforderungen auf bloße Glaubhaftmachung absenken.[37] *Schlosser* spricht etwas unklar davon, dass „stärkere Zweifel an der Wirksamkeit der Schiedsvereinbarung" dazu führen könnten, die Vollziehung nicht zuzulassen.[38] Wenngleich sich einige der Genannten gegenseitig bescheinigen, eine gegenteilige Auffassung zu vertreten,[39]

---

[33] *Bandel,* Einstweiliger Rechtsschutz im Schiedsverfahren, S. 89.

[34] *Bandel,* Einstweiliger Rechtsschutz im Schiedsverfahren, S. 218; *Leitzen,* Die Anordnung vorläufiger oder sichernder Maßnahmen, S. 200; Stein/Jonas/*Schlosser*, § 1041 Rn. 29.

[35] *Leitzen,* Die Anordnung vorläufiger oder sichernder Maßnahmen, S. 200.

[36] *Bandel,* Einstweiliger Rechtsschutz im Schiedsverfahren, S. 218.

[37] Musielak/Voit/*Voit*, § 1041 Rn. 7.

[38] Stein/Jonas/*Schlosser*, § 1041 Rn. 29.

[39] Siehe Musielak/Voit/*Voit*, § 1041 Rn. 7 (Fn. 27), der sich auf *Bandel* bezieht und diesem vorwirft nicht hinreichend zwischen Prüfungsdichte und Nachweis der Tatsachen zu differenzieren, sonst aber der Auffassung ist, das gleiche zu vertreten; *Bandel,* Einstweiliger Rechtsschutz im Schiedsverfahren, S. 90 (Fn. 528) wiederum meint, *Voit* vertrete eine andere Auffassung; *Leitzen,* Die Anordnung vorläufiger oder sichernder Maßnahmen, S. 200 (Fn. 1170) wiederum schließt sich *Bandel* an und meint ebenfalls, *Voit* würde etwas anderes vertreten.

fordern doch alle Autoren im Kern das Gleiche: Die Schiedsvereinbarung ist nicht so umfassend zu überprüfen, wie in einem Hauptsacheverfahren.

Diesem Gedanken ist im Grundsatz zu folgen. Selbst wenn sich die Schiedsvereinbarung später als unwirksam erweisen sollte, kann es gerechtfertigt sein, die einstweilige Anordnung zu vollziehen. Ob es eine wirksame Schiedsvereinbarung gibt, ist eine unsichere Tatsache, die im Eilrechtsschutz nicht vollständig aufgeklärt werden kann. Es ist daher nichts anderes, als wenn sich später herausstellt, dass eine Tatsache im Arrest- oder Verfügungsverfahren nach §§ 916 ff. ZPO nicht erfüllt war.[40]

Es bedarf aber weiterer Konkretisierungen, denn was unter „summarischer Prüfung“[41], „prima facie Wirksamkeit“[42] oder „stärkeren Zweifeln“[43] zu verstehen ist, bleibt weitgehend unklar. Wenig hilfreich ist jedenfalls *Voits* Differenzierung[44] zwischen Prüfungsdichte auf rechtlicher Ebene und Anforderungen an den Nachweis. Diese Differenzierung entspringt dem staatlichen Eilrechtsschutzverfahren nach §§ 916 ff. ZPO, in dem der Antragsteller schlüssig vortragen, die Tatsachen aber nur glaubhaftmachen muss.[45] Anders als im Verfahren nach §§ 916 ff. ZPO wurde im Rahmen von § 1041 Abs. 2 ZPO das Beweismaß nämlich nicht auf Glaubhaftmachung reduziert.[46]

Im Grundsatz sollte von der Existenz einer wirksamen Schiedsvereinbarung ausgegangen werden, sofern schlüssig vorgetragen und bewiesen werden kann, dass es ein Dokument gibt, das den Anforderungen des § 1031 ZPO entspricht.[47] Einwände des Antragsgegners gegen die Wirksamkeit der Schiedsvereinbarung sollten nur berücksichtigt werden, wenn sich daraus ergibt, dass die Schiedsvereinbarung offensichtlich unwirksam ist.[48]

Das ist gerechtfertigt, denn letztlich müssen die Interessen zwischen Antragsgegner und Antragsteller abgewogen werden, um zu entscheiden, ob die Anordnung angesichts der unsicheren Tatsachengrundlage vollzogen werden

---

[40] Ebenso *Bandel,* Einstweiliger Rechtsschutz im Schiedsverfahren, S. 90.

[41] *Leitzen,* Die Anordnung vorläufiger oder sichernder Maßnahmen, S. 200.

[42] *Bandel,* Einstweiliger Rechtsschutz im Schiedsverfahren, S. 218.

[43] Stein/Jonas/*Schlosser*, § 1041 Rn. 29.

[44] Musielak/Voit/*Voit*, § 1041 Rn. 7.

[45] MüKo ZPO/*Drescher*, Vorb. zu §§ 916 ff. Rn. 20; vgl. auch Schuschke/Walker/*Walker*, Vor §§ 916–945b Rn. 43.

[46] Dazu eingehend die Erörterung unter Kapitel 3.A.II.

[47] Ähnlich *Bandel,* Einstweiliger Rechtsschutz im Schiedsverfahren, S. 89.

[48] Vgl. auch OLG Frankfurt, Beschluss v. 05.04.2001 – 24 Sch 1/01, Rn. 11 (juris) = NJW-RR 2001, 1078; Stein/Jonas/*Schlosser*, § 1041 Rn. 29, die eine einstweilige Anordnung nur bei offenkundiger Fehlerhaftigkeit nicht vollziehen wollen; *Schlosser* spricht an gleicher Stelle noch von „stärkere[n] Zweifel[n] an der Tragfähigkeit der Schiedsvereinbarung“.

darf.[49] Im Vollziehungszulassungsverfahren muss die Interessenabwägung regelmäßig zugunsten des Antragstellers ausfallen. Das ergibt sich aus folgenden Überlegungen:

Zunächst deutet bereits der Umstand, dass der *Emergency Arbitrator* zugunsten des Antragstellers entschieden hat, darauf hin, dass die Interessen des Antragstellers überwiegen. Indem der *Emergency Arbitrator* eine *Emergency*-Anordnung erlassen hat, hat er bereits die Interessen abgewogen und für den Antragsteller entschieden – auch hinsichtlich der Wirksamkeit der Schiedsvereinbarung.[50] Von dieser Entscheidung sollte das staatliche Gericht nur abweichen, wenn die Entscheidung des *Emergency Arbitrators* offenkundig unrichtig war. Im *Emergency*-Verfahren wurde gerade der *Emergency Arbitrator* damit beauftragt, Interessenabwägungen vorzunehmen.[51] Es ist daher nicht Sache des staatlichen Gerichts, die Entscheidung des *Emergency Arbitrators* in Frage zu stellen.[52]

Dem Antragsgegner steht zudem eine effektivere Methode zur Verfügung, um die Unzulässigkeit des Schiedsverfahrens geltend zu machen: Trotz *Emergency*-Verfahren kann er ein Verfahren nach § 1032 Abs. 2 ZPO anstrengen.[53] Mit diesem Rechtsbehelf kann der Antragsgegner endgültig und verbindlich feststellen lassen, ob die Schiedsvereinbarung wirksam ist. Im Rahmen von § 1041 Abs. 2 ZPO kann das staatliche Gericht hingegen nur die Vollziehungszulassung verweigern. Eine verbindliche Entscheidung über die Wirksamkeit der Schiedsvereinbarung wäre hingegen nicht getroffen.[54]

Soweit sich ein Schaden aus der Vollziehung der Anordnung feststellen lässt, ist der Antragsgegner zudem durch § 1041 Abs. 4 ZPO geschützt. Erweist sich die Anordnung als von Anfang an ungerechtfertigt, so ist die Partei, die die Vollziehung erwirkt hat, verpflichtet, dem Antragsgegner den Schaden zu ersetzen, der ihm aus der Vollziehung der Maßnahme entsteht. Stellt sich später heraus, dass die Schiedsvereinbarung unwirksam ist, so war die einstweilige Anordnung von Anfang an ungerechtfertigt.[55] Der Antragsgegner kann einen Schadensersatzanspruch gegen den Antragsteller geltend machen.

---

[49] Vgl. zur Interessenabwägung im Rahmen von § 769 ZPO, auf den sich der Gesetzgeber bei der Formulierung von § 1041 Abs. 2 ZPO ausdrücklich bezogen hat (BT-Drs. 13/5274, S. 45): MüKo ZPO/*Schmidt/Brinkmann*, § 769 Rn. 17.

[50] Vgl. zu den Voraussetzungen für den Erlass der einstweiligen Anordnung Kapitel 1.II.

[51] Vgl. z.B. *Thümmel*, DZWIR 1997, 133, 136 in Bezug auf die Sachentscheidungskompetenz des Schiedsgerichts.

[52] Ähnlich OLG Frankfurt, Beschluss v. 05.04.2001 – 24 Sch 1/01, Rn. 11 (juris) = NJW-RR 2001, 1078.

[53] Vgl. Kapitel 6.A.

[54] Ebenso Musielak/Voit/*Voit*, § 1041 Rn. 7.

[55] BeckOK ZPO/*Wolf/Eslami*, Stand: 01.03.2018, § 1041 Rn. 28, wohl auch *Bandel*, Einstweiliger Rechtsschutz im Schiedsverfahren, S. 241.

dd) Ergebnis

Letztlich ist damit festzuhalten: Das staatliche Gericht darf die Vollziehbarerklärung wegen der Unwirksamkeit der Schiedsvereinbarung nur ablehnen, wenn der Antragsgegner rechtzeitig vor *Emergency Arbitrator* und staatlichem Gericht die Unwirksamkeit der Schiedsvereinbarung gerügt hat.[56] Entscheidet das staatliche Gericht *ex parte* (§ 1063 Abs. 3 S. 1 ZPO), prüft das staatliche Gericht von Amts wegen. Eine Vollziehungszulassung darf wegen unwirksamer Schiedsvereinbarung nur abgelehnt werden, wenn die Schiedsvereinbarung offensichtlich unwirksam ist.[57]

b) Objektive Schiedsunfähigkeit

Vom Vorstehenden abzugrenzen sind die Fälle, in denen die Schiedsvereinbarung einen objektiv schiedsunfähigen Streitgegenstand betrifft. Die objektive Schiedsunfähigkeit betrifft wesentliche, unabdingbare öffentliche Belange, die einer zwingenden Entscheidung durch deutsche Gerichte vorbehalten ist.[58] Ob der Streitgegenstand nach deutschem Recht objektiv Schiedsunfähig ist, ist daher stets von Amts wegen zu prüfen; der Mangel objektiver Schiedsfähigkeit kann nicht durch rügelose Einlassung überwunden werden.[59] Das reflektieren auch § 1059 Abs. 2 Nr. 2 lit. a) ZPO), der im Aufhebungsverfahren Berücksichtigung von Amts wegen fordert,[60] und § 1060 Abs. 2 S. 3 ZPO, wonach die objektive Schiedsunfähigkeit einer Vollstreckbarerklärung auch entgegensteht, wenn die Frist zur Einleitung eines Aufhebungsverfahrens nach § 1059 ZPO abgelaufen ist.[61]

Die Vollziehungszulassung nach § 1041 Abs. 2 ZPO ist daher stets zu verweigern, wenn die Schiedsvereinbarung einen objektiv schiedsunfähigen Streitgegenstand betrifft. Auf die rechtzeitige Rüge im *Emergency*-Verfahren oder vor dem staatlichen Gericht kommt es nicht an. Nachdem öffentliche Belange betroffen sind, kann es auch nicht auf eine Interessenabwägung zwischen den Parteien ankommen. Anders als bei der unwirksamen Schiedsvereinbarung, darf sich das Gericht daher nicht auf offensichtliche Mängel beschränken, sondern muss umfassend prüfen, ob der Streitgegenstand schiedsunfähig ist. In der hier besprochenen Handelsschiedsgerichtsbarkeit gibt es aber ohnehin kaum Fälle, in denen ein objektiv schiedsunfähiger Streitgegenstand betroffen

---

[56] Ebenso Zöller/*Geimer*, § 1041 Rn. 3; Saenger/*Saenger*, § 1041 Rn. 4.

[57] Ähnlich: *Bandel,* Einstweiliger Rechtsschutz im Schiedsverfahren, S. 218; *Leitzen,* Die Anordnung vorläufiger oder sichernder Maßnahmen, S. 200; Stein/Jonas/*Schlosser*, § 1041 Rn. 29; Musielak/Voit/*Voit*, § 1041 Rn. 7.

[58] MüKo ZPO/*Münch*, § 1059 Rn. 10.

[59] Siehe nur Böckstiegel/Kröll/Nacimiento/*Huber/Bach*, § 1040 Rn. 10; *Lachmann,* Schiedsgerichtspraxis, Rn. 707; MüKo ZPO/*Münch*, § 1040 Rn. 16.

[60] MüKo ZPO/*Münch*, § 1059 Rn. 10; Musielak/Voit/*Voit*, § 1059 Rn. 24.

[61] Musielak/Voit/*Voit*, § 1060 Rn. 11.

ist. Im Wesentlichen betrifft die objektive Schiedsunfähigkeit Ehe-, Familien- und Kindschaftssachen, Persönlichkeitsrechtsverletzungen, Streitigkeiten über Vereinsausschlüsse,[62] sowie Streitigkeiten um den Bestand eines Mietverhältnisses über Wohnraum im Inland (vgl. § 1030 Abs. 2 S. 1 ZPO).

c) *Sonstige Unzuständigkeitsgründe*

aa) *Abwahl des Emergency-Verfahrens*

Die Parteien können den *Emergency Arbitrator* zudem abgewählt haben.[63] Die Schiedsvereinbarung ist dann zwar an sich wirksam, eine *Emergency*-Anordnung wäre aber eine Entscheidung, die die Grenzen der Schiedsvereinbarung überschreitet (vgl. § 1059 Abs. 2 Nr. 1 lit. c) ZPO). Eine solche Überschreitung der Schiedsvereinbarung ist nach den gleichen Grundsätzen vom staatlichen Gericht zu berücksichtigen, wie eine unwirksame Schiedsvereinbarung. Wird die Schiedsvereinbarung überschritten, ist das nichts anderes als ein Schiedsverfahren ohne wirksame Schiedsvereinbarung.[64] Es gelten daher die gleichen Grundsätze, wie bei der unwirksamen Schiedsvereinbarung: Die Überschreitung muss im *Emergency*-Verfahren und vor dem staatlichen Gericht gerügt werden und sie muss offensichtlich sein.

bb) *Zeitliche Unanwendbarkeit des Emergency-Verfahrens*

Einige Schiedsordnungen sehen vor, dass ein *Emergency Arbitrator* nur ernannt werden darf, wenn die Schiedsvereinbarung abgeschlossen wurde, nachdem das *Emergency*-Verfahren in die Schiedsordnung aufgenommen wurde.[65] Entscheidet ein *Emergency Arbitrator*, obwohl fraglich ist, ob die Schiedsvereinbarung nach der Einführung des *Emergency Arbitrators* abgeschlossen wurde, so gelten die gleichen Grundsätze wie bei der unwirksamen Schiedsvereinbarung. Letztlich wird es nur um die Frage gehen, ob die Schiedsvereinbarung dem *Emergency Arbitrator* Kompetenzen verleihen kann, weil sie entweder erst nach Einführung des *Emergency Arbitrators* abgeschlossen wurde oder weil sie eine positive Wahl des *Emergency*-Verfahrens enthält.

Damit gilt: Der Antragsgegner muss die fehlende Zuständigkeit des *Emergency Arbitrators* im *Emergency*-Verfahren und vor dem staatlichen Gericht rügen, andernfalls ist der *Emergency Arbitrator* schon kraft rügeloser Einlassung zuständig. Die Vollziehung kann zudem nur zurückgewiesen werden, wenn die Schiedsvereinbarung den *Emergency Arbitrator* offensichtlich nicht erfasst.

---

[62] MüKo ZPO/*Münch*, § 1030 Rn. 17–21.

[63] Vgl. zur Abwahl des *Emergency*-Verfahrens auch Kapitel 1.B.I.2.c).

[64] Wieczorek/Schütze/*Schütze*, § 1059 Rn. 53.

[65] Art. 29 (6)(a) ICC Rules 2017; Art. 9.14 LCIA Rules 2014; Art. 1.5 HKIAC Rules 2018.

cc) Fehlerhafte Ernennung durch die Schiedsorganisation

Nach einigen Schiedsordnungen muss die Schiedsorganisation inhaltlich prüfen, ob die Voraussetzungen für die Ernennung eines *Emergency Arbitrators* vorliegen.[66] Geprüft wird insbesondere, ob dem ersten Anschein nach ein Notfall vorliegt, die Ernennung eines *Emergency Arbitrators* also erforderlich ist. Das staatliche Gericht kann diese Entscheidung zwar grundsätzlich prüfen, wenn die Zuständigkeit des *Emergency Arbitrators* gerügt wurde. Es darf die Vollziehungszulassung aber nur in extremen Ausnahmefällen verweigern, weil seiner Meinung nach die Ernennung eines *Emergency Arbitrators* nicht erforderlich war:

Der Ansatzpunkt für das Prüfungsrecht ergibt sich aus § 1059 Abs. 2 Nr. 1 lit. d) ZPO. Danach muss das staatliche Gericht den Schiedsspruch aufheben, wenn die Bildung des Schiedsgerichts einer Bestimmung des 10. Buches der ZPO oder einer zulässigen Vereinbarung der Parteien nicht entsprochen hat und anzunehmen ist, dass sich dies auf den Schiedsspruch ausgewirkt hat. Der *Emergency Arbitrator* ist Teil des Schiedsgerichts, seine Ernennung betrifft daher die Bildung des Schiedsgerichts. Die Schiedsordnung ist Parteivereinbarung,[67] nach ihr ist zu beurteilen, ob das Schiedsgericht fehlerhaft ernannt wurde.[68] Hat die Schiedsorganisation das ihr gewährte Prüfungsrecht nicht ordnungsgemäß ausgeübt, so hat die Ernennung des *Emergency Arbitrators* einer Vereinbarung der Parteien widersprochen.

Allerdings kann dieser Verweigerungsgrund nur selten durchgreifen. Die Schiedsordnungen gewähren der Schiedsorganisation denkbar weites Ermessen, ob sie einen *Emergency Arbitrator* einsetzen. Es ist nicht Sache des staatlichen Gerichts, die eigene Bewertung an die Stelle der Schiedsorganisation zu stellen, denen das Ernennungsrecht durch Parteivereinbarung übertragen wurde. Das gilt umso mehr, als neben der Schiedsorganisation auch der *Emergency Arbitrator* die einstweilige Anordnung für geboten hielt. Andernfalls hätte er sie nicht erlassen. In aller Regel ist es außerdem besser, einen *Emergency Arbitrator* einzusetzen, als den Ernennungsantrag abzulehnen. Wird der *Emergency Arbitrator* nicht ernannt, kann sich der Antragsteller gegen die Ablehnung nicht wehren. Wird der *Emergency Arbitrator* hingegen ernannt, kann sich der Antragsgegner im *Emergency*-Verfahren verteidigen und der *Emergency Arbitrator* kann sich immer noch für unzuständig erklären. Ernennt die Schiedsorganisation einen *Emergency Arbitrator*, verstößt sie daher nur in extremen Ausnahmefällen gegen die Vorgaben der Schiedsordnung.

---

[66] Siehe dazu Kapitel 1.B.I.2.

[67] Böckstiegel/Kröll/Nacimiento/*Kröll/Kraft*, § 1059 Rn. 71; MüKo ZPO/*Münch*, § 1059 Rn. 32; Wieczorek/Schütze/*Schütze*, § 1059 Rn. 56; BeckOK ZPO/*Wilske/Markert*, Stand: 01.03.2018, § 1059 Rn. 48.

[68] Böckstiegel/Kröll/Nacimiento/*Kröll/Kraft*, § 1059 Rn. 74; BeckOK ZPO/*Wilske/Markert*, Stand: 01.03.2018, § 1059 Rn. 52.

Im Ergebnis darf das staatliche Gericht die Ernennung des *Emergency Arbitrators* im Verfahren zur Vollziehungszulassung zwar überprüfen. Regelmäßig wird es die Vollziehung aber nicht wegen fehlerhafter Ernennung des *Emergency Arbitrators* ablehnen. Die Hürde, die zur erfolgreichen Geltendmachung dieses Verweigerungsgrundes genommen werden muss, ist sehr hoch.

d) Ergebnis

Im Ergebnis lässt sich daher festhalten, dass das staatliche Gericht die Vollziehungszulassung nur unter sehr engen Voraussetzungen verweigern darf, weil der *Emergency Arbitrator* nicht zuständig war. Grundsätzlich muss der Antragsgegner sowohl im *Emergency*-Verfahren, als auch vor dem staatlichen Gericht die fehlende Zuständigkeit gerügt haben und der Mangel der Zuständigkeit muss offensichtlich sein. Ausnahmen bestehen bei Fällen objektiver Schiedsunfähigkeit und wenn der Vorsitzende des OLG-Senats nach § 1063 Abs. 3 S. 1 ZPO ohne Anhörung des Antragsgegners entscheidet. Objektive Schiedsunfähigkeit ist stets von Amts wegen zu prüfen, das Gericht kann sich zudem nicht auf offensichtliche Mängel beschränken. Entscheidet der Vorsitzende ohne Anhörung des Antragsgegners, ist eine Rüge vor dem staatlichen Gericht nicht erforderlich, da sie praktisch erhoben werden kann.

3. Materielle Voraussetzungen der einstweiligen Anordnung

Weiterhin stellt sich die Frage, ob das staatliche Gericht die Vollziehung einer *Emergency*-Anordnung verweigern darf, weil die materiellen Voraussetzungen einer einstweiligen Anordnung nicht erfüllt sind. In Rechtsprechung und Literatur werden im Kern drei Ansichten vertreten: Während wenige Autoren dem staatlichen Gericht umfassende Prüfkompetenz einräumen wollen,[69] halten es andere für gänzlich unzulässig, materielle Voraussetzungen zu überprüfen.[70] Die Rechtsprechung sowie ein Teil der Literatur gehen einen Mittelweg und wollen die Prüfungsdichte beschränken.[71] Zum Teil wird angenommen, die ma-

---

[69] *Krimpenfort,* Vorläufige und sichernde Maßnahmen, S. 142; Prütting/Gehrlein/*Prütting*, § 1041 Rn. 7.

[70] Zöller/*Geimer*, § 1041 Rn. 3; *Leitzen,* Die Anordnung vorläufiger oder sichernder Maßnahmen, S. 197; Böckstiegel/Kröll/Nacimiento/*Schäfer*, § 1041 ZPO Rn. 33; *Thümmel,* DZWIR 1997, 133, 137; Musielak/Voit/*Voit*, § 1041 Rn. 8.

[71] OLG Saarbrücken, Beschluss v. 27.02.2007 – 4 Sch 1/07, Rn. 26 (juris) = SchiedsVZ 2007, 323; OLG Frankfurt, Beschluss v. 31.07.2013 – 26 SchH 4/13, Rn. 11 (juris); Beschluss v. 05.04.2001 – 24 Sch 1/01, Rn. 11 (juris) = NJW-RR 2001, 1078; *Bandel,* Einstweiliger Rechtsschutz im Schiedsverfahren, S. 219–220; Baumbach/Lauterbach/Albers/*Hartmann*, § 1041 Rn. 4; MüKo ZPO/*Münch*, § 1041 Rn. 40; Saenger/*Saenger*, § 1041 Rn. 4; *Schütze,* BB 1998, 1650, 1652; *Schütze,* SchiedsVZ 2009, 241, 244; Wieczorek/Schütze/*Schütze*, § 1041 Rn. 42.

terielle Prüfung sei auf offensichtliche Ermessensfehler beschränkt,[72] zum Teil wird zwischen nicht überprüfbarem Anordnungsanspruch und überprüfbarem Anordnungsgrund unterschieden.[73]

Richtigerweise muss es dem staatlichen Gericht im Ergebnis verwehrt sein, die materiellen Voraussetzungen der einstweiligen Anordnung zu überprüfen. Sofern nicht die Grenze des *ordre public* erreicht ist, steht einer solchen Prüfungskompetenz das Verbot der *révision au fond* entgegen. Das staatliche Gericht kann auf Grundlage von § 1041 Abs. 2 S. 2 ZPO allenfalls festlegen, wie die *Emergency*-Anordnung zu vollstrecken ist. Es darf aber nicht die Handlungspflicht selbst ändern:

a) Verbot der révision au fond

Auch im Rahmen von § 1041 Abs. 2 ZPO gilt das Verbot der *révision au fond.*[74] Zwar ist § 1041 Abs. 2 ZPO offener formuliert als §§ 1060 Abs. 2 i.V.m. 1059 Abs. 2 ZPO, die bestimmte Aufhebungsgründe enumerativ festlegen. Aus der offenen Formulierung folgt aber nicht, wie *Krimpenfort* meint,[75] dass das Verbot der *révision au fond* nicht gelten würde. Eine Formulierung wie in §§ 1060 Abs. 2 S. 1 i.V.m. 1059 Abs. 2 ZPO war nicht zwingend erforderlich: In der Schiedsgerichtsbarkeit ist anerkannt, dass dem staatlichen Gericht die *révision au fond* verboten ist.[76] Indem die Parteien ein Schiedsgericht gewählt haben, wollten sie dem staatlichen Gericht gerade die Aufgabe entziehen, den Sachverhalt zu erfassen und inhaltlich zu bewerten.[77] Stattdessen soll das Schiedsgericht die inhaltlichen Bewertungen vornehmen. Diese Aufgabenverteilung ergibt sich auch aus dem Zusammenspiel von § 1041 Abs. 1 und Abs. 2 ZPO: Das Schiedsgericht soll über den Erlass der einstweiligen Anordnung entscheiden, das staatliche Gericht nur über die Zulassung zur Vollziehung.

---

[72] OLG Saarbrücken, Beschluss v. 27.02.2007 – 4 Sch 1/07, Rn. 26 (juris) = SchiedsVZ 2007, 323; OLG Frankfurt, Beschluss v. 05.04.2001 – 24 Sch 1/01, Rn. 11 (juris) = NJW-RR 2001, 1078; *Bandel,* Einstweiliger Rechtsschutz im Schiedsverfahren, S. 219–220; Baumbach/Lauterbach/Albers/*Hartmann*, § 1041 Rn. 4; Saenger/*Saenger*, § 1041 Rn. 4.

[73] OLG Frankfurt, Beschluss v. 31.07.2013 – 26 SchH 4/13, Rn. 11 (juris); *Schütze,* BB 1998, 1650, 1652; *Schütze,* SchiedsVZ 2009, 241, 244; Wieczorek/Schütze/*Schütze*, § 1041 Rn. 42; MüKo ZPO/*Münch*, § 1041 Rn. 40.

[74] OLG Frankfurt, Beschluss v. 31.07.2013 – 26 SchH 4/13, Rn. 21 (juris); Zöller/*Geimer*, § 1041 Rn. 3; *Leitzen,* Die Anordnung vorläufiger oder sichernder Maßnahmen, S. 197.

[75] *Krimpenfort,* Vorläufige und sichernde Maßnahmen, S. 140.

[76] Vgl. zum Verbot der *révision au fond* nur BGH, Beschluss v. 06.06.2002 – III ZB 44/01 (Stuttgart), SchiedsVZ 2003, 39, 40; MüKo ZPO/*Münch*, § 1059 Rn. 7; Wieczorek/Schütze/*Schütze*, § 1059 Rn. 3.

[77] Das ergibt sich schon aus der Definition des Schiedsgerichts, siehe nur: BGH, Urteil v. 04.06.1981 – III ZR 4/80, MDR 1982, 36, 36; Stein/Jonas/*Schlosser*, Vorb. vor § 1025 Rn. 11; *Schwab/Walter,* Schiedsgerichtsbarkeit, Kapitel 3 Rn. 5.

Ein Abrücken vom Verbot der *révision au fond* würde zugleich das Ziel des SchiedsVfG in Frage stellen, die Schiedsgerichtsbarkeit zu einer gleichwertigen Alternative zu den staatlichen Gerichten auszubauen, um so die staatlichen Gerichte zu entlasten.[78] Könnte das staatliche Gericht die materiellen Voraussetzungen einer Anordnung des Schiedsgerichts umfassend prüfen, gibt es einen viel geringeren Anreiz die Schiedsgerichtsbarkeit aufzusuchen.[79] Dürfte das staatliche Gericht ohnehin den Antrag inhaltlich bewerten, könnte sich der Antragsteller mit dem Antrag auf einstweiligen Rechtsschutz auch direkt an das staatliche Gericht wenden.

Krimpenfort wendet nun ein, das staatliche Gericht würde im Rahmen von § 1041 Abs. 2 ZPO eine eigene gerichtliche Entscheidung treffen, das zuständige Oberlandesgericht sei nicht nur verlängerter Arm des Schiedsgerichts.[80] Daraus folgert er, die Prüfungskompetenz des staatlichen Gerichts könne im Rahmen von § 1041 Abs. 2 ZPO nicht beschränkt sein. Das erscheint nicht schlüssig, denn eine gerichtliche Entscheidung ist immer darauf beschränkt, die Voraussetzungen der für den Fall geltenden Normen zu prüfen. Entsprechend wird auch im Rahmen von § 1059 ZPO die Prüfungsdichte des staatlichen Gerichts beschränkt. Dennoch würde wohl niemand behaupten, das Oberlandesgericht sei bloß verlängerter Arm des Schiedsgerichts und treffe keine eigene Entscheidung. Der Umstand, dass das staatliche Gericht eine eigene Entscheidung trifft, fordert daher keine inhaltliche Prüfung der einstweiligen Anordnung.

Krimpenfort führt zudem § 1041 Abs. 3 ZPO ins Feld, um eine Abweichung vom Verbot der *révision au fond* zu begründen.[81] Nach § 1041 Abs. 3 ZPO kann das staatliche Gericht auf Antrag die einmal getroffene Vollziehungszulassung wieder aufheben oder ändern, was eine spätere umfassende inhaltliche Prüfung einschließe. Könne das staatliche Gericht bei der Aufhebung oder Änderung umfassend inhaltlich prüfen, müsse das auch für § 1041 Abs. 2 ZPO gelten.[82] Es wäre reine „Förmelei", wenn das staatliche Gericht bei erstmaliger Vollziehungszulassung die einstweilige Anordnung nicht inhaltlich ändern könne.[83] An diesem Argument ist schon die Prämisse falsch. Die Voraussetzungen des § 1041 Abs. 3 ZPO sind ebenfalls unklar. Es ist keineswegs gesi-

[78] Vgl. zum Argument: *Bandel,* Einstweiliger Rechtsschutz im Schiedsverfahren, S. 219–220; *Leitzen,* Die Anordnung vorläufiger oder sichernder Maßnahmen, S. 197; siehe zum Ziel des SchiedsVfG: BT-Drs. 13/5274, S. 1.

[79] *Bandel,* Einstweiliger Rechtsschutz im Schiedsverfahren, S. 219–220; *Ebbing,* Private Zivilgerichte, S. 98; *Lachmann,* Schiedsgerichtspraxis, Rn. 2917; MüKo ZPO/*Münch,* § 1041 Rn. 40.

[80] *Krimpenfort,* Vorläufige und sichernde Maßnahmen, S. 141.

[81] *Krimpenfort,* Vorläufige und sichernde Maßnahmen, S. 141.

[82] *Krimpenfort,* Vorläufige und sichernde Maßnahmen, S. 141.

[83] *Krimpenfort,* Vorläufige und sichernde Maßnahmen, S. 141.

chert, dass das staatliche Gericht aufgrund von § 1041 Abs. 3 ZPO nach eigenem Willen eine völlig andere Maßnahme anordnen kann. Nach hier vertretener Auffassung muss § 1041 Abs. 3 ZPO vielmehr als Fortsetzung des § 1041 Abs. 2 ZPO betrachtet und in gleicher Weise beschränkt werden.[84] § 1041 Abs. 3 ZPO lässt sich daher keine Aussage über § 1041 Abs. 2 ZPO entnehmen.

Im Ergebnis gilt das Verbot der *révision au fond* daher auch, wenn einstweilige Anordnungen zur Vollziehung zugelassen werden sollen.[85] Das staatliche Gericht darf die einstweilige Anordnung daher nicht inhaltlich prüfen.

b) *Keine Beschränkung auf offensichtliche Ermessensfehler*

Die materielle Prüfung kann auch nicht auf offensichtliche Ermessensfehler begrenzt werden, wie teilweise vorgeschlagen.[86] Dem Verbot der *révision au fond* folgend, bleiben Entscheidungen des Schiedsgerichts rechtswirksam, selbst, wenn sie nach einfachem Recht rechtswidrig sind.[87] Es erschließt sich nicht, weshalb dies bei einstweiligen Anordnungen durch Schiedsgerichte anders sein soll. Zwar argumentiert das OLG Saarbrücken, dass es dem staatlichen Gericht nicht zugemutet werden könne, für eine offenkundig rechtswidrige einstweilige Anordnung die Verantwortung zu übernehmen, indem es die einstweilige Anordnung zur Vollziehung zulässt.[88] Wäre das Argument berechtigt, so müsste Gleiches aber auch für die Vollstreckbarerklärung von Schiedssprüchen gelten. Die Rechtswidrigkeit ist dort aber gerade kein Vollstreckungsversagungsgrund. Einzige Grenze bleibt daher der *ordre public*. Erst wenn der Ermessensfehler des *Emergency Arbitrators* so groß ist, dass die *Emergency*-Anordnung gegen den *ordre public* verstößt, darf das staatliche Gericht die Vollziehungszulassung verweigern.

---

[84] Siehe hierzu ausführlich: Abschnitt B.

[85] OLG Frankfurt, Beschluss v. 31.07.2013 – 26 SchH 4/13, Rn. 21 (juris); Zöller/*Geimer*, § 1041 Rn. 3; *Leitzen,* Die Anordnung vorläufiger oder sichernder Maßnahmen, S. 197.

[86] OLG Saarbrücken, Beschluss v. 27.02.2007 – 4 Sch 1/07, Rn. 26 (juris) = SchiedsVZ 2007, 323; OLG Frankfurt, Beschluss v. 05.04.2001 – 24 Sch 1/01, Rn. 11 (juris) = NJW-RR 2001, 1078; *Bandel,* Einstweiliger Rechtsschutz im Schiedsverfahren, S. 219–220; Baumbach/Lauterbach/Albers/*Hartmann*, § 1041 Rn. 4; Saenger/*Saenger*, § 1041 Rn. 4.

[87] Vgl. dazu MüKo ZPO/*Münch*, § 1059 Rn. 7.

[88] OLG Saarbrücken, Beschluss v. 27.02.2007 – 4 Sch 1/07, Rn. 26 (juris) = SchiedsVZ 2007, 323.

c) *Vorliegen eines Notfalls*

Ohne nähere Begründung wird zudem vertreten, dass das staatliche Gericht den Arrest- oder Verfügungsgrund – nach hiesiger Begriffswahl: Anordnungsgrund – inhaltlich prüfen dürfe.[89] Das staatliche Gericht dürfte dann letztlich selbst noch einmal entscheiden, ob eine einstweilige Anordnung geboten ist. Bezogen auf das *Emergency*-Verfahren dürfte das staatliche Gericht die Vollziehung einer *Emergency*-Anordnung insbesondere verweigern, wenn seiner Meinung nach kein Notfall vorliegt, der die Ernennung eines *Emergency Arbitrators* rechtfertigt.[90]

Es gibt jedoch keinen Grund zwischen Anordnungsanspruch und Anordnungsgrund zu differenzieren. Sowohl Anordnungsanspruch, als auch Anordnungsgrund erfordern eine inhaltliche Bewertung von Rechts- und Tatsachenfragen. So muss der *Emergency Arbitrator* insbesondere entscheiden, wie wahrscheinlich es ist, dass die Vollstreckung des Schiedsspruchs oder das Schiedsverfahren vereitelt oder erschwert werden, wenn keine *Emergency*-Anordnung ergeht. Beides kann nur beantworten, wer den Sachverhalt intensiv analysiert und inhaltliche Entscheidungen trifft. Das Verbot der *révision au fond* gilt daher auch für den Anordnungsgrund. Das staatliche Gericht darf die Vollziehungszulassung entsprechend nicht verweigern, weil es seiner Meinung nach keinen Anordnungsgrund gibt.

d) *Rechtsschutzbedürfnis*

Schütze ist weiterhin der Auffassung, das staatliche Gericht könne voll überprüfen, ob der Antragsteller ein Rechtsschutzschutzbedürfnis für den Erlass der einstweiligen Anordnung habe.[91] Das Rechtsschutzbedürfnis für den Erlass der einstweiligen Anordnung decke sich mit dem Rechtsschutzbedürfnis an der Vollziehungszulassung.[92] Das staatliche Gericht könne dessen Vorliegen daher voll überprüfen. Das Rechtsschutzbedürfnis ist aber letztlich nichts anderes als der Anordnungsgrund.[93] Ob der *Emergency Arbitrator* zu Recht von einem Anordnungsgrund ausgegangen ist, darf das staatliche Gericht nicht prüfen. Gleiches gilt somit für das Rechtsschutzbedürfnis.

In Abgrenzung dazu meinen *Schwab/Walter*, die Vollziehungszulassung sei selbst an ein besonderes Rechtsschutzbedürfnis gekoppelt:[94] Die Vollziehung der einstweiligen Anordnung sei nur zuzulassen, wenn der Antragsgegner der

---

[89] OLG Frankfurt, Beschluss v. 31.07.2013 – 26 SchH 4/13, Rn. 11 (juris); *Schütze,* BB 1998, 1650, 1652; *Schütze,* SchiedsVZ 2009, 241, 244; Wieczorek/Schütze/*Schütze*, § 1041 Rn. 42; MüKo ZPO/*Münch*, § 1041 Rn. 40.

[90] Vgl. zum Notfall als Voraussetzung für die Anordnung Kapitel 1.C.II.2.

[91] Wieczorek/Schütze/*Schütze*, § 1041 Rn. 44.

[92] Wieczorek/Schütze/*Schütze*, § 1041 Rn. 44.

[93] MüKo ZPO/*Drescher*, § 917 Rn. 2.

[94] *Schwab/Walter,* Schiedsgerichtsbarkeit, Kapitel 17a Rn. 28.

einstweiligen Anordnung nicht nachkommt. Eine solche Voraussetzung ist jedoch nicht sachgerecht,[95] denn der Antragsteller hat stets ein Interesse an der Vollziehungszulassung.[96] Zum Ersten kann es im Rahmen des einstweiligen Rechtsschutzes erforderlich werden, möglichst schnell zu handeln. Eine Vollziehungszulassung „auf Vorrat" kann daher durchaus gerechtfertigt sein. Zum Zweiten wird durch die Vollziehungszulassung die Anordnung vom staatlichen Gericht bestätigt und es wird weiterer Druck aufgebaut, der Anordnung freiwillig zu folgen. Zum Dritten kann es Anordnungen geben, bei denen eine freiwillige Befolgung gar nicht möglich ist, etwa dem Arrest,[97] oder ein Abwarten auf die Zuwiderhandlung nicht zumutbar ist, etwa bei einer Unterlassungsverfügung.

Der Antragsteller muss daher im Verfahren zur Vollziehbarerklärung nicht als Teil des Rechtsschutzbedürfnisses nachweisen, dass der Antragsgegner bereits gegen die Anordnung verstoßen hat oder diese nicht freiwillig befolgt. Vielmehr muss das staatliche Gericht dem Antrag auf Vollziehbarerklärung selbst dann stattgeben, wenn der Antragsgegner der Anordnung bisher gefolgt ist.[98]

e) Inhalt und Umfang der Anordnung

Bandel will dem staatlichen Gericht gewähren, eine eigene „Rechtsfolgenabwägung" vorzunehmen.[99] Das staatliche Gericht dürfe Schuldner- und Gläubigerinteressen selbstständig gegeneinander abwägen und könne gegebenenfalls eine inhaltlich weniger einschneidende Maßnahme anordnen.[100] Das staatliche Gericht kenne das deutsche Zwangsvollstreckungsrecht besser und könne daher besser beurteilen, ob das Ziel der Anordnung durch eine weniger belastende Maßnahme erreicht werden kann.[101]

Dieser Auffassung *Bandels* ist nur zum Teil beizupflichten und bedarf einer Konkretisierung. Zu unterscheiden ist zwischen dem Handlungsgebot, welches das Schiedsgericht bzw. der *Emergency Arbitrator* ausspricht, und der Art und Weise der Zwangsvollstreckung. In die unüberprüfbare Kompetenz des Schiedsgerichts bzw. *Emergency Arbitrators* fällt es, die Handlungs- bzw. Unterlassungspflicht festzulegen. Hierzu sind genaue Kenntnisse des Rechtsstreits sowie besondere Fach- oder Rechtskenntnisse zum Streitgegenstand erforderlich. Um das zu beurteilen, wurde die Schiedsgerichtsbarkeit gewählt.

---

[95] *Leitzen,* Die Anordnung vorläufiger oder sichernder Maßnahmen, S. 200–201; Musielak/Voit/*Voit*, § 1041 Rn. 6; Böckstiegel/Kröll/Nacimiento/*Schäfer*, § 1041 ZPO Rn. 28.

[96] Ebenso Musielak/Voit/*Voit*, § 1041 Rn. 6.

[97] *Leitzen,* Die Anordnung vorläufiger oder sichernder Maßnahmen, S. 200–201.

[98] Saenger/*Saenger*, § 1041 Rn. 4.

[99] *Bandel,* Einstweiliger Rechtsschutz im Schiedsverfahren, S. 220–221.

[100] *Bandel,* Einstweiliger Rechtsschutz im Schiedsverfahren, S. 220–221.

[101] *Bandel,* Einstweiliger Rechtsschutz im Schiedsverfahren, S. 220–221.

Von der Festlegung der Handlungspflicht ist die Durchsetzung zu unterscheiden.[102] An dieser Stelle ist *Bandel* zuzustimmen: Häufig wird das deutsche Gericht das deutsche Vollstreckungsrecht besser kennen als ein Schiedsgericht. Das staatliche Gericht kann daher selbst über Art und Weise der Vollstreckung entscheiden. Diese Auffassung ergibt sich letztlich auch aus § 1041 Abs. 2 S. 2 ZPO, wonach das staatliche Gericht die Anordnung abweichend fassen kann, wenn dies zur Vollziehung notwendig ist. Eine inhaltliche Abänderung der Handlungspflicht wird damit aber nicht erlaubt.[103]

Gibt der *Emergency Arbitrator* dem Antragsgegner etwa auf, bestimmte Inhalte in eine Datenbank des Antragstellers zu überführen,[104] so kann das staatliche Gericht diese Handlungsanordnung nicht abändern. Es kann aber darüber befinden, ob bei Zuwiderhandlung etwa durch Ersatzvornahme (§ 887 Abs. 1 ZPO) oder durch Festsetzung von Zwangsgeld bzw. Zwangshaft (§ 888 Abs. 1 S. 1 ZPO) vollstreckt wird.

f) Ergebnis

Das staatliche Gericht darf die Vollziehungszulassung nicht deshalb verweigern, weil es der Meinung ist, die materiellen Voraussetzungen seien nicht erfüllt. Eine solche Prüfungskompetenz würde gegen das Verbot der *révision au fond* verstoßen. Ausgeschlossen ist zudem eine Überprüfung auf offensichtliche Ermessensfehler oder eine eigenständige Bewertung von Anordnungsgrund oder Rechtsschutzbedürfnis. Das staatliche Gericht darf lediglich darüber befinden, wie die einstweilige Anordnung zu vollziehen ist, dabei aber nicht die Handlungspflicht verändern.

4. Verfahrensmängel

Die Vollziehungszulassung ist zu verweigern, wenn der Antragsgegner geltend macht, dass der *Emergency Arbitrator* die Verfahrensvorschriften missachtet hat und anzunehmen ist, dass bei ordnungsgemäßem Verfahren die Entscheidung anders ergangen wäre. Das entspricht § 1059 Abs. 2 Nr. 1 lit. d) ZPO, wonach ein Schiedsspruch aufzuheben ist, wenn eine Partei begründet geltend macht, dass das schiedsrichterliche Verfahren einer Bestimmung des 10. Buches der ZPO oder einer zulässigen Vereinbarung der Parteien nicht entsprochen hat und anzunehmen ist, dass sich dies auf den Schiedsspruch ausgewirkt hat. Ein Schiedsverfahren, welches die genannten Vorschriften nicht einhält, bewegt sich außerhalb der Parteivereinbarung. § 1059 Abs. 2 Nr. 1 lit. d) ZPO

---

[102] Ähnlich wie hier wohl auch *Lachmann,* Schiedsgerichtspraxis, Rn. 2917.

[103] So auch *Lachmann,* Schiedsgerichtspraxis, Rn. 2917.

[104] Vgl. den Rechtsstreit: *Yahoo! Inc. v. Microsoft Corp.*, 983 F.Supp.2d 310 (S.D.N.Y, 21 October 2013).

ist daher auf die Vollziehungszulassung nach § 1041 Abs. 2 ZPO zu übertragen. Einen Verstoß gegen die Verfahrensvorschriften durch Aufhebung zu ahnden, stellt zudem einen Ausgleich für das Verbot der *révision au fond* dar: Wenn schon der Inhalt der Entscheidung nicht überprüft werden kann, so muss sie wenigstens in einem ordnungsgemäßen Verfahren ergangen sein.

In der Praxis werden Verfahrensfehler wohl aber selten dazu führen, dass eine *Emergency*-Anordnung nicht zur Vollziehung zugelassen wird. Weder die ZPO noch die Schiedsordnungen enthalten detaillierte Verfahrensregeln zum *Emergency*-Verfahren. Es liegt damit ohnehin im Ermessen des *Emergency Arbitrators*, das Verfahren auszugestalten. Bedeutsam können Verfahrensfehler aber werden, wenn der *Emergency Arbitrator* nicht hinreichend rechtliches Gehör gewährt hat und sich daraus ein Verfahrensverstoß ergibt.[105]

5. *Ergebnis*

Zusammenfassend ergeben sich folgende Gründe, bei deren Vorliegen das staatliche Gericht die *Emergency*-Anordnung nicht zur Vollziehung zulassen darf:

- Wurde sowohl im *Emergency*-Verfahren als auch vor dem staatlichen Gericht die Zuständigkeit des *Emergency Arbitrators* gerügt, so darf das staatliche Gericht die Vollziehung verweigern, wenn der *Emergency Arbitrator* offensichtlich nicht zuständig ist. Auf die Rüge vor dem staatlichen Gericht kommt es nicht an, wenn der Vorsitzende des OLG-Senats nach § 1063 Abs. 3 S. 1 ZPO ohne Anhörung des Gegners über die Vollziehungszulassung entscheidet.
- Ist der Streitgegenstand objektiv schiedsunfähig, so muss das staatliche Gericht auch ohne Rüge der Partei von Amts wegen die Vollziehungszulassung verweigern.
- Die materiellen Voraussetzungen der einstweiligen Anordnung sowie ein Rechtsschutzbedürfnis und den Inhalt der angeordneten Maßnahme darf das staatliche Gericht nicht überprüfen. Es darf die Vollziehbarerklärung daher nicht aufgrund einer eigenen Bewertung der materiellen Voraussetzungen der einstweiligen Anordnung verweigern.
- Wegen eines Verfahrensmangels darf das staatliche Gericht die Vollziehung verweigern, wenn anzunehmen ist, dass der *Emergency Arbitrator* ohne den Verfahrensmangel anders entschieden hätte und eine Partei den Verfahrensmangel gerügt hat.
- Die Vollziehbarerklärung ist außerdem zu verweigern, wenn die einstweilige Anordnung gegen den *ordre public* verstößt.

---

[105] Vgl. auch die Ausführungen zur *ex parte*-Entscheidung in Kapitel 5.B.

Das staatliche Gericht darf ergänzend solche Angaben treffen oder Änderungen vornehmen, die für die Vollstreckung relevant sind. Die geschuldete Handlungspflicht darf dabei aber nicht verändert werden.

II. Beweis und Glaubhaftmachung

Das Verfahren zur Vollziehungszulassung ist ein Gerichtsverfahren, in dem entscheidungserhebliche Tatsachen nachgewiesen werden müssen.[106] Nach der Grundregel trägt der Anspruchsteller die Beweislast für die rechtsbegründenden Tatsachen, der Anspruchsgegner die Beweislast für die rechtshindernden, rechtsvernichtenden und rechtshemmenden Tatsachen.[107] Übertragen auf das Vollziehungszulassungsverfahren muss der Antragsteller daher die Durchführung des *Emergency*-Verfahrens, die Existenz und den Inhalt der einstweiligen Anordnung darlegen und beweisen, der Antragsgegner alle Einwendungen, die für die Fehlerhaftigkeit des *Emergency*-Verfahrens sprechen.

Für das Beweisverfahren stellen sich vor dem Hintergrund der Eilbedürftigkeit im Vollziehungszulassungsverfahren nach § 1041 Abs. 2 ZPO zwei Fragen: (1) Sind Erleichterungen vom Strengbeweis zulässig, namentlich Glaubhaftmachung nach § 294 ZPO oder Freibeweis? (2) Ist die Beweisregel des § 1064 Abs. 1 S. 1 ZPO anzuwenden? Im Ergebnis sind beide Fragen zu verneinen: *De lege lata* findet das Strengbeweisverfahren Anwendung. Die Beweisregel des § 1064 Abs. 1 S. 1 ZPO ist jedoch nicht anzuwenden; Existenz und Inhalt der *Emergency*-Anordnung dürfen ohne Vorlage des Originals oder einer beglaubigten Abschrift nachgewiesen werden.

1. Glaubhaftmachung nach § 294 ZPO

Das Verfahren zur Vollziehungszulassung ist Teil des einstweiligen Rechtsschutzes. Es stellt sich daher die Frage, ob es genügt, Tatsachen nach § 294 ZPO glaubhaft zu machen. Das Verfahren könnte dadurch effektiver ausgestaltet werden. Zum einen wird bei der Glaubhaftmachung das Beweismaß reduziert: Der Richter muss es lediglich für überwiegend wahrscheinlich halten, dass die vorgetragenen Tatsachen zutreffen.[108] Zum anderen wird das Be-

---

[106] Siehe zur Bedeutung des Beweises im Zivilprozess: Baumgärtel/Laumen/Prütting/*Laumen*, Kapitel 2 Rn. 1.

[107] MüKo ZPO/*Prütting*, § 286 Rn. 111.

[108] MüKo ZPO/*Prütting*, § 294 Rn. 24.

weisverfahren beschleunigt, weil nicht nur die Beweismittel des Strengbeweisverfahrens herangezogen werden können.[109] Denkbar wären z.B. auch eidesstattliche Versicherungen,[110] anwaltliche Versicherungen,[111] Fotokopien[112] oder eine telefonische Auskunft[113].

Letztlich genügt im Rahmen von § 1041 Abs. 2 ZPO bloße Glaubhaftmachung jedoch nicht. Rechtsprechung und Literatur wenden § 294 ZPO nur in den gesetzlich angeordneten Fällen an.[114] Eine solche Anordnung fehlt in den §§ 1025 ff. ZPO. Eine entsprechende Anwendung über die gesetzlich angeordneten Fälle hinaus ist nicht zulässig.[115] § 294 ZPO ist eine Ausnahmevorschrift, die nur dann analogiefähig ist, wenn der Vorschrift ein „engeres Prinzip" zugrunde liegt.[116] Zwar ist Glaubhaftmachung besonders häufig beim einstweiligen Rechtsschutz zugelassen, ein allgemeines Prinzip lässt sich daraus aber nicht ableiten,[117] denn Glaubhaftmachung ist nicht auf Fälle des einstweiligen Rechtsschutzes beschränkt.[118]

Es ist auch nicht möglich, § 920 Abs. 2 ZPO analog anzuwenden, um eine Verweisungsnorm zu erhalten, die auf § 1041 Abs. 2 ZPO ausstrahlt. § 920 Abs. 2 ZPO ordnet die Glaubhaftmachung für das staatliche Verfahren des einstweiligen Rechtsschutzes an. Die Verweisungsnorm passt jedoch nicht zum Vollziehungszulassungsverfahren nach § 1041 Abs. 2 ZPO, denn es unterscheidet sich erheblich von Verfahren des einstweiligen Rechtsschutzes nach §§ 916 ff. ZPO. Im Verfahren nach §§ 916 ff. ZPO darf der Richter den Sachverhalt insgesamt beurteilen. Er kann den Arrest oder die einstweilige Verfügung bzw. eine Sicherheitsleistung auf die Glaubhaftigkeit der vorgetragenen Tatsachen abstimmen. In einem Vollziehbarerklärungsverfahren wird dem Richter hingegen im Wesentlichen eine private Anordnung vorgelegt, die in einen vollstreckbaren Titel umgewandelt werden soll. Den Sachverhalt als Ganzen darf der Richter nicht prüfen. Mangels vergleichbarer Interessenlage scheidet die analoge Anwendung des § 920 Abs. 2 ZPO daher aus.

---

[109] Baumgärtel/Laumen/Prütting/*Laumen*, Kapitel 2 Rn. 16.

[110] MüKo ZPO/*Prütting*, § 294 Rn. 18.

[111] MüKo ZPO/*Prütting*, § 294 Rn. 20.

[112] Baumgärtel/Laumen/Prütting/*Laumen*, Kapitel 2 Rn. 16.

[113] Baumgärtel/Laumen/Prütting/*Laumen*, Kapitel 2 Rn. 16.

[114] BGH, Urteil v. 29.11.1972 – VIII ZR 229/71 (München), VersR 1973, 186; Wieczorek/Schütze/*Assmann*, § 294 Rn. 7; MüKo ZPO/*Prütting*, § 294 Rn. 4; Musielak/Voit/*Huber*, § 294 Rn. 2.

[115] BGH, Urteil v. 29.11.1972 – VIII ZR 229/71 (München), VersR 1973, 186; Wieczorek/Schütze/*Assmann*, § 294 Rn. 7; MüKo ZPO/*Prütting*, § 294 Rn. 4; Musielak/Voit/*Huber*, § 294 Rn. 2.

[116] BGH, Urteil v. 29.11.1972 – VIII ZR 229/71 (München), VersR 1973, 186, bezugnehmend auf Urteil v. 19.11.1957 – VIII ZR 409/56, Rn. 15 (juris) = BGHZ 26, 78.

[117] So wohl MüKo ZPO/*Prütting*, § 294 Rn. 4.

[118] Vgl. nur MüKo ZPO/*Prütting*, § 294 Rn. 6 ff. mit einer Auflistung der Normen, die Glaubhaftmachung zulassen.

§ 294 ZPO gilt im Rahmen des Vollziehungszulassungsverfahrens daher nicht. Der Beweis über Tatsachen muss als Vollbeweis, das heißt zur vollen Überzeugung des Gerichts,[119] erbracht werden. Das Vollziehungszulassungsverfahren kann zudem nicht von den Beweiserleichterungen der Glaubhaftmachung profitieren.

2. *Freibeweisverfahren*

Die Beweiserleichterungen könnten jedoch auch über den Freibeweis erreicht werden. Ebenso wie die Glaubhaftmachung ist der Freibeweis von den Beschränkungen des Strengbeweisverfahrens befreit.[120] Anders als bei der Glaubhaftmachung wird das Beweismaß jedoch nicht herabgesetzt.[121] Der Freibeweis ist nunmehr in § 284 S. 2 bis 4 ZPO gesetzlich geregelt,[122] wonach er auch im Rahmen der Begründetheit einer Klage herangezogen werden kann, wenn beide Parteien zustimmen.[123] Darüber hinaus wendet die Rechtsprechung den Freibeweis bei Fragen an, die das Verfahren selbst betreffen und von Amts wegen zu prüfen sind.[124] Die Frage, ob eine *Emergency*-Anordnung zur Vollziehung zugelassen werden darf, ist zur Begründetheit zu zählen. Der Freibeweis kann daher nur bei Parteivereinbarung Anwendung finden. Nachdem der Antragsgegner häufig ein Interesse haben wird, die Vollziehungszulassung hinauszuzögern, wird es regelmäßig zu keiner Einigung kommen. Im Vollziehungszulassungsverfahren gilt daher grundsätzlich das Strengbeweisverfahren mit der Beschränkung auf die gesetzlich angeordneten Beweismittel.

3. *Beweisregel des § 1064 Abs. 1 S. 1 ZPO*

§ 1064 Abs. 1 S. 1 ZPO bestimmt für das Verfahren zur Vollstreckbarerklärung eines Schiedsspruchs als besondere Beweisregel,[125] dass der Schiedsspruch im Original oder als beglaubigte Abschrift vorgelegt werden muss. Im Verfahren nach § 1041 Abs. 2 ZPO gilt diese Regel jedoch nicht. Es gibt keine vergleichbare Regelung für das Vollziehungszulassungsverfahren und § 1064 Abs. 1 S. 1 ZPO kann nicht auf § 1041 Abs. 2 ZPO übertragen werden: Zum einen spricht die Norm selbst von „Antrag auf Vollstreckbarerklärung eines Schiedsspruchs", § 1041 Abs. 2 ZPO betrifft hingegen die „Vollziehung einer

---

[119] Baumgärtel/Laumen/Prütting/*Laumen*, Kapitel 2 Rn. 12.

[120] Baumgärtel/Laumen/Prütting/*Laumen*, Kapitel 2 Rn. 25; MüKo ZPO/*Prütting*, § 284 Rn. 26.

[121] Baumgärtel/Laumen/Prütting/*Laumen*, Kapitel 2 Rn. 25; MüKo ZPO/*Prütting*, § 284 Rn. 26.

[122] Baumgärtel/Laumen/Prütting/*Laumen*, Kapitel 2 Rn. 25; MüKo ZPO/*Prütting*, § 284 Rn. 27.

[123] MüKo ZPO/*Prütting*, § 284 Rn. 27.

[124] Baumgärtel/Laumen/Prütting/*Laumen*, Kapitel 2 Rn. 26.

[125] MüKo ZPO/*Münch*, § 1064 Rn. 4.

Maßnahme nach Abs. 1", einer vorläufigen oder sichernden Maßnahme also. Vorläufige und sichernde Maßnahmen sind – zumindest nach Maßgabe der ZPO[126] – nicht als Schiedssprüche anzusehen,[127] weil die einstweilige Anordnung mit § 1041 ZPO eine eigene Regelung erfahren hat.[128] Zum anderen läuft § 1064 Abs. 1 S. 1 ZPO dem Eilbedürfnis bei der Vollziehungszulassung entgegen. Werden Existenz oder Inhalt der *Emergency*-Anordnung bestritten, so müsste zwingend das Original oder zumindest eine beglaubigte Abschrift beigebracht werden. Ohne die Beweisregel können neben dem Urkundenbeweis (§§ 415 ff. ZPO) andere Beweismittel eingesetzt werden. So können beispielsweise die Beteiligten des *Emergency*-Verfahrens als Zeugen vernommen werden (§§ 373 ff. ZPO).

4. *Ergebnis*

Im Ergebnis gilt im Vollziehungszulassungsverfahren das Strengbeweisverfahren der ZPO, da es an einer gesetzlichen Anordnung für die Glaubhaftmachung fehlt. Sofern sich die Parteien einigen, kann jedoch der Freibeweis Anwendung finden, der Erleichterung bei den Beweismitteln verschafft. Nicht anzuwenden ist § 1064 Abs. 1 S. 1 ZPO. Die *Emergency*-Anordnung muss daher nicht zwingend im Original oder als beglaubigte Abschrift beigebracht werden.

B. Aufhebung der Vollziehbarerklärung nach § 1041 Abs. 3 ZPO

Emergency-Anordnungen entscheiden einen Rechtsstreit nicht abschließend, sondern sollen vorübergehend Regelungen treffen. Die Umstände, die der Anordnung zugrunde liegen, können sich ändern, sodass die Anordnung aufgehoben oder angepasst werden muss. Gleichermaßen gibt es einen Bedarf, die Vollziehungszulassung entsprechend zu ändern oder aufzuheben. Dem trägt § 1041 Abs. 3 ZPO Rechnung: Auf Antrag einer Partei kann das staatliche Gericht den Beschluss nach § 1041 Abs. 2 ZPO aufheben oder ändern. Ebenso wie bei § 1041 Abs. 2 ZPO bleibt aber unklar, unter welchen Voraussetzungen die Vollziehungszulassung aufgehoben oder geändert werden darf. Fraglich ist zudem, ob es eine Pflicht gibt, die Vollziehungszulassung aufzuheben, wenn die *Emergency*-Anordnung wegfällt.

---

[126] Siehe aber zur New York Convention: Kapitel 8.A.

[127] *Bandel*, Einstweiliger Rechtsschutz im Schiedsverfahren, S. 73; Baumbach/Lauterbach/Albers/*Hartmann*, § 1041 Rn. 3; *Leitzen*, Die Anordnung vorläufiger oder sichernder Maßnahmen, S. 166; *Krimpenfort*, Vorläufige und sichernde Maßnahmen, S. 108; MüKo ZPO/*Münch*, § 1041 Rn. 26; *Schwab/Walter*, Schiedsgerichtsbarkeit, Kapitel 17a Rn. 39; *Thümmel*, DZWIR 1997, 133, 136.

[128] Siehe auch die Erörterung in Kapitel 4.B. auf S. 109.

Im Folgenden werden diese Voraussetzungen näher beleuchtet. Es wird aufgezeigt, dass § 1041 Abs. 3 ZPO letztlich die Fortsetzung von Abs. 2 ist (dazu I.). Um eine Vollziehungszulassung aufzuheben, darf das staatliche Gericht daher nur diejenigen Umstände berücksichtigen, die es auch berücksichtigen darf, wenn es erstmals über die Vollziehungszulassung entscheidet.[129] Die Aufhebung setzt zudem voraus, dass sich Umstände geändert haben; eine veränderte Rechtsauffassung genügt nicht (dazu II.). Will der Antragsgegner die Vollziehungszulassung aufheben lassen, so muss er den Aufhebungsgrund unverzüglich geltend machen (dazu III.). Ist die *Emergency*-Anordnung untergegangen, etwa weil das Schiedsgericht sie aufgehoben hat, muss das staatliche Gericht die Vollziehungszulassung aufheben (dazu IV.).

I. Gegenstand der Entscheidung des staatlichen Gerichts

Ausgangspunkt für die Ermittlung der Voraussetzungen des § 1041 Abs. 3 ZPO ist der Zweck der Norm. Ausweislich der Gesetzesbegründung entspricht § 1041 Abs. 3 ZPO im Kern § 927 ZPO.[130] Die Vollziehungszulassung nach § 1041 Abs. 2 ZPO könne daher aufgehoben oder geändert werden, wenn der Grund für die vom Schiedsgericht angeordnete Maßnahme ganz oder teilweise entfallen sei oder sich die Umstände verändert hätten.[131]

Literatur und Rechtsprechung folgern daraus Verschiedenes. Nach einigen Autoren dürfe das staatliche Gericht auf Grundlage von § 1041 Abs. 3 ZPO die einstweilige Anordnung des Schiedsgerichts umfassend prüfen.[132] Begehrt die belastete Partei somit Aufhebung der Vollziehungszulassung, weil sich die Umstände geändert haben, die der einstweiligen Anordnung zu Grunde lagen, könne sich die Partei direkt an das staatliche Gericht wenden.[133] Es sei hingegen nicht erforderlich, dass sie sich zunächst an das Schiedsgericht wendet, dies sei reine Förmelei.[134]

Anders das OLG Jena[135] mit einem großen Teil der Literatur:[136] Das staatliche Gericht dürfe die Vollziehungszulassung nur aufheben oder ändern, wenn das Schiedsgericht die einstweilige Anordnung aufgehoben oder geändert oder

[129] Siehe insbesondere *Bandel,* Einstweiliger Rechtsschutz im Schiedsverfahren, S. 227.

[130] BT-Drs. 13/5274, S. 45 f.

[131] BT-Drs. 13/5274, S. 45 f.

[132] Prütting/Gehrlein/*Prütting,* § 1041 Rn. 8; *Schwab/Walter,* Schiedsgerichtsbarkeit, Kapitel 17a Rn. 38; wohl auch MüKo ZPO/*Münch,* § 1041 Rn. 46.

[133] *Schwab/Walter,* Schiedsgerichtsbarkeit, Kapitel 17a Rn. 38.

[134] *Schwab/Walter,* Schiedsgerichtsbarkeit, Kapitel 17a Rn. 38.

[135] OLG Jena, Beschluss v. 24.11.1999 – 4 Sch 3/99, Rn. 24 (juris) = BB-Beilage 12, Nr. 50, 22–24.

[136] *Edler,* Die Aufhebung von Schiedssprüchen, S. 62; *Leitzen,* Die Anordnung vorläufiger oder sichernder Maßnahmen, S. 213–214; Musielak/Voit/*Voit,* § 1041 Rn. 12, wenn auch nicht direkt auf den Beschluss des OLG Jena Bezugnehmend, so doch ähnlich *Bandel,* Einstweiliger Rechtsschutz im Schiedsverfahren, S. 227; *Thümmel,* DZWIR 1997, 133, 137.

wenn das Schiedsgericht trotz Antrag der Parteien nicht erneut entschieden habe.[137] Die Kompetenz, Tatsachen neu zu bewerten, verbleibt somit grundsätzlich beim Schiedsgericht; das staatliche Gericht überträgt die Aufhebung der Anordnung durch das Schiedsgericht lediglich auf die Vollziehungszulassung. *Bandel* merkt darüber hinaus an, dass die Vollziehungszulassung aufgehoben oder geändert werden kann, wenn sich neue Umstände ergeben, aufgrund derer die Vollziehungszulassung ursprünglich gar nicht hätte erlassen werden dürfen.[138]

Dieser Ansicht ist beizupflichten. § 1041 Abs. 3 ZPO bezieht sich ausdrücklich auf den Beschluss nach Abs. 2. Abs. 3 gibt dem staatlichen Gericht daher nur die Kompetenz, die eigene Entscheidung zu überprüfen. Diese Kompetenz kann aber nicht weiter reichen als die Ursprüngliche.[139] Der Kerngedanke der Argumentation zu den Voraussetzungen des § 1041 Abs. 2 ZPO[140] bleibt erhalten: Es ist Aufgabe des *Emergency Arbitrators* bzw. des Schiedsgerichts, die Sach- und Rechtslage inhaltlich zu bewerten. Das staatliche Gericht kontrolliert nur Mindeststandards. Es ist daher keine „Förmelei“[141], zunächst das Schiedsgericht inhaltlich entscheiden zu lassen, wenn sich die Umstände inhaltlich geändert haben. Das staatliche Gericht darf demgegenüber nur prüfen, ob die Vollziehung der einstweiligen Anordnung nach wie vor den einzuhaltenden Mindeststandards entspricht.

II. Anforderung an geänderte Umstände

Das staatliche Gericht prüft im Rahmen von § 1041 Abs. 3 ZPO somit erneut, ob die Voraussetzungen des § 1041 Abs. 2 ZPO vorliegen. Es stellt sich dann die Frage, ob das staatliche Gericht vollständig frei ist, die Rechts- und Tatsachenlage neu zu bewerten, oder ob neue Umstände vorliegen müssen. Am weitesten geht *Hartmann*, dem es genügt, wenn das staatliche Gericht seine Rechtsauffassung ändert.[142] Andere fordern hingegen veränderte Umstände i.S.d. § 927 Abs. 1 ZPO, der die Aufhebung eines staatlich angeordneten Arrestes regelt.[143] *Voit* wiederum meint, eine Änderung der Umstände sei nicht

[137] OLG Jena, Beschluss v. 24.11.1999 – 4 Sch 3/99, Rn. 24 (juris) = BB-Beilage 12, Nr. 50, 22–24.

[138] *Bandel,* Einstweiliger Rechtsschutz im Schiedsverfahren, S. 227.

[139] OLG Jena, Beschluss v. 24.11.1999 – 4 Sch 3/99, Rn. 19 (juris) = BB-Beilage 12, Nr. 50, 22–24; *Bandel,* Einstweiliger Rechtsschutz im Schiedsverfahren, S. 227; Musielak/Voit/*Voit*, § 1041 Rn. 12.

[140] Siehe den vorstehenden Abschnitt A.

[141] Wie von *Schwab/Walter,* Schiedsgerichtsbarkeit, Kapitel 17a Rn. 38 behauptet.

[142] Baumbach/Lauterbach/Albers/*Hartmann*, § 1041 Rn. 5, wohl auch *Bandel,* Einstweiliger Rechtsschutz im Schiedsverfahren, S. 227.

[143] So OLG Jena, Beschluss v. 24.11.1999 – 4 Sch 3/99, Rn. 25 (juris) = BB-Beilage 12, Nr. 50, 22–24; Wieczorek/Schütze/*Schütze*, § 1041 Rn. 53.

erforderlich.[144] Es reiche aus, wenn sich die Unzweckmäßigkeit der Maßnahme herausstellt.[145] Eine Änderung der Rechtsauffassung genüge hingegen nicht, dies sei dem Rechtsfrieden abträglich.[146]

Die Auffassung *Hartmanns* ist abzulehnen.[147] Es kann für die Aufhebung oder Änderung der Vollziehungszulassung nicht genügen, wenn der Richter bei der zweiten Entscheidung schlicht seine persönliche Rechtsauffassung geändert hat, ohne dass es von außen einwirkende Änderungen gab. Eine solch weitgehende Befugnis zerstört das Vertrauen in den Fortbestand richterlicher Entscheidungen und ist selbst im einstweiligen Rechtsschutzverfahren nicht zu rechtfertigen. Einstweilig ist der Erkenntnisstand über die Tatsachen, nicht aber die Erkenntnis über die Rechtslage zum Zeitpunkt der Entscheidung.

Die Vollziehungszulassung darf damit nur geändert oder aufgehoben werden, wenn sich die Umstände ändern.[148] Unter Heranziehung der Erkenntnisse zu § 927 ZPO ändern sich die Umstände, wenn sich neue Tatsachen ergeben oder wenn sich nach der ursprünglichen Entscheidung die Beweis- oder Rechtslage ändert.[149] Die Beweislage ändert sich z.B. wenn der Antragsgegner bestimmte Tatsachen erst nach der ursprünglichen Entscheidung erfährt oder beweisen kann.[150] Die Rechtslage ändert sich beispielsweise, wenn Gesetze reformiert werden, eine neue höchstrichterliche Rechtsprechung bekannt wird oder die Parteien neue Abreden treffen.[151] Das staatliche Gericht hebt eine Vollziehungszulassung somit auf, wenn das Schiedsgericht bzw. der *Emergency Arbitrator* die einstweilige Anordnung aufgehoben hat (neue Tatsache ist eingetreten), eine Partei nun einen Verfahrensfehler vortragen oder beweisen kann (Änderung der Beweislage) oder im Lichte neuer BGH-Rechtsprechung, einer Reform der ZPO oder neuer Parteiabreden ein Fehler im *Emergency*-Verfahren nun als relevant anzusehen ist, der vorher unerheblich war (Änderung der Rechtslage).

Als Änderung der Umstände können letztlich auch die von *Voit* angesprochenen Zweckmäßigkeitsüberlegungen gelten.[152] Zeigt sich nachträglich, dass die Vollziehungszulassung nicht zweckmäßig ist, so ändern sich die Umstände.

---

[144] Musielak/Voit/*Voit*, § 1041 Rn. 11.

[145] Musielak/Voit/*Voit*, § 1041 Rn. 11.

[146] Musielak/Voit/*Voit*, § 1041 Rn. 11.

[147] Baumbach/Lauterbach/Albers/*Hartmann*, § 1041 Rn. 5, wohl auch *Bandel*, Einstweiliger Rechtsschutz im Schiedsverfahren, S. 227.

[148] Ebenso OLG Jena, Beschluss v. 24.11.1999 – 4 Sch 3/99, Rn. 25 (juris) = BB-Beilage 12, Nr. 50, 22–24; Wieczorek/Schütze/*Schütze*, § 1041 Rn. 53.

[149] MüKo ZPO/*Drescher*, § 927 Rn. 4; Musielak/Voit/*Huber*, § 927 Rn. 6; Saenger/*Saenger*, § 927 Rn. 7–11.

[150] MüKo ZPO/*Drescher*, § 927 Rn. 4 m.w.Nachw.

[151] BGH, Urteil v. 02.07.2009 – I ZR 146/07 (OLG Karlsruhe) – *„Mescher weis"*, NJW 2009, 3303; MüKo ZPO/*Drescher*, § 927 Rn. 4.

[152] Musielak/Voit/*Voit*, § 1041 Rn. 11.

Allerdings ist die Aufgabenteilung zwischen Schiedsgericht und staatlichem Gericht zu beachten. Ob das vom Schiedsgericht bzw. dem *Emergency Arbitrator* auferlegte Handlungsgebot zweckmäßig ist, obliegt allein der Bewertung des Schiedsgerichts bzw. des *Emergency Arbitrators.*[153] Das staatliche Gericht kann nur entscheiden, ob Anordnungen zur Vollstreckung weiterhin zweckmäßig erscheinen oder ob Änderungen vorzunehmen sind.

III. Zeitliche Begrenzung des Aufhebungsantrags

Zu klären bleibt, ob das Recht, die Aufhebung der Vollziehungszulassung zu beantragen, einer zeitlichen Begrenzung unterliegt. Ohne zeitliche Begrenzung steigt die Unsicherheit für den Antragsteller, weil er nie weiß, ob und wann seine Vollziehungszulassung angegriffen wird. Eine zeitliche Begrenzung ergibt sich jedoch nicht unmittelbar aus § 1041 Abs. 3 ZPO oder einer anderen Vorschrift. Insbesondere ist § 1027 ZPO, der eine allgemeine Präklusionsvorschrift enthält, nicht unmittelbar anwendbar: Die Norm betrifft nur das Schiedsverfahren selbst, nicht aber Rechtsbehelfe vor dem staatlichen Gericht.[154] Allerdings finden sich im 10. Buch der ZPO neben § 1027 ZPO noch zahlreiche weitere Präklusionsvorschriften. Der Gesamtheit dieser Normen lässt sich ein Rechtsgrundsatz[155] entnehmen, wonach Verfahrensfehler im Zusammenhang mit dem Schiedsverfahren zeitnah geltend gemacht werden müssen, da andernfalls die Partei mit ihrem Vorbringen ausgeschlossen ist.[156] Neben § 1027 ZPO, finden sich Präklusionsvorschriften noch in §§ 1037 Abs. 2[157] und Abs. 3[158], 1040 Abs. 2[159] und Abs. 3 S. 1[160], 1046 Abs. 2[161], 1059 Abs. 3[162] mit 1060 Abs. 2[163] ZPO. Den Gedanken dieser Normen, Verfahrenssicherheit zu fördern, muss das staatliche Gericht im Rahmen seiner Ermessensentscheidung nach § 1041 Abs. 3 ZPO berücksichtigen.

Unklar bleibt allerdings, wie lange der Antragsgegner mit dem Aufhebungsantrag zuwarten darf. Die vorgenannten Normen enthalten teilweise konkrete Fristen oder nennen teilweise bestimmte Zeitpunkte bis zu denen die Rüge geltend gemacht werden muss. Dem lässt sich aber keine allgemeingültige Frist

---

[153] Siehe hierzu die Erörterungen unter A.I.3.e).

[154] MüKo ZPO/*Münch*, § 1027 Rn. 3–4.

[155] Vgl. zur Definition des Rechtsgrundsatzes *Reimer,* Juristische Methodenlehre, Rn. 556.

[156] Vgl. zum Kernanliegen des § 1027 ZPO: MüKo ZPO/*Münch*, § 1027 Rn. 1.

[157] Musielak/Voit/*Voit*, § 1037 Rn. 3; MüKo ZPO/*Münch*, § 1037 Rn. 10, 30.

[158] Musielak/Voit/*Voit*, § 1037 Rn. 5; MüKo ZPO/*Münch*, § 1037 Rn. 30.

[159] MüKo ZPO/*Münch*, § 1040 Rn. 33.

[160] Musielak/Voit/*Voit*, § 1040 Rn. 13.

[161] MüKo ZPO/*Münch*, § 1046 Rn. 28.

[162] Musielak/Voit/*Voit*, § 1059 Rn. 37; MüKo ZPO/*Münch*, § 1059 Rn. 59.

[163] Musielak/Voit/*Voit*, § 1060 Rn. 11.

entnehmen, die auf die Ermessensentscheidung in § 1041 Abs. 3 ZPO angewandt werden könnte. Stattdessen sollte geprüft werden, ob der Aufhebungsantrag „unverzüglich" gestellt wurde, wie es in § 1027 ZPO heißt. Das eröffnet eine Abwägung im Einzelfall. Maßgeblich ist insbesondere, wie intensiv die belastete Partei schon an dem Verfahren zur Vollziehungszulassung beteiligt war. War sie beispielsweise noch gar nicht an dem Vollziehungszulassungsverfahren beteiligt, etwa weil der Vorsitzende des OLG-Senats die *Emergency*-Anordnung ohne Anhörung des Antragsgegners zur Vollziehung zugelassen hat (§ 1063 Abs. 3 S. 1 ZPO), ist verhältnismäßig viel Zeit einzuräumen. Unter Umständen muss der Antragsgegner nämlich erst einen Anwalt suchen, der in Deutschland auftreten darf.

Bis über die Aufhebung der Vollziehungszulassung entschieden wurde, bleibt die einstweilige Anordnung wirksam, eine Zuwiderhandlung kann daher materielle Wirkungen[164] entfalten. Allerdings erscheint es unangemessen, dem Antragsgegner Nachteile anzulasten, weil ein staatliches Gericht langsam arbeitet und daher einige Zeit vergeht bis die Aufhebung der Vollziehungszulassung ausgesprochen wurde. Die materiellen Wirkungen enden daher bereits mit Stellung des Antrags nach § 1041 Abs. 3 ZPO, sofern der Antrag ordnungsgemäß gestellt wurde und es nur am staatlichen Gericht liegt, über diesen zu befinden.

IV. Pflicht zur Aufhebung und Änderung

Zuletzt ergibt sich die Frage, ob das staatliche Gericht unter bestimmten Voraussetzungen gezwungen ist, die Vollziehungszulassung aufzuheben oder zu ändern. Relevant wird dies immer dann, wenn die *Emergency*-Anordnung ihre Wirkung verliert, weil der *Emergency Arbitrator* oder das Schiedsgericht sie aufgehoben haben oder weil ein Beendigungsgrund aus der Schiedsordnung eingetreten ist, etwa die Beendigung des Schiedsverfahrens.[165]

Nach *Schütze* ist das staatliche Gericht jedenfalls dann gezwungen, die Vollziehungszulassung aufzuheben, wenn das Schiedsgericht die einstweilige Anordnung aufhebt.[166] *Bandel* folgt dem im Grundsatz, macht aber eine Einschränkung:[167] Das staatliche Gericht müsse zunächst am Maßstab von § 1059 Abs. 2 ZPO überprüfen, ob das Schiedsgericht die einstweilige Anordnung in einem rechtmäßigen Verfahren aufgehoben habe. Nur wenn das Schiedsgericht in einem fehlerfreien Verfahren entschieden habe, sei das staatliche Gericht gezwungen, die Vollziehungszulassung entsprechend aufzuheben.[168]

---

[164] Vgl. zu den materiellen Wirkungen Kapitel 4.A.

[165] Vgl. dazu oben Kapitel 1.C.IV.

[166] Wieczorek/Schütze/*Schütze*, § 1041 Rn. 54.

[167] *Bandel,* Einstweiliger Rechtsschutz im Schiedsverfahren, S. 228.

[168] *Bandel,* Einstweiliger Rechtsschutz im Schiedsverfahren, S. 228.

Schütze und *Bandel* ist insoweit zu folgen, dass das staatliche Gericht die Vollziehungszulassung aufheben muss, wenn die *Emergency*-Anordnung wegfällt. Die Einschränkung von *Bandel*, wonach das staatliche Gericht die Rechtmäßigkeit der Aufhebung durch das Schiedsgericht überprüfen darf, überzeugt jedoch nicht. Heben Schiedsgericht oder *Emergency Arbitrator* die *Emergency*-Anordnung auf, so geht die einstweilige Anordnung unwiderruflich unter. Es gibt kein Verfahren, mit dem sich der Begünstigte der *Emergency*-Anordnung gegen die Aufhebung der *Emergency*-Anordnung wehren kann. Mit dem Untergang der *Emergency*-Anordnung entfällt der Anknüpfungspunkt für die Vollziehungszulassung. Müsste das staatliche Gericht die Vollziehungszulassung nicht zwingend aufheben, so bliebe die Vollziehungszulassung dauerhaft als eigenständige Maßnahme bestehen. Das staatliche Gericht würde damit die alleinige Verantwortung für die Eilmaßnahme erlangen und müsste notgedrungen künftig über inhaltliche Fragen der Maßnahme entscheiden. Das Schiedsgericht wird kaum eingreifen, denn aus seiner Perspektive existiert die einstweilige Anordnung nicht mehr. Dem staatlichen Gericht wird demnach eine Aufgabe zuteil, die es nach der Intention der §§ 1041, 1063 Abs. 3 ZPO nicht haben soll. Diese Situation wird vermieden, wenn das staatliche Gericht die Vollziehungszulassung aufheben muss, sobald das Schiedsgericht die einstweilige Anordnung aufgehoben hat.

Der Begünstigte der *Emergency*-Anordnung hat zudem kein schutzwürdiges Interesse daran, dass Fehler berücksichtigt werden, die dem Schiedsgericht oder *Emergency Arbitrator* unterlaufen, wenn es die *Emergency*-Anordnung aufhebt. Zwar erlangt der Begünstigte mit der *Emergency*-Anordnung eine Rechtsposition, in die durch die Aufhebung der *Emergency*-Anordnung eingegriffen wird. Ein ungerechtfertigter Eingriff in diese Rechtsposition ist jedoch hinnehmbar. Der Antragsteller findet sich in der gleichen Lage wieder, wie wenn der *Emergency Arbitrator* von Anfang an zu Unrecht keine einstweilige Anordnung erlassen hätte. Gegen die unrechtmäßige Verweigerung der *Emergency*-Anordnung hat der Antragsteller keine Handhabe. Als Ausweg bleibt ihm nur, Arrest- oder einstweilige Verfügung vor einem staatlichen Gericht zu beantragen. Hebt der *Emergency Arbitrator* (oder das Schiedsgericht) die einstweilige Anordnung zu Unrecht auf, muss er sich nun ebenfalls an das staatliche Gericht wenden.

Hat das staatliche Gericht keinen Entscheidungsspielraum mehr, sobald die *Emergency*-Anordnung weggefallen ist, stellt sich freilich die Frage, weshalb das staatliche Gericht die Aufhebung der Vollziehungszulassung überhaupt noch beschließen muss. Das ist formal zu begründen: Eine private Instanz, wie ein Schiedsgericht oder *Emergency Arbitrator,* kann einen Akt öffentlicher Gewalt nicht selbstständig aufheben; es bedarf eines gleichwertigen staatlichen *actus contrarius.*[169] Das staatliche Gericht muss die Vollziehungszulassung daher selbst wieder aufheben.[170] Anzumerken ist deshalb außerdem, dass der Antrag auf Aufhebung der Vollziehungszulassung nicht verfristet sein kann (vgl. oben III.), wenn das staatliche Gericht nach den eben aufgestellten Grundsätzen verpflichtet ist, die Vollziehungszulassung aufzuheben. Ist die einstweilige Anordnung weggefallen, muss das in der Vollziehungszulassung nachvollzogen werden.

Im Ergebnis steht damit fest: Verliert die *Emergency*-Anordnung ihre Wirksamkeit, sei es aufgrund der Beendigung durch das Schiedsgericht oder den *Emergency Arbitrator* oder weil ein sonstiger Beendigungsgrund eintritt, ist das staatliche Gericht gezwungen, auch die Vollziehungszulassung wieder aufzuheben. Unerheblich ist dabei, ob die *Emergency*-Anordnung in einem fehlerfreien oder fehlerhaften Verfahren aufgehoben wurde.

V. Ergebnis

Damit ergibt sich zusammenfassend: Das staatliche Gericht darf die Vollziehungszulassung nach § 1041 Abs. 3 ZPO aufheben oder ändern, wenn die Voraussetzungen des § 1041 Abs. 2 ZPO nicht mehr vorliegen. Es darf eine Aufhebung aber nicht auf eine eigenständige inhaltliche Prüfung der Sach- und Rechtslage stützen. Es genügt nicht, dass das staatliche Gericht seine Rechtsauffassung ändert. Vielmehr müssen sich nachträglich Umstände geändert haben, sodass die Voraussetzungen für die Vollziehungszulassung nun nicht mehr vorliegen. Der Antragsgegner muss die Aufhebung der Vollziehungszulassung zudem unverzüglich begehren, nachdem ihm die neuen Umstände bekannt geworden sind. Das staatliche Gericht ist zudem ohne eigenen Entscheidungsspielraum verpflichtet, die Vollziehungszulassung aufzuheben, wenn die schiedsrichterliche einstweilige Anordnung ihre Wirksamkeit verliert.

---

[169] RG, Urteil v. 25.06.1926 – VI 79/26, RGZ 114, 165, 168 spricht von der „Unabänderlichkeit des öffentlichen Rechts durch private Abkommen".

[170] Ebenso *Bandel,* Einstweiliger Rechtsschutz im Schiedsverfahren, S. 227; *Brinkmann,* Schiedsgerichtsbarkeit und Maßnahmen des einstweiligen Rechtsschutzes, S. 95; *Leitzen,* Die Anordnung vorläufiger oder sichernder Maßnahmen, S. 229.

Kapitel 4

Aufhebung der Emergency-Anordnung durch das staatliche Gericht

Im vorigen Kapitel wurde gezeigt, unter welchen Voraussetzungen der Antragsteller des *Emergency*-Verfahrens die Vollziehungszulassung beantragen kann, um die *Emergency*-Anordnung zu vollstrecken. An die einstweilige Anordnung sind daneben materielle Wirkungen geknüpft, die den Antragsgegner motivieren, der Anordnung ohne staatliche Vollstreckung Folge zu leisten oder eine Vollstreckung gleich ganz unnötig erscheinen lassen (sogleich unter A.). Für den Antragsgegner stellt sich damit aber die Frage, ob er sich selbst an das staatliche Gericht wenden kann, um die einstweilige Anordnung zu beseitigen. Für den Schiedsspruch gibt es zu diesem Zwecke das Aufhebungsverfahren nach § 1059 ZPO. Jede Schiedspartei, die vom Schiedsspruch beschwert ist,[1] – insbesondere der Schiedsbeklagte – hat damit eine Möglichkeit aus eigener Initiative gegen einen Schiedsspruch vorzugehen, wenn sie der Meinung ist, dieser sei entgegen der in § 1059 Abs. 2 ZPO aufgeführten Mindestgarantien zustande gekommen. Für einstweilige Anordnungen sieht das Gesetz ein solches Aufhebungsverfahren nicht ausdrücklich vor (dazu B.). Es stellt sich die Frage, ob es auch für einstweilige Anordnungen ein Aufhebungsverfahren gibt. Letztlich lässt sich ein solches Aufhebungsverfahren durch eine erweiternde Auslegung des § 1041 Abs. 2 ZPO gewinnen: Wird die Vollziehungszulassung, die von jeder Partei beantragt werden kann, verweigert, so fällt die einstweilige Anordnung weg und ihre materiellen Wirkungen werden beendet. Die Verweigerung der Vollziehungszulassung wirkt daher wie eine Aufhebung (dazu unter C.III.).

---

[1] So die wohl h.L.: MüKo ZPO/*Münch*, § 1059 Rn. 55; Wieczorek/Schütze/*Schütze*, § 1059 Rn. 77; Stein/Jonas/*Schlosser*, § 1059 Rn. 5; BeckOK ZPO/*Wilske/Markert*, Stand: 01.03.2018, § 1059 Rn. 17, a.A. (eigene Beschwer ist nicht erforderlich): Musielak/Voit/*Voit*, § 1059 Rn. 32.

A. Interesse an der Aufhebung der Emergency-Anordnung

Ein Interesse an einem Aufhebungsverfahren besteht für den Antragsgegner. Nur mit Hilfe eines Aufhebungsverfahrens kann er von sich aus die Überprüfung der einstweiligen Anordnung durch ein staatliches Gericht anstrengen und die einstweilige Anordnung beseitigen, wenn sie in einem Verfahren erlassen wurde, das gegen eine verfahrensmäßige Mindestgarantie[2] verstößt. Das ist bedeutsam, da es materielle Rechtsfolgen haben kann, wenn der Antragsgegner der einstweiligen Anordnung keine Folge leistet.

Offenkundig wird die Bedeutung, wenn die einstweilige Anordnung die Rechtslage unmittelbar umgestaltet,[3] zum Beispiel wenn einem Geschäftsführer vorläufig seine Geschäftsführerstellung entzogen wird.[4] Bei einer solchen Anordnung bedarf es – abhängig vom anwendbaren Gesellschaftsrecht – nicht immer der Mitwirkung des Antragsgegners, um dem Geschäftsführer die Rechtsmacht zu entziehen, Rechtsgeschäfte durchzuführen.

Selbst wenn die Anordnung der Mitwirkung des Antragsgegners bedarf, werden Konsequenzen vorgeschlagen, die das „freiwillige" Befolgen der Anordnung fördern sollen. So kann es das Schiedsgericht in der Hauptsacheentscheidung negativ berücksichtigen, wenn der Antragsgegner der *Emergency*-Anordnung keine Folge leistet.[5] Unterlässt es die Partei beispielsweise, wie angeordnet, Beweismittel zu sichern und gehen diese unwiederbringlich verloren, so kann das Schiedsgericht zu Lasten der verpflichteten Partei annehmen, aus den fraglichen Beweisstücken hätte sich die Richtigkeit des gegnerischen Vortrags ergeben.[6]

Vorgeschlagen wird weiterhin, dass eine Vertragsstrafe verwirkt werden könne,[7] sofern eine solche für Zuwiderhandlungen ausdrücklich vereinbart war. Das wird allerdings nur sehr selten der Fall sein,[8] denn weder die von Schiedsorganisationen vorgeschlagenen Standardschiedsklauseln, noch die Schiedsordnungen sehen eine solche vor.

---

[2] Siehe dazu die Erörterung zu den Vollziehungsversagungsgründen unter Kapitel 3.A.I. sowie den rechtsstaatlichen Anforderungen in Kapitel 5.

[3] Vgl. z.B. *Bandel,* Einstweiliger Rechtsschutz im Schiedsverfahren, S. 118–126; *Leitzen,* Die Anordnung vorläufiger oder sichernder Maßnahmen, S. 192; *Schwab/Walter,* Schiedsgerichtsbarkeit, Kapitel 17a Rn. 14 vertreten jedoch, eine einstweilige Anordnung könne nicht rechtsgestaltend wirken, weil der Anordnung die Beständigkeit eines Urteils fehle.

[4] *Leitzen,* Die Anordnung vorläufiger oder sichernder Maßnahmen, S. 192.

[5] Arroyo/*Habegger*, Art. 43 Swiss Rules 2012 Rn. 45; *Shaughnessy*, 27 J.Int.Arb. 337, 346 (2010); *Schwab/Walter,* Schiedsgerichtsbarkeit, Kapitel 17a Rn. 2.

[6] *Leitzen,* Die Anordnung vorläufiger oder sichernder Maßnahmen, S. 172.

[7] *Lachmann,* Schiedsgerichtspraxis, Rn. 2928; *Leitzen,* Die Anordnung vorläufiger oder sichernder Maßnahmen, S. 210; *Bensaude*, 22 J.Int.Arb. 357, 361 (2005); *Simsive,* Indirect Enforceability of Emergency Arbitrator's Orders.

[8] *Bandel,* Einstweiliger Rechtsschutz im Schiedsverfahren, S. 63–64.

Relevanter dürfte es sein, dass das Schiedsgericht die Zuwiderhandlung bei der Kostenverteilung berücksichtigt.[9] Die Schiedsgerichte haben bei der Kostenverteilung regelmäßig große Spielräume und können auf die Umstände des Einzelfalls eingehen.[10] Befolgt eine Schiedspartei eine *Emergency*-Anordnung nicht, so kann das Schiedsgericht ihr beispielsweise die Kosten für das *Emergency*-Verfahren oder, unabhängig vom Ausgang des Hauptsacheverfahrens, einen Anteil an den Gesamtkosten des Schiedsverfahrens auferlegen.

Von Interesse dürfte zudem ein Schadensersatzanspruch sein, dem sich eine Partei aussetzt, die eine einstweilige Anordnung nicht befolgt.[11] Die Parteien verpflichten sich durch Wahl der entsprechenden Schiedsordnung, den Anordnungen des *Emergency Arbitrators* Folge zu leisten.[12] Wird diese Pflicht verletzt, so kann daraus ein Schadensersatzanspruch entstehen. Kommt eine Partei beispielsweise der Anordnung nicht nach, einstweilen Warenlieferungen fortzusetzen, so haftet sie für Gewinnausfälle oder eine teurere Ersatzbeschaffung.

B. Kein Aufhebungsverfahren in der ZPO

Unmittelbar aus dem Wortlaut der ZPO ergibt sich kein Aufhebungsverfahren, das gegen einstweilige Anordnungen statthaft ist:

§ 1041 Abs. 2 ZPO enthält lediglich die Aussage, dass „eine" Partei Vollziehungszulassung beantragen kann. Daraus wird gefolgert, dass nicht nur der Antragsteller, sondern auch der Antragsgegner ein Verfahren nach § 1041 Abs. 2 ZPO einleiten kann.[13] Der Antrag sei dann darauf gerichtet, feststellen zu lassen, dass die Vollziehungszulassung versagt wird.[14] Wird die Vollziehung versagt, geht damit nicht unmittelbar die Aufhebung der einstweiligen

---

[9] Arroyo/*Habegger*, Art. 43 Swiss Rules 2012 Rn. 45.

[10] Kostenverteilung nach den Umständen des Einzelfalls: Art. 38 (5) ICC Rules 2017; Art. 35 SIAC Rules 2016; Art. 34.3 HKIAC Rules 2018; Art. 34 ICDR Rules 2014; Kostenverteilung grundsätzlich abhängig vom Obsiegen: Art. 28.4 LCIA Rules 2014; Art. 43 (5) SCC Rules 2010; Art. 40 (1) Swiss Rules 2012; auch hier sind aber Einzelfallerwägungen möglich.

[11] *Fry/Greenberg/Mazza,* The Secretariat's Guide to ICC Arbitration, Rn. 3.1086; Nedden/Herzberg/*Bassiri/Haller*, Art. 29 ICC-SchO Rn. 53; *Grierson/van Hooft,* Arbitrating under the 2012 ICC Rules, S. 70; vgl. aber *Bandel,* Einstweiliger Rechtsschutz im Schiedsverfahren, S. 52, demzufolge es keinen Schadensersatzanspruch aufgrund der Nichtbefolgung von einstweiligen Anordnungen geben könne.

[12] Nedden/Herzberg/*Bassiri/Haller*, Art. 29 ICC-SchO Rn. 53; vgl. allgemein auch zu materiellen Mitwirkungs- und Loyalitätspflichten aus der Schiedsvereinbarung: MüKo ZPO/*Münch*, § 1029 Rn. 117–119.

[13] *Bandel,* Einstweiliger Rechtsschutz im Schiedsverfahren, S. 206–207; MüKo ZPO/*Münch*, § 1041 Rn. 31.

[14] *Bandel,* Einstweiliger Rechtsschutz im Schiedsverfahren, S. 206–207; MüKo ZPO/*Münch*, § 1041 Rn. 31.

Anordnung einher. Vielmehr bedeutet dies nur, dass der Staat dem Antragsgegner nicht hilft, zu seinem Recht zu kommen. Anders als bei einem Aufhebungsverfahren bleibt die einstweilige Anordnung in Kraft und die materiellen Wirkungen können weiterhin eintreten.

§ 1041 Abs. 3 ZPO bietet ebenfalls keine Rechtsgrundlage für die Aufhebung der einstweiligen Anordnung. Nach dem Wortlaut kann das Gericht nur den Beschluss nach Abs. 2, also die eigene Vollziehbarerklärung, aufheben oder ändern,[15] die Wirksamkeit der einstweiligen Anordnung wird nicht berührt. § 1041 ZPO bietet dem staatlichen Gericht somit keine Möglichkeit, die einstweilige Anordnung des *Emergency Arbitrators* aufzuheben.

§ 1059 ZPO kann nicht unmittelbar auf die einstweilige Anordnung nach § 1041 Abs. 2 ZPO angewendet werden.[16] *Bandel* führt dazu an, dass es für einstweilige Anordnungen im Rahmen von § 1041 Abs. 2 ZPO ein eigenes Vollstreckungsregime für einstweilige Anordnungen gebe, § 1060 ZPO somit nicht anwendbar sei.[17] Angesichts von § 1060 Abs. 2 ZPO, der hinsichtlich der Vollstreckungsversagungsgründe auf § 1059 ZPO verweist, sei § 1060 ZPO zudem so eng mit § 1059 ZPO verbunden, dass § 1059 ZPO bei einstweiligen Anordnungen nicht einschlägig sei.[18] Andere betonen, dass einstweilige Anordnungen keine Schiedssprüche sind, weswegen § 1059 ZPO nicht anwendbar sei.[19] Einstweilige Anordnungen könnten jederzeit an veränderte Umstände angepasst werden,[20] während ein Schiedsspruch im Sinne des § 1059 ZPO zur endgültigen Erledigung des Rechtsstreits (oder wenigstens eines Teils) führen müsse.[21]

Im Ergebnis ist § 1059 ZPO daher nicht unmittelbar auf einstweilige Anordnungen anzuwenden.[22] Nicht nur ist eine einstweilige Anordnung kein Schiedsspruch im Sinne der Norm,[23] sondern das Aufhebungsverfahren nach

---

[15] *Bandel,* Einstweiliger Rechtsschutz im Schiedsverfahren, S. 125.

[16] *Bandel,* Einstweiliger Rechtsschutz im Schiedsverfahren, S. 67; Zöller/*Geimer*, § 1059 Rn. 1; *Kremer/Weimann,* SchiedsVZ 2007, 238, 241; MüKo ZPO/*Münch*, § 1041 Rn. 31; *Schwab/Walter,* Schiedsgerichtsbarkeit, Kapitel 17a Rn. 39; Stein/Jonas/*Schlosser*, § 1059 Rn. 16.

[17] *Bandel,* Einstweiliger Rechtsschutz im Schiedsverfahren, S. 67.

[18] *Bandel,* Einstweiliger Rechtsschutz im Schiedsverfahren, S. 67.

[19] *Kremer/Weimann,* SchiedsVZ 2007, 238, 241; *Schwab/Walter,* Schiedsgerichtsbarkeit, Kapitel 17a Rn. 39; Stein/Jonas/*Schlosser*, § 1059 Rn. 16.

[20] *Kremer/Weimann,* SchiedsVZ 2007, 238, 241; *Schwab/Walter,* Schiedsgerichtsbarkeit, Kapitel 17a Rn. 39.

[21] *Kremer/Weimann,* SchiedsVZ 2007, 238, 239.

[22] *Bandel,* Einstweiliger Rechtsschutz im Schiedsverfahren, S. 67; Zöller/*Geimer*, § 1059 Rn. 1; *Kremer/Weimann,* SchiedsVZ 2007, 238, 241; MüKo ZPO/*Münch*, § 1041 Rn. 31; *Schwab/Walter,* Schiedsgerichtsbarkeit, Kapitel 17a Rn. 39; Stein/Jonas/*Schlosser*, § 1059 Rn. 16.

[23] *Bandel,* Einstweiliger Rechtsschutz im Schiedsverfahren, S. 73; Baumbach/Lauterbach/Albers/*Hartmann*, § 1041 Rn. 3; *Leitzen,* Die Anordnung vorläufiger oder sichernder

§ 1059 ZPO passt auch konzeptionell nicht zur einstweiligen Anordnung: Bei einem Schiedsspruch ist es wegen des Verweises in § 1060 Abs. 2 ZPO nämlich gleichgültig, ob der Kläger Vollstreckung beantragt oder der Beklagte Aufhebung. Der Prüfungsmaßstab ergibt sich immer aus § 1059 ZPO, bleibt also identisch. Diese Identität besteht zwischen § 1059 ZPO und § 1041 Abs. 2 ZPO nicht. Beantragt der Antragsteller der einstweiligen Anordnung Vollziehungszulassung nach § 1041 Abs. 2 ZPO, so hat das staatliche Gericht freies Ermessen.[24] Müsste der Antragsgegner hingegen nach § 1059 ZPO Aufhebung beantragen, wäre das staatliche Gericht an die dort genannten Aufhebungsgründe gebunden. Anders als beim Schiedsspruch würde es einen Unterschied machen, ob der Antragsteller Vollziehung oder der Antragsgegner Aufhebung beantragt.

Ein Schiedsspruch kann wegen der Regelung in § 1059 Abs. 3 ZPO zudem bestandskräftig werden. Wird nicht innerhalb von drei Monaten nach Empfang des Schiedsspruchs Aufhebung beantragt, ist der Aufhebungsantrag ausgeschlossen.[25] Darüber hinaus können nach Fristablauf die Aufhebungsgründe nach § 1059 Abs. 2 Nr. 1 ZPO auch im Vollstreckbarerklärungsverfahren nicht mehr geltend gemacht werden (vgl. § 1060 Abs. 2 S. 3 ZPO).[26] Mit dem Aufhebungsverfahren geht daher eine Obliegenheit einher, die Aufhebung rechtzeitig zu beantragen.

Bei der einstweiligen Anordnung ist eine solche Bestandskraftregel mit starrer Frist nicht sinnvoll. Die einstweilige Anordnung soll die Rechtspflichten nur vorläufig regeln. Ändern sich die Umstände, müssen Schiedsgericht oder *Emergency Arbitrator* sie ggf. ändern oder aufheben. Kommen *Emergency Arbitrator* oder Schiedsgericht dem in fehlerhafter Art und Weise nicht nach, muss es eine Möglichkeit geben, sich nunmehr gegen die rechtswidrige einstweilige Anordnung zur Wehr zu setzen. Ist ein Aufhebungsverfahren, wie in § 1059 Abs. 3 ZPO vorgesehen, nur innerhalb einer starren Frist zulässig, so wäre eine Aufhebung nach Ablauf der Frist nicht mehr möglich. Es kann auch nicht einfach ein Neubeginn der Frist angenommen werden: Es bleibt nämlich

---

Maßnahmen, S. 166; MüKo ZPO/*Münch*, § 1041 Rn. 26; *Krimpenfort,* Vorläufige und sichernde Maßnahmen, S. 108; *Schwab/Walter,* Schiedsgerichtsbarkeit, Kapitel 17a Rn. 39; *Thümmel,* DZWIR 1997, 133, 136; so ist wohl auch Wieczorek/Schütze/*Schütze*, § 1054 Rn. 5 zu verstehen.

[24] So bereits der Regierungsentwurf zum SchiedsVfG, BT-Drs. 13/5274, S. 45; vgl. aus Literatur und Rechtsprechung nur: OLG Frankfurt, Beschluss v. 31.07.2013 – 26 SchH 4/13, Rn. 11 (juris); OLG Saarbrücken, Beschluss v. 27.02.2007 – 4 Sch 1/07, Rn. 26 (juris) = SchiedsVZ 2007, 323; *Bandel,* Einstweiliger Rechtsschutz im Schiedsverfahren, S. 215; Zöller/*Geimer*, § 1041 Rn. 3; Baumbach/Lauterbach/Albers/*Hartmann*, § 1041 Rn. 4; *Leitzen,* Die Anordnung vorläufiger oder sichernder Maßnahmen, S. 195; MüKo ZPO/*Münch*, § 1041 Rn. 37; Saenger/*Saenger*, § 1041 Rn. 4; Musielak/Voit/*Voit*, § 1041 Rn. 8; BeckOK ZPO/*Wolf/Eslami*, Stand: 01.03.2018, § 1041 Rn. 17.

[25] MüKo ZPO/*Münch*, § 1059 Rn. 59.

[26] MüKo ZPO/*Münch*, § 1059 Rn. 59; Musielak/Voit/*Voit*, § 1059 Rn. 37.

gänzlich unklar, wann die Frist neu zu laufen beginnt. Innerhalb wie vieler Tage oder Wochen müsste das Schiedsgericht über die Änderung oder Aufhebung befinden? Ab wann hat der Antragsteller Kenntnis davon, dass das Schiedsgericht untätig bleiben wird?

C. Konsequenzen des fehlenden Aufhebungsverfahrens

Nachdem in der ZPO unmittelbar kein Aufhebungsverfahren vorgesehen ist, stellt sich die Frage, welche Konsequenzen das Fehlen eines Aufhebungsverfahrens hat. *Bandel* gelangt zur Ansicht, dass die materiellen Wirkungen erst eintreten können, wenn die einstweilige Anordnung zur Vollziehung zugelassen wurde.[27] *Leitzen* wiederum schafft ein Aufhebungsverfahren durch analoge Anwendung des § 1059 ZPO: Zum Ausgleich für die materiellen Wirkungen, die den Antragsgegner belasten, bedürfe es eines Aufhebungsverfahrens.[28]

Beiden Autoren ist im Ergebnis zu widersprechen, wobei der Ansatz von *Leitzen* aber zumindest im Kern überzeugt. Anders als *Leitzen* meint, ergibt sich ein Aufhebungsverfahren jedoch nicht durch analoge Anwendung des § 1059 ZPO, sondern indem die Wirkungsweise von § 1041 Abs. 2 ZPO erweiternd ausgelegt wird.

I. Materielle Wirkungen bereits mit Erlass der einstweiligen Anordnung

Bandels Ansicht wird auf die These gegründet, es gäbe kein Aufhebungsverfahren für einstweilige Anordnungen.[29] Um die staatliche Mindestkontrolle zu rechtfertigen, sei es daher erforderlich, dass die einstweilige Anordnung zunächst zur Vollziehung zugelassen werde. Anders sei die staatliche Mindestkontrolle bei der einstweiligen Anordnung nicht zu gewährleisten.

In der Tat ist anerkannt, dass schiedsrichterliche Entscheidungen einer (Missbrauchs-)Kontrolle durch staatliche Gerichte unterworfen werden müssen,[30] die auf die Überprüfung grundsätzlicher Verfahrensfragen gerichtet

---

[27] *Bandel,* Einstweiliger Rechtsschutz im Schiedsverfahren, S. 125–126; ebenso: *Lachmann,* Schiedsgerichtspraxis, Rn. 2893; Stein/Jonas/*Schlosser*, § 1041 Rn. 30.

[28] *Leitzen,* Die Anordnung vorläufiger oder sichernder Maßnahmen, S. 182–184.

[29] *Bandel,* Einstweiliger Rechtsschutz im Schiedsverfahren, S. 125.

[30] *Aden,* DZWIR 2013, 149, 150; *Ebbing,* Private Zivilgerichte, S. 98–99; *Geimer,* Schiedsgerichtsbarkeit und Verfassung, in: Schlosser (Hrsg.), Integritätsprobleme im Umfeld der Justiz, S. 171; *Haas,* SchiedsVZ 2010, 286, 292; Maunz/Dürig/*Herzog,* GG, 31. EL, Art. 92 Rn. 168–169; Maunz/Dürig/*Hillgruber,* GG, Art. 92 Rn. 88; Böckstiegel/Kröll/Nacimiento/*Kröll/Kraft*, § 1059 Rn. 1; *Leitzen,* Die Anordnung vorläufiger oder sichernder Maßnahmen, S. 183; HdBdStR VIII/*Papier*, § 176 Rn. 13; Stein/Jonas/*Schlosser*, Vorb. vor § 1025 Rn. 7; *Schütze,* SchiedsVZ 2009, 241, 242; Wieczorek/Schütze/*Schütze*, § 1059 Rn. 5; *Sonnauer,* Die Kontrolle der Schiedsgerichte, S. 32–34; *Spohnheimer,* Gestaltungsfreiheit, S. 379; die gleiche Anforderung wird auch Art. 6 Abs. 1 EMRK entnommen: *Haas,*

ist[31] (im Folgenden als „Mindestkontrolle" bezeichnet). *Bandels* Schlussfolgerung, materielle Wirkungen erst nach Vollziehungszulassung eintreten zu lassen, überzeugt jedoch nicht. Zum einen wird die schiedsrichterliche einstweilige Anordnung dadurch wertlos. *De facto* müsste dann jede einstweilige Anordnung von einem staatlichen Gericht bestätigt werden, um Wirkungen zu entfalten. Der einstweilige Rechtsschutz durch Schiedsgerichte wird sinnlos. Zum anderen ist es näherliegend, die Mindestkontrolle dadurch zu gewährleisten, dass dem Antragsgegner ein entsprechendes Verfahren zur Verfügung gestellt wird. Den Weg dorthin eröffnet § 1041 Abs. 2 ZPO: Den Antrag nach § 1041 Abs. 2 ZPO kann – wie *Bandel* selbst feststellt[32] – auch der Antragsgegner stellen. Er hat daher eine Möglichkeit, die einstweilige Anordnung vor das staatliche Gericht zu bringen. Problematisch bleiben allein die Wirkungen einer solchen Feststellung, die aber erweiternd ausgelegt werden können (dazu sogleich unter III.).

II. Keine Analogie zu § 1059 ZPO

Leitzen befürwortet eine Analogie zu § 1059 ZPO.[33] Eine Regelungslücke sei ohne Weiteres zu bejahen.[34] Den Staat treffe zudem eine Pflicht einen Rechtsbehelf zur Verfügung zu stellen, um die Schiedsgerichtsbarkeit in einem Mindestmaß zu kontrollieren.[35] Die Analogie ist jedoch abzulehnen, denn die Voraussetzungen für eine Analogie zu § 1059 ZPO sind nicht erfüllt.

Eine Analogie setzt eine wertungsmäßige Gleichheit von geregeltem und ungeregeltem Sachverhalt voraus.[36] Wie gezeigt,[37] bestehen zwischen Schiedsspruch und einstweiliger Anordnung aber Unterschiede. Konzeptionell passt § 1059 ZPO daher gar nicht auf die einstweilige Anordnung. Um § 1059 ZPO analog auf einstweilige Anordnungen anwenden zu können, wäre eine Modifikation bei den Aufhebungsgründen erforderlich: Nur so ist ein Gleichlauf mit § 1041 Abs. 2 ZPO zu erreichen. Zudem müsste die Aufhebungsfrist angepasst oder außen vorgelassen werden. Die Analogie soll jedoch nicht dazu dienen,

---

SchiedsVZ 2009, 73, 81; *Besson,* ASA Bulletin 24 (2006) 395 Rn. 31; *Schütze,* SchiedsVZ 2009, 241, 242.

[31] *Ebbing,* Private Zivilgerichte, S. 98.

[32] *Bandel,* Einstweiliger Rechtsschutz im Schiedsverfahren, S. 206–207, ebenso MüKo ZPO/*Münch*, § 1041 Rn. 31.

[33] *Leitzen,* Die Anordnung vorläufiger oder sichernder Maßnahmen, S. 184.

[34] *Leitzen,* Die Anordnung vorläufiger oder sichernder Maßnahmen, S. 183.

[35] *Leitzen,* Die Anordnung vorläufiger oder sichernder Maßnahmen, S. 183–184.

[36] *Kramer,* Juristische Methodenlehre, S. 206; *Larenz,* Methodenlehre, S. 381–382; *Reimer,* Juristische Methodenlehre, Rn. 577.

[37] Siehe oben unter B. auf S. 109 ff.

die rechtspolitischen Wünsche des Rechtsanwenders zu verwirklichen.[38] Es erscheint daher nicht angebracht, § 1059 ZPO nur noch als „Hülle“ heranzuziehen, den Tatbestand aber praktisch neu zu gestalten.

Eine Analogie setzt zudem eine Regelungslücke voraus.[39] Anders als *Leitzen* meint, erfordert eine solche Regelungslücke mehr als die Abwesenheit einer gesetzlichen Regelung. Nach *Canaris* liegt eine Lücke vor, „wenn das Gesetz innerhalb der Grenzen seines möglichen Wortsinnes und das Gewohnheitsrecht eine Regelung nicht enthalten, obwohl die Rechtsordnung in ihrer Gesamtheit eine solche fordert.“[40] Die Abwesenheit einer Regelung genügt daher noch nicht, um eine Gesetzeslücke festzustellen.[41] Es gibt nicht schon deshalb eine Gesetzeslücke, weil ein Aufhebungsverfahren nicht ausdrücklich im 10. Buch der ZPO enthalten ist.[42]

Vielmehr kann es keine Regelungslücke geben, weil der Gesetzgeber mit § 1026 ZPO festgeschrieben hat, dass ein staatliches Gericht nur dann tätig werden darf, soweit §§ 1025 bis 1061 ZPO ein gerichtliches Eingreifen zulassen. Der Plan des Gesetzgebers weist also gerade in die Richtung, eine lückenlose Regelung zu schaffen in Bezug auf gerichtliche Kontrollkompetenzen.[43] Anders gewendet lässt sich § 1026 ZPO auch als einfachgesetzliches Analogieverbot verstehen.[44] Zudem lässt sich, wie sogleich zu zeigen ist, § 1041 Abs. 2 ZPO durch Auslegung zum Aufhebungsverfahren erweitern, entsprechend gibt es keine Regelungslücke, die eine Analogie zu § 1059 ZPO rechtfertigt.

III. Erweiternde Auslegung von § 1041 Abs. 2 ZPO

Zweckmäßiger erscheint der Ansatz, § 1041 Abs. 2 ZPO durch Auslegung zu einem Aufhebungsverfahren zu erweitern.[45] Wird § 1041 Abs. 2 ZPO für das Aufhebungsverfahren herangezogen, so stellt sich wie beim Zusammenspiel von § 1059 ZPO und § 1060 ZPO, ein Spiegelbild zwischen Aufhebung und Vollstreckbarerklärung ein.

---

[38] *Kramer,* Juristische Methodenlehre, S. 192; *Müller/Christensen,* Juristische Methodik, Rn. 371 (S. 393–394); *Reimer,* Juristische Methodenlehre, Rn. 561.

[39] *Reimer,* Juristische Methodenlehre, Rn. 568.

[40] *Canaris,* Die Feststellung von Lücken im Gesetz, § 29.

[41] Vgl. z.B. *Larenz,* Methodenlehre, S. 370; *Reimer,* Juristische Methodenlehre, Rn. 573.

[42] Anders wohl *Leitzen,* Die Anordnung vorläufiger oder sichernder Maßnahmen, S. 183, der eine Regelungslücke „ohne weiteres“ annimmt.

[43] MüKo ZPO/*Münch*, § 1026 Rn. 7.

[44] Siehe zur Zulässigkeit einfachgesetzlicher Analogieverbote *Canaris,* Die Feststellung von Lücken im Gesetz, § 175–180.

[45] Ohne nähere Ausführungen spricht MüKo ZPO/*Münch*, § 1041 Rn. 31 davon, dass das „beiderseitige Antragsrecht“ im Rahmen von § 1041 Abs. 2 ZPO „das sinnvolle Korrelat für das insoweit fehlende Aufhebungsverfahren“ sei.

Wie gezeigt,[46] kann auch der Antragsgegner den Antrag nach § 1041 Abs. 2 ZPO stellen. Dem Wortlaut nach würde er zwar nur einen Antrag stellen, die Vollziehung nicht zuzulassen. Die Wirkung der Versagung der Vollziehung sollte aber erweitert werden. Wird die Vollziehungszulassung verweigert, so sollte das auf die einstweilige Anordnung durchschlagen. Die materiellen Wirkungen entfallen damit. Auf diese Weise wird anders als bei einer Analogie zu § 1059 ZPO kein neuer Rechtsbehelf geschaffen, sondern lediglich ein bestehender in den Wirkungen erweitert.

Zu begründen ist die erweiternde Auslegung mit Wertungsgesichtspunkten. Zum einen gibt es ein Recht darauf, die Unsicherheitslage beseitigen zu lassen. Zum anderen muss die Verweigerung der Vollziehungszulassung zweckmäßigerweise die Wirkung haben, dass die einstweilige Anordnung nicht in weiteren Verfahren neu überprüft werden muss:

1. Verletzung subjektiver Rechte

Ein erster Wertungsgesichtspunkt ist der Justizgewährungsanspruch, der von einigen Autoren herangezogen wird, um die Mindestkontrolle der Schiedsgerichtsbarkeit zu begründen.[47] Der Justizgewährungsanspruch entspringt dem Rechtsstaatsprinzip und garantiert dem Bürger eine tatsächliche und rechtliche Prüfung des Streitgegenstandes mit verbindlicher Entscheidung durch den Richter.[48] Begründet wird die Existenz des Justizgewährungsanspruchs zudem mit der Friedenspflicht des Bürgers.[49] Im Rechtsstaat darf der Bürger seine behaupteten Rechte nicht selbst durchsetzen, sondern muss sich der Hilfe des Staates bedienen. Der Staat muss daher seine Gerichte zur Verfügung stellen, damit sich der Bürger gegen Verletzungen seiner subjektiven Rechte zur Wehr setzen kann.[50]

Leitzen meint nun – zur Begründung seiner Analogie zu § 1059 ZPO –, der Antragsgegner werde durch eine ungerechtfertigte einstweilige Anordnung in seinen Rechten verletzt, weil bestimmte materielle Folgen bereits ohne Vollziehung eintreten können.[51] Er bedürfe daher eines Aufhebungsverfahrens, um sich gegen diese Rechtsverletzung zur Wehr setzen zu können.

---

[46] Vgl. bereits die Nachweise in Fn. 13.

[47] *Aden,* DZWIR 2013, 149, 150; Maunz/Dürig/*Hillgruber,* GG, Art. 92 Rn. 88; vgl. zu Art. 6 Abs. 1 EMRK: *Haas,* SchiedsVZ 2009, 73, 81; *Besson,* ASA Bulletin 24 (2006) 395 Rn. 31; *Schütze,* SchiedsVZ 2009, 241, 242; ohne den Begriff Justizgewährungsanspruch zu nennen, in der Sache aber übereinstimmend: Maunz/Dürig/*Herzog,* GG, 31. EL, Art. 92 Rn. 166–168.

[48] BVerfG, Beschluß v. 11.06.1980 – 1 PBvU 1/79, BVerfGE 54, 277, 291.

[49] MüKo ZPO/*Drescher*, Vorb. zu §§ 916 ff. Rn. 3; HdBdStR VIII/*Papier*, § 176 Rn. 1.

[50] BVerfG, Beschluss v. 13.06.2006 – 1 BvR 1160/03, Rn. 54 (juris) = BVerfGE 116, 135.

[51] *Leitzen,* Die Anordnung vorläufiger oder sichernder Maßnahmen, S. 183–184.

Zwar ist die Analogie nicht anzunehmen, dem Kerngedanken ist aber zuzustimmen: Das wird deutlich bei der rechtsgestaltenden Wirkung, die der einstweiligen Anordnung zukommen kann. Wird die Rechtslage unmittelbar umgestaltet, so wird dadurch bereits in das Recht des Antragsgegners eingegriffen. Zum Schutz gegen diesen Eingriff bedarf es – aufgrund des Justizgewährungsanspruchs – eines Rechtsbehelfs zu den staatlichen Gerichten.

Auch bei den anderen materiellen Wirkungen kann bereits durch die Anordnung in Rechte des Antragsgegners eingegriffen werden, ohne dass es eine zuverlässige Möglichkeit für den Antragsgegner gibt, seine Verteidigung bei den staatlichen Gerichten vorzubringen.

Denkbar wäre zwar eine mittelbare Kontrolle, diese garantiert jedoch kaum, dass der Antragsgegner mit seinen Einwänden gehört wird. Eine mittelbare Kontrolle ist möglich, weil die Entscheidungswirkungen erst in einer weiteren Entscheidung festgestellt werden müssen, in der die Zuwiderhandlung gegen die einstweilige Anordnung berücksichtigt wird. Eine solche Entscheidung wird naheliegender Weise vom Schiedsgericht getroffen. Das Schiedsgericht entscheidet, ob es eine Beweislastumkehr wegen der Zuwiderhandlung gegen eine einstweilige Anordnung annimmt, es verteilt die Kosten des *Emergency*- und des Schiedsverfahrens[52] und sofern die Schiedsvereinbarung Schadensersatzansprüche und mögliche Vertragsstrafen bei Nichtbefolgung der einstweiligen Anordnung umfasst, kann das Schiedsgericht auch darüber entscheiden. Bei der ICC ist das explizit in der Schiedsordnung vorgesehen.[53]

Das Schiedsgericht entscheidet durch Schiedsspruch, der der eingeschränkten staatlichen Kontrolle nach §§ 1059, 1060 ZPO unterliegt. Er kann zum Beispiel aufgehoben werden, wenn das schiedsrichterliche Verfahren einer Bestimmung des 10. Buches der ZPO oder einer Vereinbarung der Parteien widersprochen hat und anzunehmen ist, dass sich dies auf den Schiedsspruch ausgewirkt hat (§ 1059 Abs. 2 Nr. 1 lit. d) ZPO). Nach der hier vertretenen Ansicht ist das *Emergency*-Verfahren Teil des schiedsrichterlichen Verfahrens. Ein Fehler im *Emergency*-Verfahren ist daher ein Fehler des Schiedsverfahrens. Der Antragsgegner des *Emergency*-Verfahrens müsste dann aber nachweisen, dass der Schiedsspruch ohne den Fehler nicht erlassen worden wäre. Das setzt einerseits den Nachweis voraus, dass die *Emergency*-Anordnung ohne den Verfahrensfehler nicht ergangen wäre, andererseits, dass der Schiedsspruch in der Folge nicht erlassen worden wäre. Die mittelbare Kontrolle der *Emergency*-Anordnung steht daher auf sehr wackeligen Füßen.

---

[52] Siehe zur Kostenverteilung im *Emergency*-Verfahren: Art. 29 (4) ICC Rules 2017; Art. 9.10 LCIA Rules 2014; Art. 13 SIAC EA Rules 2016; Art. 15 HKIAC EA Rules 2018; Art. 6 (8) ICDR Rules 2014; Art. 9 (5) SCC EA Rules 2017; Art. 43 (9) Swiss Rules 2012; siehe zur Verteilung der Kosten des Hauptsacheverfahrens: Art. 38 (5) ICC Rules 2017; Art. 28.4 LCIA Rules 2014; Art. 35.1 SIAC Rules 2016; Art. 34.3 HKIAC Rules 2018; Art. 43 (5) SCC Rules 2010; Art. 34 ICDR Rules 2014; Art. 40 (1) Swiss Rules 2012.

[53] Art. 29 (4) ICC Rules 2017.

Zudem erfolgt sie unter Umständen erst sehr spät, wenn das Schiedsgericht einen entsprechenden Schiedsspruch erlässt. Bis zu dieser Zeit hat die belastete Partei keine Möglichkeit, von sich aus die einstweilige Anordnung überprüfen zu lassen. Ist sie der Auffassung, die einstweilige Anordnung sei fehlerhaft, so bleibt sie lange Zeit im Unklaren darüber, ob sie der Anordnung hätte Folge leisten müssen. Wie aber bereits das Reichsgericht festgestellt hat, besteht ein rechtliches Interesse daran „zu wissen, woran man in Ansehung eines gewissen Rechtsverhältnisses ist, um sein Verhalten danach auszurichten.“[54]

Insgesamt ist daher festzustellen, dass das Recht, sich vor Gericht gegen Eingriffe in subjektive Rechte zu verteidigen, nur dadurch gewährleistet ist, dass dem Antragsteller die Möglichkeit verschafft wird, unmittelbar vor dem staatlichen Gericht gegen die einstweilige Anordnung vorzugehen.

2. *Zweckmäßigkeit*

Eine aufhebende Wirkung muss der Verweigerung der Vollziehungszulassung zudem aus Zweckmäßigkeitserwägungen zukommen. Die materiellen Wirkungen der einstweiligen Anordnung können in gerichtlichen oder schiedsrichterlichen Folgeprozessen relevant werden. Wie soeben gezeigt, kann das Schiedsgericht die einstweilige Anordnung im Schiedsspruch berücksichtigen, der wiederum Gegenstand eines Aufhebungs- oder Vollstreckbarerklärungsverfahrens nach §§ 1059, 1060 ZPO werden kann. Zudem können die materiellen Gestaltungswirkungen in Drittprozessen bedeutsam werden. Werden beispielsweise einem Geschäftsführer einstweilen seine Befugnisse entzogen, so kann in Folgeprozessen von Interesse sein, ob der Geschäftsführer noch wirksam Rechtsgeschäfte getätigt hat.

In diesen Folgeprozessen sollte es zwingend berücksichtigt werden, wenn die Vollziehung bereits verweigert oder zugelassen wurde. Es erscheint nicht sachgerecht, wenn in jedem Folgeprozess erneut entschieden werden kann, ob die einstweilige Anordnung den Mindestanforderungen an ein Schiedsverfahren entsprochen hat und dementsprechend materielle Wirkungen entfalten konnte. Vielmehr sollte die Verweigerung der Vollziehung – genauso wie die Zulassung der Vollziehung – auf die Folgeprozesse durchschlagen. Das schafft Rechtssicherheit für Folgeverfahren, entlastet den Prozess und vermeidet widersprüchliche Entscheidungen über die gleiche Streitfrage.

Diese Wirkungserstreckung auf Folgeprozesse wird dadurch erreicht, dass die einstweilige Anordnung aufgrund der Verweigerung der Vollziehungszulassung als aufgehoben angesehen wird.

---

[54] RG, Urteil v. 18.04.1895 – Rep. VI. 6/95, RGZ 35, 392, 393; ähnlich: Urteil v. 17.06.1895 – Rep. IV. 88/95, RGZ 36, 210.

3. Gestaltung des Aufhebungsverfahrens

Es ist daher festzustellen, dass durch Verweigerung der Vollziehung im Verfahren nach § 1041 Abs. 2 ZPO die einstweilige Anordnung aufgehoben wird. Nachdem der Antragsgegner selbst die Verweigerung der Vollziehung nach § 1041 Abs. 2 ZPO beantragen kann, ergibt sich ein Aufhebungsverfahren, das der Antragsgegner auf eigene Initiative hin einleiten kann. Die erweiternde Auslegung der Wirkungsweise einer Vollziehung des § 1041 Abs. 2 ZPO ist auf zwei Erwägungen zu stützen: Zum einen hat der Antragsgegner ein Recht darauf, die einstweilige Anordnung vor ein staatliches Gericht zu bringen und nicht nur eine mittelbare Kontrolle abzuwarten. Zum anderen gebieten es Zweckmäßigkeitsüberlegungen, eine einmalige Entscheidung über die Zulassung der Vollziehung auf Folgeprozesse zu erstrecken. Das muss insbesondere für die Verweigerung der Vollziehung gelten, umgekehrt ist eine Zulassung zur Vollziehung aber als Bestätigung zu sehen.

Offen bleibt, zu welchem Zeitpunkt die einstweilige Anordnung wegfällt: Erst im Zeitpunkt der Entscheidung durch das staatliche Gericht oder bereits rückwirkend? Das hängt vom Einzelfall ab und ist danach auszurichten, zu welchem Zeitpunkt die einstweilige Anordnung nicht mehr hätte erlassen werden dürfen. Im Regelfall wird die einstweilige Anordnung daher von Anfang an wegfallen, weil der Fehler unmittelbar im *Emergency*-Verfahren zu sehen ist.[55] Anders sollte entschieden werden, wenn der Grund für dic Vcrweigerung der Vollziehungszulassung erst später eingetreten ist.

Ergänzend sollte es sich auch auf die einstweilige Anordnung auswirken, wenn die Anordnung zunächst zur Vollziehung zugelassen, die Vollziehungszulassung später aber wieder aufgehoben wird (§ 1041 Abs. 3 ZPO). Ab dem Zeitpunkt, zudem die Vollziehungszulassung aufgehoben wurde, sollte auch die einstweilige Anordnung als aufgehoben gelten.

Aus § 1041 Abs. 2 ZPO kann jedoch keine Frist gewonnen werden, innerhalb derer die Aufhebung der Vollziehungszulassung beantragt werden muss. § 1059 Abs. 3 ZPO verlangt vom Schiedsbeklagten grundsätzlich, die Aufhebung innerhalb einer Frist von drei Monaten zu beantragen. Danach ist eine Aufhebung ausgeschlossen. Zumindest die Aufhebungsgründe nach § 1059 Abs. 2 Nr. 1 ZPO können auch nicht mehr im Vollstreckbarerklärungsverfahren geltend gemacht werden (§ 1060 Abs. 2 S. 3 ZPO). Der Schiedsspruch kann daher in Bestandskraft erwachsen, wenn der Schiedsbeklagte keine Aufhebungsgründe geltend macht.

Für die Aufhebung der einstweiligen Anordnung – anders als für die Aufhebung der Vollziehungszulassung[56] – sollte jedoch keine Frist angenommen werden, innerhalb derer der Antragsgegner Aufhebung begehren muss: Die

[55] Vgl. dazu die Gründe für die Verweigerung der Vollziehungszulassung Kapitel 3.A.I.
[56] Siehe dazu Kapitel 3.B.III.

einstweilige Anordnung ist anders als ein Schiedsspruch nicht auf Dauer angelegt. Die Wirkungen der einstweiligen Anordnung sollen daher zeitnah eintreten, während ein Schiedsspruch auch nach vielen Jahren noch die Rechtslage zwischen den Parteien bestimmen soll. Anders als beim Schiedsspruch gibt es daher kein Bedürfnis Bestandskraft für die einstweilige Anordnung herzustellen. Zudem kann es ein Interesse geben, den Rechtsstreit von den staatlichen Gerichten fernzuhalten. Verfolgt der Antragsgegner dieses Interesse, sollte er nicht der Leidtragende sein, wenn sich der Antragsteller später entscheidet, doch noch Vollziehungszulassung zu beantragen. Das ist anders, wenn der Antragsteller bereits Vollziehungszulassung beantragt hat. Der Rechtsstreit ist dann bereits Gegenstand eines staatsgerichtlichen Verfahrens. Letztlich gibt es für den Antragsteller auch kein Bedürfnis, den Antragsgegner mit dem Aufhebungsverfahren durch Zeitablauf auszuschließen: Will sich der Antragsteller, der die einstweilige Anordnung erwirkt hat, kurzfristig Rechtsklarheit über den Bestand der einstweiligen Anordnung verschaffen, so kann er selbst Vollziehungszulassung beantragen. Gibt es bereits eine Vollziehungszulassung, kann der Antragsteller sie nicht noch einmal bestätigen lassen.

D. Ergebnis

Im Ergebnis ist daher festzustellen: Der Antragsgegner hat ein Interesse daran, die einstweilige Anordnung auf eigene Initiative hin zu beseitigen, denn die Anordnung entfaltet materielle Wirkungen. Diese können den Antragsgegner treffen, ohne dass Vollziehungszulassung nach § 1041 Abs. 2 ZPO beantragt wurde. Der Antragsgegner bedarf daher einer Möglichkeit, von sich aus die Aufhebung der einstweiligen Anordnung vor dem staatlichen Gericht zu begehren, um die Mindestkontrolle der Schiedsgerichtsbarkeit zu gewährleisten. Das wird dadurch erreicht, dass § 1041 Abs. 2 ZPO erweiternd ausgelegt wird. Der Antrag nach § 1041 Abs. 2 ZPO kann ohnehin von jeder Schiedspartei geltend gemacht werden. Wird die Vollziehungszulassung verweigert, so fällt die einstweilige Anordnung weg.

Kapitel 5

Gewährleistung rechtsstaatlicher Anforderungen

Schiedsverfahren sollen vollstreckbare Entscheidungen hervorbringen. Dafür muss das Verfahren Mindestanforderungen genügen,[1] die im staatlichen Verfahren den Prozessgrundrechten entsprechen.[2] Für das Schiedsverfahren normiert die ZPO daher ein Recht der Parteien auf gleiche Behandlung (§ 1042 Abs. 1 S. 1 ZPO), das Recht auf rechtliches Gehör (§ 1042 Abs. 1 S. 2 ZPO) oder die Verpflichtung der Schiedsrichter zu Unabhängigkeit und Unparteilichkeit (§ 1036 Abs. 2 ZPO). Wird im Hauptsacheschiedsverfahren gegen eine der Mindestgarantien verstoßen, so kann der Schiedsspruch unter Umständen aufgehoben werden (vgl. § 1059 Abs. 2 ZPO).[3]

Nachdem der *Emergency Arbitrator* ebenfalls Schiedsgericht ist, stellt sich die Frage, inwiefern die Mindestgarantien im *Emergency*-Verfahren gewährleistet werden und welche Konsequenzen ein Verstoß für die Vollziehung der *Emergency*-Anordnung hat. Fokussiert wird die Untersuchung auf zwei Themenkomplexe, die im Rahmen des *Emergency*-Verfahrens besonders relevant werden können: Zum einen ist das Ablehnungsverfahren von Interesse, mit dem die Unabhängigkeit und Unparteilichkeit des *Emergency Arbitrators* gesichert wird (dazu A.). Zum anderen rückt das Recht auf rechtliches Gehör in den Blick, wenn der *Emergency Arbitrator* ohne Anhörung des Antragsgegners entscheidet (*ex parte*-Verfahren, dazu B.).

---

[1] Vgl. beispielhaft nur *Karl,* Unabhängigkeit und Unparteilichkeit, S. 76–77; *Lew/Mistelis/Kröll,* Comparative International Commercial Arbitration, Rn. 5.68; Böckstiegel/Kröll/Nacimiento/*Nacimiento/Abt/Stein*, § 1036 Rn. 1; Prütting/Gehrlein/*Prütting*, § 1036 Rn. 1; *Schwab/Walter,* Schiedsgerichtsbarkeit, Kapitel 9 Rn. 4.

[2] Vgl. allgemein zu den Prozessgrundrechten HdBdGr V/*Uhle*, § 129, insbesondere zum Gebot der Waffengleichheit HdBdGr V/*Uhle*, § 129 Rn. 50–52; HdBdStR V/*Degenhart*, § 115; zum Recht auf rechtliches Gehör: HdBdGr V/*Uhle*, § 129 Rn. 44–49; HdBdGr V/*Graßhof*, § 133; zur Unabhängigkeit des Richters: HdBdGr V/*Papier*, § 130.

[3] Vgl. Zöller/*Geimer*, § 1059 Rn. 32.

A. Ablehnung des Emergency Arbitrators

Unparteilichkeit und Unabhängigkeit des Schiedsrichters bzw. *Emergency Arbitrators* sind normative Vorgaben. Einen praktischen Wert erhalten Unparteilichkeit und Unabhängigkeit erst, wenn sich die Parteien gegen einen Schiedsrichter, der diese Anforderungen nicht erfüllt, effektiv zur Wehr setzen können.[4] Ein effektives Ablehnungsverfahren ist daher unverzichtbarer Bestandteil eines jeden Schiedsverfahrens.[5] Dem entsprechen § 1036 Abs. 2 ZPO i.V.m. § 1037 ZPO, die auch im *Emergency*-Verfahren gelten, da der *Emergency Arbitrator* Schiedsgericht ist. Wird das Recht, den Schiedsrichter abzulehnen, in unzulässiger Weise eingeschränkt, so kann dem Schiedsspruch oder der einstweiligen Anordnung die Vollstreckung versagt werden.[6]

Aus Sicht des *Emergency*-Verfahrens stellen sich drei Fragen in Bezug auf das Ablehnungsverfahren: (1) Sind die Fristen für die Geltendmachung eines Ablehnungsgesuchs vor der Schiedsorganisation zu kurz und welche Folgen hat es, wenn die Fristen zu kurz sind? (dazu I.) (2) haben die Parteien durch Vereinbarung des *Emergency*-Verfahrens konkludent die Frist in § 1037 Abs. 3 ZPO geändert, sodass ein Ablehnungsgesuch in weniger als einem Monat vor dem staatlichen Gericht weiterverfolgt werden muss? (dazu II.) (3) Welche Konsequenzen hat eine erfolgreiche Ablehnung des *Emergency Arbitrators*? (dazu III.)

I. Kurze Fristen für die Ablehnung vor der Schiedsorganisation

Die Schiedsordnungen erkennen die Notwendigkeit eines effektiven Ablehnungsverfahrens an, indem sie ein Ablehnungsverfahren für *Emergency Arbitrator* und Hauptsacheschiedsrichter bereitstellen.[7] Die Ablehnung des *Emergency Arbitrators* folgt dabei ähnlichen Regeln wie die Ablehnung eines normalen Schiedsrichters.[8] Eine ablehnungswillige Partei kann daher einen entsprechenden Antrag bei der Schiedsorganisation stellen, die dann über die Ablehnung entscheidet. Im Unterschied zum Hauptsacheschiedsverfahren wur-

---

[4] Vgl. nur *Born,* International Commercial Arbitration, S. 1761; Prütting/Gehrlein/*Prütting*, § 1036 Rn. 1.

[5] Böckstiegel/Kröll/Nacimiento/*Nacimiento/Abt/Stein*, § 1036 Rn. 4; *Karl,* Unabhängigkeit und Unparteilichkeit, S. 189–190; *Schwab/Walter,* Schiedsgerichtsbarkeit, Kapitel 14 Rn. 2; *Kröll,* ZZP 116 (2003) 195, 197.

[6] OLG Köln, Urteil v. 10.06.1976 – 1 U 192/74, ZZP 91 (1978), 318; vgl. zustimmend *Kröll,* ZZP 116 (2003) 195, 197.

[7] Vgl. nur *Born,* International Commercial Arbitration, S. 1915.

[8] Art. 9.6 LCIA Rules 2014; Art. 7 HKIAC EA Rules 2018; Art. 4 (3) SCC EA Rules 2017; Art. 43 (4) Swiss Rules 2012; sowie die ähnliche Ausgestaltung in Art. 3 (2) ICC EA Rules 2017 und Art. 14 (3) ICC Rules 2017; siehe auch *Verbist/Schäfer/Imhoos,* ICC Arbitration in Practice, S. 167.

den die Fristen aber stark verkürzt. Die Ablehnung muss bei der Schiedsorganisation daher binnen 24 Stunden,[9] einem Werktag,[10] zwei[11] oder drei[12] Tagen nachgesucht werden. Die Verkürzung der Fristen ist dem Eilcharakter des *Emergency*-Verfahrens geschuldet und dient dazu, Verzögerungen zu vermeiden.[13] Eine Ausnahme bilden die LCIA Rules 2014. Die Fristen zur Ablehnung wurden hier nicht gekürzt, es gilt auch im *Emergency*-Verfahren kraft Verweisung die Frist von 14 Tagen zur Geltendmachung der Ablehnung.[14] Allerdings wird vertreten, die LCIA könne die Frist zur Geltendmachung einer Ablehnung kürzen.[15]

Kurze Fristen entsprechen zwar dem Eilcharakter des *Emergency*-Verfahrens, treten jedoch in ein Spannungsverhältnis zu rechtsstaatlichen Verfahrensanforderungen. So ist im deutschen Verfassungsrecht anerkannt, dass das Recht auf rechtliches Gehör verletzt ist, wenn eine Frist zur Äußerung zu kurz ist.[16] Gleichermaßen wird den Parteien ein effektives Ablehnungsrecht verweigert, wenn die Fristen so kurz sind, dass die Ablehnung praktisch nicht mehr geltend gemacht werden kann.[17] Das ergibt sich nicht zuletzt aus den Konsequenzen der Verfristung: Ein verfristetes Ablehnungsgesuch wird ohne inhaltliche Prüfung zurückgewiesen.[18] Die ablehnende Partei ist mit den jeweiligen Ablehnungsgründen für das gesamte Schieds-, Aufhebungs- und Vollstreckbarerklärungsverfahren ausgeschlossen.[19] Das Ablehnungsgesuch kann auch

---

[9] Art. 4 (3) SCC EA Rules 2017.

[10] Art. 6 (2) ICDR Rules 2014.

[11] Art. 5 SIAC EA Rules 2016.

[12] Art. 3 (1) ICC EA Rules 2017; Art. 7 HKIAC EA Rules 2018; Art. 43 (4) Swiss Rules 2012.

[13] Nedden/Herzberg/*Bassiri/Haller*, Art. 29 ICC-SchO Rn. 43; Arroyo/*Habegger*, Art. 43 Swiss Rules 2012 Rn. 23; *Shaughnessy*, 27 J.Int.Arb. 337, 342 (2010).

[14] Art. 9.6 LCIA Rules 2014 i.V.m. Art. 10.3 LCIA Rules 2014.

[15] *Scherer/Richman/Gerbay,* 2014 LCIA Rules, Chapter 10 Rn. 69; aus der Schiedsordnung ergibt sich ein solches Recht jedoch nicht.

[16] Vgl. zum deutschen Verfassungsrecht: BVerfG, Beschluss v. 24.03.1982 – 2 BvH 1, 2, 233/82, NJW 1982, 1579, 1582; Beschluss v. 07.07.1955 – 1 BvR 455/54, VerwRspr 1956, 545, 546; Maunz/Dürig/*Remmert,* GG, Stand: 81. EL September 2017, Art. 103 Abs. 1 GG Rn. 74; vgl. aber auch *Born,* International Commercial Arbitration, S. 2179.

[17] Vgl. auch MüKo ZPO/*Münch*, § 1037 Rn. 23; Stein/Jonas/*Schlosser*, § 1037 Rn. 14; Musielak/Voit/*Voit*, § 1037 Rn. 2, die in Bezug auf die Möglichkeit, die Frist nach § 1037 Abs. 3 ZPO abzukürzen, anmerken, diese Frist dürfe nicht so kurz sein, dass das Ablehnungsrecht dadurch *de facto* ausgeschlossen ist.

[18] *Mankowski,* SchiedsVZ 2004, 304, 312; *Kröll,* ZZP 116 (2003) 195, 198 vergleicht das Versäumnis, die Ablehnung rechtzeitig geltend zu machen, mit einem (zulässigen) nachträglichen Verzicht auf das Ablehnungsrecht.

[19] OLG Hamm, Beschluss v. 07.03.2002 – 11 Sch 1/02, SchiedsVZ 2003, 79, 81; *Mankowski,* SchiedsVZ 2004, 304, 312; MüKo ZPO/*Münch*, § 1037 Rn. 30; Böckstiegel/Kröll/Nacimiento/*Nacimiento/Abt/Stein*, § 1037 Rn. 7; Stein/Jonas/*Schlosser*, § 1037 Rn. 8;

nicht mehr nach § 1037 Abs. 3 ZPO vor dem staatlichen Gericht erfolgreich fortgeführt werden, weil das staatliche Gericht die Ablehnungsgründe unberücksichtigt lassen muss.[20] Solange sich keine neuen Ablehnungsgründe ergeben, muss die ablehnende Partei den Schiedsrichter wegen der Fristversäumnis hinnehmen.

Es stellt sich demnach die Frage, ob die in den Schiedsordnungen genannten Fristen von 24 Stunden bis zu drei Tagen noch ausreichend lang sind, um eine echte Chance auf Geltendmachung der Ablehnung einzuräumen. Grundsätzlich sind die Fristen als ausreichend lang anzusehen, weil sie einer Parteivereinbarung entspringen (dazu 1.). Im Einzelfall können die vorgesehenen Fristen aber zu kurz sein. Dann muss die Schiedsorganisation ausreichende Fristverlängerung gewähren (dazu 2.). Gibt es keine Fristverlängerung und wird das Ablehnungsgesuch deshalb abgelehnt, kann das Ablehnungsgesuch vor dem staatlichen Gericht weiterverfolgt werden (dazu 3.).

1. Kurze Fristen sind im Grundsatz akzeptabel

Grundsätzlich müssen die kurzen Fristen, die die Schiedsordnungen für die Geltendmachung der Ablehnung vorsehen, als ausreichend angesehen werden. Weder ergibt sich aus der ZPO eine Mindestfrist, die für ein Ablehnungsgesuch jedenfalls zur Verfügung stehen muss (dazu a), noch kann eine kurze Frist als (unzulässiger) Verzicht auf das Ablehnungsrecht gewertet werden (dazu b). Mangels typisierter Fristsetzung durch den Gesetzgeber ist daher eine Einzelfallentscheidung notwendig, ob die Frist noch ausreicht.[21] Nachdem die Frist für die Geltendmachung des Ablehnungsgesuchs eine Entscheidungsfrist ist (dazu c) und die einstweilige Anordnung notfalls vom Schiedsgericht aufgehoben werden kann (dazu d), lässt sich auch nicht typisiert feststellen, dass die Fristen in jedem denkbaren Einzelfall zu kurz sind.

a) Keine typisierte Mindestfrist aus § 1037 Abs. 2 ZPO

Eine gesetzlich festgelegte Frist für die Geltendmachung der Ablehnung im schiedsrichterlichen Verfahren findet sich in § 1037 Abs. 2 ZPO. Haben die Parteien nichts anderes vereinbart, so muss die Ablehnung innerhalb von zwei Wochen geltend gemacht werden, nachdem die Partei von der Zusammensetzung des Schiedsgerichts oder einem Umstand, der zur Ablehnung berechtigt, erfahren hat. Die Norm lässt sich jedoch nicht als Typisierung einer Mindestfrist für die Ablehnung verstehen:

Schwab/Walter, Schiedsgerichtsbarkeit, Kapitel 14 Rn. 12; Wieczorek/Schütze/*Schütze,* § 1037 Rn. 43.

[20] OLG Hamm, Beschluss v. 07.03.2002 – 11 Sch 1/02, SchiedsVZ 2003, 79, 81.

[21] Vgl. allgemein zur erforderlichen Dauer von Fristen: Maunz/Dürig/*Remmert,* GG, Stand: 81. EL September 2017, Art. 103 Abs. 1 GG Rn. 74.

§ 1037 Abs. 2 ZPO findet ausdrücklich nur hilfsweise Anwendung, wenn die Parteien kein anderes Ablehnungsverfahren vereinbart haben. Grundsätzlich obliegt es den Parteien, das Ablehnungsverfahren einschließlich der Fristen zu gestalten.[22] Allein das staatliche Verfahren nach § 1037 Abs. 3 ZPO darf nicht abbedungen werden.[23] Ihrer Gestaltungsfreiheit nach § 1037 Abs. 1 ZPO kommen die Parteien durch die Wahl einer Schiedsordnung nach (vgl. auch § 1042 Abs. 3 ZPO).[24] Erachten es die Parteien als zweckmäßig, besonders kurze Fristen für die Ablehnung zu setzen, sollte das nur bei besonderem Anlass für unzulässig erklärt werden. Die Grenze ist dort zu ziehen, wo die Frist so kurz ist, dass die Parteien faktisch auf das Ablehnungsrecht verzichten, was unzulässig ist.[25]

b) *Kurze Fristen sind (noch) kein Verzicht auf das Ablehnungsrecht*

Fristen von mindestens 24 Stunden oder wenigen Tagen sind jedoch noch kein genereller Verzicht auf das Ablehnungsrecht. Das zeigt ein Vergleich mit den Regelungen zur Ablehnung des staatlichen Richters (§§ 42 ff. ZPO), nach denen die Ablehnung unter Umständen noch sehr viel schneller geltend gemacht werden muss als innerhalb von 24 Stunden:

§§ 42 ff. ZPO stellen keine absolute Frist auf, sondern das Ablehnungsrecht entfällt, wenn sich die Partei bei dem abzulehnenden Richter auf eine Verhandlung eingelassen oder Anträge gestellt hat, ohne den ihr bekannten Ablehnungsgrund geltend zu machen (§ 43 ZPO). Verhandlung ist jedes prozessuale, der Erledigung eines Streitpunktes dienende Handeln der Parteien unter Mitwirkung des Richters oder vor ihm, unabhängig davon, ob dies die Hauptsache oder andere Teile des Verfahrens betrifft.[26] Wird ein schriftliches Verfahren geführt, so ist jede schriftliche Erklärung dem Richter gegenüber Verhandlung und das Ablehnungsgesuch muss im nächsten Schriftsatz geltend gemacht werden.[27] Findet eine mündliche Verhandlung statt und tritt der Ablehnungsgrund

---

[22] MüKo ZPO/*Münch*, § 1037 Rn. 5; Musielak/Voit/*Voit*, § 1037 Rn. 2; BeckOK ZPO/*Wolf/Eslami*, Stand: 01.03.2018, § 1037 Rn. 3; Saenger/*Saenger*, § 1037 Rn. 2.

[23] MüKo ZPO/*Münch*, § 1037 Rn. 5; Musielak/Voit/*Voit*, § 1037 Rn. 2.

[24] MüKo ZPO/*Münch*, § 1037 Rn. 5; vgl. allgemein zum Charakter der Schiedsordnung als Mustervertrag, der der Parteiautonomie Ausdruck verleiht *Spohnheimer*, Gestaltungsfreiheit, S. 108; ähnlich *Wolf*, Die institutionelle Handelsschiedsgerichtsbarkeit, S. 14 („von dritter Stelle vorformulierte Verfahrensvereinbarung"); *Schroeder*, Die lex mercatoria arbitralis, S. 38 („ vorformulierte Parteivereinbarung"); *Aden*, Internationale Handelsschiedsgerichtsbarkeit, Kapitel 6 Rn. 13 („Musterverträge").

[25] Böckstiegel/Kröll/Nacimiento/*Nacimiento/Abt/Stein*, § 1036 Rn. 4; *Karl*, Unabhängigkeit und Unparteilichkeit, S. 189–190; *Schwab/Walter*, Schiedsgerichtsbarkeit, Kapitel 14 Rn. 2; *Kröll*, ZZP 116 (2003) 195, 197.

[26] Stein/Jonas/*Bork*, § 43 Rn. 5; BeckOK ZPO/*Vossler*, Stand: 01.03.2018, § 43 Rn. 4.

[27] Stein/Jonas/*Bork*, § 43 Rn. 5; BeckOK ZPO/*Vossler*, Stand: 01.03.2018, § 43 Rn. 9.

in der mündlichen Verhandlung auf, so muss der Ablehnungsgrund grundsätzlich sofort geltend gemacht werden,[28] jedenfalls aber bis zum Ende der mündlichen Verhandlung.[29] Verglichen damit sind Fristen von 24 Stunden oder einem Tag lang.

c) *Ablehnungsfrist als Entscheidungsfrist*

Es ist außerdem nicht festzustellen, dass die Ablehnungsfrist von 24 Stunden oder wenigen Tagen in jedem denkbaren Einzelfall zu kurz ist, denn die Frist zur Ablehnung des *Emergency Arbitrators* ist eine Entscheidungsfrist. Die Tatsachen, die zur Ablehnung berechtigen, müssen innerhalb der Frist nicht mehr ermittelt werden.[30] Eine Entscheidungsfrist muss nicht allzu lang sein, denn innerhalb der kurzen Frist muss „nur noch" die Entscheidung getroffen und das Ablehnungsgesuch formuliert werden. Es ist aber beispielsweise nicht mehr erforderlich, Dritte zwecks Tatsachenfeststellung zu befragen, die möglicherweise nicht sofort verfügbar sind. Zwar sollte die Ablehnung wohl überlegt und das Ablehnungsgesuch stichhaltig sein, da es in der Regel keine zweite Gelegenheit zur Stellungnahme gibt[31] und unbegründete Stellungnahmen von der Schiedsorganisation schnell abgelehnt werden.[32] Es ist aber grundsätzlich zu erwarten, dass sich diese „internen" Vorgänge bei einer Kanzlei zügig erledigen lassen. Es gibt jedenfalls keinen Erfahrungswert, dass es innerhalb von 24 Stunden generell unmöglich ist, eine Ablehnungsentscheidung zu treffen und schriftlich zu begründen.

Dass es sich bei der Ablehnungsfrist um eine Entscheidungsfrist handelt, ergibt sich bei SCC und SCAI unmittelbar aus der Schiedsordnung. Die Frist für die Ablehnung beginnt dort erst zu dem Zeitpunkt, zu dem die Umstände, die zur Ablehnung berechtigen, bekannt geworden sind.[33] Für die ICC, LCIA, HKIAC, SIAC und ICDR scheint dies auf den ersten Blick anders zu sein. Fristbeginn ist dort grundsätzlich derjenige Zeitpunkt, zu dem der ablehnungswilligen Partei die Ernennung des *Emergency Arbitrators* bekannt gegeben

[28] Stein/Jonas/*Bork*, § 43 Rn. 5.

[29] MüKo ZPO/*Stackmann*, § 43 Rn. 7; BeckOK ZPO/*Vossler*, Stand: 01.03.2018, § 43 Rn. 7.

[30] Vgl. aber *Daele,* Challenge and Disqualification of Arbitrators, Rn. 3.043–3.058, der intensiv erörtert welche Schwierigkeiten es bereitet festzustellen, ab wann die Umstände bekannt waren.

[31] Vgl. z.B. *Verbist/Schäfer/Imhoos,* ICC Arbitration in Practice, S. 90 für die Ablehnung eines regulären Schiedsrichters bei der ICC.

[32] Vgl. *Born,* International Commercial Arbitration, S. 1916, wonach ein unbegründetes Ablehnungsgesuch zügig abgewiesen werden sollte, um Verzögerungen zu vermeiden.

[33] Art. 4 (3) SCC EA Rules 2017 i.V.m. Art. 19 (3) SCC Rules 2017 sowie Art. 43 (4) Swiss Rules 2012 i.V.m. Art. 11 (1) Swiss Rules 2012; vgl. auch *Daele,* Challenge and Disqualification of Arbitrators, Rn. 3.041.

wurde.[34] Das dient aber allein dazu, einen frühestmöglichen Zeitpunkt für den Fristbeginn festzulegen.[35] Sind die Ablehnungsgründe zu diesem Zeitpunkt noch nicht bekannt, dann beginnt die Frist erst, wenn die Partei von den Ablehnungsgründen erfährt.[36] ICC, LCIA und HKIAC regeln das in der Schiedsordnung, wonach die Frist bei Umständen, die erst später bekannt werden, erst zu diesem späteren Zeitpunkt zu laufen beginnt.[37] SIAC und ICDR sehen eine solche Einschränkung nicht ausdrücklich vor. Nach dem Wortlaut der Schiedsordnungen ist Fristbeginn allein der Zeitpunkt, zu dem die Parteien über die Ernennung des *Emergency Arbitrators* informiert wurden.[38] Es wäre aber kaum zu rechtfertigen, die Ablehnung danach auszuschließen, wenn neue Umstände bekannt werden. Letztlich kann der *Emergency Arbitrator* deshalb auch wegen der neu bekannt gewordenen Umstände abgelehnt werden.[39]

d) *Aufhebbarkeit der Emergency-Anordnung*

Letztlich sind die kurzen Fristen auch deshalb gerechtfertigt, weil das Hauptsacheschiedsgericht die *Emergency*-Anordnung aufheben kann. Schlägt sich die Befangenheit des *Emergency Arbitrators* schlimmstenfalls in einer ungerechtfertigten einstweiligen Anordnung nieder, gibt es alsbald die Möglichkeit, die Anordnung durch einen neuen Spruchkörper beseitigen zu lassen.

e) *Ergebnis*

Im Ergebnis sind die kurzen Fristen für die Ablehnung grundsätzlich als angemessen anzusehen. Es gibt keine typisierende gesetzliche Regelung, der eine Mindestfrist entnommen werden kann. Die Parteivereinbarung sollte daher aufrechterhalten bleiben, solange die kurze Frist nicht wie ein (unzulässiger) Verzicht auf ein Ablehnungsverfahren wirkt. Selbst bei einer Frist von nur 24 Stunden wirkt diese aber noch nicht wie ein Verzicht. Das zeigt ein Vergleich zu §§ 42 ff. ZPO. Danach muss die Ablehnung des staatlichen Richters unter Umständen noch viel schneller erklärt werden. Die Ablehnungsfrist ist zudem

---

[34] Vgl. dazu die Ausgestaltung des Ablehnungsverfahrens in den Schiedsordnungen: Art. 3 (1) ICC EA Rules 2017; Art. 9.6 LCIA Rules 2014 i.V.m. Art. 10.3 LCIA Rules 2014; Art. 7 HKIAC EA Rules 2018 i.V.m. Art. 11.9 HKIAC Rules 2018; Art. 5 SIAC EA Rules 2016; Art. 6 (2) ICDR Rules 2014.

[35] Siehe MüKo ZPO/*Münch*, § 1037 Rn. 11 in Bezug auf § 1037 Abs. 2 ZPO.

[36] Vgl. zu Art. 13 (1) UNCITRAL Rules 2013: *Daele,* Challenge and Disqualification of Arbitrators, Rn. 3.035; vgl. zu § 1037 Abs. 2 ZPO: Musielak/Voit/*Voit*, § 1037 Rn. 3.

[37] Vgl. dazu die Ausgestaltung des Ablehnungsverfahrens in den Schiedsordnungen: Art. 3 (1) ICC EA Rules 2017; Art. 9.6 LCIA Rules 2014 i.V.m. Art. 10.3 LCIA Rules 2014; Art. 7 HKIAC EA Rules 2018 i.V.m. Art. 11.9 HKIAC Rules 2018.

[38] Art. 5 SIAC EA Rules 2016; Art. 6 (2) ICDR Rules 2014.

[39] Vgl. *Mangan/Reed/Choong,* A Guide to the SIAC Arbitration Rules, Chapter 11 Rn. 11.40.

eine Entscheidungsfrist, keine Ermittlungsfrist. Schlägt sich die Befangenheit in einer ungerechtfertigten *Emergency*-Anordnung nieder, so besteht alsbald die Möglichkeit, dass das Schiedsgericht die Anordnung wieder aufhebt.

2. *Erfordernis längerer Frist*

Allerdings kann es Situationen geben, in denen im Einzelfall das Recht auf Ablehnung nicht mehr sichergestellt ist. Probleme können sich daraus ergeben, dass starre Fristen ablaufen können, ohne dass sich die ablehnungswillige Partei überhaupt effektiv mit dem Verfahren beschäftigen konnte.[40] Eine flexible Frist, wie § 43 ZPO sie beispielsweise vorsieht, birgt diese Gefahr nicht. Die Schiedsordnungen bzw. Schiedsorganisationen müssen daher sicherstellen, dass die Fristen im Einzelfall nicht zu kurz werden.

Typischerweise können problematische Einzelfälle am Anfang des *Emergency*-Verfahrens auftreten, wenn der Antragsgegner von dem *Emergency*-Verfahren überrascht wird. Eine Überraschung liegt immer dann vor, wenn der Antragsgegner nicht absehen konnte, dass der Antragsteller einen Antrag auf Ernennung eines *Emergency Arbitrators* stellen wird. Die Fristen zur Ablehnung können dann insbesondere zu kurz werden, wenn Verfahrenseröffnung und Ernennung des *Emergency Arbitrators* auf ein Wochenende fallen und/oder wenn der Antragsgegner in der Sache bisher noch nicht anwaltlich vertreten ist.

a) *Beginn des Emergency-Verfahrens am Wochenende*

Es ist möglich, dass der Antragsgegner das *Emergency*-Verfahren am Freitagabend oder Samstag beantragt und der *Emergency Arbitrator* innerhalb des nächsten Tages ernannt wird.[41] Muss der Antragsgegner damit nicht rechnen, lesen der Antragsgegner oder seine Mitarbeiter ihre Emails am Wochenende möglicherweise nicht. Sie erfahren unter Umständen erst am nächsten Werktag von dem *Emergency*-Verfahren und dem *Emergency Arbitrator*. Die Schiedsordnungen oder Schiedsorganisationen müssen dann sicherstellen, dass nach dem Wochenende noch ausreichend Zeit bleibt, um eine Ablehnung des *Emergency Arbitrators* zu prüfen.

---

[40] Vgl. auch MüKo ZPO/*Münch*, § 1037 Rn. 11, der herausstellt, dass eine starre Frist strenger sein kann als eine variable.

[41] Mitarbeiter der SIAC haben im persönlichen Gespräch beschrieben, dass *Emergency*-Verfahren häufig am Freitagabend eingeleitet werden. Die SIAC ernennt dann innerhalb eines Tages einen *Emergency Arbitrator*. Das ergibt sich nunmehr aus Art. 3 SIAC EA Rules 2016, der in Abweichung zu Art. 2 SIAC EA Rules 2013 nur noch einen Tag, statt einem Werktag, Zeit gibt, um den *Emergency Arbitrator* zu ernennen. Damit wird die bisherige Praxis der SIAC unterstrichen, einen *Emergency Arbitrator* fast sofort zu ernennen (vgl. auch *Boog/Raneda,* ASA Bulletin 34 (2016) 584, 599).

Ein Instrument sind Regelungen zu Fristbeginn und -ende in den Schiedsordnungen. Am weitestgehenden sind die Regelungen der ICC. Fristen beginnen und enden dort ausschließlich an Werktagen desjenigen Landes, in dem die fristauslösende Nachricht empfangen werden sollte.[42] Die Frist kann daher ohnehin erst am nächsten Werktag beginnen. Bei HKIAC, SIAC und SCAI laufen Fristen immerhin nur am Werktag ab.[43] Der auf das Wochenende folgende Werktag steht damit jedenfalls für die Geltendmachung der Ablehnung zur Verfügung. Die SCC kennt vergleichbare Regelungen hingegen nicht. Die Frist zur Ablehnung ist auch in Stunden bemessen, was darauf hindeutet, dass die Frist unabhängig davon ablaufen soll, ob Fristbeginn oder -ende auf einen Werktag fallen. Als Schutzmechanismus sollte nur sehr restriktiv davon ausgegangen werden, dass die ablehnende Partei am Wochenende schon Kenntnis von den Ablehnungsgründen erlangt hat.

b) *Gewährleistung anwaltlicher Vertretung*

Wird der Antragsgegner vom *Emergency*-Verfahren überrascht, ist zudem zu berücksichtigen, dass die ablehnungswillige Partei eine Chance erhält, einen Rechtsanwalt zu beauftragen. Aus § 1042 Abs. 2 ZPO – einer deutschen Besonderheit, die im UNCITRAL ModG 1985 nicht enthalten ist[44] – ergibt sich, dass ein Rechtsanwalt als Parteivertreter nicht ausgeschlossen werden darf. Das sichert ab, dass die Parteien ihr Recht auf rechtliches Gehör effektiv verwirklichen können.[45] Wird das Recht auf anwaltliche Vertretung verweigert, hat dies schwerwiegende Folgen: Im Hauptsacheverfahren kann der Schiedsspruch aufgehoben werden;[46] gleiches muss für die *Emergency*-Anordnung gelten, wenn die anwaltliche Vertretung im *Emergency*-Verfahren nicht gewährleistet wurde.

---

[42] Art. 3 (4) ICC Rules 2017.

[43] Art. 3.5 HKIAC Rules 2018; Art. 2.4 SIAC Rules 2016; Art. 2 (2) Swiss Rules 2012.

[44] MüKo ZPO/*Münch*, § 1042 Rn. 63.

[45] So für das Schiedsverfahren MüKo ZPO/*Münch*, § 1042 Rn. 63; *Spohnheimer,* Gestaltungsfreiheit, S. 231; *Born,* International Commercial Arbitration, S. 2179; für staatliche Gerichtsverfahren gibt es eine Diskussion, ob sich das Recht auf anwaltliche Vertretung aus dem Grundsatz des fairen Verfahrens oder dem Recht auf rechtliches Gehör (Art. 103 Abs. 1 GG) ergibt; vgl. überblicksartig: Maunz/Dürig/*Remmert,* GG, Stand: 81. EL September 2017, Art. 103 Abs. 1 GG Rn. 68. Anknüpfung an den Grundsatz des fairen Verfahrens z.B.: BVerfG, Beschluss v. 08.10.1974 – 2 BvR 747/73 u.a., NJW 1975, 103; Anknüpfung an das Recht auf rechtliches Gehör z.B.: Maunz/Dürig/*Remmert,* GG, Stand: 81. EL September 2017, Art. 103 Abs. 1 GG Rn. 68; Maunz/Dürig/*Schmidt-Aßmann,* GG, Stand: 77. EL Juli 2016, Art. 103 Abs. 1 GG Rn. 103.

[46] Musielak/Voit/*Voit*, § 1042 Rn. 7; MüKo ZPO/*Münch*, § 1042 Rn. 69.

Anwaltlicher Beistand ist nur dann effektiv gewährleistet, wenn der Anwalt eine Möglichkeit hatte, sich in das Verfahren einzuarbeiten.[47] Nur dann kann der Anwalt seine Aufgabe erfüllen, die Schiedspartei über Fern- und Folgewirkungen einer Handlung zu beraten.[48] Für den Anwalt des Antragstellers ist die Einarbeitung unproblematisch, denn dieser hatte bei der Vorbereitung des Antrags auf Ernennung des *Emergency Arbitrators* Gelegenheit, sich in das Verfahren einzuarbeiten. Er muss sich nach Ernennung des *Emergency Arbitrators* nur noch damit beschäftigen, Ablehnungsgründe zu identifizieren.

Schwieriger ist die Situation für den Antragsgegner, wenn er vor Beginn des *Emergency*-Verfahrens noch nicht anwaltlich vertreten war, weil er nicht mit einer juristischen Auseinandersetzung gerechnet hat. Der Antragsgegner benötigt genügend Zeit, um einen geeigneten Anwalt zu finden. Dieser muss sich wiederum einarbeiten. Wie viel Zeit für die Beiziehung eines Rechtsanwalts und Einarbeitung zu gewähren ist, lässt sich abstrakt schwer bestimmen. Im Regelfall ist dem Antragsgegner aber wenigstens ein Werktag zuzugestehen, um einen Anwalt zu beauftragen. Nur am Werktag ist davon auszugehen, dass geeignete Anwälte überhaupt erreichbar sind. Gleichzeitig kann vom Antragsgegner erwartet werden, sich sofort um Beistand zu kümmern und noch am gleichen Tag einen Anwalt zu mandatieren. Als Faustformel sollte dem Anwalt zudem wohl ein weiterer Tag gewährt werden, um sich in das Verfahren einzuarbeiten. Weniger ist kaum angemessen, denn das *Emergency*-Verfahren ist nicht auf eine Durchführung in Stunden, sondern in Tagen angelegt.

Findet sich der Antragsgegner daher ausnahmsweise in einer Situation wieder, in der er am Beginn des *Emergency*-Verfahrens noch nicht anwaltlich vertreten war, weil er nicht mit einer juristischen Auseinandersetzung rechnen musste, so müssen ihm daher im Regelfall ein Werktag zur Bestellung eines Anwalts sowie ein weiterer Tag für die Einarbeitung zugestanden werden. Läuft die Frist zur Ablehnung in unter zwei Tagen ab, so wäre das zu kurz. Diese zwei Tage werden bei SIAC, ICDR und SCC, die einen Werktag[49] respektive 24 Stunden[50] für die Ablehnung vorsehen, nicht immer gewährleistet, wenn die Frist bereits am Beginn des *Emergency*-Verfahrens zu laufen beginnt. Liegen die vorgenannten Umstände vor, so müssen die Schiedsorganisationen daher die Frist hinreichend verlängern.

---

[47] Vgl. MüKo ZPO/*Münch*, § 1042 Rn. 68; ausreichend Zeit zur Vorbereitung wird allgemein als Ausdruck des Rechts auf rechtliches Gehör angesehen; zum deutschen Verfassungsrecht: BVerfG, Beschluss v. 07.07.1955 – 1 BvR 455/54, VerwRspr 1956, 545, 546; Maunz/Dürig/*Remmert,* GG, Stand: 81. EL September 2017, Art. 103 Abs. 1 GG Rn. 74.

[48] *Spohnheimer,* Gestaltungsfreiheit, S. 231; Maunz/Dürig/*Schmidt-Aßmann,* GG, Stand: 77. EL Juli 2016, Art. 103 Abs. 1 GG Rn. 103.

[49] Art. 6 (2) ICDR Rules 2014.

[50] Art. 4 (3) SCC EA Rules 2017.

c) Ergebnis

Im Einzelfall sind Situationen vorstellbar, in denen die von den Schiedsordnungen gewährten Fristen für die Ablehnung nicht ausreichen. Das kann insbesondere der Fall sein, wenn der Beginn des *Emergency*-Verfahrens auf ein Wochenende fällt und/oder wenn der Antragsgegner noch nicht anwaltlich vertreten war, weil er nicht mit dem Verfahrensbeginn rechnen musste. Liegen solche Umstände im konkreten Fall vor, so ist es unter Umständen erforderlich, dass die Schiedsorganisationen die Fristen für die Ablehnung verlängern.

3. Rechtsfolge für unangemessen kurze Frist

War die Frist zur Ablehnung im Einzelfall zu kurz, wurde das ansonsten begründete Ablehnungsgesuch aber dennoch wegen Verfristung zurückgewiesen, stellt sich die Frage, wie deutsche Gerichte das Ablehnungsgesuch behandeln sollen. Ein deutsches Gericht muss sich mit dem Ablehnungsgesuch befassen, wenn das Ablehnungsgesuch nach § 1037 Abs. 3 ZPO weiterverfolgt wird oder wenn der Antragsgegner den Ablehnungsgrund im Vollziehbarerklärungsverfahren nach § 1041 Abs. 2 ZPO geltend macht.

§ 1037 Abs. 3 ZPO und § 1041 Abs. 2 ZPO beantworten die Frage nicht, wie mit einem Ablehnungsgesuch umzugehen ist, das bereits im Ablehnungsverfahren nach der Schiedsordnung verfristet eingereicht wurde. Nach unwidersprochener Auffassung führt der verspätete Ablehnungsantrag aber dazu, dass die ablehnende Partei mit dem verspätet vorgebrachten Ablehnungsgrund für das gesamte Schieds-, Aufhebungs- und Vollstreckbarerklärungsverfahren ausgeschlossen ist.[51]

Dieser Auslegung ist grundsätzlich zuzustimmen. Die Fristbindung des Ablehnungsantrags entfaltet überhaupt nur praktische Wirkung, wenn das Fristversäumnis zur Präklusion führt.[52] Nach hier vertretener Auffassung muss allerdings eine Einschränkung gemacht werden, wenn die eingeräumte Frist für die Ablehnung zu kurz war: Die ablehnungswillige Partei muss dann das Recht haben, die Ablehnung vor dem staatlichen Gericht weiterzuverfolgen. Würde

---

[51] OLG Hamm, Beschluss v. 07.03.2002 – 11 Sch 1/02, SchiedsVZ 2003, 79, 81; *Mankowski,* SchiedsVZ 2004, 304, 312; MüKo ZPO/*Münch*, § 1037 Rn. 30; Böckstiegel/Kröll/Nacimiento/*Nacimiento/Abt/Stein*, § 1037 Rn. 7; Stein/Jonas/*Schlosser*, § 1037 Rn. 8; *Schwab/Walter,* Schiedsgerichtsbarkeit, Kapitel 14 Rn. 12; Wieczorek/Schütze/*Schütze*, § 1037 Rn. 43.

[52] MüKo ZPO/*Münch*, § 1037 Rn. 30; Böckstiegel/Kröll/Nacimiento/*Nacimiento/Abt/Stein*, § 1037 Rn. 7.

ihr diese Möglichkeit verwehrt, könnte das Ablehnungsrecht durch Vereinbarung einer sehr kurzen Frist faktisch ausgeschlossen werden; das ist unzulässig.[53]

Andererseits darf die Option, den Ablehnungsgrund weiterzuverfolgen, nicht unbegrenzt offenstehen. Das würde zu viel Unsicherheit in das *Emergency*-Verfahren bringen, auf das sich die ablehnungswillige Partei im Kern eingelassen hat. Das staatliche Gericht darf den Ablehnungsgrund daher nur berücksichtigen, wenn er ursprünglich im Verfahren nach der Schiedsordnung innerhalb einer Frist geltend gemacht wurde, die für ein effektives Ablehnungsgesuch unbedingt notwendig war. So wird ein Ausgleich gefunden zwischen dem Interesse der ablehnenden Partei an einem wirkungsvollen Ablehnungsverfahren und dem Interesse, das *Emergency*-Verfahren zügig durchzuführen. Lässt sich die Partei hingegen mehr Zeit als für ein effektives Ablehnungsgesuch unbedingt notwendig ist, gibt es keinen Grund, die Partei zu schützen. Immerhin hat sie sich ursprünglich auf eine Schiedsordnung eingelassen, die ein *Emergency*-Verfahren mit kurzen Fristen für die Ablehnung vorsieht. Wie viel Zeit unbedingt notwendig war, muss das staatliche Gericht im Einzelfall ermitteln – unter Berücksichtigung der oben angestellten Erwägungen (vorstehend Abschnitt 2.).

4. Ergebnis

Grundsätzlich sind die kurzen Fristen für die Ablehnung des *Emergency Arbitrators* nicht zu beanstanden. Eine ablehnungswillige Partei ist daher im Regelfall mit dem Ablehnungsgesuch ausgeschlossen, wenn sie die Frist zur Ablehnung versäumt. Im Einzelfall kann es aber erforderlich sein, der ablehnungswilligen Partei mehr Zeit zu gewähren als in der Schiedsordnung ausdrücklich vorgesehen. Das ist insbesondere der Fall, wenn der Antragsgegner am Wochenende von der Ernennung des *Emergency Arbitrators* überrascht wird und/oder wenn der Antragsgegner noch keinen Rechtsanwalt für das *Emergency*-Verfahren bestellen konnte. Wird in solchen Fällen keine Fristverlängerung gewährt, so kann das staatliche Gericht den Ablehnungsantrag prüfen, wenn die ablehnungswillige Partei den Ablehnungsantrag ursprünglich innerhalb angemessener Frist gestellt hatte.

II. Ablehnungsverfahren vor dem staatlichen Gericht (§ 1037 Abs. 3 ZPO)

Bleibt die Ablehnung vor der Schiedsorganisation erfolglos, kann sich die ablehnende Partei innerhalb eines Monats an das staatliche Gericht wenden, um eine abschließende Entscheidung über das Ablehnungsgesuch herbeizuführen

---

[53] Böckstiegel/Kröll/Nacimiento/*Nacimiento/Abt/Stein*, § 1036 Rn. 4; *Karl,* Unabhängigkeit und Unparteilichkeit, S. 189–190; *Schwab/Walter,* Schiedsgerichtsbarkeit, Kapitel 14 Rn. 2; *Kröll,* ZZP 116 (2003) 195, 197.

(§ 1037 Abs. 3 ZPO). Steht das Ablehnungsverfahren für einen ganzen Monat offen, so erzeugt das Unsicherheit im *Emergency*-Verfahren, denn der *Emergency Arbitrator* soll die *Emergency*-Anordnung innerhalb von 15 Tagen oder weniger erlassen. Ein Antragsgegner hätte daher die Möglichkeit, nach einem erfolglosen Ablehnungsgesuch zunächst den Ausgang des Verfahrens abzuwarten. Missfällt ihm die Anordnung, so könnte er nun versuchen, die Ablehnung vor dem staatlichen Gericht weiterzubetreiben. Wie noch zu zeigen sein wird (dazu unten III.2.), führt die Ablehnung des *Emergency Arbitrators* nach Erlass der einstweiligen Anordnung dazu, dass diese nicht mehr zur Vollziehung zugelassen werden kann.

Es stellt sich daher die Frage, ob die Monatsfrist zur Weiterverfolgung vor dem staatlichen Gericht durch Parteivereinbarung für das *Emergency*-Verfahren verkürzt wird. Als deutsche Besonderheit[54] erlaubt es § 1037 Abs. 3 ZPO den Parteien ausdrücklich, die Frist für den Antrag beim staatlichen Gericht zu ändern.[55] Eine entsprechende Abrede findet sich jedoch in keiner Schiedsordnung. Haben die Parteien auch in der Schiedsvereinbarung keine Fristverkürzung vereinbart, kommt nur eine konkludente Verkürzung in Betracht. Immerhin haben sie mit dem *Emergency*-Verfahren ein besonders schnelles Verfahren mit sehr kurzen Fristen zur Geltendmachung der Ablehnung vor der Schiedsorganisation gewählt.

Im Ausgangspunkt kann eine Vereinbarung über die Frist nach § 1037 Abs. 3 ZPO konkludent getroffen werden: Die Vereinbarung ist aufgrund ihrer unmittelbaren prozessualen Wirkung[56] als Prozessvertrag zu qualifizieren.[57] Sofern der Prozessvertrag deutschem Recht untersteht,[58] richtet sich der

[54] Siehe dazu Art. 13 (3) UNCITRAL ModG 1985, der nicht den Zusatz enthält, dass die Parteien die Frist für die Ablehnung zum staatlichen Gericht ändern können; vgl. auch BeckOK ZPO/*Wolf/Eslami*, Stand: 01.03.2018, § 1037 Rn. 2.

[55] Musielak/Voit/*Voit*, § 1037 Rn. 5; MüKo ZPO/*Münch*, § 1037 Rn. 23.

[56] Siehe zur Definition des Prozessvertrags Zöller/*Greger*, Vorb. zu §§ 128–252 Rn. 26; MüKo ZPO/*Rauscher*, Einleitung Rn. 435; *Rosenberg/Schwab/Gottwald,* Zivilprozessrecht, § 66 Rn. 1; Vgl. auch *Wagner,* Prozeßverträge, S. 27–28 m.w.Nachw. zur h.M., der selbst von Gegenstandstheorie spricht, im Kern aber das Gleiche meint.

[57] Allgemeine Meinung für Vereinbarung von Fristverkürzungen nach § 224 Abs. 1 ZPO, siehe z.B.: BeckOK ZPO/*Jaspersen*, Stand: 01.03.2018, § 224 Rn. 2; Saenger/*Wöstmann*, § 224 Rn. 1.

[58] Unter welchen Voraussetzungen in welcher Hinsicht welches Recht auf den Prozessvertrag Anwendung findet, ist eine komplizierte Frage, der hier nicht nachgegangen werden kann. Hier wird daher von der Anwendung deutschen Rechts ausgegangen, wenngleich sich der Vertragsschluss bei Prozessverträgen auch nach ausländischem Recht richten kann: Vgl. eingehend zu Prozessverträgen im Internationalen Zivilprozessrecht *Wagner,* Prozeßverträge, S. 347–389.

Vertragsschluss nach den Regelungen des BGB (§ 145 ff. BGB).[59] Prozessverträge können daher grundsätzlich formfrei geschlossen werden,[60] weshalb auch konkludente Abreden möglich sind.[61] Eine Formvorschrift, die einer konkludenten Vereinbarung im Rahmen von § 1037 Abs. 3 ZPO entgegensteht, gibt es nicht. Insbesondere gilt die Formvorschrift des § 1031 Abs. 1 ZPO ausschließlich für die Schiedsvereinbarung, nicht aber für Verfahrensvorschriften im Zusammenhang mit dem Schiedsverfahren.[62]

Auch wenn ein konkludenter Prozessvertrag möglich ist, muss ein übereinstimmender Parteiwille ermittelt werden. Aus der Verabredung eines *Emergency*-Verfahrens lässt sich zumindest der übereinstimmende Wille entnehmen, dass die Parteien ein besonders schnelles Verfahren wollten, welches zu rascher Klarheit führt. Diesem Ziel dienen kurze Fristen für die Ablehnung, wie sie in den Schiedsordnungen für die Ablehnung vor der Schiedsorganisation gelten.

Allerdings ist von einer konkludenten Fristvereinbarung zu fordern, dass sich eine bestimmte Frist ergibt, die sich für die Parteien leicht ermitteln lässt. Nur so ist für die Parteien vorhersehbar, wie viel Zeit sie für die Ablehnung zur Verfügung haben. Ist hingegen unsicher, wie lang die Frist sein sollte, so schweben die Parteien in ständiger Unsicherheit. Das können die Parteien nicht gewollt haben, zumal es in § 1037 Abs. 3 ZPO eine rechtssichere Auffangregel gibt.

Einen konkreten Anhaltspunkt liefern die Schiedsordnungen nur in Bezug auf diejenige Frist, die eingehalten werden muss, um die Ablehnung des *Emergency Arbitrators* vor der Schiedsorganisation geltend zu machen. Diese Frist kann aber nicht auf § 1037 Abs. 3 ZPO übertragen werden. Das zeigt

---

[59] Allgemeine Meinung, vgl. nur BGH, Urteil v. 29.02.1968 – VII ZR 102/65 (Düsseldorf), NJW 1968, 1233; MüKo ZPO/*Rauscher*, Einleitung Rn. 437; Zöller/*Greger*, Vorb. zu §§ 128–252 Rn. 27; eingehend *Wagner,* Prozeßverträge, S. 278–279.

[60] Eingehend *Wagner,* Prozeßverträge, S. 287–291 m.w.Nachw. zur h.M. und einer Erörterung von Ausnahmen.

[61] Siehe allgemein dazu, dass Willenserklärungen konkludent erfolgen können, wenn es keine Formvorschriften gibt und nicht ausdrückliche Erklärung angeordnet ist: MüKo BGB/*Armbrüster*, Vorb. zu §§ 116 ff. Rn. 7. Siehe zur Zulässigkeit konkludenter Verfahrensvereinbarungen nach § 1042 Abs. 3 ZPO: OLG Frankfurt, Beschluss v. 17.02.2011 – 26 Sch 13/10, SchiedsVZ 2013, 49, 55; MüKo ZPO/*Münch*, § 1042 Rn. 79; vgl. auch BGH, Urteil v. 19.05.1994 – III ZR 130/93 (München), NJW 1994, 2155, 2156 (konkludente Zustimmung ist möglich). Vereinbarungen nach § 1037 Abs. 3 ZPO unterfallen zwar nicht § 1042 Abs. 3 ZPO, weil § 1037 Abs. 3 ZPO nicht das Verfahren vor dem Schiedsgericht, sondern vor dem staatlichen Gericht betrifft; Verfahrensvereinbarungen nach § 1042 Abs. 3 ZPO werden aber ebenfalls als Prozessverträge eingestuft: *Rosenberg/Schwab/Gottwald,* Zivilprozessrecht, § 66 Rn. 4; *Spohnheimer,* Gestaltungsfreiheit, S. 90.

[62] Musielak/Voit/*Voit*, § 1031 Rn. 2; MüKo ZPO/*Münch*, § 1031 Rn. 13; Vgl. auch Zöller/*Geimer*, § 1042 Rn. 23; MüKo ZPO/*Münch*, § 1042 Rn. 79; Stein/Jonas/*Schlosser*, § 1042 Rn. 17.

schon ein Vergleich von § 1037 Abs. 2 ZPO mit Abs. 3 des § 1037. Während der Gesetzgeber für die Stellung des Ablehnungsgesuchs vor dem Schiedsgericht eine Zweiwochenfrist als Auffangregel festgelegt hat (Abs. 2), gibt es für die Geltendmachung der Ablehnung vor dem staatlichen Gericht eine Monatsfrist (Abs. 3). Dieser Unterschied ist gerechtfertigt, denn der Antrag zum staatlichen Gericht ist nicht mit dem internen Verfahren vor der Schiedsorganisation oder dem Schiedsgericht zu vergleichen:

Im internen Verfahren kann grundsätzlich jeder Anwalt weltweit in der Sprache des Schiedsverfahrens den Ablehnungsantrag stellen. Vor dem deutschen staatlichen Gericht müssen die Parteien hingegen die Gelegenheit haben, einen Rechtsanwalt hinzuzuziehen, der das deutsche Recht hinreichend kennt, in Deutschland als Anwalt zugelassen ist und über ausreichend Sprachkenntnisse verfügt. Anwaltliche Vertretung ist zwar nicht zwingend erforderlich, um das Ablehnungsgesuch einzureichen (vgl. § 1063 Abs. 4 ZPO i.V.m. § 78 Abs. 3 ZPO),[63] aber nur ein Rechtsanwalt mit deutschen Rechtskenntnissen kann gewährleisten, dass die Partei effektiv am deutschen Gerichtsverfahren teilnehmen kann.[64] Zudem müssen die Anträge vor Gericht in deutscher Sprache gestellt werden (vgl. § 184 GVG);[65] fremdsprachige Anträge werden vom Gericht nicht beachtet und wahren die Frist nicht.[66] Kommt es zur mündlichen Verhandlung, besteht ohnehin wieder Anwaltszwang (vgl. § 78 Abs. 1 S. 1 ZPO),[67] der eine Vertretung durch einen deutschen Anwalt erfordert.[68] Den Parteien muss daher Gelegenheit eingeräumt werden, einen passenden Anwalt zu finden. Dafür benötigen jedenfalls diejenigen Parteien Zeit, die von einem ausländischen Rechtsanwalt vertreten werden. Kennt sich die Partei auf dem deutschen Rechtsmarkt nicht aus, kann für die Anwaltssuche mehr Zeit erforderlich sein, als für die Bestellung irgendeines Anwalts, der im Schiedsverfahren auftritt, und den die Partei möglicherweise schon kennt.

---

[63] *Bandel,* Einstweiliger Rechtsschutz im Schiedsverfahren, S. 207.

[64] Vgl. allgemein zum Recht auf die Beiziehung eines Rechtsanwalts überblicksartig: Maunz/Dürig/*Remmert,* GG, Stand: 81. EL September 2017, Art. 103 Abs. 1 GG Rn. 68; Abgeleitet aus dem Recht auf ein faires Verfahren z.B.: BVerfG, Beschluss v. 08.10.1974 – 2 BvR 747/73 u.a., NJW 1975, 103; Abgeleitet aus dem Recht auf rechtliches Gehör (Art. 103 Abs. 1 GG) z.B.: Maunz/Dürig/*Remmert,* GG, Stand: 81. EL September 2017, Art. 103 Abs. 1 GG Rn. 68; Maunz/Dürig/*Schmidt-Aßmann,* GG, Stand: 77. EL Juli 2016, Art. 103 Abs. 1 GG Rn. 103.

[65] *Armbrüster,* NJW 2011, 812; MüKo ZPO/*Zimmermann*, § 184 GVG Rn. 6.

[66] BGH, Beschluss v. 14.07.1981 – 1 StR 815/80, MDR 1981, 949; *Armbrüster,* NJW 2011, 812, 813; MüKo ZPO/*Zimmermann*, § 184 GVG Rn. 6; gewisse Einschränkungen gibt es für den nicht-verteidigten Beschuldigten im Strafverfahren: EuGH, 15.10.2015 – C-216/14, NJW 2016, 303 – „*Gavril Covaci*“.

[67] Wieczorek/Schütze/*Schütze*, § 1063 Rn. 29.

[68] Vgl. zur Zulassung ausländischer Rechtsanwälte: MüKo ZPO/*Toussaint*, § 78 Rn. 58–63.

Selbst wenn die Parteien im Einzelfall von einem in Deutschland zugelassenen Rechtsanwalt vertreten sind, kann die Frist für die Ablehnung bei der Schiedsorganisation nicht einfach auf das staatliche Verfahren übertragen werden. Es wäre überraschend, wenn einer Schiedsordnung, die ausdrücklich nur die Fristen für das interne Ablehnungsverfahren regelt, eine Fristenregelung für die Geltendmachung eines Rechtsbehelfs vor einem staatlichen Gericht entnommen wird. Das gilt umso mehr, als die hier untersuchten Schiedsordnungen für internationale Verfahren ohne Bezug zu einer konkreten Rechtsordnung geschrieben sind. Von einer solchen Schiedsordnung wird niemand erwarten, dass sie ohne konkreten Hinweis implizit eine Frist für ein staatliches Verfahren ändern soll, die überhaupt nur in einem bestimmten Land geändert werden kann, zu dem die Schiedsordnung keinen engeren Bezug hat. Die Möglichkeit, die Frist für das Ablehnungsverfahren vor dem staatlichen Gericht zu ändern, ist deutsche Besonderheit.[69] In Art. 13 (3) UNCITRAL ModG 2006 ist die Monatsfrist festgeschrieben ohne explizite Erlaubnis, sie zu ändern.

Im Ergebnis gibt es daher zwar grundsätzlich die Möglichkeit, die Frist nach § 1037 Abs. 3 ZPO konkludent zu ändern. Allerdings kann eine solche Änderung nicht daraus abgeleitet werden, dass das *Emergency*-Verfahren für die Ablehnung des *Emergency Arbitrators* vor der Schiedsorganisation besonders kurze Fristen bereithält. Es bleibt damit bei der Monatsfrist, auch wenn dies zu Unsicherheiten im *Emergency*-Verfahren führt. Parteien (oder Schiedsorganisationen), die diese Unsicherheit vermeiden wollen, müssen eine ausdrückliche Regelung über die Verkürzung der Frist nach § 1037 Abs. 3 ZPO treffen.

III. Konsequenzen der Ablehnung

Es stellt sich nunmehr die Frage, welche prozessualen Konsequenzen sich aus der erfolgreichen Ablehnung des *Emergency Arbitrators* ergeben. Von Relevanz ist einerseits, welche Auswirkungen die Ablehnung auf die Rechtsstellung des *Emergency Arbitrators* hat. Andererseits, was mit einer *Emergency*-Anordnung geschieht, die ein später abgelehnter *Emergency Arbitrator* erlassen hat.

1. Ende des Amtes des Emergency Arbitrators

Die Schiedsordnungen äußern sich nicht ausdrücklich dazu, dass das Amt des *Emergency Arbitrators* durch eine erfolgreiche Ablehnung endet. Das sollte aber selbstverständlich sein. Bei deutschem Schiedsort ergibt sich diese Rechtsfolge der Ablehnung schon aus der ZPO, vgl. die Formulierung des § 1039 Abs. 1 S. 1 ZPO.[70]

---

[69] BeckOK ZPO/*Wolf/Eslami*, Stand: 01.03.2018, § 1037 Rn. 2.

[70] Vgl. zur ZPO nur Böckstiegel/Kröll/Nacimiento/*Nacimiento/Abt/Stein*, § 1037 Rn. 28.

Art. 8 HKIAC EA Rules 2018 ordnet zudem die Bestellung eines Ersatz-*Emergency Arbitrators* an. Das HKIAC soll innerhalb von 24 Stunden einen neuen *Emergency Arbitrator* bestellen, der das Verfahren wiederaufnehmen und an der Stelle fortsetzen soll, an der der abgesetzte *Emergency Arbitrator* aufgehört hat. Die übrigen Schiedsordnungen enthalten keine Bestimmungen für die Bestellung eines Ersatz-*Emergency Arbitrators*.

Bei deutschem Schiedsort dient als Lückenfüller § 1039 ZPO. Danach wird im Falle der Ablehnung ein Ersatzschiedsrichter grundsätzlich nach denjenigen Regeln ernannt, die für die ursprüngliche Bestellung des Schiedsrichters galten. Sofern der Schiedsorganisation das Recht eingeräumt wird, zu überprüfen, ob ein *Emergency Arbitrator* erforderlich ist oder die Bestellung des Hauptsacheschiedsgerichts abgewartet werden kann, muss diese Prüfung erneut durchgeführt werden. Hierfür sprechen die Funktion des *Emergency Arbitrators* sowie ökonomische Erwägungen. Der *Emergency Arbitrator* soll dem Hauptsacheschiedsgericht nur insoweit vorgreifen, als es zwingend erforderlich ist. Durch das begonnene Verfahren kann sich die Notwendigkeit mittlerweile geändert haben. Zudem ist nicht ersichtlich, weshalb den Parteien möglicherweise die Kosten für einen zweiten *Emergency Arbitrator* aufgebürdet werden müssen, wenn es nach der Ablehnung ausreicht, die Konstituierung und Entscheidung des Hauptsacheschiedsgerichts abzuwarten.

2. *Schicksal der einstweiligen Anordnung*

Von Interesse ist zudem, welche Wirkung die erfolgreiche Ablehnung eines *Emergency Arbitrators* auf eine bereits erlassene einstweilige Anordnung hat. Es ist möglich, dass ein *Emergency Arbitrator* eine einstweilige Anordnung erlässt, sein Amt danach aber aufgrund einer erfolgreichen Ablehnung endet:

Zum einen ist es denkbar, dass die Ablehnung überhaupt erst beantragt wird, nachdem der *Emergency Arbitrator* die *Emergency*-Anordnung erlassen hat. Der Ablehnungsantrag muss jedenfalls dann zulässig sein, wenn das Amt des *Emergency Arbitrators* durch den Erlass der *Emergency*-Anordnung nicht endet.[71] Zum anderen bringt ein Ablehnungsgesuch das *Emergency*-Verfahren nicht zum Stillstand.[72] Selbst wenn die Ablehnung beantragt wurde, darf der *Emergency Arbitrator* noch eine einstweilige Anordnung erlassen. Das ergibt

---

[71] Dass das Amt des *Emergency Arbitrators* nicht mit Erlass der Einstweiligen Anordnung endet, ergibt sich z.B. aus Art. 8 SIAC EA Rules 2016; Art. 43 (8) Swiss Rules 2012; Art. 17 (a) HKIAC EA Rules 2018; Art. 6 (4) ICDR Rules 2014; Art. 9 (2) SCC EA Rules 2017, wonach der *Emergency Arbitrator* die *Emergency*-Anordnung wieder aufheben oder ändern darf.

[72] Vgl. für die ICC: *Webster/Bühler,* Handbook of ICC Arbitration, Art. 29 Rn. 57; *Verbist/Schäfer/Imhoos,* ICC Arbitration in Practice, S. 167; *Fry/Greenberg/Mazza,* The Secretariat's Guide to ICC Arbitration, Rn. 3.1056 (lit. f); für die Swiss Rules 2012: Arroyo/*Habegger*, Art. 43 Swiss Rules 2012 Rn. 24.

sich teilweise aus den Schiedsordnungen,[73] teilweise aus § 1037 Abs. 3 S. 2 ZPO, der es erlaubt, das Schiedsverfahren trotz anhängigem Ablehnungsverfahren fortzuführen. Über den Wortlaut hinaus gilt die Norm auch für das schiedsrichterliche Ablehnungsverfahren,[74] sodass das *Emergency*-Verfahren auch während eines anhängigen Ablehnungsverfahrens fortgeführt werden kann, um Verzögerungen und Verzögerungstaktiken zu unterbinden.[75]

Die ZPO enthält keine ausdrückliche Regelung dazu, wie mit einer einstweiligen Anordnung umzugehen ist, nachdem der Schiedsrichter abgelehnt wurde. Ausgangspunkt ist daher die Auslegung von § 1041 Abs. 2 und 3 ZPO. Nach Abs. 2 kann das staatliche Gericht eine einstweilige Anordnung zur Vollziehung zulassen, nach Abs. 3 die Vollziehungszulassung wieder aufheben. Beide Absätze sind offen formuliert (Abs. 2: „kann […] Vollziehung zulassen“, Abs. 3: „kann […] aufheben oder ändern“). Die (umstrittenen) Voraussetzungen werden an anderer Stelle dieser Arbeit ausführlich besprochen.[76]

Soweit der *Emergency Arbitrator* erfolgreich abgelehnt wurde, sollte im staatlichen Verfahren nach § 1041 Abs. 2 und 3 ZPO nach hier vertretener Auffassung zunächst die Parteivereinbarung berücksichtigt werden. Es gibt keinen Grund, die im Schiedsverfahren vorherrschende Parteiautonomie[77] einzuschränken. Daher werden im Folgenden kurz Regelungen aus den Schiedsordnungen vorgestellt (dazu a). Fehlt eine solche Regelung – wie in den meisten Schiedsordnungen – kommt es auf eine Auslegung der ZPO an (dazu b).

a) Regelungen in den Schiedsordnungen

Regelungen zu den Folgen einer erfolgreichen Ablehnung des *Emergency Arbitrators* für die *Emergency*-Anordnung lassen sich nur den ICC EA Rules 2017 und den HKIAC EA Rules 2018 entnehmen. In den übrigen untersuchten Schiedsordnungen finden sich dazu keine Anhaltspunkte.

Eine ausdrückliche Regelung zum Schicksal der *Emergency*-Anordnung nach Ablehnung des *Emergency Arbitrators* enthält Art. 6 (6)(b) ICC EA Rules 2017. Danach verliert die *Emergency*-Anordnung ihre Wirkung, wenn der *Emergency Arbitrator* aufgrund eines Ablehnungsgesuchs abgesetzt wird. Nach der Ablehnung darf das staatliche Gericht die einstweilige Anordnung daher nicht mehr nach § 1041 Abs. 2 ZPO zur Vollziehung zulassen. Gibt es

---

[73] Art. 7 HKIAC EA Rules 2018 i.V.m. Art. 11.9 HKIAC Rules 2018; vgl. auch Art. 15.4 SIAC Rules 2016.

[74] So wohl Böckstiegel/Kröll/Nacimiento/*Nacimiento/Abt/Stein*, § 1037 Rn. 23.

[75] Vgl. zum Zweck des § 1037 Abs. 3 S. 2 ZPO: BT-Drs. 13/5274, S. 42; Wieczorek/Schütze/*Schütze*, § 1037 Rn. 32; Prütting/Gehrlein/*Prütting*, § 1037 Rn. 4.

[76] Vgl. dazu ausführlich Kapitel 3.A.I. sowie Kapitel 3.B.

[77] Siehe zur Parteiautonomie im Schiedsverfahren nur Zöller/*Geimer*, Vorb. zu §§ 1025 ff. Rn. 3; *Lachmann*, Schiedsgerichtspraxis, Rn. 213.

bereits eine Vollziehungszulassung, muss diese auf Antrag hin wieder aufgehoben werden nach § 1041 Abs. 3 ZPO.[78] Materielle Wirkungen der einstweiligen Anordnung, wie Schadensersatz oder negative Kostenentscheidung,[79] können ab dem Zeitpunkt der Ablehnung ebenfalls nicht mehr eintreten.

Das Gegenteil lässt sich aus Art. 8 HKIAC EA Rules 2018 schließen, der nach erfolgreicher Ablehnung eines *Emergency Arbitrators* die Bestellung eines Ersatz-*Emergency Arbitrators* anordnet. Der ersatzweise bestellte *Emergency Arbitrator* nimmt das Verfahren an der Stelle wieder auf, an der es sich zum Zeitpunkt der Abberufung des ursprünglichen *Emergency Arbitrators* befand. Eine bereits erlassene Anordnung bleibt daher wirksam, der neue *Emergency Arbitrator* kann sie aber gemäß Art. 17 (a) HKIAC EA Rules 2018 aufheben. Solange die Anordnung nicht vom neuen *Emergency Arbitrator* aufgehoben ist, kann das staatliche Gericht sie dennoch zur Vollziehung zulassen (§ 1041 Abs. 2 ZPO) und muss eine Vollziehungszulassung nicht aufheben (§ 1041 Abs. 3 ZPO).

b) Regelung nach der ZPO

Für die übrigen Schiedsordnungen muss die Antwort in der ZPO gesucht werden, indem § 1041 Abs. 2 und 3 ZPO konkretisiert werden. Wurde der *Emergency Arbitrator* erfolgreich abgelehnt, so darf das staatliche Gericht die *Emergency*-Anordnung nicht mehr nach § 1041 Abs. 2 ZPO zur Vollziehung zulassen. Das Ermessen, das § 1041 Abs. 2 ZPO dem staatlichen Gericht bei der Vollziehungszulassung einräumt,[80] ist auf null reduziert. Wurde die *Emergency*-Anordnung bereits zur Vollziehung zugelassen, kann der Antragsgegner nach § 1041 Abs. 3 ZPO die Aufhebung der Vollziehungszulassung beantragen. Wird ein Aufhebungsantrag gestellt, muss dem entsprochen werden, denn § 1041 Abs. 3 ZPO ist immer dann einschlägig, wenn die Voraussetzungen zur Vollziehungszulassung nach § 1041 Abs. 2 ZPO nicht mehr vorliegen.[81]

Das ergibt sich aus einem Vergleich zum Schiedsspruch. Zwar wirkt die Ablehnung eines Schiedsrichters grundsätzlich nicht zurück; alle Amtshandlungen des Schiedsrichters, einschließlich eines Schiedsspruchs,[82] bleiben trotz

[78] Siehe zur Aufhebung der Vollziehungszulassung ausführlich Kapitel 3.B.

[79] Siehe zu den materiellen Wirkungen der einstweiligen Anordnung Kapitel 4.A.

[80] Vgl. zum Ermessen des staatlichen Gerichts im Rahmen von § 1041 Abs. 2 ZPO: Kapitel 3.A.I.

[81] Siehe zur Aufhebung der Vollziehungszulassung ausführlich Kapitel 3.B.

[82] BeckOK ZPO/*Wolf/Eslami*, Stand: 01.03.2018, § 1037 Rn. 7; Böckstiegel/Kröll/Nacimiento/*Nacimiento/Abt/Stein*, § 1037 Rn. 26; Stein/Jonas/*Schlosser*, § 1037 Rn. 14; Prütting/Gehrlein/*Prütting*, § 1037 Rn. 4.

Ablehnung wirksam.[83] Ein Schiedsspruch kann aber nach § 1059 Abs. 2 Nr. 1 lit. d oder Nr. 2 lit. b ZPO aufgehoben werden,[84] weil das Schiedsgericht wegen des abgelehnten Schiedsrichters nicht den Bestimmungen der ZPO entsprach[85] und anzunehmen ist, dass ein anders besetztes Schiedsgericht anders entschieden hätte.[86] Aus § 1060 Abs. 2 ZPO folgt, dass der aufhebbare Schiedsspruch nicht für vollstreckbar erklärt werden kann, wenn der Schiedsbeklagte innerhalb von drei Monaten nach Empfang des Schiedsspruchs ein Aufhebungsverfahren eingeleitet hat (§§ 1059 Abs. 3 S. 1, 1060 Abs. 2 S. 3 ZPO).

Dieses Konzept ist auf die *Emergency*-Anordnung zu übertragen. Wurde der *Emergency Arbitrator* nach Erlass der Anordnung erfolgreich abgelehnt, so gibt es ein Hindernis für die Vollziehungszulassung. Allerdings gibt es, solange eine Vollziehungszulassung noch nicht erlassen wurde, keine Pflicht für den Antragsgegner, innerhalb bestimmter Frist die Aufhebung der einstweiligen Anordnung zu begehren.[87] Anders ist dies, wenn die Vollziehungszulassung bereits beantragt wurde. Der Antragsgegner muss dann unverzüglich die Aufhebung der Vollziehungszulassung beim staatlichen Gericht nachsuchen.[88]

c) *Ergebnis*

Wurde der *Emergency Arbitrator* erfolgreich abgelehnt, hat er zuvor aber bereits eine *Emergency*-Anordnung erlassen, so ergibt sich das Schicksal der einstweiligen Anordnung grundsätzlich aus der Parteivereinbarung, regelmäßig enthalten in den Schiedsordnungen. Gegenwärtig lassen sich Art. 6 (6)(b) ICC EA Rules 2017 und Art. 8 HKIAC EA Rules 2018 entsprechende Regelungen entnehmen. Während eine *Emergency*-Anordnung nach den ICC EA Rules 2017 aufgrund der Ablehnung ihre Wirkung verliert, bleibt sie bei Geltung der HKIAC EA Rules 2018 in Kraft.

Fehlt eine Parteivereinbarung, so ergibt sich aus der ZPO folgendes: Die *Emergency*-Anordnung kann nicht mehr nach § 1041 Abs. 2 ZPO zur Vollziehung zugelassen werden, der Antragsgegner kann entsprechend Aufhebung begehren. Wurde sie bereits zur Vollziehung zugelassen, muss die Vollziehungszulassung nur dann aufgehoben werden, wenn der belastete Antragsgegner unverzüglich einen Antrag auf Aufhebung nach § 1041 Abs. 3 ZPO stellt.

---

[83] Böckstiegel/Kröll/Nacimiento/*Nacimiento/Abt/Stein*, § 1037 Rn. 28; MüKo ZPO/*Münch*, § 1036 Rn. 47; MüKo ZPO/*Münch*, § 1037 Rn. 20a; *Schwab/Walter*, Schiedsgerichtsbarkeit, Kapitel 14 Rn. 3; Wieczorek/Schütze/*Schütze*, § 1037 Rn. 20.

[84] MüKo ZPO/*Münch*, § 1037 Rn. 26; Böckstiegel/Kröll/Nacimiento/*Nacimiento/Abt/Stein*, § 1037 Rn. 26; Prütting/Gehrlein/*Prütting*, § 1037 Rn. 4; Musielak/Voit/*Voit*, § 1037 Rn. 7.

[85] BGH, Beschluss v. 11.12.2014 – I ZB 23/14, NJW-RR 2015, 1087 Rn. 8.

[86] BGH, Beschluss v. 11.12.2014 – I ZB 23/14, NJW-RR 2015, 1087 Rn. 11.

[87] Siehe dazu Kapitel 4.C.III.3. auf S. 117.

[88] Siehe dazu Kapitel 3.B.III.

B. Ex Parte-Entscheidungen

I. *Bedeutung der Ex parte-Entscheidung im Emergency-Verfahren*

Von Zeit zu Zeit ist es erforderlich, Maßnahmen des einstweiligen Rechtsschutzes zu erlassen ohne dem Antragsgegner zuvor die Möglichkeit einzuräumen, gehört zu werden („*ex parte*-Entscheidung“).[89] *Ex parte*-Entscheidungen sind immer dann notwendig, wenn der Antragsgegner überrascht werden soll, weil Vereitelungshandlungen zu befürchten sind,[90] oder wenn die Sache so eilig ist, dass keine Zeit für eine Anhörung bleibt.[91] Vor staatlichen Gerichten ist ein solches Vorgehen üblich; Schiedsgerichten sind *ex parte*-Verfahren bisher selten erlaubt (vgl. aber die *preliminary orders* nach Art. 17B u. 17C UNCITRAL ModG 2006). In der Literatur wird zudem diskutiert, ob *ex parte*-Entscheidungen durch Schiedsgerichte überhaupt notwendig und sinnvoll sind.[92]

Die Schiedsordnungen lassen *ex parte*-Entscheidungen nur zurückhaltend zu,[93] verbieten sie aber nicht durchweg. Es sind drei Gruppen auszumachen. Eine erste Gruppe von Schiedsordnungen schließt das *ex parte*-Verfahren vollständig aus (ICC EA Rules 2017; SCC EA Rules 2017; HKIAC EA Rules 2018). Jeder Partei muss hier eine vernünftige Gelegenheit („reasonable opportunity“) eingeräumt werden, gehört zu werden.[94]

Eine zweite Gruppe lässt „quasi“-*ex parte*-Entscheidungen zu (LCIA Rules 2014; SIAC EA Rules 2016).[95] Der Antragsgegner wird zwar über das *Emergency*-Verfahren informiert, wodurch der Überraschungseffekt verloren geht. Falls erforderlich, kann der *Emergency Arbitrator* die einstweilige Anordnung jedoch ohne Anhörung des Antragsgegners erlassen. Art. 9.7 LCIA

---

[89] Vgl. nur BVerfG, Beschluss v. 08.01.1959 – 1 BvR 396/55, Rn. 29 (juris) = BVerfGE 9, 89; *Castello*, 58(3) Disp.Resol.J. 60 (2003); *Hobeck/Weyhreter,* SchiedsVZ 2005, 238; *Schwab,* Einstweiliger Rechtsschutz und Schiedsgerichtsbarkeit, in: Grunsky, et al. (Hrsg.), FS Baur, S. 642.

[90] *Castello*, 58(3) Disp.Resol.J. 60 (2003); Kindl/Meller-Hannich/Wolf/*Haertlein*, Vor §§ 916–945b Rn. 4; *Hobeck/Weyhreter,* SchiedsVZ 2005, 238; *Müller/Pearson,* ASA Bulletin 33 (2015) 808, 814; Wieczorek/Schütze/*Thümmel*, Vorb. zu § 916 Rn. 3; Schuschke/Walker/*Walker*, Vor §§ 916–945b Rn. 5.

[91] Wieczorek/Schütze/*Thümmel*, Vorb. zu § 916 Rn. 3.

[92] Gegen die Notwendigkeit der *ex parte*-Entscheidung: *Edler,* Die Aufhebung von Schiedssprüchen, S. 57; *van Houtte*, 20(1) Arb.Int. 85, 89 (2004); *Schroth,* SchiedsVZ 2003, 102, 109, große Bedenken gegen die praktische Notwendigkeit werden auch bei *Bandel,* Einstweiliger Rechtsschutz im Schiedsverfahren, S. 98 laut; für die Notwendigkeit von *ex parte*-Entscheidungen *Castello*, 58(3) Disp.Resol.J. 60 (2003).

[93] Vgl. zum Beispiel für das HKIAC *Bao,* Chapter 14, in: Ziyaeva, et al. (Hrsg.), Interim and Emergency Relief, S. 272.

[94] Art. 5 (2) ICC EA Rules 2017; Art. 10 HKIAC EA Rules 2018; Art. 6 (3) ICDR Rules 2014.

[95] Vgl. auch *Boog/Raneda,* ASA Bulletin 34 (2016) 584, 599 zu Art. 8 SIAC EA Rules 2016.

Rules 2014 bringt den Verzicht auf rechtliches Gehör relativ unscheinbar zum Ausdruck, indem er vom *Emergency Arbitrator* verlangt, rechtliches Gehör nur wenn möglich („if possible") zu gewähren.[96] Art. 8 SIAC EA Rules 2016 erlaubt dem *Emergency Arbitrator* ausdrücklich, eine vorläufige Anordnung zu treffen, während eine Anhörung noch aussteht („preliminary orders pending any hearing").

Alleinige Vertreterin einer letzten Gruppe sind die Swiss Rules 2012, die echte *ex parte*-Entscheidungen erlauben. Es ist hier möglich, eine *Emergency*-Anordnung zu erlassen, bevor der Antragsgegner überhaupt über die Einleitung des Verfahrens informiert wird. Die Swiss Rules 2012 weisen damit ein Alleinstellungsmerkmal auf.[97] *Ex parte*-Entscheidungen wurden in den Swiss Rules nicht erst mit dem *Emergency Arbitrator* eingeführt, sie wurden auch ohne ausdrückliche Regelung bereits nach den Swiss Rules 2004 akzeptiert.[98] In den Swiss Rules 2012 wurde schließlich klargestellt, dass *ex parte*-Entscheidungen zulässig sind.[99] Liegen außerordentliche Umstände („exceptional circumstances") vor, erlaubt Art. 26 (3) Swiss Rules 2012 einem Schiedsgericht, über den „Antrag auf vorläufige Maßnahmen" [100] („request for interim measure") durch „Anordnung auf einseitiges Vorbringen"[101] („preliminary order") zu befinden, bevor die Gegenseite über den Antrag auf eine vorläufige Maßnahme informiert wurde.[102] Kraft Verweisung in Art. 43 (1) Swiss Rules 2012 hat ein *Emergency Arbitrator* das gleiche Recht,[103] wobei der Antrag auf die vorläufige Maßnahme mit dem Antrag auf Ernennung eines *Emergency Arbitrators* zusammenfällt. Der Antragsgegner erfährt somit nichts von der Ernennung des *Emergency Arbitrators*, bis dieser über den Erlass der einstweiligen Anordnung entschieden hat. Unmittelbar nach Erlass der Anordnung auf einseitiges Vorbringen muss der Antragsgegner zur Sache gehört werden. Damit verliert die einstweilige Anordnung ihren Überraschungscharakter vor einer möglichen Vollstreckung. Wegen der eingeschränkten Vollstreckungsmöglichkeit rät *Magliana* davon ab, in wirklich dringenden Fällen *ex parte*-Rechtsschutz vor dem Schiedsgericht bzw. dem *Emergency Arbitrator* zu suchen.[104]

Ex parte-Entscheidungen ohne Anhörung des Antragsgegners sind damit nach den LCIA Rules 2014, SIAC Rules 2016 und Swiss Rules 2012 denkbar.

---

[96] *Scherer/Richman/Gerbay,* 2014 LCIA Rules, Chapter 10 Rn. 73.

[97] Vgl. auch Arroyo/*Habegger*, Art. 43 Swiss Rules 2012 Rn. 21; *Müller/Pearson,* ASA Bulletin 33 (2015) 808, 815.

[98] Arroyo/*Magliana*, Art. 26 Swiss Rules 2012 Rn. 36.

[99] Arroyo/*Magliana*, Art. 26 Swiss Rules 2012 Rn. 37.

[100] So die deutsche Version von Art. 26 (3) Swiss Rules 2012.

[101] So die deutsche Version von Art. 26 (3) Swiss Rules 2012.

[102] Vgl. Arroyo/*Habegger*, Art. 43 Swiss Rules 2012 Rn. 21.

[103] *Hanessian/Dosman*, 27 Am.Rev.Int'l Arb. 215, 222 f. (2016).

[104] Arroyo/*Magliana*, Art. 26 Swiss Rules 2012 Rn. 38.

Wie häufig von diesem Instrument bislang Gebrauch gemacht wurde, wird in den Statistiken der Schiedsordnungen nicht ausgewiesen. Zumindest die praktische Relevanz der echten *ex parte*-Anordnung nach den Swiss Rules 2012 ist derzeit wohl noch gering. Immerhin konnte die SCAI bisher lediglich sieben *Emergency*-Verfahren verzeichnen.[105]

Wird der einstweilige Rechtsschutz durch Schiedsgerichte weiter gestärkt, ist jedoch anzunehmen, dass auch *ex parte*-Entscheidungen größere Verbreitung in der Schiedsgerichtsbarkeit finden. Das zeigen nicht zuletzt Art. 17B u. 17C UNCITRAL ModG 2006, die nationalen Gesetzgebern einen Weg weisen, *ex parte*-Entscheidungen in nationalen Schiedsgesetzen zu verankern.

Im Folgenden wird deshalb erörtert, inwiefern eine *ex parte*-Entscheidung des *Emergency Arbitrators* bereits jetzt von deutschen Gerichten nach § 1041 Abs. 2 ZPO für vollziehbar erklärt werden kann. Im Ergebnis ist das nach der *lex lata* nicht möglich, weil es an einer ausdrücklichen gesetzlichen Ermächtigung fehlt. Möglich ist es allein, die Anordnung zunächst *ex parte* zu erlassen, den Antragsgegner dann anzuhören, und hiernach die Vollziehung zu beantragen.

II. Meinungsstand in der Literatur

Ex parte-Entscheidungen werden im 10. Buch der ZPO nicht ausdrücklich erlaubt, anders als im staatlichen Verfahren (§§ 937 Abs. 2 , 922 Abs. 1 S. 1 ZPO). Einige Autoren halten es daher für unzulässig, dass Schiedsgerichte *ex parte* entscheiden.[106] Das OLG Frankfurt[107] sowie einige andere Autoren sehen *ex parte*-Entscheidungen durch Schiedsgerichte demgegenüber als zulässig an.[108]

---

[105] *Oreamuno/Dreyfuss,* SCAI Newsletter 3/2016: Emergency Relief under the Swiss Rules (Art. 43).

[106] MüKo ZPO/*Münch,* § 1041 Rn. 25; *Schütze,* BB 1998, 1650, 1651; *Scheef,* Der einstweilige Rechtsschutz, S. 36; *Thümmel,* DZWIR 1997, 133, 135; BeckOK ZPO/*Wolf/Eslami,* Stand: 01.03.2018, § 1041 Rn. 11 sowie *Hempel,* Einstweiliger Rechtsschutz durch Schiedsgerichte, in: Fischer-Czermak, et al. (Hrsg.), FS Welser, S. 283, der sich nicht ganz eindeutig zur deutschen ZPO positioniert, *ex parte*-Entscheidungen durch Schiedsgerichte aber ablehnt; vgl. zur alten Rechtslage von vor 1998 bereits: *Erman,* Eilmaßnahmen aus §§ 117, 127 HGB und Schiedsvertrag, in: Hefermehl/Nipperdey (Hrsg.), FS Möhring, S. 14; *Schwab,* Einstweiliger Rechtsschutz und Schiedsgerichtsbarkeit, in: Grunsky, et al. (Hrsg.), FS Baur, S. 642; Schütze/Tscherning/Wais/*Wais* Rn. 44; *Jeong-Ha,* Einstweilige Maßnahmen in der Schiedsgerichtsbarkeit, S. 168.

[107] OLG Frankfurt, Beschluss v. 31.07.2013 – 26 SchH 4/13, Rn. 16 (juris).

[108] *Bandel,* Einstweiliger Rechtsschutz im Schiedsverfahren, S. 99; Zöller/*Geimer,* § 1042 Rn. 3; *Hobeck/Weyhreter,* SchiedsVZ 2005, 238, 241; *Lachmann,* Schiedsgerichtspraxis, Rn. 2906; *Leitzen,* Die Anordnung vorläufiger oder sichernder Maßnahmen, S. 122; Saenger/*Saenger,* § 1041 Rn. 2; Musielak/Voit/*Voit,* § 1041 Rn. 3; vgl. bereits zur alten Rechtslage: *Herdegen,* RIW 1981, 304, 304; *Lindacher,* ZGR 1979, 201, 212.

Kern der Diskussion ist § 1042 Abs. 1 S. 2 ZPO,[109] wonach jeder Partei rechtliches Gehör zu gewähren ist. Die Befürworter einer *ex parte*-Entscheidung sehen keinen Anlass, bei den Schiedsgerichten strengere Maßstäbe anzusetzen als bei den staatlichen Gerichten.[110] Auch staatliche Gerichte müssen rechtliches Gehör grundsätzlich vor Erlass einer Eilmaßnahme gewähren, können aber nach §§ 922 Abs. 1 S. 1, 937 Abs. 2 ZPO das rechtliche Gehör, wenn nötig, nachholen. Eine Übertragung der nachträglichen Gehörsgewährung auf Schiedsgerichte müsse schon deshalb möglich sein, weil der „schiedsrichterliche einstweilige Rechtsschutz gegenüber dem einstweiligen Rechtsschutz durch die staatlichen Gerichte nicht eingeschränkt"[111] sein soll.[112]

Nach der Gegenauffassung sind Schiedsgerichte und staatliche Gerichte hingegen nicht vergleichbar. Zunächst bestehe beim Schiedsgericht nie eine Rechtfertigung für einen überraschenden Zugriff, weil immer erst das Schiedsgericht gebildet werden müsse.[113] Daneben bedürfe die schiedsrichterliche Entscheidung immer der Vollstreckbarerklärung durch ein staatliches Gericht.[114] Ein dringender Fall, der die Verweigerung vorgängigen rechtlichen Gehörs allein rechtfertigen kann, liege daher beim Schiedsgericht nie vor. Zudem könne ein Schiedsgericht die Vollziehungsanordnung des staatlichen Gerichts nicht unmittelbar aufheben.[115] Der *ex parte* belastete Antragsgegner müsse daher immer einen Antrag beim Schiedsgericht und beim staatlichen Gericht auf Aufhebung der Maßnahme stellen. Es könne zu widersprechenden Entscheidungen kommen, was unzumutbar sei. Letztlich seien staatliche Gerichte und Schiedsgerichte auch deshalb nicht vergleichbar, weil ein Schiedsgericht nicht die gleiche standesrechtliche Handhabe gegenüber Parteivertretern habe wie ein staatliches Gericht.[116] Anwälte seien vor einem Schiedsgericht daher eher geneigt, nicht ganz wahrheitsgemäß vorzutragen.

III. Stellungnahme

Die Bedenken der Gegenauffassung, wonach *ex parte*-Entscheidungen durch Schiedsgerichte grundsätzlich unzulässig sein müssen, sind unbegründet. *Emergency Arbitrator* sind nicht strukturell ungeeignet, *ex parte*-Entscheidungen zu erlassen. Ebenso wie es staatlichen Gerichten erlaubt ist, einstweilige

---

[109] Vor 1998: § 1034 Abs. 1 ZPO.

[110] OLG Frankfurt, Beschluss v. 31.07.2013 – 26 SchH 4/13, Rn. 16 (juris); Zöller/*Geimer*, § 1042 Rn. 3; *Lachmann,* Schiedsgerichtspraxis, Rn. 2906; Saenger/*Saenger*, § 1041 Rn. 2.

[111] BT-Drs. 13/5274, S. 45.

[112] Saenger/*Saenger*, § 1041 Rn. 2; Zöller/*Geimer*, § 1042 Rn. 3.

[113] MüKo ZPO/*Münch*, § 1041 Rn. 25.

[114] BeckOK ZPO/*Wolf/Eslami*, Stand: 01.03.2018, § 1041 Rn. 11.

[115] *Hempel,* Einstweiliger Rechtsschutz durch Schiedsgerichte, in: Fischer-Czermak, et al. (Hrsg.), FS Welser, S. 280–281; *Laukemann,* ZZP 126 (2013) 175, 184.

[116] *Van Houtte*, 20(1) Arb.Int. 85, 94 (2004).

Verfügungen und Arrestbefehle ohne vorgängige Anhörung des Antragsgegners zu erlassen, kann dies auch dem *Emergency Arbitrator* (oder einem Schiedsgericht) erlaubt werden. Nach der geltenden Fassung der ZPO dürfen *ex parte* ergangene Anordnungen aber dennoch nicht vollzogen werden. Es fehlt dafür an einer gesetzlichen Grundlage, die nach der Rechtsprechung des BVerfG zwingende Voraussetzung ist für einschneidende Beschränkungen des Rechts auf rechtliches Gehör. Möglich ist es allein, wie in den Swiss Rules 2012 vorgesehen, die Anordnung ohne vorgängiges Gehör zu erlassen, den Antragsgegner dann zu hören und, falls die Anordnung aufrechterhalten bleibt, danach die Vollziehung zu beantragen:

1. Keine Strukturellen Bedenken gegen ex parte-Entscheidung

Die Bedenken, die von der ablehnenden Auffassung gegen die Zulässigkeit von *ex parte*-Entscheidungen geäußert werden, schlagen jedenfalls für *ex parte*-Entscheidungen des *Emergency Arbitrators* nicht durch:

Mit Einführung des *Emergency Arbitrators* gibt es zunächst keine Notwendigkeit mehr, die Bildung des Schiedsgerichts abzuwarten.[117] Der *Emergency Arbitrator* kann innerhalb weniger Stunden ernannt werden. Eine besonders schnelle Entscheidung durch den *Emergency Arbitrator* ist daher durchaus möglich.

Gegen die Erforderlichkeit der *ex parte*-Entscheidungen spricht auch nicht grundsätzlich, dass die einstweilige Anordnung erst vom staatlichen Gericht für vollziehbar erklärt werden muss.[118] Zum einen ist es auch bei einer *ex parte*-Entscheidung möglich, dass sich der Antragsgegner freiwillig an die Anordnung hält. Zum anderen hat das OLG die Möglichkeit, besonders schnell zu entscheiden: Nach § 1063 Abs. 3 Alt. 2 ZPO kann der Vorsitzende des Zivilsenats nämlich ohne vorherige Anhörung des Gegners die einstweilige Anordnung zur Vollziehung zulassen.

Soweit angeführt wird, das Schiedsgericht könne nach Anhörung des Antragsgegners die Vollziehbarerklärung des staatlichen Gerichts nicht mehr aufheben,[119] spricht das ebenfalls nicht gegen die Zulässigkeit von *ex parte*-Entscheidungen. Denn hebt das Schiedsgericht seine Maßnahme auf, so muss das staatliche Gericht die Vollziehbarerklärung ebenfalls aufheben.[120] Widersprüchliche Entscheidungen sind daher ausgeschlossen. Bedenken bestehen allenfalls, weil zwei Anträge (vom Schiedsgericht und beim staatlichen Gericht) gestellt werden müssen und es damit zu Verzögerungen kommen kann, bis die Vollziehbarerklärung wieder aufgehoben wird. Das gleiche Problem stellt sich

---

[117] Vgl. aber die Bedenken bei MüKo ZPO/*Münch*, § 1041 Rn. 25.

[118] So aber BeckOK ZPO/*Wolf/Eslami*, Stand: 01.03.2018, § 1041 Rn. 11.

[119] Siehe das Argument bei *Hempel*, Einstweiliger Rechtsschutz durch Schiedsgerichte, in: Fischer-Czermak, et al. (Hrsg.), FS Welser, S. 280–281.

[120] Siehe zur Pflicht, die Vollziehungszulassung aufzuheben Kapitel 3.B.IV.

aber, wenn eine regulär erlassene einstweilige Anordnung vom Schiedsgericht aufgehoben wird. Die Verzögerung ist damit kein spezifisches Problem der *ex parte*-Anordnung. Gegen eine missbräuchliche Vollziehung der bereits aufgehobenen einstweiligen Anordnung schützt zudem der Schadensersatzanspruch nach § 1041 Abs. 4 ZPO.

Auch überzeugt das Argument nicht, das Schiedsgericht könne das anwaltliche Standesrecht nicht in gleichem Maße durchsetzen, wie ein staatliches Gericht.[121] Zunächst einmal ist der Rechtsanwalt auch im Schiedsverfahren an das Standesrecht gebunden.[122] Zudem bleiben Falschbehauptungen auch im *ex parte*-Verfahren nicht ungesühnt. Wurden Tatsachen unterschlagen, falsch dargestellt oder beschönigt, so wird dies offenbar, sobald der Antragsgegner gehört wird. Sind die Verstöße so ernsthaft und offensichtlich, dass standesrechtliche Konsequenzen drohen, so ist die Glaubwürdigkeit der Partei und ihrer Rechtsanwälte für das restliche Schiedsverfahren vollständig unterminiert. Möglich bleiben zudem Schadensersatzansprüche, weil mit der Falschbehauptung gegen Nebenpflichten zur Schiedsvereinbarung verstoßen wurde,[123] und – in Extremfällen – auch strafrechtliche Folgen wegen (versuchten) Prozessbetrugs.

Bedenken gegen die Zulassung der *ex parte*-Anordnung kommen aufgrund einer Entscheidung des BVerfG auf.[124] In Bezug auf staatliche *ex parte*-Verfahren merkte es an, dass gerade die Einschaltung des Richters es tragbar mache, auf vorgängiges rechtliches Gehör zu verzichten.[125] Daraus abzuleiten, *ex parte*-Entscheidungen durch Schiedsgerichte seien grundsätzlich ausgeschlossen, ginge jedoch zu weit. Das Schiedsgericht übernimmt schließlich auch sonst Rechtsprechungsfunktionen. Zudem bleibt eine richterliche Kontrolle auf der Vollziehungsebene nach § 1041 Abs. 2 u. 3 ZPO erhalten.

Im Ergebnis bestehen somit keine strukturellen Bedenken, die es von vornherein und grundsätzlich ausschließen, einem Schiedsgericht oder *Emergency Arbitrator* den Erlass von *ex parte*-Anordnungen zu erlauben.

2. *Keine Vollziehbarkeit ohne Gehörsgewährung*

Allerdings geraten *ex parte*-Entscheidungen in Konflikt mit dem Recht auf rechtliches Gehör nach Art. 103 Abs. 1 GG und Art. 6 EMRK.[126] Das BVerfG hält *ex parte*-Entscheidungen im staatlichen Verfahren dennoch für zulässig, wenn es dafür ein berechtigtes Interesse gibt und der Betroffene nachträglich

[121] *Van Houtte*, 20(1) Arb.Int. 85, 94 (2004).
[122] MüKo ZPO/*Münch*, § 1042 Rn. 72a.
[123] MüKo ZPO/*Münch*, § 1029 Rn. 117a; Stein/Jonas/*Schlosser*, § 1029 Rn. 54.
[124] BVerfG, Beschluss v. 08.01.1959 – 1 BvR 396/55, Rn. 29 (juris) = BVerfGE 9, 89.
[125] BVerfG, Beschluss v. 08.01.1959 – 1 BvR 396/55, Rn. 29 (juris) = BVerfGE 9, 89.
[126] Stein/Jonas/*Grunsky*, 22. Aufl., vor § 916 Rn. 38.

gehört wird.[127] Das BVerfG betont zugleich aber, dass der Gesetzgeber *ex parte*-Entscheidungen an tunlichst enge Voraussetzungen zu knüpfen habe.[128] Hier klingt an, was ohnehin allgemein gilt: Grundrechte dürfen nur durch oder aufgrund Gesetz beschränkt werden.[129] Das Recht auf rechtliches Gehör muss daher durch ein Gesetz beschränkt werden.[130] Für das staatliche Verfahren wird die Notwendigkeit staatlicher Ausgestaltung durch die Prozessordnungen gewährleistet.[131] Für die Schiedsgerichtsbarkeit gibt es eine vergleichbare gesetzliche Grundlage allerdings nicht. Es stellt sich daher die Frage, ob eine schiedsrichterliche *ex parte*-Entscheidung ohne gesetzliche Grundlage vom staatlichen Gericht durchgesetzt werden kann. Im Ergebnis ist das zu verneinen.

a) Ex parte-Entscheidung als Grundrechtseingriff

Ansatzpunkt für den geforderten Gesetzesvorbehalt ist ein Grundrechtseingriff, denn erst der Grundrechtseingriff fordert einen Gesetzesvorbehalt.[132] Das Schiedsgericht ist zwar nicht unmittelbar an Grundrechte gebunden; allerdings greift das staatliche Gericht in das grundrechtlich geschützte Recht auf rechtliches Gehör ein, wenn es eine *ex parte*-Entscheidung vollzieht. Für die Vollziehung bedarf es daher einer gesetzlichen Grundlage:

Schiedsgerichte sind grundsätzlich nicht unmittelbar an Grundrechte gebunden,[133] denn sie üben keine öffentliche Gewalt aus.[134] Der BGH zitiert zwar im Zusammenhang mit dem Recht auf rechtliches Gehör im Schiedsverfahren Art. 103 Abs. 1 GG, spricht aber nicht weiter an, ob er Schiedsgerichte damit

---

[127] BVerfG, Beschluss v. 08.01.1959 – 1 BvR 396/55, Rn. 29 (juris) = BVerfGE 9, 89; vgl. auch aus der Literatur zur Zulässigkeit von *ex parte*-Entscheidungen nur: *Borck*, MDR 1988, 908, 910; Stein/Jonas/*Grunsky*, 22. Aufl., vor § 916 Rn. 38; Schuschke/Walker/*Walker*, Vor §§ 916–945b Rn. 5.

[128] BVerfG, Beschluss v. 08.01.1959 – 1 BvR 396/55, Rn. 29 (juris) = BVerfGE 9, 89.

[129] Siehe statt aller nur HdBdGr III/*Lerche*, § 62 Rn. 15.

[130] Vgl. auch BVerfG, Beschluss v. 30.01.1985 – 1 BvR 876/84, NJW 1985, 1150, 1150, siehe auch Beschluss v. 08.06.1993 – 1 BvR 878/90, Rn. 27 (juris); HdBdGr V/*Graßhof*, § 133 Rn. 22; von Mangoldt/Klein/Starck/*Nolte/Aust*, GG, Art. 103 Abs. 1 Rn. 8, wonach das Recht auf rechtliches Gehör der Ausgestaltung durch den Gesetzgeber bedarf.

[131] BVerfG, Beschluss v. 08.01.1959 – 1 BvR 396/55, Rn. 29 (juris) = BVerfGE 9, 89.

[132] Siehe zum Gesetzesvorbehalt bei Grundrechtseingriffen nur HdBdGr III/*Lerche*, § 62 Rn. 15.

[133] *Distler*, Private Schiedsgerichtsbarkeit und Verfassung, S. 190; Maunz/Dürig/*Herdegen*, GG, Art. 1 Rn. 98; *Karl*, Unabhängigkeit und Unparteilichkeit, S. 30; vgl. auch *Geimer*, Schiedsgerichtsbarkeit und Verfassung, in: Schlosser (Hrsg.), Integritätsprobleme im Umfeld der Justiz, S. 127.

[134] BGH, Urteil v. 05.12.1985 – III ZR 180/84, Rn. 18 (juris) = NJW-RR 1986, 1059; Urteil v. 03.07.1975 – III ZR 78/73 (München), NJW 1976, 109, 110; *Karl*, Unabhängigkeit und Unparteilichkeit, S. 30; *Geimer*, Schiedsgerichtsbarkeit und Verfassung, in: Schlosser (Hrsg.), Integritätsprobleme im Umfeld der Justiz, S. 121–122.

als unmittelbar grundrechtsgebunden ansieht.[135] *Schlosser* wird hier deutlicher: Er leitet das Recht auf rechtliches Gehör unmittelbar aus Art. 103 Abs. 1 GG ab.[136] Die Schiedsgerichtsbarkeit sei Rechtsprechung, Art. 103 Abs. 1 GG gelte daher auch für Schiedsgerichte.

Eine unmittelbare Geltung von Art. 103 Abs. 1 GG für das Schiedsgericht überzeugt allerdings nicht: Die Pflicht des Schiedsgerichts, rechtliches Gehör zu gewähren, ergibt sich allein aus dem einfachen Recht (§ 1042 Abs. 1 S. 2 ZPO).[137] Art. 1 Abs. 3 GG meint mit dem Begriff Rechtsprechung nur die staatlichen Gerichte als Träger öffentlicher Gewalt, nicht aber private Schiedsgerichte.[138] Die unmittelbare Drittwirkung der Grundrechte würde die Freiheit des Einzelnen mehr einschränken als fördern, da die Bürger mit unzähligen zusätzlichen Pflichten belastet würden.[139] Sie ist daher abzulehnen. Allerdings ergibt sich eine mittelbare Grundrechtsbindung der Schiedsgerichte, denn Schiedsrichter sind vertraglich verpflichtet, Entscheidungen zu treffen, die letztlich vom staatlichen Gericht anerkannt werden.[140] Das staatliche Gericht ist an Grundrechte gebunden. Es darf den schiedsrichterlichen Rechtsbefehl daher nur durchsetzen, wenn er unter Wahrung der Prozessgrundrechte zustande gekommen ist.[141]

Für die Frage nach der Vollziehung von *ex parte*-Entscheidungen bedeutet das: Das staatliche Gericht bedarf einer gesetzlichen Grundlage für den Eingriff in das Recht auf rechtliches Gehör. Die Vollziehung einer *ex parte*-Entscheidung ist ein solcher Eingriff, wie die eingangs vorgestellte Entscheidung des BVerfG zeigt.

Eine gesetzliche Grundlage ist auch nicht dadurch zu ersetzen, dass im Schiedsverfahren grundsätzlich Privatautonomie gilt, denn § 1042 Abs. 1

---

[135] Vgl. z.B. BGH, Urteil v. 11.11.1982 – III ZR 77/81, Rn. 12 (juris) = BGHZ 85, 288 = NJW 1983, 867; Urteil v. 14.05.1992 – III ZR 169/90 (Düsseldorf), NJW 1992, 2299.

[136] Stein/Jonas/*Schlosser*, § 1042 Rn. 37.

[137] *Distler,* Private Schiedsgerichtsbarkeit und Verfassung, S. 187; *Sawang,* Geheimhaltung und rechtliches Gehör, S. 264–266; *Geimer,* Schiedsgerichtsbarkeit und Verfassung, in: Schlosser (Hrsg.), Integritätsprobleme im Umfeld der Justiz, S. 127.

[138] *Geimer,* Schiedsgerichtsbarkeit und Verfassung, in: Schlosser (Hrsg.), Integritätsprobleme im Umfeld der Justiz, S. 127; Maunz/Dürig/*Herdegen,* GG, Art. 1 Rn. 98.

[139] Aus der schiedsrechtlichen Literatur *Distler,* Private Schiedsgerichtsbarkeit und Verfassung, S. 189–190; vgl. aus der staatsrechtlichen Literatur nur Maunz/Dürig/*Herdegen,* GG, Art. 1 Rn. 59.

[140] BGH, Urteil v. 05.05.1986 – III ZR 233/84 (Hamburg), NJW 1986, 3077, 3078; MüKo ZPO/*Münch*, Vorb. zu § 1034 Rn. 20; *Schwab/Walter,* Schiedsgerichtsbarkeit, Kapitel 11 Rn. 8.

[141] *Distler,* Private Schiedsgerichtsbarkeit und Verfassung, S. 191; *Geimer,* Schiedsgerichtsbarkeit und Verfassung, in: Schlosser (Hrsg.), Integritätsprobleme im Umfeld der Justiz; *Karl,* Unabhängigkeit und Unparteilichkeit, S. 34–36.

S. 2 ZPO stellt das Recht auf rechtliches Gehör unverzichtbar.[142] Eine parteidispositive Ausnahme wird nicht zugelassen. Ein vollständiger Verzicht, wie es ihn bei einer *ex parte*-Entscheidung zunächst gäbe, bedarf daher einer gesetzlichen Grundlage.

b) Keine Übertragung der Voraussetzungen im staatlichen Verfahren

An dem aufgestellten Befund ändert auch die Überlegung nichts, eine *ex parte*-Entscheidung könne im Schiedsverfahren deshalb ergehen, weil auch ein staatliches Gericht ohne Anhörung des Antragsgegners entscheiden darf.[143] Ein grundrechtlich begründeter Gesetzesvorbehalt kann nicht durch Übertragung einer anderen gesetzlichen Regelung auf einen nichtgeregelten Fall umgangen werden.[144]

Diesem Ergebnis steht auch die Rechtsprechung nicht entgegen,[145] der zufolge Schiedsgerichte rechtliches Gehör im wesentlich gleichen Umfang gewähren müssen, wie staatliche Gerichte. Ursprünglich begründete der BGH mit diesem Ansatz nämlich nur, dass es im Schiedsverfahren überhaupt rechtliches Gehör geben muss.[146] Er wendete sich damit gegen die Rechtsprechung des Reichsgerichts, das geringere Anforderungen an das rechtliche Gehör im Schiedsverfahren stellte als im staatlichen Verfahren.[147]

In jüngster Zeit zogen der BGH[148] sowie das OLG Frankfurt[149] den Vergleich zum staatlichen Verfahren zwar auch heran, um eine Parteivereinbarung zu rechtfertigen, die das Recht beschränkte, Verletzungen des rechtlichen Gehörs zu rügen.

---

[142] Zöller/*Geimer*, § 1042 Rn. 4; *Wolff,* Verzicht auf rechtliches Gehör im Schiedsverfahren, in: Nueber/Przeszlowska/Zwirchmayr (Hrsg.), Privatautonomie und ihre Grenzen im Wandel, S. 172.

[143] So z.B.: OLG Frankfurt, Beschluss v. 31.07.2013 – 26 SchH 4/13, Rn. 16 (juris); Zöller/*Geimer*, § 1042 Rn. 3; *Lachmann,* Schiedsgerichtspraxis, Rn. 2906; Saenger/*Saenger*, § 1041 Rn. 2.

[144] Vgl. zum Analogieverbot zur Umgehung eines Gesetzesvorbehalts: BVerfG, Beschluss v. 14.08.1996 – 2 BvR 2088/93, NJW 1996, 3146; vgl. auch *Müller/Christensen,* Juristische Methodik, Rn. 371 (S. 395).

[145] BGH, Urteil v. 11.11.1982 – III ZR 77/81, Rn. 12 (juris) = BGHZ 85, 288 = NJW 1983, 867; Urteil v. 14.05.1992 – III ZR 169/90 (Düsseldorf), NJW 1992, 2299; Urteil v. 08.10.1959 – VII ZR 87/58 (Düsseldorf), NJW 1959, 2213, 2214; Urteil v. 26.09.1985 – III ZR 16/84 (Frankfurt), NJW 1986, 1436, 1438; ebenso: OLG Frankfurt, Beschluss v. 11.04.2014 – 26 Sch 13/13, SchiedsVZ 2014, 154, 157.

[146] BGH, Urteil v. 10.10.1951 – II ZR 99/51, BGHZ 3, 215; Urteil v. 08.10.1959 – VII ZR 87/58 (Düsseldorf), NJW 1959, 2213, 2214.

[147] RG, Urteil v. 01.02.1901 – VII 328/00, RGZ 47, 424; OLG Frankfurt, Beschluss v. 11.04.2014 – 26 Sch 13/13, SchiedsVZ 2014, 154.

[148] BGH, Beschluss v. 16.04.2015 – I ZB 3/14, NJW 2015, 3234 Rn. 31.

[149] OLG Frankfurt, Beschluss v. 11.04.2014 – 26 Sch 13/13, SchiedsVZ 2014, 154.

In dem Sachverhalt, der der BGH-Entscheidung zugrunde lag, hatten die Parteien ein Abhilfeverfahren analog § 321a ZPO vereinbart, wonach die Verletzung rechtlichen Gehörs innerhalb von zwei Wochen vor dem Schiedsgericht gerügt werden musste.[150] Unterblieb die Rüge, sollte es unzulässig werden, die Verletzung rechtlichen Gehörs im Aufhebungsverfahren nach § 1059 ZPO geltend zu machen. Der BGH sah darin keine übermäßige Beschränkung des Rechtes, Verletzungen des rechtlichen Gehörs zu rügen.[151] Das Verfahren entspreche im Kern dem Zusammenspiel von § 321a ZPO und § 90 Abs. 2 S. 1 BVerfGG.[152]

Ebenso wie der BGH nutzte auch das OLG Frankfurt den Vergleich zum staatlichen Gericht, um das Recht auf rechtliches Gehör zu begrenzen.[153] Die Antragsgegnerin im Schiedsverfahren stellte einen Antrag auf Setzung einer Schriftsatzfrist, um sich zu einer Tatsache äußern zu können, die während der Beweisaufnahme bekannt geworden war.[154] Das Schiedsgericht lehnte die Schriftsatzfrist ab, weil das Vorbringen verspätet sei. Das OLG sah das Recht auf rechtliches Gehör nicht als verletzt an, denn das Schiedsgericht habe sich bei seiner Entscheidung an § 296 ZPO orientiert.[155] An die Zurückweisung verspäteten Vorbringens könnten im Schiedsverfahren keine höheren Anforderungen gestellt werden, als im staatlichen Verfahren.[156]

Die beiden dargestellten Entscheidungen bereiten jedoch nicht den Boden dafür, auch einem Schiedsgericht *ex parte*-Entscheidungen zu ermöglichen. Für die *ex parte*-Entscheidung durch Schiedsgerichte findet sich nämlich keine gesetzliche Grundlage in der ZPO, anders hingegen für die Fragen, die in den beiden dargestellten Entscheidungen behandelt wurden:

Die Entscheidung des OLG Frankfurt findet eine gesetzliche Grundlage auch in § 1046 Abs. 2 ZPO, der eine Zurückweisung verspäteten Vorbringens erlaubt.[157] § 296 ZPO wurde in der Entscheidung vor allem herangezogen, um § 1046 Abs. 2 ZPO zu konkretisieren. Ähnliches gilt für die BGH-Entscheidung. Zwar spricht der BGH das nicht ausdrücklich an, aber die Präklusion bei verspäteter Rüge der Gehörsverletzung ist in § 1027 ZPO angelegt.[158] Auch

---

[150] BGH, Beschluss v. 16.04.2015 – I ZB 3/14, NJW 2015, 3234 Rn. 30–32.

[151] BGH, Beschluss v. 16.04.2015 – I ZB 3/14, NJW 2015, 3234 Rn. 31.

[152] BGH, Beschluss v. 16.04.2015 – I ZB 3/14, NJW 2015, 3234 Rn. 31.

[153] OLG Frankfurt, Beschluss v. 11.04.2014 – 26 Sch 13/13, SchiedsVZ 2014, 154, 157.

[154] OLG Frankfurt, Beschluss v. 11.04.2014 – 26 Sch 13/13, SchiedsVZ 2014, 154.

[155] OLG Frankfurt, Beschluss v. 11.04.2014 – 26 Sch 13/13, SchiedsVZ 2014, 154, 157.

[156] OLG Frankfurt, Beschluss v. 11.04.2014 – 26 Sch 13/13, SchiedsVZ 2014, 154, 157.

[157] OLG Frankfurt, Beschluss v. 11.04.2014 – 26 Sch 13/13, SchiedsVZ 2014, 154, 157.

[158] Siehe dazu auch die Überlegungen bei OLG Frankfurt, Beschluss v. 11.04.2014 – 26 Sch 13/13, SchiedsVZ 2014, 154, 159; vgl. aber auch die Kritik bei MüKo ZPO/*Münch*, § 1042 Rn. 31b, der meint, eine Präklusion verspäteter Gehörsrüge sei nicht auf § 1027 ZPO zu stützen, weil § 1042 Abs. 1 S. 2 ZPO zwingendes Recht sei.

hier lässt sich die Begrenzung des Rechts auf rechtliches Gehör an eine gesetzliche Bestimmung anbinden. Zudem ist die Präklusionsvorschrift ein wesentlich schwächerer Eingriff in das Recht auf rechtliches Gehör als die *ex parte*-Entscheidung. Während das Recht auf rechtliches Gehör bei einer *ex parte*-Entscheidung zunächst gar nicht gewährt wird, gibt es bei einer Präklusionsvorschrift immerhin das Angebot auf rechtliches Gehör. Dieses Angebot wird lediglich nicht angenommen.[159]

c) *Ergebnis*

Ex parte ergangene einstweilige Anordnungen können nicht vom staatlichen Gericht vollzogen werden. Es fehlt an einer gesetzlichen Grundlage für *ex parte*-Entscheidungen im Schiedsverfahren.[160] Die Erlaubnis für das staatliche Gericht, im Eilverfahren ohne Anhörung des Antragsgegners zu entscheiden, kann nicht auf Schiedsverfahren übertragen werden. Eine Parteivereinbarung genügt ebenfalls nicht als Rechtfertigung, denn jedenfalls das staatliche Gericht, welches die einstweilige Anordnung vollziehen soll, benötigt eine gesetzliche Grundlage für die Vollziehung der *ex parte*-Entscheidung. Eine *ex parte*-Entscheidung, die durch *Emergency Arbitrator* oder Schiedsgericht erlassen wird, kann daher vom staatlichen Gericht nicht zur Vollziehung zugelassen werden.

3. *Vollziehbarkeit bei nachträglicher Gehörsgewährung*

Das staatliche Gericht darf jedoch eine einstweilige Anordnung vollziehen, die zwar ursprünglich *ex parte* ergangen ist, nach Gehörsgewährung aber bestätigt wurde.[161] Eine Anordnung auf einseitiges Vorbringen („preliminary order") nach den Swiss Rules 2012 kann damit vollzogen werden, sobald der *Emergency Arbitrator* dem Antragsgegner rechtliches Gehör eingeräumt hat.

Gegen dieses Ergebnis wird eingeworfen, dass es ungleich schwerer sei, eine Person von einer einmal getroffenen Entscheidung wieder abzubringen, als sie vor der Entscheidung für die Alternative zu gewinnen.[162] Das mag zutreffen, ist für die rechtliche Beurteilung aber unerheblich. Denn wäre der Einwand beachtlich, so dürfte ein staatlicher Richter ebenfalls nicht ohne vorherige Gehörsgewähr entscheiden. Grundsätzlich unterliegt der staatliche Richter nämlich den gleichen psychologischen Effekten wie andere Menschen auch.

Entscheidend ist ein anderer Aspekt. Eine einstweilige Anordnung kann ohne Gehörsgewähr nur deshalb nicht vollzogen werden, weil es *de lege lata*

---

[159] MüKo ZPO/*Münch*, § 1042 Rn. 31.

[160] Vgl. zu diesem Argument auch *Schütze,* BB 1998, 1650, 1651; *Thümmel,* DZWIR 1997, 133, 135.

[161] Ebenso *Bandel,* Einstweiliger Rechtsschutz im Schiedsverfahren, S. 99.

[162] Vgl. zu diesem Argument *van Houtte*, 20(1) Arb.Int. 85, 93 (2004).

an einer gesetzlichen Grundlage fehlt, um den Grundrechtseingriff zu rechtfertigen. Das ist aber nur für das staatliche Gericht relevant. Erst wenn dieses entscheidet, muss das rechtliche Gehör vollumfänglich gewährt worden sein. Wie die Parteien das Verfahren ausgestalten, um „am Ende" eine Entscheidung zu erhalten, bei der alle Parteien gehört wurden, ist ihre Sache.[163] Die Parteien können daher ein Verfahren festlegen, bei dem der *Emergency Arbitrator* zuerst nur über den Antrag auf Erlass der einstweiligen Anordnung entscheidet, um danach die Gegenseite zu hören. Wichtig ist allein, dass die Gegenseite Gelegenheit bekommt, die Entscheidung mit ihren Äußerungen noch einmal zu beeinflussen.

Eine solche Regelung bringt dem Antragsgegner zudem einen erheblichen Vorteil ein: Er kennt die Erwägungen des *Emergency Arbitrators* schon und kann fokussiert Stellung nehmen. Letztlich wäre es auch wenig zielführend, die Heilung der Gehörsgewähr zu verbieten. Denn der *Emergency Arbitrator* könnte nach Gehörsgewährung einfach eine neue, inhaltlich gleiche Anordnung erlassen.

Eine Entscheidung, die ursprünglich *ex parte* erlassen wurde, kann daher vollzogen werden, sobald der *Emergency Arbitrator* den Antragsgegner gehört hat.[164]

IV. Ergebnis

Im einstweiligen Rechtsschutz kann es erforderlich werden, eine einstweilige Anordnung ohne Anhörung des Antragsgegners zu erlassen. Solche *ex parte*-Entscheidungen finden allmählich Einzug in Regelwerke der Schiedsgerichtsbarkeit, wie Art. 17B u. 17C UNCITRAL ModG 2006, die LCIA Rules 2014, die SIAC Rules 2016 und die Swiss Rules 2012 zeigen.

Nach der geltenden Fassung der ZPO können einstweilige Anhörungen jedoch nicht vollzogen werden, bevor nicht beiden Parteien rechtliches Gehör gewährt wurde. Zwar gibt es keine strukturellen Bedenken dagegen, *ex parte*-Entscheidungen durch *Emergency Arbitrator* zuzulassen. Es fehlt aber an einer gesetzlichen Grundlage für das Schiedsverfahren. Möglich ist es allein, dass der *Emergency Arbitrator* eine einstweilige Anordnung zunächst *ex parte* erlässt und danach den Antragsgegner anhört. Das staatliche Gericht darf die Anordnung für vollziehbar erklären, nachdem der *Emergency Arbitrator* das Vorbringen des Antragsgegners berücksichtigt hat.

---

[163] Vgl. dazu *Wolff,* Verzicht auf rechtliches Gehör im Schiedsverfahren, in: Nueber/Przeszlowska/Zwirchmayr (Hrsg.), Privatautonomie und ihre Grenzen im Wandel, S. 175.

[164] Im Ergebnis ebenso *Bandel,* Einstweiliger Rechtsschutz im Schiedsverfahren, S. 99.

Kapitel 6

Auswirkungen des Emergency-Verfahrens

Die Qualifikation des *Emergency Arbitrators* als Teil eines einheitlichen Schiedsgerichts wirft Fragen dazu auf, welche Auswirkungen das *Emergency*-Verfahren auf den weiteren Lauf des Schiedsverfahrens hat:

Erstens erlaubt es § 1032 Abs. 2 ZPO jeder Partei, beim staatlichen Gericht zu beantragen festzustellen, dass das Schiedsverfahren zulässig oder unzulässig ist. Der Antrag ist zulässig bis das Schiedsgericht gebildet ist. Für die Parteien stellt sich die Frage, ob mit Ernennung des *Emergency Arbitrators* der Antrag nach § 1032 Abs. 2 ZPO unzulässig wird. Im Ergebnis ist das zu verneinen, der Antrag kann trotz *Emergency Arbitrator* gestellt werden (dazu A.).

Zweitens stellt sich für den Beklagten des Schiedsverfahrens die Frage, ob er bereits im *Emergency*-Verfahren die Unzuständigkeit des Schiedsgerichts rügen muss (§ 1040 Abs. 2 S. 1 ZPO). Im Ergebnis ist das zu verneinen. Allerdings muss die Zuständigkeit des *Emergency Arbitrators* frühzeitig gerügt werden (dazu B.).

Zuletzt stellt sich die Frage, ob sich durch das *Emergency*-Verfahren etwas an der Kompetenz der staatlichen Gerichte ändert, Maßnahmen des einstweiligen Rechtsschutzes anzuordnen (§ 1033 ZPO). In England hat zwar ein Gericht die eigene Zuständigkeit für einstweiligen Rechtschutz verneint, weil ein *Emergency*-Verfahren zur Verfügung stand.[1] Auf Deutschland ist das aber nicht übertragbar: Trotz *Emergency*-Verfahren bleiben deutsche staatliche Gerichte für den Erlass einstweiliger Maßnahmen zuständig (dazu C).

A. Feststellung der Zulässigkeit des Schiedsverfahrens (§ 1032 Abs. 2 ZPO)

Nach § 1032 Abs. 2 ZPO kann jede potentielle Schiedspartei bis zur Bildung des Schiedsgerichts Antrag auf Feststellung der Zulässigkeit oder Unzulässigkeit eines schiedsrichterlichen Verfahrens beim staatlichen Gericht stellen. Die Regelung ist eine deutsche Besonderheit ohne Vorbild im UNCITRAL

[1] *Gerald Metals S.A. v. Timis & Ors*, High Court of Justice [2016] EWHC 2327 (CH).

ModG 1985.[2] Zwar wurde eine vergleichbare Regelung bei den Beratungen zum UNCITRAL ModG 1985 erwogen, aus Furcht vor einer Torpedierung des Schiedsverfahrens aber verworfen.[3] Ungeachtet dessen übernahm der deutsche Gesetzgeber § 1046 ZPO a.F.[4] und ergänzte die Vorschrift um die zuvor durch die Rechtsprechung anerkannte Möglichkeit,[5] positiv die Zulässigkeit des schiedsgerichtlichen Verfahrens feststellen zu lassen.

Leitet eine Partei ein *Emergency*-Verfahren ein, stellt sich die Frage, ob mit Ernennung des *Emergency Arbitrators* das Schiedsgericht gebildet ist. Damit wäre der Antrag nach § 1032 Abs. 2 ZPO unzulässig, sobald der *Emergency Arbitrator* von der Schiedsorganisation ernannt wird. Da der *Emergency Arbitrator* innerhalb kürzester Zeit eingesetzt wird, wäre § 1032 Abs. 2 ZPO praktisch ausgehebelt. Im Ergebnis ist das Schiedsgericht aber mit Ernennung des *Emergency Arbitrators* noch nicht i.S.v. § 1032 Abs. 2 ZPO gebildet. Der Antrag auf Feststellung der Zulässigkeit/Unzulässigkeit des Schiedsverfahrens bleibt daher bis zur Bildung des Hauptsacheschiedsgerichts zulässig:

Um zu begründen, weshalb das Schiedsgericht durch Ernennung des *Emergency Arbitrators* noch nicht gebildet ist, muss zunächst die Funktion des § 1032 Abs. 2 ZPO festgestellt werden. Die Norm soll jeder Schiedspartei frühzeitig eine Möglichkeit verschaffen, die Zulässigkeit oder Unzulässigkeit des Schiedsverfahrens feststellen zu lassen.[6] § 1032 Abs. 2 ZPO befreit daher vor allem den Schiedskläger aus einem Dilemma:[7] Gibt es Zweifel über die Zuständigkeit des Schiedsgerichts, läuft der Kläger Gefahr, kostenpflichtig abgewiesen zu werden, egal ob er seine Klage nun beim Schiedsgericht oder staatlichem Gericht einreicht. Entscheidet er sich für das Schiedsverfahren, weist ihn möglicherweise das Schiedsgericht ab, wenn es sich für unzuständig hält. Wählt der Kläger hingegen das staatliche Gericht, wird er möglicherweise wegen einer erfolgreichen Schiedseinrede des Beklagten abgewiesen (§ 1032 Abs. 1 ZPO).

Entsprechend der Funktion des § 1032 Abs. 2 ZPO, frühzeitig die Zulässigkeit des Schiedsverfahrens abzuklären, ist das Schiedsgericht gebildet, sobald

---

[2] BT-Drs. 13/5274, S. 38; Böckstiegel/Kröll/Nacimiento/*Huber/Bach*, § 1032 Rn. 43; MüKo ZPO/*Münch*, § 1032 Rn. 23; Saenger/*Saenger*, § 1032 Rn. 13; *Schroeter,* SchiedsVZ 2004, 288; BeckOK ZPO/*Wolf/Eslami*, Stand: 01.03.2018, § 1032 Rn. 2.

[3] UNCITRAL, Report of the Working Group on International Contract Practices on the Work of its Seventh Session, A/CN.9/246, Rn. 55, vgl. auch die Darstellung bei *Spohnheimer,* Vorabentscheidung über die (Un-)Zulässigkeit des schiedsgerichtlichen Verfahrens, in: Rüßmann (Hrsg.), FS Käfer, S. 360.

[4] BT-Drs. 13/5274, S. 38.

[5] Vgl. bereits RG, Urteil v. 04.03.1889 – Rep. VI. 337/88, RGZ 23, 424, 427.

[6] *Mann/Lumpp,* SchiedsVZ 2011, 323, 327; MüKo ZPO/*Münch*, § 1032 Rn. 3; Musielak/Voit/*Voit*, § 1032 Rn. 10; BeckOK ZPO/*Wolf/Eslami*, Stand: 01.03.2018, § 1032 Rn. 32.

[7] *Windthorst,* SchiedsVZ 2004, 230, 231.

der letzte Schiedsrichter sein Amt angenommen hat.[8] Ab diesem Zeitpunkt kann das Schiedsgericht selbst über seine Zuständigkeit entscheiden (§ 1040 Abs. 1 ZPO), der Antrag vor dem staatlichen Gericht ist daher nicht mehr notwendig. Bei Ernennung des *Emergency Arbitrators* hat der letzte Schiedsrichter sein Amt noch nicht angenommen, schon daher ist das Schiedsgericht nicht gebildet. Der *Emergency Arbitrator* ist zudem nicht berechtigt, verbindlich die Zuständigkeit des Schiedsgerichts festzustellen.[9] Allein über seine eigene Zuständigkeit darf er entscheiden. Das *Emergency*-Verfahren ist daher kein Ersatz für § 1032 Abs. 2 ZPO. Im Ergebnis bleibt der Antrag nach § 1032 Abs. 2 ZPO damit zulässig, selbst wenn der *Emergency Arbitrator* ernannt wird.

B. Rügepflichten (§ 1040 Abs. 2 ZPO)

Neben dem Antrag auf Feststellung der Zulässigkeit/Unzulässigkeit des Schiedsverfahrens stellt sich für den Antragsgegner des *Emergency*-Verfahrens die Frage, wann er die Zuständigkeit von Schiedsgericht und *Emergency Arbitrator* rügen muss. Wird die Rüge versäumt, ist der Antragsgegner mit der Unzuständigkeitsrüge präkludiert, das Schiedsgericht (bzw. der *Emergency Arbitrator*) schon deshalb zuständig.[10] Die so begründete Zuständigkeit hat im Aufhebungs- und Vollstreckbarerklärungsverfahren bestand, sodass dort die Unwirksamkeit der Schiedsvereinbarung grundsätzlich nicht mehr eingewandt werden kann.[11]

Für die Frage, wann die Zuständigkeit von Schiedsgericht oder *Emergency Arbitrator* gerügt werden muss, ist im Ergebnis zu differenzieren: Während der Antragsgegner mit der Rüge der Zuständigkeit des Hauptsacheschiedsgerichts abwarten kann, bis dieses gebildet ist (dazu I.), muss er bereits in der ersten sachlichen Äußerung zum *Emergency*-Verfahren die Unzuständigkeit des

---

[8] BayObLG, Beschluss v. 09.09.1999 – 4Z SchH 3/99, BayObLGZ 1999, 255, 263; Böckstiegel/Kröll/Nacimiento/*Huber/Bach*, § 1032 Rn. 47; *Mann/Lumpp,* SchiedsVZ 2011, 323, 325; MüKo ZPO/*Münch*, § 1032 Rn. 22; Prütting/Gehrlein/*Prütting*, § 1032 Rn. 6; Wieczorek/Schütze/*Schütze*, § 1032 Rn. 9; *Schroeter,* SchiedsVZ 2004, 288, 290; Musielak/Voit/*Voit*, § 1032 Rn. 10; BeckOK ZPO/*Wolf/Eslami*, Stand: 01.03.2018, § 1032 Rn. 33.

[9] Vgl. in den Schiedsordnungen, wonach das Hauptsacheschiedsgericht nicht an die Feststellungen des *Emergency Arbitrators* hinsichtlich der Zuständigkeit gebunden ist: Art. 29 (3) ICC Rules 2017; Art. 9.11 LCIA Rules 2014; Art. 7 SIAC EA Rules 2016; Art. 17 (a) HKIAC EA Rules 2018; Art. 9 (5) SCC EA Rules 2017; Art. 6 (5) ICDR Rules 2014; Art. 43 (8) Swiss Rules 2012.

[10] MüKo ZPO/*Münch*, § 1040 Rn. 33; BeckOK ZPO/*Wolf/Eslami*, Stand: 01.03.2018, § 1040 Rn. 18; Böckstiegel/Kröll/Nacimiento/*Huber/Bach*, § 1040 Rn. 20.

[11] KG, Beschluss v. 17.12.2007 – 20 Sch 05/07, SchiedsVZ 2009, 179, 181; Baumbach/Lauterbach/Albers/*Hartmann*, § 1040 Rn. 3; MüKo ZPO/*Münch*, § 1040 Rn. 42 (m.zahlr. Nachw.); Böckstiegel/Kröll/Nacimiento/*Huber/Bach*, § 1040 Rn. 20.

Emergency Arbitrators rügen (dazu II.). Unterbleibt die Rüge, ist der *Emergency Arbitrator* zuständig, selbst wenn später das Schiedsverfahren im Übrigen wegen Unzuständigkeit des Schiedsgerichts beendet wird.

I. Rüge der Zuständigkeit des Schiedsgerichts

Zweifelt der Beklagte an der Zuständigkeit des Schiedsgerichts insgesamt, etwa weil die Schiedsvereinbarung unwirksam sei, so muss der Beklagte nach § 1040 Abs. 2 S. 1 ZPO die Unzuständigkeit des Schiedsgerichts spätestens in der Klagebeantwortung rügen. Wird die Rüge nicht erhoben, so ist sie ausgeschlossen und das Schiedsgericht zuständig.[12] Nun ist zu überlegen, ob der Antragsgegner des *Emergency*-Verfahrens die Rüge bereits in der ersten Stellungnahme zum *Emergency*-Verfahren erheben muss. Das ist aber zu verneinen, unabhängig davon, ob eine Stellungnahme im *Emergency*-Verfahren bereits als Klagebeantwortung gesehen werden kann.

Auch ohne *Emergency*-Verfahren wird anerkannt, dass die Zuständigkeitsrüge erst präkludiert wird, wenn das Hauptsacheschiedsgericht gebildet ist.[13] § 1040 Abs. 2 S. 2 ZPO erlaubt es einer Partei nämlich, an der Bestellung des Schiedsgerichts mitzuwirken und trotzdem die Zuständigkeit des Schiedsgerichts zu rügen.[14] Die Regelung wurde eingeführt, weil es im Einzelfall ratsam sein kann, an der Konstituierung des Schiedsgerichts mitzuwirken, obwohl der Beklagte an der Zuständigkeit des Schiedsgerichts zweifelt.[15] In der Literatur wird § 1040 Abs. 2 S. 2 ZPO auf Grundlage dieser Gesetzesbegründung erweiternd ausgelegt: Der Beklagte muss die Zuständigkeit frühestens nach Konstituierung des Schiedsgerichts rügen, Einlassungen zur Sache vor Konstituierung des Schiedsgerichts sollen nicht schaden.[16] Begründet wird dies zunächst damit, dass der Beklagte zu den ernannten Schiedsrichtern möglicherweise so viel Vertrauen fasst, dass er sich rügelos einlassen will.[17] Die Möglichkeit erst die Besetzung des Schiedsgerichts abzuwarten, soll dem Beklagten zudem nicht genommen werden, wenn eine Schiedsordnung einen Ablauf des Schiedsverfahrens vorsieht, der von den Vorstellungen des deutschen Gesetzgebers abweicht.[18] Nach Vorstellung des Gesetzgebers wird nämlich immer erst das

---

[12] MüKo ZPO/*Münch*, § 1040 Rn. 33.

[13] BeckOK ZPO/*Wolf/Eslami*, Stand: 01.03.2018, § 1040 Rn. 13; Stein/Jonas/*Schlosser*, § 1040 Rn. 12.

[14] BT-Drs. 13/5274, S. 43; Stein/Jonas/*Schlosser*, § 1040 Rn. 12.

[15] BT-Drs. 13/5274, S. 43.

[16] Zöller/*Geimer*, § 1040 Rn. 5; MüKo ZPO/*Münch*, § 1040 Rn. 19a; Stein/Jonas/*Schlosser*, § 1040 Rn. 12; BeckOK ZPO/*Wolf/Eslami*, Stand: 01.03.2018, § 1040 Rn. 13; undeutlich, aber wohl ähnlich: Wieczorek/Schütze/*Schütze*, § 1040 Rn. 27.

[17] Wieczorek/Schütze/*Schütze*, § 1040 Rn. 27.

[18] BeckOK ZPO/*Wolf/Eslami*, Stand: 01.03.2018, § 1040 Rn. 13, ähnlich wohl der Gedanke bei Stein/Jonas/*Schlosser*, § 1040 Rn. 12.

Schiedsgericht gebildet, bevor Sachargumente präsentiert werden.[19] Der Gesetzgeber ging nach Ansicht in der Literatur davon aus, dass immer erst das Schiedsgericht gebildet wird, bevor eine Klagebeantwortung eingereicht und darin die Zuständigkeit gerügt werden muss.[20]

Ein weiteres Argument ergibt sich aus § 1032 Abs. 2 ZPO.[21] Vor der Konstituierung des Schiedsgerichts kann sich der Beklagte nämlich noch an das staatliche Gericht wenden und beantragen, die Unzuständigkeit des Schiedsgerichts verbindlich feststellen lassen. Dieses Verfahren wird zusätzlich belastet, wenn das staatliche Gericht beurteilen muss, ob sich der Beklagte nicht mittlerweile rügelos eingelassen hat und das Schiedsgericht deshalb zuständig ist.[22] Diese Beurteilung nimmt besser das Schiedsgericht vor, welches den inneren Ablauf des Schiedsverfahrens kennt. Könnte sich der Beklagte jedoch bereits vor Konstituierung des Schiedsgerichts rügelos einlassen, müsste das staatliche Gericht im Rahmen von § 1032 Abs. 2 ZPO die rügelose Einlassung prüfen.

Die Zuständigkeitsrüge nach § 1040 Abs. 2 S. 2 ZPO muss daher erst nach Konstituierung des Schiedsgerichts erhoben werden. Nachdem hier ebenfalls die Zulässigkeit des Schiedsverfahrens im Raume steht, sollte die Konstituierung des Schiedsgerichts wie unter § 1032 Abs. 2 ZPO aufgefasst werden: Das Schiedsgericht ist erst gebildet, wenn das Hauptsacheschiedsgericht gebildet ist. Vorher existiert kein Schiedsgericht, das über die Zuständigkeit entscheiden kann. Der Antragsgegner des *Emergency*-Verfahrens muss daher im *Emergency*-Verfahren noch nicht die Zuständigkeit des Hauptsacheschiedsgerichts rügen.

II. Rüge der Zuständigkeit des Emergency Arbitrators

Unabhängig von der Zuständigkeit des Hauptsacheschiedsgerichts muss der Antragsgegner die Zuständigkeit des *Emergency Arbitrators* in der ersten sachlichen Stellungnahme zum Schiedsverfahren rügen. Das ergibt sich aus § 1040 Abs. 2 S. 3 ZPO, wonach jede Befugnisüberschreitung des Schiedsgerichts gerügt werden muss, sobald die Angelegenheit im Schiedsverfahren zur Erörterung kommt. Der *Emergency Arbitrator* ist Teil des Schiedsgerichts, die Durchführung eines *Emergency*-Verfahrens daher als Ausübung der Befugnisse des Schiedsgerichts im Sinne des § 1040 Abs. 2 S. 3 ZPO anzusehen. Hält eine Partei die Entscheidung durch einen *Emergency Arbitrator* daher für unzulässig, muss sie dies rügen „sobald die Angelegenheit […] zur Erörterung kommt" (§ 1040 Abs. 2 S. 3 ZPO).

---

[19] MüKo ZPO/*Münch*, § 1040 Rn. 19a.

[20] MüKo ZPO/*Münch*, § 1040 Rn. 19a; ähnlich wohl BeckOK ZPO/*Wolf/Eslami*, Stand: 01.03.2018, § 1040 Rn. 13.

[21] Vgl. dazu auch das Argument von MüKo ZPO/*Münch*, § 1040 Rn. 19a.

[22] MüKo ZPO/*Münch*, § 1040 Rn. 19a.

Uneinigkeit herrscht über die Auslegung des Begriffs „Erörterung". Teilweise wird vertreten, eine Erörterung liege bereits vor, wenn eine Partei einen neuen Gegenstand in das Verfahren einführt.[23] Nach *Geimer* liegt eine Erörterung erst vor, wenn sich das Schiedsgericht zu der Angelegenheit einlässt.[24] *Wolf/Eslami* wiederum fordern eine klare und eindeutige Bestimmung des Rügezeitpunkts.[25] Analog § 1040 Abs. 2 S. 1 ZPO müsse die Rüge daher in demjenigen Schriftsatz erhoben werden, in welchem sich die Partei erstmals zu einem neuen Verfahrensgegenstand äußert, jedenfalls aber bei Aufforderung durch das Schiedsgericht.[26] Der Gedanke, sich an § 1040 Abs. 2 S. 1 ZPO anzulehnen, besticht für das *Emergency*-Verfahren besonders. In seinem Ablauf ähnelt es einem „normalen" Schiedsverfahren. Der Antragsgegner wird auch im *Emergency*-Verfahren einen Schriftsatz als Antwort auf den Antrag des Antragstellers einreichen. Dieser Schriftsatz entspricht im normalen Schiedsverfahren einer Klagebeantwortung. Spätestens in diesem Schriftsatz muss die Zuständigkeit des *Emergency Arbitrators* gerügt werden.

Versäumt es der Antragsgegner, die Zuständigkeit zu rügen und wird das nicht hinreichend entschuldigt (§ 1040 Abs. 2 S. 4 ZPO), so ist der Antragsgegner mit der Zuständigkeitsrüge präkludiert. Er kann sich gegen eine Vollziehungszulassung nach § 1041 Abs. 2 ZPO nicht mehr mit dem Einwand verteidigen, der *Emergency Arbitrator* sei unzuständig gewesen. Indem sich der Antragsgegner auf das Verfahren einlässt, begründet er beim Antragsgegner Vertrauen darauf, dass das Verfahren die gewünschten Früchte tragen werde und andere Maßnahmen, etwa einstweiliger Rechtsschutz durch ein staatliches Gericht, nicht angestrengt werden müssen. An diesem geschaffenen Vertrauen muss sich der Antragsgegner festhalten lassen.

Bedeutsam ist die Rügepräklusion für die Vollziehbarerklärung nach § 1041 Abs. 2 ZPO. Die Vollziehbarerklärung kann nicht mehr mit der Begründung verweigert werden, der *Emergency Arbitrator* sei unzuständig gewesen. Das entspricht der Präklusionswirkung, wenn die Zuständigkeit des Schiedsgerichts nicht rechtzeitig in der Klagebeantwortung gerügt wird. Der Beklagte kann gegen die Vollstreckung eines Schiedsspruchs nicht mehr einwenden, dass das Schiedsgericht unzuständig gewesen sei.[27] Die Erwägungen dahinter gelten auch für die Vollziehung einer *Emergency*-Anordnung. Würde die Präk-

---

[23] Baumbach/Lauterbach/Albers/*Hartmann*, § 1040 Rn. 3; Stein/Jonas/*Schlosser*, § 1040 Rn. 14.

[24] Zöller/*Geimer*, § 1040 Rn. 6.

[25] BeckOK ZPO/*Wolf/Eslami*, Stand: 01.03.2018, § 1040 Rn. 16.

[26] BeckOK ZPO/*Wolf/Eslami*, Stand: 01.03.2018, § 1040 Rn. 16.

[27] KG, Beschluss v. 17.12.2007 – 20 Sch 05/07, SchiedsVZ 2009, 179, 181; Baumbach/Lauterbach/Albers/*Hartmann*, § 1040 Rn. 3; MüKo ZPO/*Münch*, § 1040 Rn. 42 (m.zahlr. Nachw.); Böckstiegel/Kröll/Nacimiento/*Huber/Bach*, § 1040 Rn. 20.

lusion nicht fortwirken, könnte sich der Antragsgegner sehr leicht einen Zeitvorteil verschaffen.[28] Der Antragsgegner könnte am *Emergency*-Verfahren teilnehmen und sobald die *Emergency*-Anordnung vollzogen werden soll, diese vernichten. Damit wäre das *Emergency*-Verfahren letztlich sinnlos gewesen.

Erheblich kann die Rügepräklusion zudem für den Schadensersatzanspruch gemäß § 1041 Abs. 4 ZPO werden. Wurde die *Emergency*-Anordnung vollzogen und erweist sie sich später als ungerechtfertigt, so haftet der Antragsteller dem Antragsgegner verschuldensunabhängig für denjenigen Schaden, der aufgrund der Vollziehung der einstweiligen Anordnung entstanden ist.[29] Umstritten ist dabei, ob die einstweilige Anordnung allein deswegen von Anfang an ungerechtfertigt war, weil das Schiedsgericht unzuständig war.[30] Jedenfalls dann, wenn der Antragsgegner mit der Unzuständigkeitsrüge präkludiert ist, kann er nicht mehr geltend machen, die *Emergency*-Anordnung sei ungerechtfertigt gewesen, weil der *Emergency Arbitrator* gar nicht zuständig war. Der Antragsgegner hätte es andernfalls in der Hand, das *Emergency*-Verfahren zunächst ungerügt zu lassen, um sich später einen Schadensersatzanspruch zu verschaffen.

III. Ergebnis

Festzustellen ist damit zweierlei: Der Antragsgegner des *Emergency*-Verfahrens muss noch nicht die Zuständigkeit des Hauptsacheschiedsgerichts rügen, er wird mit der Zuständigkeitsrüge nicht ausgeschlossen bis das Hauptsacheschiedsgericht konstituiert ist. Allerdings muss der Antragsgegner des *Emergency*-Verfahrens die Zuständigkeit des *Emergency Arbitrators* zu Beginn des *Emergency*-Verfahrens rügen, andernfalls wird der *Emergency Arbitrator* schon kraft rügeloser Einlassung zuständig. Unterbleibt eine Rüge, kann der Antragsgegner später die fehlende Zuständigkeit des *Emergency Arbitrators* nicht mehr gegen die Vollziehung der *Emergency*-Anordnung vorbringen oder zur Grundlage eines Schadensersatzanspruchs nach § 1041 Abs. 4 ZPO machen.

---

[28] Vgl. die Ausführungen bei MüKo ZPO/*Münch*, § 1040 Rn. 42 zum Hauptsacheschiedsspruch.

[29] Siehe statt aller nur die Darstellungen bei MüKo ZPO/*Münch*, § 1041 Rn. 49–57; Musielak/Voit/*Voit*, § 1041 Rn. 14 sowie die ausführliche Behandlung bei *Bandel,* Einstweiliger Rechtsschutz im Schiedsverfahren, S. 232–262.

[30] Für die Auffassung, dass die fehlende Zuständigkeit des Schiedsgerichts bereits den Schadensersatzanspruch auslöst: BeckOK ZPO/*Wolf/Eslami*, Stand: 01.03.2018, § 1041 Rn. 28; a.A. (fehlende Zuständigkeit allein genügt nicht): wohl *Bandel,* Einstweiliger Rechtsschutz im Schiedsverfahren, S. 241.

C. Verdrängung des staatlichen Eilrechtsschutzes

Im September 2016 hat es der englische *High Court of Justice (Chancery Division)* abgelehnt, staatlichen Eilrechtsschutz zu gewähren, weil den Parteien eines Schiedsverfahrens grundsätzlich ein *Emergency*-Verfahren nach den LCIA Rules 2014 zur Verfügung stand.[31] In Deutschland hat das *Emergency*-Verfahren keine vergleichbare Wirkung. Das staatliche Gericht kann einstweiligen Rechtsschutz trotz Verfügbarkeit des *Emergency*-Verfahrens gewähren:

In dem englischen Fall beantragte der Antragsteller, *Gerald Metals S.A.*, eine weltweite „freezing order" gegen den Beklagten.[32] Dem Antrag zum staatlichen Gericht war bereits ein Antrag auf Ernennung eines *Emergency Arbitrators* bei der LCIA vorausgegangen, die den Antrag zurückwies.[33] Der nunmehr ersuchte staatliche Richter lehnte es ebenfalls ab, die begehrte Eilmaßnahme zu erlassen, unter anderem weil einstweiliger Rechtsschutz grundsätzlich in dem *Emergency*-Verfahren zu erlangen gewesen sei.[34] Grundlage der Entscheidung war Art. 44 (5) English Arbitration Act 1996, der vorsieht:

„In any case the court shall act only if or to the extent that the arbitral tribunal, and any arbitral or other institution or person vested by the parties with power in that regard, has no power or is unable for the time being to act effectively."

Mit dem *Emergency Arbitrator* stand grundsätzlich eine Person zur Verfügung, die Eilmaßnahmen erlassen konnte.[35] Es sei unerheblich, dass im Einzelfall kein *Emergency Arbitrator* eingesetzt wurde. Maßgeblich sei allein, dass ein *Emergency Arbitrator* grundsätzlich hätte eingesetzt werden können.[36]

Nach deutschem Recht wäre eine vergleichbare Entscheidung kaum zu begründen. Anders als nach Art. 44 (5) English Arbitration Act 1996 ist in Deutschland der Antrag auf Erlass einer vorläufigen oder sichernden Maßnahme „vor oder nach Beginn" des Schiedsverfahrens vor einem staatlichen Gericht ohne weitere Bedingungen zulässig (§ 1033 ZPO).[37] § 1033 ZPO stellt

---

[31] *Gerald Metals S.A. v. Timis & Ors*, High Court of Justice [2016] EWHC 2327 (CH).

[32] *Gerald Metals S.A. v. Timis & Ors*, High Court of Justice [2016] EWHC 2327 (CH), Rn. 1.

[33] *Gerald Metals S.A. v. Timis & Ors*, High Court of Justice [2016] EWHC 2327 (CH), Rn. 13.

[34] *Gerald Metals S.A. v. Timis & Ors*, High Court of Justice [2016] EWHC 2327 (CH), Rn. 57.

[35] *Gerald Metals S.A. v. Timis & Ors*, High Court of Justice [2016] EWHC 2327 (CH), Rn. 54–56.

[36] Vgl. *Gerald Metals S.A. v. Timis & Ors*, High Court of Justice [2016] EWHC 2327 (CH), Rn. 56.

[37] Vgl. auch MüKo ZPO/*Münch*, § 1033 Rn. 13, der ausdrücklich darauf hinweist, dass mit dem Zusatz „nach Beginn des schiedsrichterlichen Verfahrens" klargestellt sei, dass das staatliche Gericht stets konkurrierend zum Schiedsgericht zuständig ist.

klar, dass trotz der Möglichkeit einstweiligen Rechtsschutz durch ein Schiedsgericht zu erlangen, die Kompetenz des staatlichen Gerichts zum Erlass von Eilmaßnahmen nicht ausgeschlossen wird.[38] Anlass für diese Klarstellung war nicht nur Art. 9 UNCITRAL ModG 1985, sondern auch eine vor 1998 in der Literatur vertretenen Ansicht[39] wonach der staatliche Eilrechtsschutz nur insoweit zulässig sein sollte, soweit das Schiedsgericht zuverlässigen, effektiven und raschen Eilrechtsschutz nicht gewähren konnte.[40] Dem wurde mit § 1033 ZPO eine Absage erteilt.[41]

Allerdings wird zuweilen angedacht, das Erfordernis der Dringlichkeit im staatlichen Verfahren nach §§ 916 ff. ZPO einschränkend auszulegen.[42] Eine Maßnahme sei nicht dringlich, wenn rechtzeitig schiedsrichterlicher Eilrechtsschutz zu erlangen sei. Dies würde im Ergebnis der Rechtslage in England entsprechen. Denn immer, wenn es grundsätzlich möglich ist, einen *Emergency Arbitrator* zu beantragen, wäre der Erlass einer Eilmaßnahme durch das staatliche Gericht nicht dringend erforderlich. Diese Ansicht überzeugt jedoch kaum. Der Gesetzgeber hat sich klar für eine uneingeschränkte Konkurrenz von schiedsrichterlichem und staatlichem Eilrechtsschutz in § 1033 ZPO entschieden. Diese Entscheidung kann nicht einfach durch erweiternde Auslegung der Voraussetzungen der §§ 916 ff. ZPO umgangen werden.[43]

Die englische Entscheidung ist somit nicht in das deutsche Recht übertragbar. Das staatliche Gericht bleibt uneingeschränkt zuständig für den Erlass einstweiliger Maßnahmen, selbst wenn ein *Emergency*-Verfahren zur Verfügung steht. Ein anderes Ergebnis würde eine Änderung der ZPO erfordern. Es übersteigt jedoch den Rahmen der Arbeit, die gesetzgeberische Entscheidung gegen die Subsidiarität staatlicher Gerichte zu überdenken. Die Subsidiarität

---

[38] BT-Drs. 13/5274, S. 38 f.

[39] Siehe zu den Beweggründen für § 1033 ZPO: Kommission zur Neuordnung des Schiedsverfahrensrechts, Bericht mit einem Diskussionsentwurf zur Neufassung des 10. Buches der ZPO, S. 109, 138.

[40] *Kühn,* Jahrbuch für die Praxis der Schiedsgerichtsbarkeit 1 (1987) 47, 61; *Lüke,* Probleme der Schiedsgerichtsbarkeit, in: Leonardy/Holschuh (Hrsg.), FS LG Saarbrücken, S. 315; *Nicklisch,* RIW 1978, 633, 639; *Schlosser,* ZZP 99 (1986) 241, 245 sowie *Calavros,* Das UNCITRAL-Modellgesetz, S. 54–59, der dem UNCITRAL ModG 1985 die Subsidiarität des staatlichen Eilrechtsschutzes entnehmen will.

[41] Siehe nur BT-Drs. 13/5274, S. 38 f.; *Bandel,* Einstweiliger Rechtsschutz im Schiedsverfahren, S. 275; MüKo ZPO/*Münch*, § 1033 Rn. 2.

[42] LG München I, Beschluss v. 11.03.2002 – 33 O 4352/03, Abschnitt II.2.; Stein/Jonas/*Schlosser*, § 1033 Rn. 3; *Steinbrück,* Die Unterstützung ausländischer Schiedsverfahren durch staatliche Gerichte, S. 442, andeutungsweise auch: LG Saarbrücken, Beschluss v. 05.02.2007 – 3 O 27/07, I.2.) a.E. sowie bereits zur alten Rechtslage: *Kühn,* Jahrbuch für die Praxis der Schiedsgerichtsbarkeit 1 (1987) 47, 61.

[43] Ebenso *Bandel,* Einstweiliger Rechtsschutz im Schiedsverfahren, S. 275; Prütting/Gehrlein/*Prütting*, § 1033 Rn. 4; Wieczorek/Schütze/*Schütze*, § 1041 Rn. 50.

der staatlichen Gerichte betrifft nicht nur den *Emergency Arbitrator*, sondern den gesamten Eilrechtsschutz durch Schiedsgerichte.[44]

[44] Umfassende Überblicke zu der Thematik mit einzelnen Länderberichten finden sich bei *Donovan,* The Allocation of Authority, in: van den Berg (Hrsg.), New Horizons; *Kent/ Hollis,* Chapter 5, in: Ziyaeva, et al. (Hrsg.), Interim and Emergency Relief sowie etwas knapper bei *Steinbrück,* Die Unterstützung ausländischer Schiedsverfahren durch staatliche Gerichte, S. 436–439.

Kapitel 7

Ort des Emergency-Verfahrens

Ähnlich wie beim Hauptsacheverfahren, sehen die Schiedsordnungen – mit Ausnahme der ICDR Rules 2014 – einen Schiedsort für das *Emergency*-Verfahren vor. In der Regel ist Ort des *Emergency*-Verfahrens („*Emergency*-Ort") der Schiedsort, den die Parteien für das Hauptsacheverfahren vereinbart haben.[1] Das Schiedsverfahren hat dann – wie üblich – durchgehend einen einheitlichen Schiedsort, es ergeben sich keine weiteren Rechtsfragen. In etwa zehn bis zwanzig Prozent der Fälle legen die Parteien hingegen keinen Schiedsort fest.[2] Dann wird ein *Emergency*-Ort bestimmt, entweder einzelfallabhängig durch die Schiedsorganisation[3] oder durch die Schiedsordnung für alle *Emergency*-Verfahren bei dieser Organisation.[4] Der so bestimmte *Emergency*-Ort gilt nur für das *Emergency*-Verfahren. Unabhängig vom *Emergency*-Ort können die Schiedsorganisation oder das Schiedsgericht noch einen Schiedsort für das Hauptsacheverfahren bestimmen.[5] *Emergency*-Ort und Hauptsacheschiedsort können somit auseinanderfallen: Für ein einheitliches Schiedsverfahren kann es zwei Schiedsorte geben. Es schließen sich zwei Fragen an: (1) Wie ist der *Emergency*-Ort rechtlich einzuordnnen?[6] (2) Darf die Schiedsorganisation den *Emergency*-Ort überhaupt bestimmen?

---

[1] Art. 4 (1) ICC EA Rules 2017; Art. 9.13 LCIA Rules 2014 i.V.m. Art. 16.1 LCIA Rules 2014; Art. 4 SIAC EA Rules 2016; Art. 9 HKIAC EA Rules 2018; Art. 5 SCC EA Rules 2017; Art. 43 (5) Swiss Rules 2012.

[2] *Sabater*, 27 J.Int.Arb. 442, 443 (2010); *Webster/Bühler,* Handbook of ICC Arbitration, Art. 29 Rn. 29.60; siehe auch die Statistiken der ICC, die ausweisen, wie häufig die ICC den Schiedsort bestimmt hat, weil die Parteien keinen Schiedsort festgelegt haben: 2016 in 15% der Fälle (ICC Dispute Resolution Bulletin 2017, 49, 55); 2015 in 12% der Fälle (ICC Dispute Resolution Bulletin 2016, 9, 16); 2014 in 7% der Fälle (ICC Dispute Resolution Bulletin 2015, 7, 14).

[3] Art. 4 (1) ICC EA Rules 2017; Art. 5 SCC EA Rules 2017; Art. 43 (5) Swiss Rules 2012.

[4] Art. 9.13 LCIA Rules 2014 i.V.m. Art. 16.2 LCIA Rules 2014: London; Art. 9 HKIAC EA Rules 2018: Hong Kong; Art. 4 SIAC EA Rules 2016: Singapur.

[5] Vgl. zur Bestimmung des Schiedsortes, wenn die Parteien keinen Schiedsort festgelegt haben: Art. 18 (1) ICC Rules 2017; Art. 16.2 LCIA Rules 2014; Art. 21.1 SIAC Rules 2016; Art. 14.1 HKIAC Rules 2018; Art. 25 (1) SCC Rules 2017; Art. 17 (1) ICDR Rules 2014; Art. 16 (1) Swiss Rules 2012.

[6] Die Frage wird – ohne Bezug zur deutschen ZPO – auch von *Webster/Bühler,* Handbook of ICC Arbitration, Art. 29 Rn. 29.63 aufgeworfen, aber nicht beantwortet.

A. Rechtliche Einordnung des Emergency-Ortes

Die rechtliche Einordnung des *Emergency*-Ortes kann erhebliche Auswirkungen auf das (Gesamt-)Schiedsverfahren haben, denn der Schiedsort ist von zentraler Bedeutung für das Schiedsverfahren. Mit Hilfe des Schiedsortes wird das anwendbare Schiedsrecht (*lex arbitri*) (§ 1025 Abs. 1, 2 und 3 ZPO)[7] und das zuständige Oberlandesgericht (§ 1062 Abs. 1 ZPO) bestimmt. Zudem ergibt sich aus dem Schiedsort, ob der Schiedsspruch inländisch (§ 1060 ZPO) oder ausländisch (§ 1061 ZPO) ist, was wiederum für die Vollstreckung des Schiedsspruches bedeutsam ist.[8] Im *Emergency*-Verfahren kann der Schiedsort ausschlaggebend dafür sein, ob § 1041 Abs. 2 ZPO Anwendung findet,[9] ob es möglicherweise ein Aufhebungsverfahren gegen die *Emergency*-Anordnung gibt[10] oder ob ein deutsches Gericht über eine Ablehnung des *Emergency Arbitrators* nach § 1037 Abs. 3 ZPO befinden darf.[11] Keine Bedeutung hat der Schiedsort hingegen für den Tagungsort, an dem die Verfahrenshandlungen tatsächlich vorgenommen werden (§ 1043 Abs. 2 ZPO).[12] Ohne Rücksicht auf den Schiedsort kann jeder beliebige Ort der Welt Tagungsort sein.[13]

I. Vier Ansätze für das Verständnis des Emergency-Ortes

Für den Umgang der ZPO mit dem *Emergency*-Ort sind vier Lösungen vorstellbar, die jeweils unterschiedliche Konsequenzen für *Emergency*-Verfahren und Hauptsacheschiedsverfahren haben: (1) Der *Emergency*-Ort erlangt gar keine Bedeutung als Schiedsort. (2) Der *Emergency*-Ort wird der endgültige

---

[7] Prütting/Gehrlein/*Prütting*, § 1043 Rn. 3; Saenger/*Saenger*, § 1043 Rn. 2; *Schwab/Walter,* Schiedsgerichtsbarkeit, Kapitel 15 Rn. 38; BeckOK ZPO/*Wilske/Markert*, Stand: 01.03.2018, § 1043 Rn. 1, vgl. auch allgemein zur Bedeutung des Schiedsortes: *Bělohlávek,* ASA Bulletin 31 (2013) 262; *Born,* International Commercial Arbitration, S. 2052.

[8] Prütting/Gehrlein/*Prütting*, § 1043 Rn. 3; Saenger/*Saenger*, § 1043 Rn. 2; *Schwab/Walter,* Schiedsgerichtsbarkeit, Kapitel 15 Rn. 38; BeckOK ZPO/*Wilske/Markert*, Stand: 01.03.2018, § 1043 Rn. 1; Musielak/Voit/*Voit*, § 1043 Rn. 1.

[9] § 1041 Abs. 2 ZPO ist unmittelbar nur auf deutsche *Emergency*-Anordnungen anwendbar, kann nach hier vertretener Auffassung jedoch auch analog auf ausländische Anordnungen angewendet werden (vgl. dazu eingehend Kapitel 8.B.).

[10] Nach hier vertretener Auffassung wirkt die Verweigerung der Vollziehungszulassung nach § 1041 Abs. 2 ZPO wie die Aufhebung der einstweiligen Anordnung (Kapitel 4.C.III.); in anderen Rechtsordnungen mag es ein entsprechendes Aufhebungsverfahren nicht geben.

[11] Siehe zur Ablehnung des *Emergency Arbitrators* Kapitel 5.A.

[12] *Lachmann,* Schiedsgerichtspraxis, Rn. 1397; MüKo ZPO/*Münch*, § 1043 Rn. 3; Prütting/Gehrlein/*Prütting*, § 1043 Rn. 3; *Schwab/Walter,* Schiedsgerichtsbarkeit, Kapitel 15 Rn. 39; Musielak/Voit/*Voit*, § 1043 Rn. 4 Vgl. zur Bedeutung des Schiedsortes auch aus der internationalen Literatur *Bělohlávek,* ASA Bulletin 31 (2013) 262.

[13] MüKo ZPO/*Münch*, § 1043 Rn. 15; Musielak/Voit/*Voit*, § 1043.

Schiedsort. (3) Der *Emergency*-Ort ist zunächst Schiedsort des Gesamtverfahrens; später kann aber ein neuer Schiedsort bestimmt werden.[14] (4) Der *Emergency*-Ort ist selbstständiger Ort des *Emergency*-Verfahrens, daneben wird später ein zweiter Schiedsort für das Hauptsacheverfahren festgelegt. Im Folgenden werden die Lösungen vorgestellt und aufgezeigt, dass Ansatz (4) die besten Ergebnisse liefert. Im Anschluss wird die rechtliche Zulässigkeit dieses Ansatzes diskutiert (dazu II.).

1. Ansatz 1: Emergency-Ort hat keine Bedeutung als Schiedsort

Zu überlegen ist als erstes, ob der *Emergency*-Ort überhaupt als Schiedsort anzusehen ist. Immerhin ergibt sich aus den Schiedsordnungen, dass der *Emergency*-Ort nicht als endgültiger Schiedsort gewollt ist, denn Schiedsorganisation oder Schiedsgericht sollen abweichend vom *Emergency*-Ort einen anderen Schiedsort bestimmen können.[15] Allerdings hätte das negative Konsequenzen für das *Emergency*-Verfahren. Wäre der *Emergency*-Ort kein Schiedsort im Sinne des § 1043 Abs. 1 ZPO, so wären bis zur Festlegung des endgültigen Schiedsortes nur diejenigen Regeln der ZPO anwendbar, die auch bei unbestimmtem Schiedsort Anwendung finden (§ 1025 Abs. 2 und 3 ZPO).

Zunächst ist es bei unbestimmtem Schiedsort unzulässig, die *Emergency*-Anordnung in Deutschland zu vollziehen. Wie noch ausgeführt wird,[16] kann eine *Emergency*-Anordnung in Deutschland nur dann vollzogen werden, wenn der Schiedsort in Deutschland liegt oder – bei analoger Anwendung des § 1041 Abs. 2 ZPO – das Recht am Schiedsort, eine *Emergency*-Anordnung ebenfalls zur Vollziehung zulassen würde. Solange es noch keinen Schiedsort gibt, könnte eine *Emergency*-Anordnung daher nicht zur Vollziehung zugelassen werden.

Gefährdet wäre außerdem das Recht, den *Emergency Arbitrator* vor einem staatlichen Gericht abzulehnen. § 1037 Abs. 3 ZPO erlaubt es, die Ablehnung eines Schiedsrichters vor einem staatlichen Gericht weiterzuverfolgen, wenn das Ablehnungsverfahren vor dem Schiedsgericht oder der Schiedsorganisation erfolglos geblieben ist. § 1037 Abs. 3 ZPO findet – entsprechend § 1025 ZPO – nur Anwendung, wenn der Schiedsort in Deutschland liegt. Sofern der Schiedsort noch nicht bestimmt ist, sind deutsche Gerichte für das Ablehnungsgesuch nur zuständig, wenn Kläger oder Beklagter des Schiedsverfahrens ihren Sitz oder gewöhnlichen Aufenthalt in Deutschland haben (§ 1025

[14] Diese Lösung hält *Giessen,* Der Pre-Arbitral-Referee, S. 160 scheinbar für die einzig zulässige.

[15] Vgl. zur Bestimmung des Schiedsortes, wenn die Parteien keinen Schiedsort festgelegt haben: Art. 18 (1) ICC Rules 2017; Art. 16.2 LCIA Rules 2014; Art. 21.1 SIAC Rules 2016; Art. 14.1 HKIAC Rules 2018; Art. 25 (1) SCC Rules 2017; Art. 17 (1) ICDR Rules 2014; Art. 16 (1) Swiss Rules 2012.

[16] Siehe unten Kapitel 8.B.II.3.

Abs. 3 ZPO). Trifft das auf keine der Parteien zu, so würde die ablehnende Partei mit ihrem Antrag vom deutschen Gericht abgewiesen werden, selbst wenn ein deutscher *Emergency*-Ort festgelegt wurde. Erklären sich ausländische Gerichte ebenfalls für unzuständig, weil sie im *Emergency*-Ort bereits einen (deutschen) Schiedsort erkennen, gäbe es *de facto* kein Gericht, das über die Ablehnung des *Emergency Arbitrators* entscheidet. Insgesamt erscheint es daher wenig erstrebenswert, den *Emergency*-Ort nicht als Schiedsort anzuerkennen.

2. *Ansatz 2: Emergency-Ort als endgültiger Schiedsort*

Die Lösung sollte nun aber nicht darin bestehen, den *Emergency*-Ort als endgültigen Schiedsort anzusehen. Zwar gäbe es damit frühzeitig einen Schiedsort, an den auch das *Emergency*-Verfahren anknüpfen kann. Allerdings soll, ausweislich der Schiedsordnungen, der *Emergency*-Ort noch nicht den Hauptsacheschiedsort determinieren. Entsprechend wurde bei der Wahl des *Emergency*-Ortes möglicherweise nicht auf die Bedürfnisse des Hauptsacheverfahrens geachtet. Der *Emergency*-Ort sollte daher nicht als endgültiger Schiedsort angesehen werden.

3. *Ansatz 3: Emergency-Ort als vorläufiger Schiedsort*

Dem könnte dadurch begegnet werden, dass der *Emergency*-Ort zunächst Schiedsort im Sinne der ZPO ist, das Schiedsgericht den Schiedsort später aber wieder abändern kann. Dadurch gibt es bereits zu Beginn des Schiedsverfahrens einen Schiedsort, gleichzeitig kann der Schiedsort im Hauptsacheverfahren geändert werden, wenn ein anderer Schiedsort mit anderer *lex arbitri* besser geeignet ist. Zwar gibt es Stimmen in der (deutschen) Literatur, wonach ein einmal gewählter Schiedsort nicht mehr geändert werden könne.[17] Die wohl herrschende Meinung sieht eine Neubestimmung des Schiedsortes jedoch als zulässig an,[18] sofern durch die Neubestimmung keine Drittinteressen – genannt werden die Schiedsrichter[19]– beeinträchtigt werden.[20]

---

[17] MüKo ZPO/*Münch*, § 1043 Rn. 11; Prütting/Gehrlein/*Prütting*, § 1043 Rn. 2.

[18] *Lachmann,* Schiedsgerichtspraxis, Rn. 1398; Böckstiegel/Kröll/Nacimiento/*Sachs/Lörcher*, § 1043 Rn. 3; Saenger/*Saenger*, § 1043 Rn. 3; Stein/Jonas/*Schlosser*, § 1043 Rn. 3; Wieczorek/Schütze/*Schütze*, § 1043 Rn. 12; BeckOK ZPO/*Wilske/Markert*, Stand: 01.03.2018, § 1043 Rn. 5; Musielak/Voit/*Voit*, § 1043 Rn. 3, vgl. aus der internationalen Literatur auch *Bělohlávek,* ASA Bulletin 31 (2013) 262, 278.

[19] Unklar bleibt in der Literatur (siehe Fn. 20) jedoch, inwiefern das Interesse der Schiedsrichter durch die Änderung des Schiedsortes als bloßer Anknüpfungspunkt für die *lex arbitri* beeinträchtigt werden soll.

[20] BeckOK ZPO/*Wilske/Markert*, Stand: 01.03.2018, § 1043 Rn. 5; andere machen die Änderung des Schiedsortes von der Zustimmung der Schiedsrichter abhängig (Wieczorek/

Im Kontext des *Emergency*-Verfahrens ergeben sich jedoch Schwierigkeiten, wenn sich mit Festlegung des Hauptsacheschiedsortes auch der *Emergency*-Ort ändert. Wird der Schiedsort von einem Land ins andere verlagert, stellt sich zum einen die Frage, ob die *Emergency*-Anordnung in Deutschland noch für vollziehbar erklärt werden kann (§ 1041 Abs. 2 ZPO). Das hängt nach hier vertretener Auffassung davon ab, ob eine *Emergency*-Anordnung nach der *lex arbitri* als schiedsrichterlich qualifiziert wird.[21] So wäre es beispielsweise problemlos möglich, die *Emergency*-Anordnung nach § 1041 Abs. 2 ZPO für vollziehbar zu erklären, wenn der *Emergency*-Ort in Deutschland liegt. Wird der Schiedsort – und damit der *Emergency*-Ort – nun aber zum Beispiel nach Italien verlagert, wo einstweilige Anordnungen durch Schiedsgerichte generell nicht erlaubt sind (Art. 818 ital. ZPO), wäre die *Emergency*-Anordnung auch in Deutschland nicht mehr vollziehbar. Das erscheint wenig erstrebenswert.

Schwierigkeiten können sich außerdem für das Ablehnungsverfahren nach § 1037 Abs. 3 ZPO ergeben, wenn das Verfahren bereits vor einem deutschen Gericht anhängig ist. Solange sich der *Emergency*-Ort in Deutschland befindet, sind deutsche Gerichte international zuständig (§ 1025 Abs. 1 ZPO).[22] Wird der Schiedsort ins Ausland verlagert, so verlieren die deutschen Gerichte die internationale Zuständigkeit wieder, denn bei ausländischem Schiedsort versperrt § 1025 Abs. 1 u. 3 ZPO den Weg zu § 1037 Abs. 3 ZPO.[23] Nachdem die Zulässigkeitsvoraussetzungen zum Schluss der mündlichen Verhandlung vorliegen müssen,[24] schlägt die Änderung des Schiedsortes damit auf das bereits anhängige Verfahren durch. Das anfänglich zulässige Verfahren nach § 1037 Abs. 3 ZPO wird damit nachträglich unzulässig. Das ist bestenfalls ineffizient, wenn das Ablehnungsverfahren vor einem ausländischen Gericht neu betrieben werden kann. Schlimmstenfalls wird der ablehnenden Partei der Rechtsschutz aber ganz verwehrt, wenn das Recht am neuen Schiedsort einen Rechtsbehelf, der § 1037 Abs. 3 ZPO entspricht, nicht kennt oder der Rechtsbehelf nicht mehr fristwahrend eingelegt werden kann.

Schütze/*Schütze*, § 1043 Rn. 12; Musielak/Voit/*Voit*, § 1043 Rn. 3, außerdem aus der internationalen Literatur: *Bělohlávek,* ASA Bulletin 31 (2013) 262, 278) oder räumen den Schiedsrichtern ein Sonderkündigungsrecht ein, wenn der Schiedsort nachträglich von den Parteien geändert wird (Böckstiegel/Kröll/Nacimiento/*Sachs/Lörcher*, § 1043 Rn. 3; *Lachmann,* Schiedsgerichtspraxis, Rn. 1398).

[21] Siehe dazu unten Kapitel 8.B.II.3.

[22] Vgl. zur Funktion von § 1025 ZPO zur Bestimmung der internationalen Zuständigkeit: MüKo ZPO/*Münch*, § 1025 Rn. 16.

[23] Musielak/Voit/*Voit*, § 1025 Rn. 6.

[24] MüKo ZPO/*Becker-Eberhard*, Vor § 253 ff Rn. 16 m.Nachw. aus der Rechtsprechung.

4. *Ansatz 4: Emergency-Ort als eigenständiger Schiedsort*

Diese Probleme lassen sich vermeiden, wenn der *Emergency*-Ort als selbstständiger Schiedsort neben dem Hauptsacheschiedsort aufgefasst wird. Das Gesamtverfahren weist dann zwei Schiedsorte auf, die Nationalität des *Emergency*-Verfahrens wäre dann nicht mit der Nationalität des Hauptsacheverfahrens identisch. Alle Rechtsfragen bezüglich des *Emergency*-Verfahrens müssen nach der *lex arbitri* am *Emergency*-Ort gelöst werden, Rechtsfragen zum Hauptsacheverfahren nach der *lex arbitri* am Hauptsacheschiedsort.

Dieser Ansatz bietet Rechtssicherheit für das *Emergency*-Verfahren: Steht der *Emergency*-Ort einmal fest, wird er nicht mehr geändert. Nehmen die Parteien wegen einer Handlung des *Emergency Arbitrators* staatliche gerichtliche Kontrolle bzw. Hilfe in Anspruch, so müssen sie nicht fürchten, dass das Gericht nachträglich unzuständig wird. Lässt das Schiedsrecht am *Emergency*-Ort einstweiligen Rechtsschutz durch den *Emergency Arbitrator* zu, so wird an dieser Kompetenz nicht mehr gerüttelt. Die Parteien oder die Schiedsorganisation können den *Emergency*-Ort zudem mit Blick auf die Vollstreckbarkeit der *Emergency*-Anordnung auswählen, ohne dass die Wahl des *Emergency*-Ortes durch die Festlegung des Hauptsacheschiedsortes wieder in Frage gestellt wird.[25] Gleichzeitig können die Parteien, das Schiedsgericht oder die Schiedsorganisation einen Hauptsacheschiedsort festlegen.

II. *Rechtliche Zulässigkeit von Ansatz 4*

Allerdings entsteht ein Spannungsverhältnis, wenn der *Emergency*-Ort einerseits als separater Schiedsort eingeordnet wird, *Emergency*- und Hauptsacheschiedsverfahren andererseits eine Einheit bilden.[26] Die Verwendung zweier Schiedsorte wirkt wie eine Unterbrechung der Einheit. Im Ergebnis können aber beide Auffassungen in Einklang gebracht werden. Zum einen gibt es den selbstständigen *Emergency*-Ort nur in Ausnahmefällen, wenn zwei Bedingungen eintreten. Die Parteien müssen es versäumt haben, in der Schiedsvereinbarung einen Schiedsort festzuschreiben – schon das kommt eher selten vor.[27] Zusätzlich müssen Schiedsordnung, Schiedsorganisation und/oder Schiedsgericht zunächst einen *Emergency*-Ort festlegen, später aber einen anderen Ort als Hauptsacheschiedsort.

Zum anderen ist es zulässig, für ein einheitliches Schiedsverfahren zwei unterschiedliche Schiedsorte festzulegen, wenn jeder Schiedsort für einen klar

---

[25] Vgl. zum Vorteil eines separaten *Emergency*-Ortes: *Müller/Pearson,* ASA Bulletin 33 (2015) 808, 815.

[26] Vgl. auch die Bedenken bei *Giessen,* Der Pre-Arbitral-Referee, S. 160 gegen die hier vorgeschlagene Lösung.

[27] Siehe bereits die Statistiken in Fn. 2 zur Frage, wie häufig der Schiedsort nicht in der Schiedsvereinbarung bestimmt ist.

abgrenzbaren Verfahrensabschnitt gilt: Die Gesetzesbegründung zum SchiedsVfG sowie Teile der Literatur sind zwar der Auffassung, dass es aus Gründen der Rechtssicherheit ein unabweisbares Bedürfnis für nur einen einzigen Schiedsort gebe.[28] Näher begründet wird dies jedoch nicht. Jedenfalls beim *Emergency*-Verfahren dient der selbstständige, zweite Schiedsort zudem dem Ziel, Rechtssicherheit zu schaffen, weil das *Emergency*-Verfahren dauerhaft einem Schiedsrecht unterstellt wird, selbst wenn es einen separaten *Emergency*-Ort gibt.

Zudem sind die Gründe dafür, an der Rechtssicherheit zu zweifeln, wenn es im Hauptsacheschiedsverfahren zwei Schiedsorte gibt, nicht auf das Verhältnis von *Emergency*-Ort und Schiedsort zu übertragen. Die Rechtssicherheit wird durch mehrere Schiedsorte insofern gefährdet, als der Schiedsort darüber bestimmt, welchem Recht das Schiedsverfahren unterliegt und welche Gerichte entsprechend für die Kontrolle des Schiedsverfahrens zuständig sind.[29] Bestehen nun Schiedsorte in verschiedenen Ländern, so unterliegt das Verfahren der Kontrolle der Gerichte mehrerer Rechtsordnungen. Beispielsweise könnte eine Partei vor den Gerichten mehrerer Länder versuchen, die Ablehnung eines Schiedsrichters zu betreiben.[30] Gehen die später ersuchten Gerichte davon aus, dass die Rechtshängigkeit in einem anderen Staat nicht ihre eigene Entscheidungsbefugnis hindert, so wäre das Ablehnungsgesuch erst dann endgültig gescheitert, wenn alle Gerichte es zurückgewiesen haben. Gibt hingegen nur ein Gericht dem Gesuch statt, so wäre der Schiedsrichter abgesetzt, denn er wird von einem zuständigen Gericht seines Amtes enthoben. Das erschwert das Schiedsverfahren.[31]

Begreift man den *Emergency*-Ort als selbstständigen Schiedsort für das *Emergency*-Verfahren, ist die Situation jedoch eine ganz andere. Der *Emergency*-Ort bestimmt nämlich keine Rechtsordnung, an der das gesamte Schiedsverfahren zu messen ist. Vielmehr ergeben sich zwei klar abzugrenzende Verfahrensphasen, *Emergency*-Verfahren und Hauptsacheverfahren. Jede dieser Phasen wird nur an einer einzigen Rechtsordnung gemessen: Entweder der *lex arbitri* am *Emergency*-Ort oder der *lex arbitri* am Hauptsacheschiedsort. Anders als im Beispiel oben sind damit für ein Ablehnungsgesuch

---

[28] BT-Drs. 13/5274, S. 47; *Lachmann*, Schiedsgerichtspraxis, Rn. 1394; BeckOK ZPO/*Wilske/Markert*, Stand: 01.03.2018, § 1043 Rn. 1.

[29] Prütting/Gehrlein/*Prütting*, § 1025 Rn. 26; Musielak/Voit/*Voit*, § 1025 Rn. 3; MüKo ZPO/*Münch*, § 1025 Rn. 10.

[30] Ein solcher Rechtsbehelf existiert in allen Staaten, die Art. 13 (3) UNCITRAL ModG 2006 umgesetzt haben. Beispielhaft seien genannt Deutschland (§ 1037 Abs. 3 ZPO), Singapur (Sec. 3 (1) Singapore IAA 2012 i.V.m. Art. 13 (3) UNCITRAL ModG 2006) und Österreich (§ 589 (3) öster. ZPO).

[31] Wobei sich die Frage stellt, weshalb es den Parteien verboten werden sollte, eine solche Verfahrenserschwernis zu vereinbaren. Sofern es den Parteien sinnvoll erscheint, dann ist es ihre Sache, ob sie sich auf die zusätzliche Unsicherheit einlassen wollen.

nicht mehrere staatliche Gerichte parallel zuständig. Welches Gericht international zuständig ist, hängt davon ab, wer abgelehnt werden soll. Soll der *Emergency Arbitrator* abgelehnt werden, so ist das Gericht am *Emergency*-Ort zuständig. Soll ein Schiedsrichter des Hauptsacheschiedsgerichts abgelehnt werden, so ist das Gericht am Hauptsacheschiedsort zuständig. Der Rechtssicherheit ist damit genügt.

Giessen meint zwar, es sei unhaltbar, wenn für *Emergency*- und Hauptsacheverfahren unterschiedliche Rechtsordnungen maßgeblich sind,[32] seine Begründung vermag aber nicht zu verfangen. Einerseits merkt er an, durch die Doppplung des Schiedsortes gäbe es auch zwei Schiedsvereinbarungsstatute.[33] Andererseits würden unterschiedliche Vollstreckungsregime für *Emergency*-Anordnung und Hauptsacheschiedsspruch Anwendung finden.[34]

Der Einwand zum Schiedsvereinbarungsstatut überzeugt nicht. Selbst wenn der Schiedsort das Schiedsvereinbarungsstatut bestimmt (vgl. § 1059 Abs. 2 Nr. 1 lit. a) ZPO sowie Art. V (1)(a) New York Convention),[35] so ist das Schiedsvereinbarungsstatut grundsätzlich eine Frage des Hauptsacheverfahrens. Erst das Hauptsacheschiedsgericht soll verbindlich über die eigene Zuständigkeit und damit die Wirksamkeit der Schiedsvereinbarung befinden.[36] Der *Emergency Arbitrator* darf die Wirksamkeit der Schiedsvereinbarung allenfalls vorläufig beurteilen, um seine eigene Zuständigkeit festzustellen.[37] Hierfür wird er sich zwar am Recht des *Emergency*-Ortes orientieren. Das ist aber allein dem Umstand geschuldet, dass ein Hauptsacheschiedsort noch gar nicht feststeht.

Zum Einwand der unterschiedlichen Vollstreckungsregime ist zu sagen, dass sich die Vollstreckung ohnehin maßgeblich nach dem Recht des Vollstreckungsstaates richtet. Selbst wenn das Recht am Schiedsort relevant wird, bleibt *Giessen* eine Erklärung schuldig, weshalb *Emergency*-Anordnung und Hauptsacheschiedsort zwingend dem gleichen Recht unterstehen müssen. Beides sind separate Entscheidungen über unterschiedliche Streitfragen: Einmal ist der einstweilige Rechtsschutz Gegenstand des Verfahrens, einmal wird der Hauptsachestreit beigelegt.

---

[32] *Giessen,* Der Pre-Arbitral-Referee, S. 160.

[33] *Giessen,* Der Pre-Arbitral-Referee, S. 160, allerdings ohne nähere Begründung, inwiefern das problematisch wäre.

[34] *Giessen,* Der Pre-Arbitral-Referee, S. 160.

[35] MüKo ZPO/*Münch*, § 1029 Rn. 31.

[36] Vgl. zur Kompetenz-Kompetenz des Schiedsgerichts aus den Schiedsordnungen Art. 6 (3) ICC Rules 2017; Art. 23.1 LCIA Rules 2014; Art. 28.2 SIAC Rules 2016; Art. 19.1 HKIAC Rules 2018; Art. 19 ICDR Rules 2014; Art. 21 Swiss Rules 2012.

[37] Siehe dazu die Vorstellung des *Emergency Arbitrators* Kapitel 1. A. und C.II.1.

III. Ergebnis

Im Ergebnis ist damit festzuhalten, dass es Situationen geben kann, in denen *Emergency*-Ort und Hauptsacheschiedsort auseinanderfallen. Das ist immer dann möglich, wenn die Parteien keinen Schiedsort in der Schiedsvereinbarung festgelegt haben. Die Schiedsorganisationen bestimmen dann einen *Emergency*-Ort, der noch nicht den Hauptsacheschiedsort indiziert. Der *Emergency*-Ort ist selbstständiger Schiedsort neben dem Hauptsacheschiedsort. Während der Hauptsacheschiedsort maßgeblich für alle Fragen des Hauptsacheschiedsverfahrens ist, bietet der *Emergency*-Ort die rechtliche Anknüpfung für Fragen des *Emergency*-Verfahrens.

B. Bestimmung des Emergency-Ortes durch die Schiedsorganisation

Die Schiedsordnungen der ICC, SCC und SCAI betrauen die Schiedsorganisation damit, den *Emergency*-Ort zu bestimmen, wenn die Parteien keinen Schiedsort vereinbart haben.[38] *Münch* und *Spohnheimer* sind allerdings der Auffassung, die Bestimmung des Schiedsortes könne nur auf das Schiedsgericht, nicht aber auf einen sonstigen Dritten delegiert werden.[39] Möglich sei es allenfalls eine Schiedsordnung zu wählen, die den Schiedsort positiv festschreibt. Gegen die Drittbestimmung spreche der Wortlaut des § 1043 Abs. 1 S. 1 ZPO, denn dieser verlange eine positive Ortsbestimmung.[40] Fehle eine Vereinbarung, ordne § 1043 Abs. 1 S. 2 ZPO die Kompetenz des Schiedsgerichts an, den Schiedsort zu bestimmen. Der Schiedsort sei zudem von so einschneidender Bedeutung, dass er nur im geordneten (und überprüfbaren) Verfahren vor dem Schiedsgericht bestimmt werden dürfe.[41] Folgte man dem, so könnte der *Emergency*-Ort bei ICC, SCC und SCAI keine Bedeutung als Schiedsort erlangen, denn er wäre dann nicht in zulässiger Weise zum Schiedsort bestimmt worden.

Nach anderer – herrschender und zu treffender – Ansicht in der Literatur können die Parteien jedoch sehr wohl einen Dritten beauftragen, den Schiedsort zu wählen.[42] Das ist Ausfluss der Parteiautonomie.[43] Außerdem wählen die

---

[38] Art. 4 (1) ICC EA Rules 2017; Art. 5 SCC EA Rules 2017; Art. 43 (5) Swiss Rules 2012.

[39] MüKo ZPO/*Münch*, § 1043 Rn. 8; *Spohnheimer,* Gestaltungsfreiheit, S. 118.

[40] MüKo ZPO/*Münch*, § 1043 Rn. 8; *Spohnheimer,* Gestaltungsfreiheit, S. 118.

[41] *Spohnheimer,* Gestaltungsfreiheit, S. 118.

[42] Böckstiegel/Kröll/Nacimiento/*Sachs/Lörcher*, § 1043 Rn. 2; Wieczorek/Schütze/*Schütze*, § 1043 Rn. 13; *Schwab/Walter,* Schiedsgerichtsbarkeit, Kapitel 15 Rn. 42; BeckOK ZPO/*Wilske/Markert*, Stand: 01.03.2018, § 1043 Rn. 2.3; Musielak/Voit/*Voit*, § 1043 Rn. 2.

[43] BeckOK ZPO/*Wilske/Markert*, Stand: 01.03.2018, § 1043 Rn. 2.3.

Parteien den Schiedsort indirekt, wenn sie einen Dritten mit der Wahl beauftragen.[44]

Das wird durch einen Blick in das UNCITRAL ModG 1985 unterstrichen, welches als Vorbild des SchiedsVfG diente.[45] Nach Art. 2 lit. d UNCITRAL ModG 1985 dürfen die Parteien jegliches Wahlrecht dadurch ausüben, dass sie einen Dritten mit der Ausübung beauftragen. In der ZPO wurde die entsprechende Regelung weggelassen, weil sie als selbstverständlich galt.[46] Grundsätzlich muss daher auch nach der ZPO gelten, dass die Parteien ihre Wahlrechte an Dritte delegieren dürfen.

Es gibt nun keinen Anlass die Bestimmung des Schiedsortes von diesem Grundsatz auszunehmen. Allein die Bedeutung des Schiedsortes ist kein Argument. Dann dürften die Parteien erst recht nicht die Wahl der Schiedsrichter an Dritte delegieren, denn diese sind für das Verfahren noch bedeutsamer als der Schiedsort. Dennoch lässt die ZPO die Ernennung der Schiedsrichter durch Dritte zu,[47] wie sich nicht zuletzt aus § 1035 Abs. 4 ZPO ergibt. Selbst *Münch* stellt in keiner Weise in Abrede, dass die Parteien einen Dritten damit beauftragen können, die Schiedsrichter zu wählen.[48] Die Bedeutung des Schiedsortes rechtfertigt es daher nicht, den Parteien zu verbieten, einem Dritten die Bestimmung des Schiedsortes anzuvertrauen. Andere durchschlagende Gründe, weshalb das nicht möglich sein soll, ergeben sich nicht.

Es ist somit ohne Weiteres zulässig, wenn die Parteien vereinbaren, einen Dritten mit der Wahl des Schiedsortes zu beauftragen. Mithin kann auch die Schiedsorganisation einen Schiedsort bestimmen. Der *Emergency*-Ort ist daher auch dann Schiedsort, wenn er wie bei ICC, SCC oder SCAI von der Schiedsorganisation bestimmt wird.

---

[44] Böckstiegel/Kröll/Nacimiento/*Sachs/Lörcher*, § 1043 Rn. 2; *Schwab/Walter,* Schiedsgerichtsbarkeit, Kapitel 15 Rn. 42.

[45] BT-Drs. 13/5274, S. 1; für § 1043 ZPO findet sein Vorbild in Art. 20 UNCITRAL ModG 1985 (s. BT-Drs. 13/5274, S. 47).

[46] BT-Drs. 13/5274, S. 26.

[47] Wieczorek/Schütze/*Schütze*, § 1035 Rn. 17; Böckstiegel/Kröll/Nacimiento/*Nacimiento/Stein*, § 1035 Rn. 8; Saenger/*Saenger*, § 1035 Rn. 4; Musielak/Voit/*Voit*, § 1035 Rn. 5; BeckOK ZPO/*Wolf/Eslami*, Stand: 01.03.2018, § 1035 Rn. 5.

[48] MüKo ZPO/*Münch*, § 1035 Rn. 26.

Kapitel 8

Vollstreckung ausländischer Emergency-Anordnungen

Schiedsverfahren bieten den großen Vorteil, dass die Schiedssprüche international leicht vollstreckt werden können. Eine Arbeit zum *Emergency Arbitrator* muss sich daher auch der Frage widmen, wie mit ausländischen *Emergency*-Anordnungen umzugehen ist. Ausländisch ist die *Emergency*-Anordnung, wenn der Schiedsort (bzw. der *Emergency*-Ort) nicht in Deutschland liegt bzw. allgemeiner: Wenn die *Emergency*-Anordnung in einem anderen Land vollstreckt werden soll als dem, in dem der Schiedsort liegt. Diese Definition der ausländischen *Emergency*-Anordnung ergibt sich aus dem Territorialitätsprinzip des Schiedsrechts[1] und verläuft parallel zur Definition des ausländischen Schiedsspruchs (§§ 1025 Abs. 4, 1061 ZPO).[2]

In der ZPO gibt es keine Norm, die unmittelbar die Vollstreckung ausländischer einstweiliger Anordnungen regelt.[3] Versucht wurde daher bereits, § 1041 Abs. 2 ZPO analog auf einstweilige Anordnungen ausländischer Schiedsgerichte anzuwenden.[4] Diesem Ansatz wird hier im Ergebnis gefolgt, die Begründung jedoch auf methodisch stabilere Füße gestellt.[5]

Als Vorbereitung wird zunächst die *Convention on the Recognition and Enforcement of Foreign Arbitral Awards*, abgeschlossen am 10. Juni 1958 in New York (New York Convention), untersucht, mit deren Hilfe Schiedssprüche in den Vertragsstaaten leicht vollstreckt werden können. Hier wird im Ergebnis festgestellt, dass die New York Convention – entgegen zahlreicher anderer Ansichten – *Emergency*-Anordnungen erfasst und die Vertragsstaaten daher verpflichtet, ausländische *Emergency*-Anordnungen wie Schiedssprüche zu vollstrecken (dazu A.).

---

[1] Siehe nur Prütting/Gehrlein/*Prütting*, § 1025 Rn. 26; Wieczorek/Schütze/*Schütze*, § 1025 Rn. 103.

[2] Vgl. zur Definition des ausländischen Schiedsspruchs nur: Musielak/Voit/*Voit*, § 1025 Rn. 7; Prütting/Gehrlein/*Prütting*, § 1025 Rn. 28.

[3] Siehe dazu die Erörterung unter B.I.

[4] *Bandel,* Einstweiliger Rechtsschutz im Schiedsverfahren, S. 369; *Edler,* Die Aufhebung von Schiedssprüchen, S. 63; *Leitzen,* Die Anordnung vorläufiger oder sichernder Maßnahmen, S. 257; Stein/Jonas/*Schlosser*, § 1041 Rn. 41; *Steinbrück,* Die Unterstützung ausländischer Schiedsverfahren durch staatliche Gerichte, S. 448.

[5] Siehe die Erörterung unter B.II.

In einem zweiten Schritt wird vor dem Hintergrund der New York Convention die Rechtslage in Deutschland nach der ZPO untersucht. Im Ergebnis wird hier festgestellt, dass § 1041 Abs. 2 ZPO auf einstweilige Anordnungen ausländischer *Emergency*-Anordnungen erstreckt werden muss. Art. III New York Convention enthält ein Verbot, ausländische Schiedssprüche gegenüber inländischen zu diskriminieren. Die ZPO enthält mit § 1041 Abs. 2 ZPO eine günstigere Sonderregelung für inländische einstweilige Anordnungen. Diese Sonderregelung muss vor dem Hintergrund des Diskriminierungsverbots auf ausländische einstweilige Anordnungen, die nach der New York Convention Schiedssprüche sind, übertragen werden. Erreicht wird das durch eine Analogie (dazu B.).

A. Anwendbarkeit der New York Convention

Der New York Convention gehören mittlerweile 159 Staaten an.[6] Angesichts dieser Bedeutung stellt sich die Frage, ob einstweilige Anordnungen des *Emergency Arbitrators* nach der New York Convention international vollstreckt werden können.

Nach Art. III findet die New York Convention nur auf Schiedssprüche („arbitral awards“) Anwendung, wobei sich in der New York Convention keine Definition des Schiedsspruchs findet. Aus Art. I (2) New York Convention ergibt sich zunächst nur, dass ein Schiedsspruch von einem Schiedsgericht stammen muss.[7] Für das deutsche Recht wurde bereits gezeigt, dass der *Emergency Arbitrator* Schiedsgericht ist.[8] Die Argumentation und das Ergebnis können ohne Weiteres auf die New York Convention übertragen werden.[9] Wie nach dem deutschen Recht auch,[10] wird der Schiedsrichter nach der New York Convention als unabhängige und unparteiliche Privatperson angesehen,

---

[6] UNCITRAL, Status: Convention on the Recognition and Enforcement of Foreign Arbitral Awards (New York, 1958), im Internet abrufbar unter: <http://www.uncitral.org/uncitral/en/uncitral_texts/arbitration/NYConvention_status.html> zuletzt geprüft am 11.11.2018.

[7] Wolff/*Ehle*, Art. I Rn. 27.

[8] Siehe Kapitel 2.

[9] Ähnlicher Ansatz bei *Lye/Yeo/Miller*, 23 S.Ac.L.J. 93 Rn. 107 (2011), die die Diskussion zur Auslegung des Begriffs „arbitrator“ nach dem Singapore IAA 2010 auf die New York Convention übertragen, weil das Verständnis nach beiden Regelungsregimen deckungsgleich ist.

[10] Siehe zur Definition des Schiedsgerichts im deutschen Recht nur OLG Frankfurt, Beschluss v. 05.04.2001 – 24 Sch 1/01, Rn. 12 (juris) = NJW-RR 2001, 1078; MüKo ZPO/*Münch*, Vorb. zu § 1025 Rn. 1; *Schwab/Walter,* Schiedsgerichtsbarkeit, Kapitel 1 Rn. 1; *Rosenberg/Schwab/Gottwald,* Zivilprozessrecht, § 175 Rn. 1 sowie bereits die Darstellung unter Kapitel 2.A.

die durch Parteivereinbarung berufen und direkt oder indirekt von den Parteien ernannt[11] wird, um einen Rechtsstreit anstelle eines staatlichen Gerichts zu entscheiden.[12] Nach der New York Convention gibt es daher keine weitergehenden oder vom deutschen Recht abweichenden Voraussetzungen für den Begriff des Schiedsgerichts, die eine andere Argumentation als nach deutschem Recht erfordern.

Zu klären bleibt, ob eine *Emergency*-Anordnung als Schiedsspruch i.S.d. New York Convention eingestuft werden kann.

I. Meinungsstand in Literatur und Rechtsprechung

In Literatur und Rechtsprechung ist umstritten, ob einstweilige Anordnungen von Schiedsgerichten oder *Emergency Arbitrator* Schiedssprüche sind. Einige Autoren wollen einstweilige Anordnungen nicht in den Anwendungsbereich der New York Convention aufnehmen,[13] da die New York Convention nur auf endgültige Schiedssprüche (englisch „final awards“) anwendbar sei. Einstweilige Anordnungen könnten jedoch nachträglich abgeändert oder aufgehoben werden und seien deshalb nicht endgültig. Andere Autoren sehen einstweilige Anordnungen als vollstreckbare Schiedssprüche i.S.d. New York Convention an.[14] Einstweilige Anordnungen seien endgültig, weil sie abschließend über eine Eilmaßnahme entscheiden.

Ebenfalls gespalten ist die internationale Rechtsprechung. Das weltweit erste Urteil zur Anwendbarkeit der New York Convention auf einstweilige An-

---

[11] Siehe insbesondere *Poudret/Besson/Berti,* Comparative Law of International Arbitration, Rn. 8, die herausstellen, dass indirekte Ernennung durch eine Schiedsorganisation ausreichend ist.

[12] *Born,* International Arbitration, Chapter 1 Rn. 4; Wolff/*Ehle*, Art. I Rn. 28; *Poudret/Besson/Berti,* Comparative Law of International Arbitration, Rn. 3, jeweils m.w.Nachw.

[13] So zum Beispiel MüKo ZPO/*Adolphsen*, Anhang 1 zu § 1061, Art. V UNÜ Rn. 58; *Bandel,* Einstweiliger Rechtsschutz im Schiedsverfahren, S. 356; *Hauser,* RIW 2013, 364, 366; *Lachmann,* Schiedsgerichtspraxis, Rn. 2941; *Lew/Mistelis/Kröll,* Comparative International Commercial Arbitration, S. 26.38; *Leitzen,* Die Anordnung vorläufiger oder sichernder Maßnahmen, S. 165; *Lye/Yeo/Miller*, 23 S.Ac.L.J. 93 Rn. 103 (2011); Stein/Jonas/*Schlosser*, § 1041 Rn. 41.

[14] *Van den Berg,* The 1958 New York Arbitration Convention Revisited, in: Karrer (Hrsg.), Arbitral Tribunals or State Courts, S. 141; *Born,* International Commercial Arbitration, S. 2515; Wolff/*Liebscher*, Art. V(1)(e) Rn. 376; *Kojovic*, 18 J.Int.Arb. 511, 532 (2001); *Kohl,* Vorläufiger Rechtsschutz, S. 198; *Yeşilirmak,* Provisional Measures, Rn. 6.40 f.; früher auch *Schlosser,* Das Recht der internationalen privaten Schiedsgerichtsbarkeit, Rn. 775, der zumindest manche Eilmaßnahmen für von der New York Convention als erfasst ansah (siehe heute aber: Stein/Jonas/*Schlosser*, § 1041 Rn. 41).

ordnungen erließ der *Supreme Court of Queensland*, Australien, in der Entscheidung *Resort Condominiums International Inc. v. Bolwell.*[15] Der Antragsteller beantragte eine einstweilige Anordnung für vollstreckbar zu erklären, die ein Schiedsgericht mit Sitz in Indianapolis, Indiana, USA getroffen hatte. Die Vollstreckung wurde abgelehnt, weil das Schiedsgericht die einstweilige Anordnung später aufheben oder ändern konnte und sie daher nicht „final and binding" gewesen sei.[16]

Anders entschied das ukrainische *Pecherskyi* Gericht in Kiew,[17] dessen Entscheidung zur Vollstreckung einer einstweiligen Anordnung große Aufmerksamkeit erlangt hat. Der Ölkonzern *JKX Oil & Gas* hatte die Ukraine im einem Staat-Investor-Verfahren vor einem SCC *Emergency Arbitrator* in Anspruch genommen. Der *Emergency Arbitrator* erließ eine einstweilige Anordnung, den das ukrainische Gericht unter Berufung auf die New York Convention für vollstreckbar erklärte,[18] allerdings ohne intensive argumentative Auseinandersetzung.[19] Das Urteil nahm anschließend seinen Weg durch die Instanzen; nach letzten öffentlich verfügbaren Informationen ist das Verfahren über die Vollstreckung der *Emergency*-Anordnung noch nicht endgültig abgeschlossen,[20] wenn auch der Hauptsacheschiedsspruch bereits erlassen wurde.[21] Mit der New York Convention haben sich allerdings auch die höheren Instanzen nicht argumentativ auseinandergesetzt.

---

[15] *Resort Condominiums International Inc. v. Bolwell*, Supreme Court of Queensland [1993] 1 Qd.R. 406.

[16] *Resort Condominiums International Inc. v. Bolwell*, Supreme Court of Queensland [1993] 1 Qd.R. 406, 425 Z. 41–44.

[17] Pecherskyi Bezirksgericht Kiev, Urteil v. 08.06.2015 – 757/5777/15-z, im Internet abrufbar unter: <www.italaw.com/sites/default/files/case-documents/italaw6001.pdf>, zuletzt geprüft am 11.11.2018; eine englischsprachige Beschreibung des Verfahrens findet sich bei *Hamama/Sendetska*, 34 Arb.Int. 307 (2018).

[18] Vgl. auch die Darstellungen bei *Galagan,* Enforcement of the JKX Oil & Gas Emergency Arbitrator Award; *Santens/Kudrna*, 34 J.Int.Arb. 1, 7 (2017).

[19] Vgl. auch die Darstellungen bei *Hamama/Sendetska*, 34 Arb.Int. 307 (2018); *Santens/Kudrna*, 34 J.Int.Arb. 1, 7 f. (2017); *Petrov,* JKX vs. Ukraine: An Update on the Enforcement of Emergency Arbitrator's Award.

[20] Nach letzten Informationen wurde am 21.12.2016 zum zweiten Mal Revision beim Spezialisierten Höheren Gericht der Ukraine für Zivil- und Strafsachen beantragt; weitere Verfahrensschritte sind bisher nicht bekannt. Siehe auch: *Droug/Gontar,* Ukrainian Approach To Recognition And Enforcement Of Interim Measures Granted By The Arbitral Tribunals.

[21] JKX Oil & Gas plc, Tribunal Award – Update, 07.02.2017, im Internet abrufbar unter: <http://www.jkx.co.uk/~/media/Files/J/JKX/press-release/2017/International%20 Arbitration%20FINAL.pdf>, zuletzt geprüft am 11.11.2018.

Ähnlich schiedsfreundlich wie die Ukraine verhalten sich die meisten US-Gerichte.[22] Bisher haben sich zwei US-Bundesgerichte unmittelbar mit der Anwendung der New York Convention auf einstweilige Anordnungen befasst.[23] In beiden Entscheidungen wurden einstweilige Anordnungen von Schiedsgerichten auf Grundlage der New York Convention bestätigt („confirmation"), was im US-Recht der Vollstreckbarerklärung entspricht; der *Emergency Arbitrator* war nicht Gegenstand dieser Entscheidungen.

Beachtet werden muss zudem die umfassende Rechtsprechung zu §§ 9 und 10 Federal Arbitration Act der USA, wonach einstweilige Anordnungen von Schiedsgerichten[24] und *Emergency Arbitrator* nahezu unbestritten als Schiedssprüche gelten und bestätigt werden können.[25] Der Federal Arbitration Act ist zwar nicht wortgleich mit der New York Convention, *Judge Evans* hat sich in der Entscheidung *Publicis Communication v. True North Communications*[26] allerdings ausdrücklich auf die Rechtsprechung zu §§ 9 und 10 Federal Arbitration Act bezogen und diese Rechtsprechung auf die New York Convention übertragen.[27]

Nach Auffassung der US-Gerichte müssen Schiedssprüche endgültig sein, um bestätigt werden zu können. Das folge aus § 10 (a)(4) Federal Arbitration

---

[22] Eine Ausnahme stellt *Chinmax Medical Systems Inc. v. Alere San Diego, Inc.*, 2011 WL 2135350 (S.D.Cal., 27 May 2011) dar; dazu sogleich.

[23] *Publicis Communication v. True North Communications*, 206 F.3d 725, 728 (7th Cir., 14 March 2000); *Polydefkis Corp. v. Transcontinental Fertiliser Co.*, 1996 WL 683629, 2 (E.D. Pennsylvania, 26 November 1996).

[24] Vgl. zu US-Entscheidungen, die einstweilige Anordnungen von Schiedsgerichten behandelt haben: *Pacific Reinsurance Management Corp. v. Ohio Reinsurance Corp.*, 935 F.2d 1019, 1023 (9th Cir., 5 June 1991); *Yasuda Fire & Marine Ins., Ltd. v. Continental Casualt Co.*, 37 F.3d 345, 347 (7th Cir., 10 October 1994); *Island Creek Coal Sales Co. v. City of Gainesville, FL*, 729 F.2d 1046, 1049 (6th Cir., 15 March 1984); *Banco de Seguros del Estado v. Mutual Marine Office, Inc.*, 344 F.3d 255 (2nd Cir., 18 September 2003); *CE International Resources Holdings LLC v. S.A. Minerals Ltd. Partnership*, 2012 WL 6178236 (S.D.N.Y, 10 December 2012); *British Ins. Co. v. Water Street Ins. Co.*, 93 F.Supp.2d 506, 514 (S.D.N.Y, 28 April 2000); *Sperry International Trade, Inc. v. Government of Israel*, 532 F. Supp. 901, 904 (S.D.N.Y, 24 February 1982).

[25] Entscheidungen, bei denen eine einstweilige Anordnung eines *Emergency Arbitrators* Verfahrensgegenstand war: *Yahoo! Inc. v. Microsoft Corp.*, 983 F.Supp.2d 310 (S.D.N.Y, 21 October 2013); *Draeger Safety Diagnostics, Inc. v. New Horizon Interlock, Inc.*, 2011 WL 653651 (E.D. Michigan, 14 February 2011); *Blue Cross Blueshild of Michigan v. Medimpact Healthcare Systems*, 2010 WL 2595340 (E.D. Michigan, 24 June 2010); Superior Court of California, County of San Diego, 04.12.2015 – 37-2015-00030706-CU-PA-CTL – „*Max Sound Corporation v. Communications Ltd*".

[26] *Publicis Communication v. True North Communications*, 206 F.3d 725 (7th Cir., 14 March 2000).

[27] *Publicis Communication v. True North Communications*, 206 F.3d 725, 729 (7th Cir., 14 March 2000).

Act, der das Wort „final" mit „award" in Verbindung bringt.[28] Der allergrößte Teil der US-Gerichte hält einstweilige Anordnungen bzw. *Emergency*-Anordnungen aber dennoch für vollstreckbar. Für einen Teil der Gerichte sind einstweilige Anordnungen endgültig, da sie die Handlungspflichten der Parteien für die Zeit bis zum Abschluss des Schiedsverfahrens verbindlich festlegen.[29] Andere argumentieren mit gleichem Ergebnis pragmatischer:[30] Einstweilige Anordnungen seien wichtig, um die Werthaltigkeit eines obsiegenden Schiedsspruches zu sichern. Ohne Vollstreckungsmöglichkeit seien einstweilige Anordnungen bedeutungslos, weshalb sie zu vollstrecken seien.

Seit 2011 gibt es jedoch eine abweichende Entscheidung, nach der eine *Emergency*-Anordnung nicht als endgültig anzusehen ist. In *Chinmax Medical Systems Inc. v. Alere San Diego, Inc.* wies der *United States District Court, Southern District of California* das Begehren des Klägers ab, eine einstweilige Anordnung eines *Emergency Arbitrators* aufzuheben.[31] Nach Art. 37 der dem Rechtsstreit zugrunde liegenden *International Dispute Resolution Procedures* der *American Arbitration Association* (AAA) könne das Schiedsgericht die *Emergency*-Anordnung aufheben oder ändern.[32] Die einstweilige Anordnung sei daher nicht endgültig und könne nicht nach § 10 Federal Arbitration Act aufgehoben werden.

Trotz der Entscheidung in *Chinmax* ist angesichts der umfassenden übrigen Rechtsprechung davon auszugehen, dass US-Gerichte *Emergency*-Anordnungen auf Grundlage der New York Convention für endgültig und verbindlich halten und vollstrecken würden.

---

[28] *Publicis Communication v. True North Communications*, 206 F.3d 725, 729 (7th Cir., 14 March 2000).

[29] *Island Creek Coal Sales Co. v. City of Gainesville, FL*, 729 F.2d 1046, 1049 (6th Cir., 15 March 1984); *Southern Seas Navigation Ltd v. Petroleos Mexicanos*, 606 F. Supp. 692, 694 (S.D.N.Y, 25 April 1985); *Sperry International Trade, Inc. v. Government of Israel*, 532 F. Supp. 901, 906 (S.D.N.Y, 24 February 1982).

[30] *Arrowhead Global Solutions, Inc. v. Datapath, Inc.*, 166 Fed.Appx. 39, 44 (5th Cir., 3 February 2006); *Publicis Communication v. True North Communications*, 206 F.3d 725, 730 f. (7th Cir., 14 March 2000); *Yasuda Fire & Marine Ins., Ltd. v. Continental Casualt Co.*, 37 F.3d 345, 348 (7th Cir., 10 October 1994); *Pacific Reinsurance Management Corp. v. Ohio Reinsurance Corp.*, 935 F.2d 1019, 1022 f. (9th Cir., 5 June 1991); *Companion Property and Casualty Insurance Company v. Allied Providence Insurance, Inc.*, 2014 WL 4804466, 3 (S.D.N.Y, 26 September 2014); *Polydefkis Corp. v. Transcontinental Fertiliser Co.*, 1996 WL 683629, 3 (E.D. Pennsylvania, 26 November 1996); *Southern Seas Navigation Ltd v. Petroleos Mexicanos*, 606 F. Supp. 692, 694 (S.D.N.Y, 25 April 1985).

[31] *Chinmax Medical Systems Inc. v. Alere San Diego, Inc.*, 2011 WL 2135350 (S.D.Cal., 27 May 2011).

[32] *Chinmax Medical Systems Inc. v. Alere San Diego, Inc.*, 2011 WL 2135350, 5 (S.D.Cal., 27 May 2011).

II. Eigener Ansatz

In der Literatur und Rechtsprechung geht es letztlich um die Frage, ob eine einstweilige Anordnung endgültig und/oder verbindlich ist. Die folgende Darstellung wird daher auf diese beiden Aspekte eingehen, sich aber nicht darauf beschränken. Vielmehr wird versucht, den Begriff des Schiedsspruchs anhand von gewöhnlicher Bedeutung (dazu 1.), Kontext der New York Convention (dazu 2.) und teleologischen Erwägungen (dazu 3.) auszulegen. Als wichtigstes Ergebnis zeigt die Erörterung, dass ein Schiedsspruch nicht endgültig sein muss (dazu 2.c), sondern dass es genügt, wenn er grundsätzlich verbindlich werden kann (dazu 2.d). Nach hier vertretener Ansicht sind einstweilige Anordnungen eines *Emergency Arbitrators* mit deren Erlass verbindlich. Eine *Emergency*-Anordnung ist daher als Schiedsspruch i.S.d. New York Convention vollstreckbar.

1. Gewöhnliche Bedeutung des Begriffs „arbitral award"

Völkerrechtliche Verträge werden entsprechend Art. 31 (1) Vienna Convention grundsätzlich nach der gewöhnlichen Bedeutung („ordinary meaning") der Begriffe ausgelegt. Die Vienna Convention ist zwar nicht unmittelbar auf die New York Convention anwendbar,[33] weil nicht alle Mitgliedsstaaten der New York Convention die Vienna Convention ratifiziert haben. Sie ist jedoch über ihren Anwendungsbereich hinaus anerkannte Richtlinie für die Auslegung völkerrechtlicher Verträge.[34] Entsprechend wird zunächst untersucht, ob die gewöhnliche Bedeutung des Begriffs Schiedsspruch einstweilige Anordnungen generell umfasst oder ausschließt. Letztlich ist festzustellen, dass sich aus der gewöhnlichen Bedeutung kein Ergebnis gewinnen lässt.

Intensiv mit der gewöhnlichen Bedeutung des Begriffs des Schiedsspruchs beschäftigt sich nur *Bandel*, der zu dem Ergebnis gelangt, dass der Begriff des Schiedsspruchs einstweilige Anordnungen gewöhnlicherweise nicht umfasse.[35] Einerseits hätten die Vertragsstaaten zur Zeit des Abschlusses der New York Convention einstweilige Anordnungen gar nicht einbeziehen wollen, andererseits werde gewöhnlich terminologisch zwischen Schiedssprüchen und einstweiligen Anordnungen differenziert.[36] Beiden Argumenten ist entgegen zu treten. Einerseits kommt es auf die Wortlautbedeutung zum Zeitpunkt des Vertragsschlusses nicht an, denn die New York Convention kann evolutiv, d.h. nach heutigem Begriffsverständnis, ausgelegt werden (dazu a). Andererseits ist

---

[33] Vgl. nur *Bandel,* Einstweiliger Rechtsschutz im Schiedsverfahren, S. 351–352.

[34] Siehe nur IGH, 13.07.2009 – *„Navigational Rights"*, ICJ Reports 2009, 213 Rn. 47; 13.12.1999 – *„Kasikili/Sedudu Island"*, ICJ Reports 1999, 1045 Rn. 18; *Gardiner,* Treaty Interpretation, S. 14.

[35] *Bandel,* Einstweiliger Rechtsschutz im Schiedsverfahren, S. 353.

[36] *Bandel,* Einstweiliger Rechtsschutz im Schiedsverfahren, S. 353.

der Begriff des Schiedsspruches nicht so scharf konturiert, dass er einstweilige Anordnungen von vornherein ausschließt (dazu b).

a) Zulässigkeit der evolutiven Auslegung

1958 waren einstweilige Anordnungen durch Schiedsgerichte schlicht unvorstellbar, die einstweiligen Anordnungen daher nicht Gegenstand der Verhandlungen.[37] Das bedeutet jedoch nur, dass einstweilige Anordnungen weder ausdrücklich in die New York Convention einbezogen, noch ausdrücklich ausgeschlossen wurden.

Wie der Begriff Schiedsspruch auszulegen ist, kann sich hingegen nach heutigem Begriffsverständnis richten, sofern eine evolutive Auslegung der New York Convention zulässig ist.[38] Die Kriterien für die evolutive Auslegung völkerrechtlicher Verträge wurde von internationalen Gerichten[39] und der Völkerrechtswissenschaft[40] entwickelt. Ein völkerrechtlicher Vertrag kann und muss[41] evolutiv ausgelegt werden, wenn dies dem Willen der Vertragsparteien entspricht.[42] Häufig treffen die Parteien jedoch keine ausdrückliche Abrede darüber, ob neue Umstände bei der Auslegung eines völkerrechtlichen Vertrages berücksichtigt werden müssen. Internationale Gerichte haben deshalb zwei voneinander unabhängige Ansätze entwickelt, um festzustellen, ob die Parteien

---

[37] *Bandel,* Einstweiliger Rechtsschutz im Schiedsverfahren, S. 353; *Yeşilirmak,* Provisional Measures, Rn. 6.35.

[38] Vgl. zu Definitionen der evolutiven Auslegung: *Böth,* Evolutive Auslegung völkerrechtlicher Verträge, S. 171; *Djeffal,* Static and Evolutive Treaty Interpretation, S. 348; *Helmersen*, 6 Europ.J.L.Stud. 161, 162 f. (2013).

[39] Siehe insbesondere aus der Rechtsprechung des EGMR: 28.07.1999 – App. No. 25803/94 – „*Selmouni v. France*", Rn. 101; 13.06.1979 – App. No. 6833/74 – „*Marckx v. Belgium*", Rn. 41; 25.04.1978 – App. No. 5856/72 – „*Tyrer v. UK*", Rn. 31; der Rechtsprechung des IGH: 13.07.2009 – „*Navigational Rights*", ICJ Reports 2009, 213 Rn. 66; 19.12.1978 – „*Aegean Sea*", ICJ Reports 1978, 3 Rn. 77; Advisory Opinion of 21 June 1971 – „*Namibia*", ICJ Reports 1971, 16 Rn. 53; weitere Rechtsprechung: *WTO Appellate Body*, Report of 12 October 1998 – WT/DS58/AB/R – „*United States – Import Prohibition of Certain Shrimp and Shrimp Products*", Rn. 130; Award of 24 May 2005 – „*Iron Rhine*", XXVII RIAA 35 Rn. 80.

[40] Siehe aus der Literatur nur *Arato*, 9 Law&Prac.Int'l Cts Trib. 443, 466 (2010); *Bernhardt*, 42 German Yb.Int'l L. 11, 14 f. (1999); *Bjorge,* Evolutionary Interpretation, S. 76; *Böth,* Evolutive Auslegung völkerrechtlicher Verträge, S. 145; *Delbrück/Wolfrum,* Völkerrecht, S. 641; Dörr/Schmalenbach/*Dörr*, Art. 31 Rn. 26; *Helmersen*, 6 Europ.J.L.Stud. 161, 173 (2013); *Triantafilou*, 32 ICSID Review 138, 168 (2017).

[41] Vgl. zur Pflicht Begriffe evolutiv auszulegen *Bjorge,* Evolutionary Interpretation, S. 76.

[42] IGH, 13.07.2009 – „*Navigational Rights*", ICJ Reports 2009, 213 Rn. 66; *Arato*, 9 Law&Prac.Int'l Cts Trib. 443, 466 (2010); *Bjorge,* Evolutionary Interpretation, S. 76; *Böth,* Evolutive Auslegung völkerrechtlicher Verträge, S. 145; Dörr/Schmalenbach/*Dörr*, Art. 31 Rn. 26; *Helmersen*, 6 Europ.J.L.Stud. 161, 173 (2013).

die Evolution implizit vereinbart haben.[43] Einerseits wird auf Ziel und Zweck („object and purpose“) des Vertrages abgestellt, andererseits wird ermittelt, ob der Vertrag sogenannte *generic terms* verwendet.[44] Beide Ansätze können eigenständig herangezogen werden, um eine evolutive Auslegung zu rechtfertigen und bedingen sich nicht gegenseitig.

aa) Ziel und Zweck des völkerrechtlichen Vertrages

Der weniger gebräuchliche Ansatz stellt auf Ziel und Zweck des Vertrages ab.[45] So hat das Schiedsgericht in der Entscheidung „Iron Rhine“[46] einen Vertrag evolutiv ausgelegt, weil Ziel und Zweck des Vertrages nur noch durch die Evolution der Begriffe zu erreichen waren. Problematisch an diesem Ansatz ist die Frage, auf welcher Abstraktionsebene Ziel und Zweck des Vertrages anzusiedeln sind.[47] Allgemeingültige Regeln sind nicht möglich, die Bestimmung des Zwecks muss im Einzelfall erfolgen.[48]

Auch bei der New York Convention stellt sich die Frage, wie der Zweck zu bestimmen ist. So ist *Bandel* der Auffassung, Zweck der New York Convention war es allein, die als unpraktikabel empfundene Geneva Convention abzulösen.[49] Die Geneva Convention erschwerte es, Schiedssprüche international zu vollstrecken, weil ein Schiedsspruch faktisch im Herkunfts- und Vollstreckungsstaat für vollstreckbar erklärt werden musste und einige Beweisanforderungen schwer zu erfüllen waren.[50] Die New York Convention habe daher ein sehr konkretes Ziel verfolgt. Es sei deshalb nicht möglich, neue Entwicklungen, wie einstweilige Anordnungen, in das Begriffsverständnis der New York Convention einzubeziehen.[51]

Demgegenüber wollen *Kohl* und *Yeşilirmak* den Zweck der New York Convention umfassender bestimmen: Ziel und Zweck der New York Convention sei es, die internationale Handelsschiedsgerichtsbarkeit zu fördern, indem die Vollstreckung von Schiedssprüchen erleichtert wird.[52] Dem ist beizupflichten. Anlass für die Aufnahme der Verhandlungen zur New York Convention mag das Doppelexequatur gewesen sein. Den Vertragszweck aber darin erschöpft zu sehen, einen anderen völkerrechtlichen Vertrag abzulösen, erscheint zu eng.

---

[43] *Arato*, 9 Law&Prac.Int'l Cts Trib. 443, 467 f. (2010).

[44] Vgl. die Darstellung bei *Arato*, 9 Law&Prac.Int'l Cts Trib. 443, 468–473 (2010).

[45] Vgl. insbesondere die Darstellung bei *Arato*, 9 Law&Prac.Int'l Cts Trib. 443, 473 (2010).

[46] Award of 24 May 2005 – „*Iron Rhine*“, XXVII RIAA 35 Rn. 80.

[47] *Arato*, 9 Law&Prac.Int'l Cts Trib. 443, 475 f. (2010).

[48] *Arato*, 9 Law&Prac.Int'l Cts Trib. 443, 475 (2010).

[49] *Bandel,* Einstweiliger Rechtsschutz im Schiedsverfahren, S. 354–355.

[50] Vgl. zu den Hintergründen nur Wolff/*Liebscher*, Art. V(1)(e) Rn. 355–356.

[51] *Bandel,* Einstweiliger Rechtsschutz im Schiedsverfahren, S. 354–355.

[52] *Kohl,* Vorläufiger Rechtsschutz, S. 171; *Yeşilirmak,* Provisional Measures, Rn. 6.41.

Wäre es letztlich nur um eine Aufhebung des Doppelexequaturs und die Beweiserleichterung gegangen, so hätte die Geneva Convention an der relevanten Stelle geändert werden können. Stattdessen wurde entschieden, ein neues Regelwerk zu schaffen, das insgesamt die Handelsschiedsgerichtsbarkeit fördert. Mit diesem weitgefassten Zweck ließe sich die Aufnahme neuer Entwicklungen leicht rechtfertigen.

Allerdings besteht die Gefahr, dass die Auslegung beliebig wird, wenn auf Ziel und Zweck des Vertrages abgestellt wird.[53] Jeder Rechtsanwender könnte wegen der fehlenden Leitlinien den Zweck des Vertrages so bestimmen, wie es am besten zum Ergebnis passt. Das Instrument der evolutiven Auslegung muss daher anders beschränkt werden, um die Grenze zwischen Rechtssetzung und Auslegung nicht zu überschreiten. Evolutive Auslegung aufgrund von Ziel und Zweck des Vertrages ist daher nur zulässig, wenn sie erforderlich ist, damit der Vertrag überhaupt noch einen Anwendungsbereich hat.[54]

Die New York Convention kann nach Maßgabe von Ziel und Zweck des Vertrages aus diesem Grunde nicht evolutiv ausgelegt werden. Sie erlangt auch ohne Einbeziehung von einstweiligen Anordnungen große praktische Bedeutung. Es ist daher nicht zwingend erforderlich, einstweilige Anordnungen einzubeziehen.

bb) Verwendung von „generic terms“

Gebräuchlicher ist der Ansatz von den *generic terms*[55], der maßgeblich vom Internationalen Gerichtshof (IGH) für die Auslegung völkerrechtlicher Verträge entwickelt[56] und zuletzt in *Navigational Rights* konkretisiert wurde.[57] Andere Gerichte haben den Ansatz des IGH übernommen.[58] Die Vertragsparteien haben sich in der Regel implizit geeinigt, neue Entwicklungen einzubeziehen, wenn sie *generic terms* verwendet haben und den Vertrag auf unbestimmte oder lange Zeit eingegangen sind.[59] Liegen beide Voraussetzungen vor, muss-

---

[53] *Arato*, 9 Law&Prac.Int'l Cts Trib. 443, 475 f. (2010).

[54] *Arato*, 9 Law&Prac.Int'l Cts Trib. 443, 475 f. (2010).

[55] Für *generic terms* gibt es keine treffende Übersetzung, da der Begriff schon im Englischen sehr unscharf ist. Auf eine Übersetzung wurde deshalb verzichtet und der Begriff wird nur in seiner englischen Form gebraucht.

[56] IGH, 13.07.2009 – *„Navigational Rights“*, ICJ Reports 2009, 213 Rn. 66; 19.12.1978 – *„Aegean Sea“*, ICJ Reports 1978, 3 Rn. 77, andeutungsweise bereits Advisory Opinion of 21 June 1971 – *„Namibia“*, ICJ Reports 1971, 16 Rn. 53.

[57] IGH, 13.07.2009 – *„Navigational Rights“*, ICJ Reports 2009, 213.

[58] Mit Bezug auf den IGH: *WTO Appellate Body*, Report of 12 October 1998 – WT/DS58/AB/R – *„United States – Import Prohibition of Certain Shrimp and Shrimp Products“*, Rn. 130; Award of 24 May 2005 – *„Iron Rhine“*, XXVII RIAA 35 Rn. 80.

[59] IGH, 13.07.2009 – *„Navigational Rights“*, ICJ Reports 2009, 213 Rn. 66.

ten die Vertragsparteien damit rechnen, dass sich die Bedeutung der verwendeten Begriffe wandelt. Es ist daher gerechtfertigt, einen impliziten Willen zur Evolution anzunehmen.

Die New York Convention ist auf unbestimmte Dauer eingegangen. Unklar bleibt allerdings, ob der Begriff Schiedsspruch in der New York Convention ein *generic term* ist. Bisher verstand der IGH unter *generic term* die Begriffe „continental shelf“[60] und „comercio“[61]. In *Navigational Rights* definiert der IGH den Begriff des *generic terms* ansatzweise:[62] „[commercio] is a generic term, referring to a class of activity“[63]. Ein *generic term* bezeichnet somit eine Klasse von Dingen, in Abgrenzung zu konkreten Gegenständen.[64] Nach dieser Definition ist auch der Begriff Schiedsspruch in der New York Convention ein *generic term.* Die New York Convention beschreibt nämlich nicht konkrete Schiedssprüche, sondern bezieht sich ganz allgemein auf Schiedssprüche.

Es zeigt sich damit, dass die Definition des *generic terms* denkbar weit gerät und sehr viele Begriffe in Rechtstexten *generic terms* werden. Es bedarf daher einer weiteren Begrenzung,[65] um die Grenze zwischen Auslegung und Rechtssetzung nicht zu überschreiten.[66]

Helmersen schlägt deshalb vor, einen Begriff nur dann als *generic term* im Rechtssinne anzusehen, wenn es zum Zeitpunkt des Vertragsabschlusses wahrscheinlich war, dass sich die Bedeutung weiterentwickelt.[67] Damit wird dem Kernanliegen des Ansatzes gedient, einen konkludenten Parteiwillen zu ergründen. Denn nur, wenn die Parteien mit einer Weiterentwicklung rechnen konnten, können sie gewollt haben, dass die Weiterentwicklung berücksichtigt wird.[68]

Selbst wenn man dieser Beschränkung folgt, bleibt der Schiedsspruch nach der New York Convention ein *generic term.* Der Begriff des Schiedsspruchs ist ein rechtstechnischer Begriff, der im allgemeinen Sprachgebrauch keine Bedeutung hat. Es wird schon allgemein angenommen, dass bei wissenschaftlichen und technischen Begriffen mit der Weiterentwicklung zu rechnen ist, weil sich der Stand von Wissenschaft und Technik andauernd ändert.[69] Das muss insbesondere für einen rechtstechnischen Begriff wie Schiedsspruch („arbitral

---

[60] Siehe IGH, 19.12.1978 – *„Aegean Sea“,* ICJ Reports 1978, 3.

[61] Siehe IGH, 13.07.2009 – *„Navigational Rights“,* ICJ Reports 2009, 213.

[62] Vgl. dazu *Helmersen*, 6 Europ.J.L.Stud. 161, 177 (2013).

[63] IGH, 13.07.2009 – *„Navigational Rights“,* ICJ Reports 2009, 213 Rn. 67.

[64] Vgl. die ausführlicheren Erläuterungen bei *Helmersen*, 6 Europ.J.L.Stud. 161, 177–180 (2013).

[65] *Fitzmaurice*, 22 Hague Yb.Int'l L. 3, 30 (2009).

[66] *Böth,* Evolutive Auslegung völkerrechtlicher Verträge, S. 21.

[67] *Helmersen*, 6 Europ.J.L.Stud. 161, 179 (2013).

[68] *Helmersen*, 6 Europ.J.L.Stud. 161, 179 (2013).

[69] *Arato*, 9 Law&Prac.Int'l Cts Trib. 443, 469 (2010).

award") gelten. Der Begriff wird international verwendet und ist häufig Gegenstand von Gerichtsentscheidungen und wissenschaftlichen Erörterungen, die die Grenzen des Begriffs vermessen. Während der Vorbereitungen zur New York Convention wurde angemerkt, dass es vom Vollstreckungsgericht abhinge, ob eine Entscheidung Schiedsspruch sei oder nicht.[70] Der Begriff des Schiedsspruchs wurde somit nicht als absolut feststehend angesehen, sondern ist offen für Entwicklungen. Gleichzeitig lebt die Schiedsgerichtsbarkeit von der Parteiautonomie. Es ist daher damit zu rechnen, dass die Nutzer der Schiedsgerichtsbarkeit neue Regeln und Instrumente entwickeln, um das Verfahren neuen Bedürfnissen anzupassen. Diese Entwicklungen können Inhalt und Gestaltung des Schiedsspruches beeinflussen. Der Begriff Schiedsspruch ist daher insgesamt als *generic term* anzusehen, mit dessen Weiterentwicklung zu rechnen war.

Andere wollen den Ansatz der *generic terms* dadurch begrenzen, dass die evolutive Auslegung Ziel und Zweck des Vertrages nicht gefährden darf.[71] Unabhängig davon, ob der Vertragszweck eng oder weit ausgelegt wird,[72] wird die New York Convention nicht dadurch gefährdet, dass einstweilige Anordnungen in den Begriff des Schiedsspruchs aufgenommen werden. Trotz der Aufnahme von einstweiligen Anordnungen bleibt das Doppelexequatur abgeschafft (enge Auffassung vom Vertragszweck) und die Handelsschiedsgerichtsbarkeit wird durch die Vollstreckung von einstweiligen Anordnungen erst recht gefördert (weite Auffassung vom Vertragszweck).

Der Ansatz von den *generic terms* ist somit mit allen seinen Beschränkungen erfüllt und der Begriff des Schiedsspruchs kann evolutiv ausgelegt werden.

b) Mögliche moderne Bedeutung des Schiedsspruchs

Die vorstehende Erörterung hat gezeigt, dass der Begriff Schiedsspruch evolutiv ausgelegt werden kann, d.h. nach Maßgabe eines modernen Begriffsverständnisses. Zu diskutieren bleibt, ob sich aus einem modernen Begriffsverständnis bereits ein eindeutiges Ergebnis ergibt. Nach Ansicht *Bandels* werde typischerweise zwischen Schiedssprüchen und einstweiligen Anordnungen unterschieden, die gewöhnliche Bedeutung des Begriffs Schiedsspruch erfasse einstweilige Anordnungen deshalb nicht.[73] *Bandel* argumentiert mit dem deutschen, niederländischen und schweizerischen Schiedsrecht sowie dem UNCI-

---

[70] UNECOSOC, Recognition and Enforcement of Arbitral Awards, Report by the Secretary-General, E/2822, S. 10.

[71] *Arato*, 9 Law&Prac.Int'l Cts Trib. 443, 472 f. (2010); *Bjorge,* Evolutionary Interpretation, S. 76; *Delbrück/Wolfrum,* Völkerrecht, S. 641; Dörr/Schmalenbach/*Dörr*, Art. 31 Rn. 26; *Fitzmaurice*, 22 Hague Yb.Int'l L. 3, 30 (2009).

[72] Dazu im vorstehenden Abschnitt a) aa).

[73] *Bandel,* Einstweiliger Rechtsschutz im Schiedsverfahren, S. 353.

TRAL ModG 1985. Im deutschen und schweizerischen Recht sowie im UNCITRAL ModG 1985 werden einstweilige Anordnungen nicht als Schiedssprüche bezeichnet. Das spreche dafür, zwischen einstweiligen Anordnungen und Schiedssprüchen zu unterscheiden.[74]

Anders ist dies in den Niederlanden, wie *Bandel* selbst erkennt.[75] Art. 1043b Abs. 4 niederl. ZPO stellt ausdrücklich fest, dass einstweilige Anordnungen Schiedssprüche sind, solange das Schiedsgericht nichts anderes bestimmt. *Bandel* sieht darin seine Auffassung bestärkt, dass Schiedssprüche gewöhnlicherweise keine einstweiligen Anordnungen umfassen würden.[76] Wäre es anders, hätten die Niederlande nicht eigens anordnen müssen, einstweilige Anordnungen seien Schiedssprüche.[77] Das erscheint wenig überzeugend. Der Begriff des Schiedsspruchs ist ein Zentralbegriff des Schiedsrechts. Es ist daher nicht überraschend, wenn ein nationaler Gesetzgeber sich ausdrücklich dazu äußert, welche Entscheidungen eines Schiedsgerichts Schiedssprüche sind. Das Schiedsrecht der Niederlande deutet daher eher darauf hin, dass auch einstweilige Anordnungen als Schiedssprüche bezeichnet werden.

In die gleiche Richtung weisen einige US-Entscheidungen, die ohne Umstände von „interim awards" sprechen, wenn einstweilige Anordnungen eines Schiedsgerichts oder *Emergency Arbitrators* gemeint sind.[78] Hinzu kommen einige Schiedsordnungen, die dem *Emergency Arbitrator* ausdrücklich den Erlass von Schiedssprüchen gestatten (so z.B. Art. 9.8 LCIA Rules 2014; Art. 8 SIAC EA Rules 2016; Art. 6 (4) ICDR Rules 2014). Auch hier zeigt sich, dass einstweilige Anordnungen als Schiedssprüche bezeichnet werden.

Anders als *Bandel* meint, schließt der Begriff des Schiedsspruchs einstweilige Anordnungen daher nicht von vornherein aus. Gleichzeitig ist aber nicht festzustellen, dass einstweilige Anordnungen generell als Schiedssprüche bezeichnet werden.

c) Ergebnis

Die gewöhnliche Bedeutung des Begriffs Schiedsspruch schließt einstweilige Anordnungen weder aus dem Anwendungsbereich der New York Convention

---

[74] *Bandel,* Einstweiliger Rechtsschutz im Schiedsverfahren, S. 353.

[75] *Bandel,* Einstweiliger Rechtsschutz im Schiedsverfahren, S. 353.

[76] *Bandel,* Einstweiliger Rechtsschutz im Schiedsverfahren, S. 353.

[77] *Bandel,* Einstweiliger Rechtsschutz im Schiedsverfahren, S. 353.

[78] *Companion Property and Casualty Insurance Company v. Allied Providence Insurance, Inc.*, 2014 WL 4804466, 3 (S.D.N.Y, 26 September 2014); *Banco de Seguros del Estado v. Mutual Marine Office, Inc.*, 344 F.3d 255, 259 (2nd Cir., 18 September 2003); *Polydefkis Corp. v. Transcontinental Fertiliser Co.*, 1996 WL 683629, 3 (E.D. Pennsylvania, 26 November 1996); *Sperry International Trade, Inc. v. Government of Israel*, 532 F. Supp. 901, 904 (S.D.N.Y, 24 February 1982); *Yahoo! Inc. v. Microsoft Corp.*, 983 F.Supp.2d 310 (S.D.N.Y, 21 October 2013).

aus noch ein. Der vorstehende Abschnitt hat aber ein anderes wichtiges Ergebnis geliefert: Der Begriff des Schiedsspruchs kann nach dem Ansatz von den *generic terms* evolutiv ausgelegt werden. Es ist für die Auslegung daher irrelevant, dass die Verfasser der New York Convention einstweilige Anordnungen nicht vor Augen hatten.

2. *Kontext der New York Convention*

Nachdem die gewöhnliche Bedeutung des Begriffs Schiedsspruch einstweilige Anordnungen weder definitiv ein- noch ausschließt, kann der Kontext herangezogen werden, um den Begriff Schiedsspruch weiter auszufüllen (vgl. Art. 31 (1) Vienna Convention).[79] Aus der Gesamtstruktur der New York Convention sollen Vorgaben abgeleitet werden, die die Entscheidung eines Schiedsgerichts erfüllen muss, um als Schiedsspruch anerkannt zu werden. Dabei muss geklärt werden, ob einstweilige Anordnungen diese Vorgaben erfüllen.

a) *Schriftlichkeit*

Aus Art. IV (1)(a) New York Convention folgt zunächst, dass Schiedssprüche schriftlich abgefasst sein müssen. Andernfalls kann es von ihnen kein „duly authenticated original“ oder „duly certified copy thereof“ geben. Damit sind zwar einstweilige Anordnungen in mündlicher Form ausgeschlossen. Das wird von den Schiedsordnungen aber ohnehin nicht zugelassen.[80] Im Übrigen können einstweilige Anordnungen ohne Weiteres schriftlich erlassen werden.[81]

b) *Rechtsstreitigkeiten*

Schiedssprüche müssen zudem aus Rechtsstreitigkeiten (Englisch „differences“) entstehen. Das ergibt sich aus Art. I (1) New York Convention, der die New York Convention auf Schiedssprüche für anwendbar erklärt, die aus Rechtsstreitigkeiten zwischen Personen entstehen, seien sie tatsächlicher oder rechtlicher Natur („arbitral awards [...] arising out of differences between persons, whether physical or legal“). Der *Supreme Court of Queensland* schloss daraus, Eilmaßnahmen könnten keine Schiedssprüche sein.[82] Mit Rechtsstreitigkeit sei nur der Hauptsachestreit gemeint. Dem ist schon *Bandel* zu Recht

---

[79] Vgl. zur Berücksichtigung des Kontexts *Gardiner,* Treaty Interpretation, S. 197 ff.

[80] Siehe die Vorstellung des *Emergency Arbitrators* in Kapitel 1.C.I.

[81] *Kohl,* Vorläufiger Rechtsschutz, S. 193.

[82] *Resort Condominiums International Inc. v. Bolwell,* Supreme Court of Queensland [1993] 1 Qd.R. 406, 419 Z. 41–52.

entgegengetreten.[83] Wird eine einstweilige Anordnung vor einem Schiedsgericht beantragt, so streiten die Parteien über die Rechte und Pflichten bis zur endgültigen Erledigung des Rechtsstreits.

Der Begriff Rechtsstreitigkeit ist zudem denkbar weit. Es ergibt sich an keiner Stelle aus der New York Convention, dass Rechtsstreitigkeiten auf Hauptsachestreitigkeiten beschränkt sind. Das Merkmal der Rechtsstreitigkeit schließt einstweilige Anordnungen damit nicht vom Anwendungsbereich der New York Convention aus. Vielmehr deutet der weite Begriff darauf hin, auch einstweilige Anordnungen einzubeziehen.

c) *Endgültigkeit des Schiedsspruchs*

Häufig wird angenommen, Schiedssprüche müssten endgültig („final") sein.[84] Nach Ansicht einiger Autoren seien einstweilige Anordnungen nicht endgültig und werden daher von der New York Convention nicht erfasst.[85] Einen anderen Weg geht die bereits vorgestellte US-Rechtsprechung.[86] Die US-Gerichte wollen zwar nur *final awards* vollstrecken, zum größten Teil betrachten sie einstweilige Anordnungen aber als *final* in diesem Sinne.

Es ist bemerkenswert, zu fordern, ein Schiedsspruch nach der New York Convention müsse endgültig sein. Ein solches Erfordernis ergibt sich nämlich an keiner Stelle aus der New York Convention. Vielmehr verzichteten die Vertragsstaaten im Laufe der Verhandlungen zur New York Convention auf den Begriff *final*.[87] Anders war dies noch in der Geneva Convention, dem Vorgängerabkommen zur New York Convention. Nach Art. 1 (d) Geneva Convention konnten nur endgültige Schiedssprüche („final awards") vollstreckt werden und der Antragsteller musste gemäß Art. 4 (2) Geneva Convention die Endgültigkeit des Schiedsspruches nachweisen. Dieser Nachweis gelang praktisch nur dadurch, dass der Schiedsspruch im Ursprungsland für vollstreckbar erklärt

---

[83] *Bandel,* Einstweiliger Rechtsschutz im Schiedsverfahren, S. 347.

[84] *Born,* International Commercial Arbitration, S. 2513; *Gaillard/Savage,* Fouchard Gaillard Goldman on International Commercial Arbitration, Rn. 1350; *Lachmann,* Schiedsgerichtspraxis, Rn. 2941; *Lew/Mistelis/Kröll,* Comparative International Commercial Arbitration, Rn. 26.38; *Kojovic,* 18 J.Int.Arb. 511, 521 (2001); *Paulsson,* The 1958 New York Convention in Action, S. 116; *Simsive,* Indirect Enforceability of Emergency Arbitrator's Orders; Musielak/Voit/*Voit,* § 1061 Rn. 3; *Werdnik,* The Enforceability of Emergency Arbitrators' Decisions, in: Zeiler, et al. (Hrsg.), Austrian Yearbook on International Arbitration 2014, S. 274–275; *Yeşilirmak,* Provisional Measures, Rn. 6.41.

[85] Siehe nur *Lachmann,* Schiedsgerichtspraxis, Rn. 2941; *Lew/Mistelis/Kröll,* Comparative International Commercial Arbitration, Rn. 26.38; *Paulsson,* The 1958 New York Convention in Action, S. 116; *Simsive,* Indirect Enforceability of Emergency Arbitrator's Orders; Musielak/Voit/*Voit,* § 1061 Rn. 3, vgl. auch *Resort Condominiums International Inc. v. Bolwell,* Supreme Court of Queensland [1993] 1 Qd.R. 406, 425 Z. 41–44.

[86] Siehe dazu A.I. auf S. 175.

[87] *Born,* International Arbitration, Chapter 17 Rn. 47.

wurde. Im Ergebnis war daher ein Doppelexequatur (im Ursprungs- und im Vollstreckungsland) erforderlich, um einen Schiedsspruch im Ausland durchzusetzen.[88] Das Doppelexequatur war Anlass für die Vertragsstaaten, die Geneva Convention durch die New York Convention zu ersetzen.[89]

Der Begriff endgültig („final") wurde auf der New Yorker Konferenz zudem erneut vorgeschlagen, diskutiert und verworfen.[90] Stattdessen fügten die Delegierten Art. V (1)(e) New York Convention ein, wonach der Antragsgegner die Vollstreckbarerklärung des Schiedsspruches verhindern kann, wenn der Schiedsspruch nicht verbindlich („binding") ist.[91] Von endgültig („final") spricht Art. V (1)(e) New York Convention nicht.

Entsprechend dieser Ausgangslage begründen auch die Entscheidungen des *Supreme Court of Queensland*[92] und des *United States Court of Appeals, 7th Circuit*[93] ihre Ansicht, ein Schiedsspruch nach der New York Convention müsse endgültig sein, nur unzureichend. Beide ziehen nationale Gesetze ihrer jeweiligen Jurisdiktion heran, finden aber keine Argumente, die sich aus der New York Convention ergeben. So argumentiert der *Supreme Court of Queensland* mit Argumenten aus dem *English Arbitration Act* und zitiert darauf bezogene Rechtsprechung;[94] der *United States Court of Appeals* bezieht sich in *Publicis Communication v. True North Communications* auf §§ 9 und 10 Federal Arbitration Act.[95] Die New York Convention ist jedoch ein völkerrechtlicher Vertrag und daher autonom auszulegen.[96] Es überzeugt nicht, den Begriff des Schiedsspruchs von einem Merkmal abhängig zu machen, das sich allein aus der nationalen Gesetzgebung ergibt, während der Verhandlungen zur New York Convention aber ausdrücklich verworfen wurde.

Insgesamt ist daher festzustellen, dass die New York Convention an keiner Stelle die Endgültigkeit des Schiedsspruchs fordert. Der Begriff *final* war vielmehr in der Geneva Convention noch vorhanden, wurde in der New York Convention aber gestrichen. Auch die nationalen Gerichtsentscheidungen aus

---

[88] *Van den Berg,* The New York Arbitration Convention of 1958, S. 333; *Gaillard/Savage,* Fouchard Gaillard Goldman on International Commercial Arbitration, Rn. 1677.

[89] ICCA's Guide to the Interpretation of the 1958 New York Convention, S. 101; *van den Berg,* The New York Arbitration Convention of 1958, S. 333; *Kohl,* Vorläufiger Rechtsschutz, S. 177–178; Wolff/*Liebscher*, Art. V(1)(e) Rn. 355.

[90] Vgl. *van den Berg,* The New York Arbitration Convention of 1958, S. 333–334.

[91] *Redfern, et al.,* Redfern and Hunter on International Arbitration, Rn. 11.87.

[92] *Resort Condominiums International Inc. v. Bolwell,* Supreme Court of Queensland [1993] 1 Qd.R. 406.

[93] *Publicis Communication v. True North Communications*, 206 F.3d 725 (7th Cir., 14 March 2000).

[94] *Resort Condominiums International Inc. v. Bolwell,* Supreme Court of Queensland [1993] 1 Qd.R. 406, 421–423.

[95] *Publicis Communication v. True North Communications*, 206 F.3d 725 (7th Cir., 14 March 2000).

[96] MüKo ZPO/*Adolphsen*, Anhang 1 zu § 1061, Art. I UNÜ Rn. 3.

Queensland und den USA liefern keine überzeugenden Argumente, weshalb der Begriff *final* in die New York Convention hineininterpretiert werden muss. Ein Schiedsspruch nach der New York Convention muss daher nicht endgültig sein.

d) *Verbindlichkeit des Schiedsspruchs*

Auch wenn Schiedssprüche nicht endgültig sein müssen, kann die Vollstreckung eines Schiedsspruchs nach Art. V (1)(e) New York Convention verweigert werden, wenn der Antragsgegner darlegt und beweist, dass der Schiedsspruch für die Schiedsparteien noch nicht verbindlich geworden ist („the award has not yet become binding on the parties"). Daraus ergibt sich zunächst einmal: Es gibt unverbindliche Schiedssprüche und diese können nach der New York Convention vollstreckt werden, falls der Antragsgegner die Unverbindlichkeit nicht geltend macht. Gleichzeitig ist daraus zu folgern, dass nur diejenigen Entscheidungen eines Schiedsgerichts Schiedssprüche sind, die verbindlich werden können.[97] „[H]as not yet become" impliziert, dass der Schiedsspruch zwar noch nicht verbindlich ist, dies aber in Zukunft werden kann. Nach der New York Convention sind daher nur solche Entscheidungen als Schiedssprüche anzusehen, die grundsätzlich verbindlich werden können.

Es stellt sich daher die Frage, ob *Emergency*-Anordnungen verbindlich im Sinne der New York Convention sind oder werden können. Daran könnte man zweifeln, weil *Emergency Arbitrator* und Schiedsgericht *Emergency*-Anordnungen wieder aufheben oder ändern können.[98]

Unter welchen Voraussetzungen ein Schiedsspruch verbindlich wird, ist schon seit Einführung des Begriffs *binding* in die New York Convention höchst umstritten.[99] Im Folgenden werden daher drei verbreitete Interpretationen des Begriffs *binding* vorgestellt, in Bezug auf einstweilige Anordnungen analysiert und diskutiert. Die Erörterung kommt zu dem Ergebnis, dass sich die Verbindlichkeit nach dem Parteiwillen richtet und *Emergency*-Anordnungen daher verbindlich sind.

---

[97] *Bandel,* Einstweiliger Rechtsschutz im Schiedsverfahren, S. 350.

[98] Vgl. dazu das Argument von *Resort Condominiums International Inc. v. Bolwell*, Supreme Court of Queensland [1993] 1 Qd.R. 406, 425 Z. 41–44.

[99] Vgl. nur die unterschiedlichen Meinungen der Delegierten auf der New Yorker Konferenz UNCITRAL, United Nation's Conference on International Commercial Arbitration. Summary Record of the 17th Meeting, UN Doc E/CONF. 26/SR. 17, S. 12 f.

aa) Nationales Schiedsrecht

Einer ersten Ansicht folgend, ist ein Schiedsspruch verbindlich, wenn er alle formalen Voraussetzungen erfüllt, um am Sitz des Schiedsgerichts für vollstreckbar erklärt zu werden.[100] Eine entsprechende Voraussetzung soll beispielsweise die Niederlegung beim zuständigen Gericht sein, wie sie das alte deutsche Schiedsrecht erforderte.[101] Nicht erforderlich ist allerdings, dass ein Gericht am Schiedsort ein Exequatur erlassen hat,[102] denn dadurch würde wieder das Doppelexequatur eingeführt, welches mit der New York Convention abgeschafft werden sollte.[103]

Wird die Verbindlichkeit des Schiedsspruchs in Abhängigkeit davon bestimmt, ob formale Voraussetzungen der Vollstreckung bereits erfüllt sind, können auch *Emergency*-Anordnungen nach der New York Convention als verbindlich angesehen werden. Voraussetzung ist lediglich, dass *Emergency*-Anordnungen nach der *lex arbitri* alle formalen Voraussetzungen für die Vollstreckbarkeit erfüllen. Liegt der Schiedsort beispielsweise in Deutschland, so wären *Emergency*-Anordnungen nach der New York Convention verbindlich. Nach § 1041 Abs. 2 ZPO bedarf es keiner weiteren formalen Voraussetzungen, um Vollziehungszulassung zu erlangen.[104] Eine *Emergency*-Anordnung wäre nach deutschem Recht daher sofort verbindlich. Anders wäre es, wenn eine *Emergency*-Anordnung am Schiedsort nicht für vollstreckbar erklärt werden könnte, entweder weil das generell unzulässig ist oder weil die formalen Voraussetzungen noch nicht erfüllt sind. Die Anordnung kann dann nicht verbindlich werden und eine Vollstreckung nach der New York Convention wäre hinfällig.

Der Ansatz auf das nationale Recht am Schiedsort abzustellen, überzeugt insofern, als das nationale Recht am Schiedsort darüber entscheidet, ob eine bestimmte Entscheidung überhaupt der Schiedsgerichtsbarkeit zuzurechnen ist

---

[100] Siehe aus der Literatur *Gaillard/Savage,* Fouchard Gaillard Goldman on International Commercial Arbitration, Rn. 1681–1682 sowie beispielhaft aus der Rechtsprechung *Tribunal de Grande Instance de Strasbourg*, 09.10.1970, II YCA 244 (1977); umfassende Zusammenstellung der Rechtsprechung bei *Born,* International Commercial Arbitration, S. 3609 Fn. 1089.

[101] *Tribunal de Grande Instance de Strasbourg*, 09.10.1970, II YCA 244 (1977).

[102] *Tribunal de Grande Instance de Strasbourg*, 09.10.1970, II YCA 244 (1977); Wolff/*Liebscher*, Art. V(1)(e) Rn. 360.

[103] Siehe nur *Tribunal Supreme de España*, 20.07.2004, XXXI YCA 846 Rn. 13 (2006); *Born,* International Commercial Arbitration, S. 3606; *Born,* International Arbitration, Chapter 17 Rn. 47; Kronke, et al./*Darwazeh*, Art. V(1)(e), S. 311; *Kohl,* Vorläufiger Rechtsschutz, S. 179; Wolff/*Liebscher*, Art. V(1)(e) Rn. 357.

[104] Vgl. auch *Bandel,* Einstweiliger Rechtsschutz im Schiedsverfahren, S. 349, der diese Möglichkeit erörtert, aber gleichwohl meint, kein Vertreter der Auslegung nach der *lex arbitri* habe einstweilige Anordnungen in die New York Convention einbeziehen wollen.

und daher grundsätzlich Schiedsspruch sein kann.[105] Jedes Schiedsverfahren wurzelt im nationalen Recht,[106] denn erst das nationale Recht verleiht der schiedsrichterlichen Entscheidung Autorität und Wirkungskraft als schiedsrichterliche Entscheidung.[107]

Allerdings überzeugt es nicht, die Verbindlichkeit davon abhängig zu machen, ob die formalen Voraussetzungen für die Vollstreckbarerklärung am Schiedsort erfüllt sind. In internationalen Schiedsverfahren wird der Schiedsort häufig in eine „neutrale" Jurisdiktion verlegt, an der keine der Parteien eine Niederlassung oder Vermögen besitzt.[108] Eine Vollstreckung am Schiedsort ist daher regelmäßig gar nicht beabsichtigt. Weshalb sollte es dann aber darauf ankommen, ob der Schiedsspruch alle formalen Voraussetzungen für eine Vollstreckung am Schiedsort erfüllen würde?

Zum Zweiten spricht auch die Struktur des Art. V (1)(e) New York Convention gegen eine Auslegung von *binding* in Abhängigkeit vom nationalen Recht.[109] Art. V (1)(e) New York Convention bietet drei unabhängige Vollstreckungsversagungsgründe an („has not yet become binding", „has been set aside [...] by a competent authority of the country in which [...] that award was made", „has been [...] suspended by a competent authority of the country in which [...] that award was made"). Nur die letzten beiden beziehen sich ausdrücklich auf das nationale Schiedsrecht am Schiedsort.[110] Das spricht dafür, dass der Begriff *binding* gerade nicht in Abhängigkeit vom nationalen Recht am Schiedsort ausgelegt werden sollte.

Ist die Verbindlichkeit daher unter Berücksichtigung des nationalen Schiedsrechts zu bestimmen, so sind einstweilige Anordnungen zwar unter bestimmten Voraussetzungen verbindlich. Jedoch kann der Ansicht nicht gefolgt werden, wonach sich die Verbindlichkeit des Schiedsspruchs danach richtet, ob der Schiedsspruch bestimmte formale Voraussetzungen erfüllt, die das nationale Recht am Schiedsort aufstellt.

---

[105] Vgl. die Besprechung unter B.II.3.

[106] Vgl. zum deutschen Recht nur: *Geimer,* IZPR, Rn. 3718; Böckstiegel/Kröll/Nacimiento/*Kröll,* § 1061 Rn. 15; Wieczorek/Schütze/*Schütze,* § 1043 Rn. 7 (m.w.Nachw.); *Schwab/Walter,* Schiedsgerichtsbarkeit, Kapitel 30 Rn. 8 (m.w.Nachw.); sehr ausführlich: *Schlosser,* Das Recht der internationalen privaten Schiedsgerichtsbarkeit, Rn. 189–202; vgl. im internationalen Kontext nur die Erörterung bei *Redfern, et al.,* Redfern and Hunter on International Arbitration, Rn. 3.73–3.90.

[107] *Redfern, et al.,* Redfern and Hunter on International Arbitration, Rn. 3.80.

[108] *Redfern, et al.,* Redfern and Hunter on International Arbitration, Rn. 3.37.

[109] *Kojovic,* 18 J.Int.Arb. 511, 526 f. (2001).

[110] *Kojovic,* 18 J.Int.Arb. 511, 526 f. (2001).

bb) Ordentliche und außerordentliche Rechtsmittel

Nach anderer Ansicht muss zwischen ordentlichen („ordinary means of recourse") und außerordentlichen Rechtsbehelfen („extraordinary means of recourse") unterschieden werden.[111] Ein Schiedsspruch sei erst dann verbindlich, wenn gegen ihn nur noch außerordentliche Rechtsbehelfe eingelegt werden können. Sind noch ordentliche Rechtsbehelfe statthaft, so sei der Schiedsspruch noch nicht verbindlich.

Außerordentlich sind alle Rechtsbehelfe, die sich gegen das Verfahren zum Erlass des Schiedsspruches richten, insbesondere das Aufhebungsverfahren. Mit ordentlichen Rechtsbehelfen kann die Entscheidung hingegen inhaltlich angegriffen werden („recourse on the merits"). Gemeint sind Berufung oder Revision zu einem Oberschiedsgericht oder einem staatlichen Gericht. Selten werden unter ordentlichen Rechtsbehelfen auch nur Rechtsbehelfe mit aufschiebender Wirkung verstanden.[112]

Es stellt sich damit die Frage, ob gegen *Emergency*-Anordnungen noch ordentliche Rechtsmittel statthaft sind, weil *Emergency Arbitrator* und Schiedsgericht die einstweilige Anordnung später ändern oder aufheben können.

Eine erste Überlegung geht dahin, Aufhebung und Änderung nicht als ordentliches Rechtsmittel einzustufen, weil sie nur dazu dienen, neue Umstände zu berücksichtigen, nicht dazu Rechtsfehler zu beseitigen.[113] Der Gedanke ist sehr ansprechend, hilft bei *Emergency*-Anordnungen aber nicht weiter. So wie die Aufhebung oder Änderung der *Emergency*-Anordnung in den Schiedsordnungen ausgestaltet ist, darf das Schiedsgericht die *Emergency*-Anordnung nicht nur bei geänderten Umständen aufheben. Wie bei einem „appeal" oder ordentlichem Rechtsmittel kann es die *Emergency*-Anordnung auch deshalb

---

[111] Vgl. zur Wortwahl ordentliche/außerordentliche Rechtsbehelfe: *van den Berg,* The New York Arbitration Convention of 1958, S. 342; *Sanders/van den Berg*, IV YCA 231, 249 (1979); zwar ohne diese begriffliche Differenzierung, aber in der Sache gleich: BGH, Urteil v. 26.06.1969 – VII ZR 32/67 (Hamburg), NJW 1969, 2093; *Fertilizer Corp. of India v. IDI Management, Inc.*, 517 F. Supp. 948, 955–958 (S.D.OH., 9 June 1981); MüKo ZPO/ *Adolphsen*, Anhang 1 zu § 1061, Art. V UNÜ Rn. 56; *Lew/Mistelis/Kröll,* Comparative International Commercial Arbitration, Rn. 26.102; Wolff/*Liebscher*, Art. V(1)(e) Rn. 357; *Redfern, et al.,* Redfern and Hunter on International Arbitration, Rn. 11.87; Musielak/Voit/ *Voit*, § 1061 Rn. 18; vgl. auch *Sandrock,* Wann wird ein ausländischer Schiedsspruch „verbindlich"?, in: von Westphalen (Hrsg.), FS Trinkner, S. 685–686, für den es auf ordentliche/außerordentliche Anfechtungsgründe ankommt, die er von ordentlichen/außerordentlichen Rechtsbehelfen abgrenzt; vgl. ferner *Born,* International Commercial Arbitration, S. 3615–3616, für den ein Schiedsspruch nur solange unverbindlich ist, wie noch ein Rechtsmittel zu einem Oberschiedsgericht eingelegt werden kann, währenddessen ein inhaltliches Rechtsmittel zum staatlichen Gericht nicht schadet.

[112] *Paulsson,* The 1958 New York Convention in Action, S. 196–197; vgl. bereits die *travaux préparatoirs* UNCITRAL, United Nation's Conference on International Commercial Arbitration. Summary Record of the 17th Meeting, UN Doc E/CONF. 26/SR. 17, S. 3.

[113] Vgl. dazu auch Wolff/*Liebscher*, Art. V(1)(e) Rn. 376.

aufheben, weil es die rechtliche Einschätzung des *Emergency Arbitrators* für falsch hält.[114] Das ergibt sich implizit aus der Schiedsordnung, denn das Schiedsgericht ist ausdrücklich nicht an die Entscheidung des *Emergency Arbitrators* gebunden und der *Emergency Arbitrator* darf gerade deshalb nicht als Schiedsrichter fungieren, weil das Schiedsgericht die Entscheidung des *Emergency Arbitrators* überprüfen kann.[115] Die Aufhebung oder Änderung der *Emergency*-Anordnung durch das Schiedsgericht entspricht damit einem typischen ordentlichen Rechtsmittel.[116] Die *Emergency*-Anordnung ist daher nicht verbindlich.

Einen anderen Versuch unternimmt *van den Berg*, um zu begründen, weshalb die Aufhebung oder Änderung einer einstweiligen Anordnung kein ordentliches Rechtsmittel ist.[117] Nach *van den Berg* begründen Aufhebung und Änderung einer einstweiligen Anordnung einen neuen separat vollstreckbaren Schiedsspruch. Die Aufhebung sei daher kein ordentliches Rechtsmittel und eine einstweilige Anordnung wäre demnach verbindlich. Dieser Ansatz überzeugt jedoch nicht. Im Text der Schiedsordnungen findet sich keine Stütze dafür, Aufhebung oder Änderung als separaten Schiedsspruch bzw. separate einstweilige Anordnung einzustufen. Vielmehr wird deutlich ausgesprochen, dass die ursprüngliche Anordnung aufgehoben oder geändert wird.

Ein anderes Ergebnis ließe sich nur rechtfertigen, wenn die aufschiebende Wirkung Voraussetzung für ein ordentliches Rechtsmittel ist.[118] Die *Emergency*-Anordnung bleibt so lange in Kraft, bis das Schiedsgericht sie aufgehoben hat; ein Rechtsmittel mit aufschiebender Wirkung gibt es daher nicht. Zwar kann das Schiedsgericht die *Emergency*-Anordnung nach manchen Schiedsordnungen rückwirkend aufheben, wie zum Beispiel die Unterscheidung zwischen *annul* und *terminate* in Art. 29 (3) ICC Rules 2017 zeigt.[119] Bis das Schiedsgericht entschieden hat, bleiben die Parteien aber an die Anordnung gebunden. Eine aufschiebende Wirkung gibt es demnach nicht. Sieht man daher nur Rechtsmittel mit aufschiebender Wirkung als ordentliche Rechtsmittel

[114] Vgl. Arroyo/*Boog*, Art. 29 ICC Rules 2012 Rn. 41; Arroyo/*Habegger*, Art. 43 Swiss Rules 2012 Rn. 49.

[115] *Webster/Bühler,* Handbook of ICC Arbitration, Art. 29 Rn. 29.126.

[116] Anders die Aufhebung durch den *Emergency Arbitrator* selbst: Hier wird vertreten, dieser dürfe nur bei geänderten Umständen erneut entscheiden: Arroyo/*Boog*, Appendix V ICC Rules 2012 Rn. 74; Arroyo/*Boog*, Art. 29 ICC Rules 2012 Rn. 38; Arroyo/*Habegger*, Art. 43 Swiss Rules 2012 Rn. 47; *Habegger,* ASA Bulletin 30 (2012) 269, 304.

[117] *Van den Berg,* The 1958 New York Arbitration Convention Revisited, in: Karrer (Hrsg.), Arbitral Tribunals or State Courts, S. 143.

[118] So *Paulsson,* The 1958 New York Convention in Action, S. 196–197.

[119] Vgl. die Abgrenzung zwischen *annul* und *terminate*, wie sie in den ICC Rules 2017 vorkommen bei Arroyo/*Boog*, Appendix V ICC Rules 2012 Rn. 75; *Webster/Bühler,* Handbook of ICC Arbitration, Art. 29 Rn. 29.125: *annulment* bedeute die rückwirkende Aufhebung, *termination* die Beendigung der einstweiligen Anordnung für die Zukunft.

an, so gäbe es gegen *Emergency*-Anordnungen kein ordentliches Rechtsmittel und die *Emergency*-Anordnung ist verbindlich.

Ob es gegen *Emergency*-Anordnungen daher ein ordentliches Rechtsmittel gibt oder nicht, hängt von der Definition des ordentlichen Rechtsmittels ab. Das muss hier jedoch nicht weiter ausgeführt werden, weil die Differenzierung zwischen ordentlichem und außerordentlichem Rechtsmittel aus nachfolgenden Gründen insgesamt abzulehnen ist:

Die Differenzierung geht auf einen Vorentwurf zur New York Convention zurück, in welchem ausdrücklich zwischen ordentlichen und außerordentlichen Rechtsmitteln unterschieden wurde.[120] Der Vorschlag wurde nicht in die endgültige Fassung der New York Convention übernommen, weil nicht alle Rechtsordnungen den Unterschied zwischen ordentlichen und außerordentlichen Rechtsmitteln kennen. Nach Ansicht von *van den Berg* sei die Abgrenzung aber weiter in der New York Convention enthalten.[121] Art. V (1)(e) New York Convention und Art. VI New York Convention differenzieren ausdrücklich zwischen Schiedssprüchen, die noch nicht verbindlich sind, und solchen, die aufgehoben sind oder gegen die ein Aufhebungsverfahren läuft. Ein Schiedsspruch könne daher verbindlich sein, unabhängig davon, ob ein Aufhebungsverfahren läuft. Nachdem das Aufhebungsverfahren nur formale Gründe erfasse, sei ein Schiedsspruch bereits verbindlich, wenn keine inhaltlichen Rechtsmittel mehr erhoben werden können.

Die Argumentation von *van den Berg* überzeugt nicht. Hätten die Verfasser der New York Convention danach differenzieren wollen, welche Rechtsmittel die Verbindlichkeit hindern und welche nicht, hätten sie das im Text der New York Convention niederlegen können ohne auf ordentliche und außerordentliche Rechtsmittel abstellen zu müssen. So wurde auch der Begriff des Aufhebungsverfahrens in der New York Convention beibehalten, um ein Rechtsmittel gegen Schiedssprüche zu beschreiben. Weitere Rechtsmittel hätten entsprechend beschrieben werden können. Hinzu kommt, dass sich aus dem Text der New York Convention keineswegs ergibt, dass ein Aufhebungsverfahren ein außerordentliches Rechtsmittel ist. Nirgendwo in der New York Convention wird beschrieben, welche Gründe in einem Aufhebungsverfahren vorgebracht werden dürfen. Es wäre daher denkbar, auch ein Verfahren vor staatlichen Gerichten als Aufhebungsverfahren anzusehen, wenn inhaltliche Gründe vorgebracht werden dürfen. Eine Differenzierung zwischen ordentlichen und außerordentlichen Rechtsmitteln ist in der New York Convention daher nicht angelegt.

---

[120] Ein entsprechender Entwurf wurde nicht in die New York Convention aufgenommen; vgl. die Darstellung bei *van den Berg,* The New York Arbitration Convention of 1958, S. 342.

[121] *Van den Berg,* The New York Arbitration Convention of 1958, S. 342.

cc) Parteivereinbarung

Nach einer dritten Definition ist der Parteiwille maßgeblich.[122] Die Parteien legen autonom fest, wann ein Schiedsspruch verbindlich wird. Für die Ermittlung des Parteiwillens können die obigen Erklärungsversuche einfließen, sie gelten aber nicht ausschließlich. Vereinbaren die Parteien beispielsweise einen schiedsrichterlichen Mehrinstanzenzug, so werden sie regelmäßig gewollt haben, dass der erstinstanzliche Schiedsspruch erst nach Ablauf der Rechtsmittelfrist verbindlich sein soll. Auf nationales Recht kann nur ausnahmsweise zurückgegriffen werden, wenn unter keinen Umständen eine Parteivereinbarung zu ermitteln ist.

Die Definition von *binding* in Abhängigkeit vom Parteiwillen überzeugt. Zum einen wird dadurch der Parteiautonomie zum Durchbruch verholfen, die in der New York Convention verankert ist.[123] Den Parteien mehr Autonomie einzuräumen und sich von den strikten Vorgaben des Schiedsrechts zu lösen, war einer der Gründe dafür, eine Reform der Geneva Convention anzugehen.[124] Parteiautonomie kommt in der New York Convention zum Beispiel dadurch zum Ausdruck, dass die Parteien den Schiedsort[125] und die Verfahrensregeln selbst bestimmen können (Art. V (1)(d) New York Convention).[126] Indem die Parteien bei Schiedsort und Verfahrensregeln Wahlfreiheit haben, können sie auch nach den anderen Auffassungen mittelbar bestimmen, wann und unter welchen Voraussetzungen der Schiedsspruch verbindlich wird. Mit Hilfe des Schiedsortes können die Parteien das anwendbare nationale Schiedsrecht festlegen. Dadurch regeln sie zugleich, welche Rechtsmittel zur Verfügung stehen und welche Formvorgaben für eine Vollstreckung eingehalten werden müssen. Durch Verfahrensregeln können sie vereinbaren, welche Rechtsmittel innerhalb des Schiedsverfahrens unter welchen Voraussetzungen es gibt. Wenn die Parteien ohnehin mittelbar bestimmen können, wann ein Schiedsspruch verbindlich wird, kann der Parteiwille genauso gut unmittelbar herangezogen werden.

---

[122] *Cour d'Appel de Bruxelles*, 25.01.1996 – *„Inter-Arab Investment Guarantee Corp. v. Banque Arabe et Internationale d'Investissements"*, XXII YCA 644 Rn. 8, 49 (1997); SchwBG, Urteil v. 26.02.1982, BGE 108 Ib 8588 f.; *Tribunal Supreme de España*, 20.07.2004, XXXI YCA 846 Rn. 12 (2006); *Born,* International Commercial Arbitration, S. 3609, 3617; *Born,* International Arbitration, Chapter 17 Rn. 47; *Kohl,* Vorläufiger Rechtsschutz, S. 186; *Kojovic*, 18 J.Int.Arb. 511, 527 (2001).

[123] *Cour d'Appel de Bruxelles*, 25.01.1996 – *„Inter-Arab Investment Guarantee Corp. v. Banque Arabe et Internationale d'Investissements"*, XXII YCA 644 Rn. 49 (1997); SchwBG, Urteil v. 26.02.1982, BGE 108 Ib 8588 f.; *Born,* International Arbitration, Chapter 17 Rn. 47; *Kojovic*, 18 J.Int.Arb. 511, 527 (2001).

[124] *Born,* International Commercial Arbitration, S. 1545–1548.

[125] *Born,* International Commercial Arbitration, S. 1541.

[126] *Born,* International Commercial Arbitration, S. 1549.

Nach Maßgabe des Parteiwillens, wie er in den Schiedsordnungen zum Ausdruck kommt, sind die *Emergency*-Anordnungen ab dem Zeitpunkt verbindlich, zu dem sie erlassen werden. Das ergibt sich zunächst daraus, dass die *Emergency*-Anordnungen nach dem Wortlaut der Schiedsordnungen für die Parteien verbindlich sein sollen.[127] Zwar lässt sich wie oben gezeigt argumentieren, die Aufhebung oder Änderung der Anordnung durch das Schiedsgericht sei ein Rechtsmittel. Selbst wenn dem so ist, wollten die Parteien aber, dass die Anordnung sofort verbindlich wird. Das zeigt der Zweck des *Emergency*-Verfahrens. Der *Emergency Arbitrator* wird ernannt, um einen *status quo* zu sichern, bevor das Schiedsgericht selbst entscheiden kann. Dem würde es entgegenstehen, wenn die Anordnung erst dann verbindlich wird, wenn das Schiedsgericht sie bestätigt hat. Entsprechend findet sich in den Schiedsordnungen kein Hinweis auf einen Suspensiveffekt, wenn sich das Schiedsgericht erneut mit der einstweiligen Anordnung befasst. Nach dem Parteiwillen, der sich in der Wahl der Schiedsordnung manifestiert, sind *Emergency*-Anordnungen sofort mit Erlass verbindlich.[128]

e) Ergebnis

Die New York Convention stellt insgesamt drei Anforderungen auf, die Schiedssprüche erfüllen müssen: Sie müssen schriftlich erlassen werden; sie müssen ergehen, weil zwischen den Parteien Rechtsstreitigkeiten („differences") bestehen; und Schiedssprüche müssen verbindlich („binding") werden können, nicht aber endgültig („final") sein. Einstweilige Anordnungen des *Emergency Arbitrators* erfüllen diese Anforderungen: Sie ergehen schriftlich; sie entscheiden über die Pflichten der Parteien und ergehen deshalb aufgrund von Rechtsstreitigkeiten; und sie sind verbindlich, weil die Parteien es mittels Wahl der Schiedsordnung so wollen. Einstweilige Anordnungen erfüllen daher alle Voraussetzungen, die sich aus dem Kontext der New York Convention an einen Schiedsspruch ergeben.

3. Teleologische Erwägungen

Der *Supreme Court of Queensland* meinte in einer häufig zitierten Entscheidung, eine einstweilige Anordnung sei nicht vollstreckbar, weil sie lediglich prozessualer Natur sei.[129] Das überzeugt nicht. Vielmehr ähneln einstweilige Anordnungen einem Hauptsacheschiedsspruch und sind – mit Ausnahme von

---

[127] Art. 29 (2) ICC Rules 2017; Art. 12 SIAC EA Rules 2016; Art. 16 HKIAC EA Rules 2018; Art. 9 (1) SCC EA Rules 2017; Art. 6 (4) ICDR Rules 2014.

[128] Ebenso in Bezug auf einstweilige Anordnungen von Schiedsgerichten *Born,* International Commercial Arbitration, S. 2515; *Kojovic*, 18 J.Int.Arb. 511, 527 (2001); *Kohl,* Vorläufiger Rechtsschutz, S. 186; *Yeşilirmak,* Provisional Measures, Rn. 6.40.

[129] *Resort Condominiums International Inc. v. Bolwell*, Supreme Court of Queensland [1993] 1 Qd.R. 406, 422 f.

Anordnungen zur Beweissicherung – aus Zweckmäßigkeitsüberlegungen heraus von prozessualen Anordnungen abzugrenzen. *Emergency*-Anordnungen bedürfen ähnlich wie verfahrensabschließende Schiedssprüche der Vollstreckung.

Prozessuale Anordnungen dienen dazu, das Schiedsverfahren selbst voranzubringen. Sie haben nur Bedeutung für das Verfahren selbst.[130] Mit ihnen kann beispielsweise die Verfahrenssprache festgelegt oder eine Schriftsatzfrist gesetzt werden. Prozessuale Anordnungen sollen nicht isoliert vollstreckbar sein. Könnte jede prozessuale Anordnung eigenständig vor ein staatliches Gericht gelangen, so wäre das Schiedsverfahren als Alternative zu den staatlichen Gerichten wertlos, da die staatlichen Gerichte erheblichen Einfluss auf jeden einzelnen Verfahrensschritt hätten. Gleichzeitig bedarf es der Vollstreckung prozessualer Anordnungen nicht. Kommt eine Partei einer prozessualen Anordnung nicht nach, so wird sie als säumig behandelt und der Schiedsspruch entsprechend erlassen. Es ist daher sinnvoll, prozessuale Anordnungen aus dem Anwendungsbereich der New York Convention auszuklammern. Schiedssprüche sind somit in Abgrenzung zu prozessualen Anordnungen zu definieren.

Emergency-Anordnungen sind allerdings den Schiedssprüchen und nicht den prozessualen Anordnungen zuzuordnen – mit Ausnahme von Beweissicherungsanordnungen (dazu sogleich). Denn anders als der *Supreme Court of Queensland* meint,[131] unterscheiden sich einstweilige Anordnungen und prozessuale Anordnungen.[132]

So bestimmen *Emergency*-Anordnungen nicht den weiteren Gang des Verfahrens. Urteilt ein staatliches Gericht über die Vollstreckung einer einstweiligen Anordnung, wird das Schiedsverfahren nicht direkt tangiert. Allenfalls muss der *Emergency Arbitrator* oder das Schiedsgericht eine neue einstweilige Anordnung ohne Mängel erlassen, die dann vollstreckt werden kann. Über den Gang des Hauptsacheverfahrens wird aber nichts ausgesagt.

Anders als bei prozessualen Anordnungen besteht außerdem ein Bedürfnis nach isolierter Vollstreckung der einstweiligen Anordnung. Einstweilige Anordnungen legen, wie Schiedssprüche auch, einer Partei Handlungspflichten auf, die über das Schiedsverfahren hinausreichen.[133] Es genügt daher nicht, die

---

[130] Vgl. zum Beispiel Wolff/*Ehle*, Art. I Rn. 57; *Redfern, et al.*, Redfern and Hunter on International Arbitration, Rn. 9.08.

[131] *Resort Condominiums International Inc. v. Bolwell*, Supreme Court of Queensland [1993] 1 Qd.R. 406, 422 f.

[132] Vgl. *Born,* International Commercial Arbitration, S. 2516; *Kojovic*, 18 J.Int.Arb. 511, 522 (2001).

[133] *Born,* International Commercial Arbitration, S. 2515; *Kohl,* Vorläufiger Rechtsschutz, S. 192; Wolff/*Liebscher*, Art. V(1)(e) Rn. 376; *Kojovic*, 18 J.Int.Arb. 511, 522 (2001); *Yeşilirmak,* Provisional Measures, Rn. 5.52.

Zuwiderhandlung gegen eine einstweilige Anordnung im Hauptsacheschiedsspruch zu thematisieren.[134] Zum einen ist die Zuwiderhandlung gegen eine einstweilige Anordnung nicht immer mit Säumigkeit gleichzusetzen. Es fehlt dann ein rechtlicher Ansatzpunkt, den Schiedsspruch in der Hauptsache mit einer Zuwiderhandlung gegen die einstweilige Anordnung zu begründen. Zum anderen ist es möglicherweise zu spät, Zuwiderhandlungen gegen einstweilige Anordnungen erst im Hauptsacheschiedsspruch zu ahnden.[135]

Eine Ausnahme besteht lediglich bei Anordnungen zur Beweissicherung: Diese Anordnungen sind nur für den weiteren Gang des Verfahrens bedeutsam und ähneln insofern prozessualen Anordnungen. Eine Zuwiderhandlung kann zudem durch eine Beweislastumkehr geahndet werden, der Vollstreckungsdruck ist daher nicht so hoch. Anordnungen zur Beweissicherung sind daher den prozessualen Anordnungen zuzurechnen, nicht den Schiedssprüchen.

Zusammenfassend müssen Schiedssprüche somit in Abgrenzung zu prozessualen Anordnungen definiert werden. Einstweilige Anordnungen sind aus teleologischen Erwägungen heraus als Schiedssprüche anzusehen, nicht aber als prozessuale Anordnungen. Beide ähneln sich darin, dass sie den Parteien Handlungspflichten über das Schiedsverfahren hinaus auferlegen.[136]

III. Ergebnis

Im Ergebnis ist festzustellen, dass *Emergency*-Anordnungen Schiedssprüche im Sinne der New York Convention sind und daher auf Grundlage der New York Convention international vollstreckt werden können. Der *Emergency Arbitrator* ist nach der New York Convention als Schiedsgericht anzusehen und kann Schiedssprüche erlassen. Die gewöhnliche Bedeutung des Begriffs Schiedsspruch (*arbitral award*) ist offen, sodass auch *Emergency*-Anordnungen erfasst sein können. Aus dem Kontext der New York Convention ergibt

---

[134] Vgl. zum Bedarf nach Vollstreckung auch *Born,* International Commercial Arbitration, S. 2515.

[135] Vgl. auch die Argumentation einiger US-Gerichte in Bezug auf die Vollstreckbarkeit von einstweiligen Anordnungen: *Arrowhead Global Solutions, Inc. v. Datapath, Inc.*, 166 Fed.Appx. 39, 44 (5th Cir., 3 February 2006); *Publicis Communication v. True North Communications*, 206 F.3d 725, 730 f. (7th Cir., 14 March 2000); *Yasuda Fire & Marine Ins., Ltd. v. Continental Casualt Co.*, 37 F.3d 345, 348 (7th Cir., 10 October 1994); *Pacific Reinsurance Management Corp. v. Ohio Reinsurance Corp.*, 935 F.2d 1019, 1022 f. (9th Cir., 5 June 1991); *Companion Property and Casualty Insurance Company v. Allied Providence Insurance, Inc.*, 2014 WL 4804466, 3 (S.D.N.Y, 26 September 2014); *Polydefkis Corp. v. Transcontinental Fertiliser Co.*, 1996 WL 683629, 3 (E.D. Pennsylvania, 26 November 1996); *Southern Seas Navigation Ltd v. Petroleos Mexicanos*, 606 F. Supp. 692, 694 (S.D.N.Y, 25 April 1985).

[136] *Kojovic*, 18 J.Int.Arb. 511, 522 (2001); *Kohl,* Vorläufiger Rechtsschutz, S. 192; Wolff/*Liebscher*, Art. V(1)(e) Rn. 376.

sich, dass Schiedssprüche schriftlich ergehen, aus Rechtsstreitigkeiten entstehen und verbindlich werden müssen. *Emergency*-Anordnungen erfüllen alle drei Voraussetzungen. Sie werden insbesondere deshalb verbindlich, weil sich die Schiedsparteien mittels der Schiedsordnung darauf geeinigt haben, dass einstweilige Anordnungen verbindlich werden sollen. Es ist hingegen unerheblich, ob ein Schiedsspruch endgültig ist. Es besteht zudem ein Bedürfnis, Schiedssprüche von prozessualen Anordnungen abzugrenzen. *Emergency*-Anordnungen legen den Parteien Handlungspflichten auf, die über das Schiedsverfahren hinausreichen. Sie unterscheiden sich deshalb von prozessualen Anordnungen und ähneln Hauptsacheschiedssprüchen.

B. Anwendbarkeit des § 1041 Abs. 2 ZPO

Nach dem vorstehenden Abschnitt enthält Art. III New York Convention die völkerrechtliche Verpflichtung,[137] *Emergency*-Anordnungen zu vollstrecken. Aus Perspektive der ZPO stellt sich nun die Frage, wie diese Verpflichtung umgesetzt wird.

Naheliegend ist ein Rückgriff auf § 1061 ZPO, der anordnet, dass ausländische Schiedssprüche auf Grundlage der New York Convention für vollstreckbar erklärt werden. Dadurch wären ausländische *Emergency*-Anordnungen jedoch schlechter gestellt als inländische. Wie bereits erörtert,[138] eröffnet § 1041 Abs. 2 ZPO dem staatlichen Gericht Ermessen bei der Entscheidung über die Vollziehungszulassung. Vollstreckungsversagungsgründe sind in der Regel nur zu berücksichtigen, wenn sie offensichtlich sind. Dadurch wird dem Eilcharakter der einstweiligen Anordnung Rechnung getragen. Eine vergleichbare Privilegierung einstweiliger Anordnungen kennt § 1061 ZPO nicht.

Ausländische einstweilige Anordnungen können daher nach § 1041 Abs. 2 ZPO zur Vollziehung zugelassen werden. Zwar ist § 1041 Abs. 2 ZPO nicht unmittelbar auf ausländische *Emergency*-Anordnungen anzuwenden (dazu I.). Jedoch kann die Norm analog angewandt werden, weil Art. III New York Convention verlangt, ausländische Schiedssprüche gegenüber inländischen nicht zu diskriminieren (dazu II.).

I. Keine unmittelbare Anwendung des § 1041 Abs. 2 ZPO

Ein Teil der Literatur will § 1041 Abs. 2 ZPO unmittelbar auf ausländische einstweilige Anordnungen anwenden.[139] Zwar finden nach § 1025 Abs. 2

---

[137] Vgl. zur Völkerrechtlichen Verpflichtung aus Art. III New York Convention: MüKo ZPO/*Adolphsen*, Anhang 1 zu § 1061, Art. III UNÜ Rn. 1.

[138] Kapitel 3.A.I.

[139] *S. Horn,* SchiedsVZ 2016, 22, 27; Böckstiegel/Kröll/Nacimiento/*Schäfer*, § 1041 ZPO Rn. 27.

bis 4 ZPO nur bestimmte Regelungen auf ausländische Schiedsverfahren Anwendung; § 1041 Abs. 2 ZPO gehört ausweislich des § 1025 Abs. 2 ZPO nicht dazu. Aufgrund von § 1062 Abs. 2 ZPO seien ausländische einstweilige Anordnungen aber dennoch von § 1041 Abs. 2 ZPO erfasst.[140] § 1062 Abs. 2 ZPO trifft eine ausdrückliche Regelung über die örtliche Zuständigkeit des OLG, falls der Schiedsort nicht in Deutschland liegt. Diese Regelung würde leerlaufen, wenn § 1041 Abs. 2 ZPO keine Anwendung auf ausländische Schiedsverfahren findet.[141] § 1041 Abs. 2 ZPO sei deshalb auf einstweilige Anordnungen ausländischer Schiedsgerichte anzuwenden.

Die Prämisse ist jedoch falsch. Die Parteien können die Anwendung deutschen Schiedsrechts unabhängig vom Schiedsort vereinbaren, wenn das ausländische Recht am Schiedsort eine solche Rechtswahl zulässt – so die Gesetzesbegründung.[142] Aus Sicht des Gesetzgebers gibt es daher einen Anwendungsbereich für § 1062 Abs. 2 ZPO,[143] sodass die Norm keinen Anhaltspunkt dafür liefert, § 1041 Abs. 2 ZPO sei versehentlich in der Auflistung von § 1025 Abs. 2 ZPO vergessen worden. Ein versehentliches Vergessen wäre aber Voraussetzung dafür, § 1041 Abs. 2 ZPO entgegen des klaren Wortlauts auf ausländische einstweiligen Anordnungen unmittelbar anzuwenden. Wahrscheinlicher ist es hingegen, dass § 1062 Abs. 2 ZPO ein Redaktionsversehen war.[144] Bei genauer Betrachtung, würde sich aus § 1062 Abs. 2 i.V.m. Abs. 1 Nr. 4 ZPO für das deutsche staatliche Gericht nämlich die Kompetenz ergeben, jedweden ausländischen Schiedsspruch aufzuheben.[145] Das liefe dem Territorialitätsprinzip zuwider.[146] Umgekehrt deutet die Formulierung des § 1041 Abs. 2 ZPO darauf hin, dass nur einstweilige Anordnungen deutscher Schiedsgerichte erfasst sind.[147] § 1041 Abs. 2 ZPO fordert nämlich „Maßnahmen nach Abs. 1". Solche Maßnahmen können technisch gesehen nur von Schiedsgerichten erlassen werden, die nach deutschem Schiedsverfahrensrecht verfahren.[148]

---

[140] *S. Horn,* SchiedsVZ 2016, 22, 27; Böckstiegel/Kröll/Nacimiento/*Schäfer*, § 1041 ZPO Rn. 27.

[141] *S. Horn,* SchiedsVZ 2016, 22, 27; *Edler,* Die Aufhebung von Schiedssprüchen, S. 63; Böckstiegel/Kröll/Nacimiento/*Schäfer*, § 1041 ZPO Rn. 27.

[142] BT-Drs. 13/5274, S. 31.

[143] *Bandel,* Einstweiliger Rechtsschutz im Schiedsverfahren, S. 361; *Leitzen,* Die Anordnung vorläufiger oder sichernder Maßnahmen, S. 26; *Scheef,* Der einstweilige Rechtsschutz, S. 54; *Schütze,* BB 1998, 1650, 1652.

[144] So *Leitzen,* Die Anordnung vorläufiger oder sichernder Maßnahmen, S. 255.

[145] *Leitzen,* Die Anordnung vorläufiger oder sichernder Maßnahmen, S. 255.

[146] *Leitzen,* Die Anordnung vorläufiger oder sichernder Maßnahmen, S. 255.

[147] *Bandel,* Einstweiliger Rechtsschutz im Schiedsverfahren, S. 361; *Leitzen,* Die Anordnung vorläufiger oder sichernder Maßnahmen, S. 252; *Scheef,* Der einstweilige Rechtsschutz, S. 53–54.

[148] *Bandel,* Einstweiliger Rechtsschutz im Schiedsverfahren, S. 361; *Leitzen,* Die Anordnung vorläufiger oder sichernder Maßnahmen, S. 252; *Scheef,* Der einstweilige Rechtsschutz, S. 53–54.

§ 1041 Abs. 2 ZPO ist daher grundsätzlich nur auf deutsche einstweilige Anordnungen anwendbar. Allenfalls lässt sich aus § 1062 Abs. 2 ZPO noch schließen, dass § 1041 Abs. 2 ZPO auf einstweilige Anordnungen anwendbar ist, wenn es das Recht am ausländischen Schiedsort erlaubt, nach ausländischem Schiedsrecht zu verfahren und das Verfahren daher auf deutsches Schiedsrecht gestützt wird.[149] Praktisch dürfte das aber kaum relevant werden, denn die Sitztheorie, wonach ausschließlich der Schiedsort das anwendbare Verfahrensrecht bestimmt, ist weltweit etabliert.[150] In der Praxis werden Schiedsort und Verfahrensrecht daher kaum auseinanderfallen.

II. Analoge Anwendung des § 1041 Abs. 2 ZPO

Um § 1041 Abs. 2 ZPO dennoch auf ausländische einstweilige Anordnungen anzuwenden, greifen einige Autoren zur Analogie.[151] Dem ist im Ergebnis beizupflichten:

1. Planwidrige Regelungslücke

Erste Voraussetzung für die Analogie ist eine planwidrige Regelungslücke.[152] Die bisherigen Begründungen[153] zur planwidrigen Regelungslücke sind jedoch unzureichend. Die Planwidrigkeit wird ausschließlich damit begründet, dass sich der Gesetzgeber in den Gesetzesmaterialien nicht zur Anwendbarkeit auf ausländische einstweilige Anordnungen geäußert hat.[154]

Das wird den Anforderungen an die Planwidrigkeit nicht gerecht. Diese setzt mehr voraus als die Abwesenheit einer Diskussion in den Gesetzesmaterialien. Vielmehr muss ein Regelungsziel festgestellt werden, das der Gesetzgeber im Normtext unbeabsichtigt verfehlt hat.[155] Das Regelungsziel muss sich

---

[149] Vgl. *Schütze,* BB 1998, 1650, 1652; *Scheef,* Der einstweilige Rechtsschutz, S. 54; Stein/Jonas/*Schlosser*, § 1041 Rn. 27.

[150] Siehe zur Sitztheorie im weltweiten Kontext nur *Redfern, et al.*, Redfern and Hunter on International Arbitration, Rn. 3.53–3.61.

[151] *Bandel,* Einstweiliger Rechtsschutz im Schiedsverfahren, S. 362–369; *Edler,* Die Aufhebung von Schiedssprüchen, S. 63; *Leitzen,* Die Anordnung vorläufiger oder sichernder Maßnahmen, S. 252–257; Stein/Jonas/*Schlosser*, § 1041 Rn. 41; *Steinbrück,* Die Unterstützung ausländischer Schiedsverfahren durch staatliche Gerichte, S. 448.

[152] *Müller/Christensen,* Juristische Methodik, Rn. 371.

[153] *Bandel,* Einstweiliger Rechtsschutz im Schiedsverfahren, S. 362–363; *Leitzen,* Die Anordnung vorläufiger oder sichernder Maßnahmen, S. 255; *Steinbrück,* Die Unterstützung ausländischer Schiedsverfahren durch staatliche Gerichte, S. 445.

[154] *Bandel,* Einstweiliger Rechtsschutz im Schiedsverfahren, S. 362–363; *Leitzen,* Die Anordnung vorläufiger oder sichernder Maßnahmen, S. 255; *Steinbrück,* Die Unterstützung ausländischer Schiedsverfahren durch staatliche Gerichte, S. 445.

[155] *Canaris,* Die Feststellung von Lücken im Gesetz, § 29; *Müller/Christensen,* Juristische Methodik, Rn. 371; *Reimer,* Juristische Methodenlehre, Rn. 568.

aus der Gesamtheit der Rechtsordnung[156] bzw. aus höherrangigem Recht,[157] aus der nachgewiesenen Regelungsabsicht des Gesetzgebers[158] oder aus Erwägungen von Gerechtigkeit, Rechtssicherheit oder Zweckmäßigkeit[159] ergeben. Bloße Wunschvorstellungen des Normanwenders genügen hingegen nicht, um eine planwidrige Regelungslücke zu begründen.[160]

Das Regelungsziel, ausländische *Emergency*-Anordnungen in Deutschland zu vollstrecken, ergibt sich aus der New York Convention. Nachdem das Grundgesetz völkerrechtsfreundlich ist,[161] ergibt sich für Staatsorgane die Pflicht, Verstöße gegen das Völkerrecht zu vermeiden.[162] Aus einem völkerrechtlichen Vertrag wie der New York Convention kann sich daher ein gesetzgeberisches Ziel ergeben, dessen Nichterreichung eine planwidrige Regelungslücke begründet.

Wie dargestellt, sind *Emergency*-Anordnungen nach hiesiger Auffassung Schiedssprüche im Sinne der New York Convention.[163] Aus Art. III New York Convention ergibt sich daher die völkerrechtliche Pflicht,[164] ausländische *Emergency*-Anordnungen anzuerkennen und zu vollstrecken. Die Pflichten aus der New York Convention erfüllt die Bundesrepublik Deutschland grundsätzlich durch § 1061 ZPO, der für die Vollstreckbarerklärung ausländischer Schiedssprüche unmittelbar auf die New York Convention verweist.

Art. III New York Convention enthält aber zusätzlich die Pflicht, ausländische Schiedssprüche gegenüber inländischen nicht zu diskriminieren („no more onerous conditions").[165] Hieraus ist abzuleiten, dass ausländische *Emergency*-Anordnungen nach § 1041 Abs. 2 ZPO zur Vollziehung zugelassen werden müssen und nicht nach § 1061 ZPO. Wie gezeigt, eröffnet § 1041 Abs. 2 ZPO dem staatlichen Gericht Ermessen, wodurch § 1041 Abs. 2 ZPO angesichts der Eilbedürftigkeit bei der Vollziehung einstweiliger Anordnungen Erleichterungen bei der Darlegungslast verschafft.[166] Insbesondere greifen Vollstreckungsversagungsgründe grundsätzlich nur, wenn sie offensichtlich

---

[156] *Canaris,* Die Feststellung von Lücken im Gesetz, § 29.

[157] *Reimer,* Juristische Methodenlehre, Rn. 568; *Müller/Christensen,* Juristische Methodik, Rn. 371 (S. 393).

[158] *Reimer,* Juristische Methodenlehre, Rn. 568; *Müller/Christensen,* Juristische Methodik, Rn. 371 (S. 394).

[159] *Reimer,* Juristische Methodenlehre, Rn. 568.

[160] *Larenz,* Methodenlehre, S. 370; *Müller/Christensen,* Juristische Methodik, Rn. 371 (S. 393–394).

[161] Maunz/Dürig/*Herdegen,* GG, Art. 25 Rn. 6; Dreier/*Wollenschläger,* GG, Art. 25 Rn. 51.

[162] Maunz/Dürig/*Herdegen,* GG, Art. 25 Rn. 7.

[163] Siehe bereits Abschnitt A.

[164] MüKo ZPO/*Adolphsen*, Anhang 1 zu § 1061, Art. III UNÜ Rn. 1.

[165] UNCITRAL Guide New York Convention, Art. III Rn. 33; MüKo ZPO/*Adolphsen*, Anhang 1 zu § 1061, Art. III UNÜ Rn. 3.

[166] Siehe die ausführliche Erörterung in Kapitel 3.A.I.

vorliegen. Art. V New York Convention, der die Vollstreckungsversagungsgründe aufzählt, kennt eine solche Beschränkung auf offensichtliche Mängel nicht. Um ausländische einstweilige Anordnungen gegenüber inländischen nicht zu diskriminieren, muss § 1041 Abs. 2 ZPO auch auf ausländische einstweilige Anordnungen angewandt werden.

Es ist unerheblich, dass die Anforderungen an die Vollstreckbarerklärung aufgrund der Anwendung von § 1041 Abs. 2 ZPO weniger streng sind, als in der New York Convention vorgesehen. Die Konvention stellt nur eine Obergrenze für Aufhebungsgründe auf. Liegt ein Vollstreckungsversagungsgrund im Sinne der Konvention vor, darf ein Gericht trotzdem vollstrecken.[167] Weniger strenge Anforderungen aus nationalem Recht sind somit zulässig.

2. *Vergleichbare Interessenlage*

Zudem besteht eine vergleichbare Interessenlage für die Durchsetzung inländischer und ausländischer einstweiliger Anordnungen.[168] Unabhängig davon, ob das Schiedsgericht seinen Sitz im In- oder Ausland hat, bleibt es ein privater Spruchkörper. Es geht somit immer um die Vollstreckung privater Anordnungen. Zudem sind die Parteien frei, ihr Verfahren auszugestalten. Ob das Schiedsgericht daher ein inländisches oder ausländisches ist, ist unbedeutend.[169] Insbesondere kann auch ein inländisches Schiedsgericht in einer Fremdsprache verhandeln, den Streit nach materiellem ausländischem Recht entscheiden oder einstweilige Anordnungen erlassen, die nicht §§ 916 ff. ZPO entsprechen.[170] Vor allem aber können die Parteien den Schiedsort frei wählen (§ 1043 Abs. 1 ZPO) und haben es daher ohnehin selbst in der Hand, das Schiedsgericht zum in- oder ausländischen zu machen.[171] Letztlich unterscheiden sich die ausländischen einstweiligen Anordnungen daher nicht wesentlich von den inländischen einstweiligen Anordnungen.

3. *Ausländischer Emergency Arbitrator als Schiedsgericht*

Es bleibt die Frage offen, ob es für die Vollziehung einer ausländischen *Emergency*-Anordnung nach § 1041 Abs. 2 ZPO erforderlich ist, dass das ausländische Recht den *Emergency Arbitrator* ebenfalls als Schiedsgericht qualifiziert. Zwei Konstellationen sind denkbar, in denen das ausländische Recht

---

[167] UNCITRAL Guide New York Convention, Art. V Rn. 5; *Born,* International Commercial Arbitration, S. 3427; *van den Berg,* The New York Arbitration Convention of 1958, S. 265.

[168] *Bandel,* Einstweiliger Rechtsschutz im Schiedsverfahren, S. 369; *Leitzen,* Die Anordnung vorläufiger oder sichernder Maßnahmen, S. 255; *Steinbrück,* Die Unterstützung ausländischer Schiedsverfahren durch staatliche Gerichte, S. 445–448.

[169] *Bandel,* Einstweiliger Rechtsschutz im Schiedsverfahren, S. 368.

[170] *Bandel,* Einstweiliger Rechtsschutz im Schiedsverfahren, S. 368.

[171] *Bandel,* Einstweiliger Rechtsschutz im Schiedsverfahren, S. 368.

den *Emergency Arbitrator* nicht als Schiedsgericht ansieht bzw. einem Schiedsgericht gar nicht erlaubt, einstweilige Anordnungen zu erlassen. Zum einen kann das ausländische Schiedsrecht eigenständige Regelungen für den *Emergency Arbitrator* bereithalten, ihn aber von der Definition als Schiedsgericht nach diesem Recht ausnehmen, so beispielsweise im Recht von Hong Kong geschehen (Sec. 22A Hong Kong Arbitration Ordinance). Zum anderen kann das ausländische Recht den *Emergency Arbitrator* generell nicht als Teil der Schiedsgerichtsbarkeit einordnen, wie beispielsweise in Frankreich im Anschluss an die *Congo*-Entscheidung des *Cour d'Appel de Paris*[172],[173] oder einem Schiedsgericht gleich ganz den Erlass von einstweiligen Anordnungen verwehren, wie in Italien (Art. 818 ital. ZPO). Fraglich ist nun, inwiefern das deutsche Recht, die Entscheidung des ausländischen Rechts nachvollzieht, den *Emergency Arbitrator* nicht als Schiedsgericht zu qualifizieren oder den Erlass von einstweiligen Anordnungen zu verbieten.

Eine Lösung kann in Anlehnung an die Substitution entwickelt werden, die im internationalen Privatrecht Anwendung findet, wenn sich die Frage stellt, ob ein Tatbestandsmerkmal einer inländischen Sachnorm durch ein ausländisches Rechtsinstitut erfüllt wird.[174] Die Substitution fordert zum einen die Offenheit der Sachnorm für die Substitution,[175] zum anderen eine funktionale Äquivalenz zwischen inländischer und ausländischer Rechtserscheinung.[176]

§ 1041 Abs. 2 ZPO, analog angewandt auf ausländische *Emergency*-Anordnungen, ist jedenfalls offen für die Substitution. Zum einen ist eine Sachnorm im Zweifel immer offen für die Substitution.[177] Zum anderen wurde im vorstehenden Abschnitt diskutiert, dass ausländische und inländische *Emergency Arbitrator* vergleichbar sind. Eine Substitution ist daher möglich. Es bleibt daher nur zu erörtern, inwiefern das Recht am Schiedsort (bzw. *Emergency*-Ort) maßgeblich ist, um eine funktionale Äquivalenz zu bestimmen: Im Ausgangspunkt ist es eine Frage allein des deutschen Rechts, ob es den *Emergency Arbitrator* als Schiedsgericht qualifiziert oder als etwas anderes. Allerdings ist

---

172 *Cour d'Appel de Paris*, 29.04.2003 – 2002/05147 – „*Société Nationale des Pétroles du Congo and Republic of Congo v. Société Total Fina Elf E & P Congo*“, 20(1) Arb.Int. 33 (2004), in der der *Pre-arbitral referee* nicht als Schiedsgericht angesehen wurde.

173 Vgl. die Zweifel, ob der *Emergency Arbitrator* Schiedsrichter ist, z.B. *Paraguacuto-Maheo/Lecuyer-Thieffry*, 40 Fordham Int'l L.J. 749, 763 (2017).

174 Siehe zum Begriff der Substitution: MüKo BGB/*von Hein*, Einl. IPR Rn. 227–230.

175 Siehe nur MüKo BGB/*von Hein*, Einl. IPR Rn. 232 m.w.Nachw.

176 Siehe nur MüKo BGB/*von Hein*, Einl. IPR Rn. 235 m.zahlr.Nachw.

177 Sachnormen sind im Zweifel ohnehin als „offen“ für die Substitution anzusehen MüKo BGB/*von Hein*, Einl. IPR Rn. 232 m.w.Nachw.

anerkannt, dass jedes Schiedsverfahren, jeder Schiedsspruch und jede Schiedsvereinbarung im nationalen Recht wurzelt,[178] denn erst das nationale Recht verleiht der schiedsrichterlichen Entscheidung Autorität und Wirkungskraft als Entscheidung im Zusammenhang mit einem Schiedsverfahren.[179] Ob ein *Emergency Arbitrator* schiedsrichterliche Kompetenzen zum Erlass einstweiliger Anordnungen hat oder anders verstanden werden muss, hängt daher vom Recht am Schiedsort ab. Ein ausländischer *Emergency Arbitrator* kann nur dann funktional äquivalent zum *Emergency Arbitrator* nach deutschem Recht sein, wenn das ausländische Recht ihm die Kompetenz einräumt, einstweilige Anordnungen schiedsrichterlichen Ursprungs zu erlassen.[180]

Diese Sichtweise wird durch den Gedanken der Privatautonomie bestärkt. Die Festlegung eines Schiedsortes ist nämlich vornehmlich eine Wahl des anwendbaren Schiedsrechts.[181] Indem die Parteien (unmittelbar durch Vereinbarung oder mittelbar durch die Schiedsorganisation) einen bestimmten Schiedsort festlegen, legen sie zugleich die Grenzen des Schiedsverfahrens fest. Erkennt das ausländische Recht den *Emergency Arbitrator* daher nicht als schiedsrichterlich an oder erlaubt es den Erlass einstweiliger Anordnungen nicht, so ist das Schiedsverfahren in dieser Hinsicht beschränkt.[182] Das kann nicht dadurch überspielt werden, dass eine Partei versucht, die *Emergency*-Anordnung im Ausland zu vollstrecken.

Ist damit festgestellt, dass es darauf ankommt, welche Kompetenzen das ausländische Recht dem *Emergency Arbitrator* zuweist, lassen sich die eingangs geschilderten Situationen folgendermaßen bewerten: Soweit der *Emergency Arbitrator* im Ausland als Institution des Schiedsrechts anzusehen ist, so ist er auch im deutschen Recht als Schiedsgericht i.S.d. § 1041 Abs. 2 ZPO anzusehen. Unerheblich ist es dabei, ob das ausländische Schiedsrecht den *Emergency Arbitrator* explizit als Schiedsrichter bzw. Schiedsgericht qualifiziert oder Sonderregeln für den *Emergency Arbitrator* aufstellt, solange er insgesamt noch als „schiedsrichterliche Institution" angesprochen wird. Ist der *Emergency Arbitrator* nach ausländischem Recht nicht als Teil der

---

[178] Vgl. zum deutschen Recht nur: *Geimer,* IZPR, Rn. 3718; Böckstiegel/Kröll/Nacimiento/*Kröll,* § 1061 Rn. 15; Wieczorek/Schütze/*Schütze,* § 1043 Rn. 7 (m.w.Nachw.); *Schwab/Walter,* Schiedsgerichtsbarkeit, Kapitel 30 Rn. 8 (m.w.Nachw.); sehr ausführlich: *Schlosser,* Das Recht der internationalen privaten Schiedsgerichtsbarkeit, Rn. 189–202; vgl. im internationalen Kontext nur die Erörterung bei *Redfern, et al.,* Redfern and Hunter on International Arbitration, Rn. 3.73–3.90.

[179] *Redfern, et al.,* Redfern and Hunter on International Arbitration, Rn. 3.80.

[180] Ähnlich wohl *Bandel,* Einstweiliger Rechtsschutz im Schiedsverfahren, S. 368 in Bezug auf einstweilige Anordnungen eines ausländischen Schiedsgerichts: Diese könnten ebenfalls nur dann in Deutschland für vollziehbar erklärt werden, wenn das Schiedsgericht nach ausländischem Recht die Kompetenz hat, einstweilige Anordnungen zu erlassen.

[181] *Wagner,* SchiedsVZ 2004, 316, 318; *Redfern, et al.,* Redfern and Hunter on International Arbitration, Rn. 3.56.

[182] Ähnlich *Bandel,* Einstweiliger Rechtsschutz im Schiedsverfahren, S. 368.

Schiedsgerichtsbarkeit anzusehen, sondern als etwas anderes, so ist er nicht funktional äquivalent mit dem deutschen *Emergency Arbitrator.* § 1041 Abs. 2 ZPO kann dann nicht angewandt werden. Gleiches gilt, wenn das ausländische Recht einem Schiedsgericht den Erlass einstweilige Anordnungen verbietet.

III. Ergebnis

Im Ergebnis lässt sich daher feststellen: Die völkerrechtliche Verpflichtung aus Art. III New York Convention, ausländische *Emergency*-Anordnungen diskriminierungsfrei zu vollstrecken, wird durch die analoge Anwendung von § 1041 Abs. 2 ZPO erfüllt. Auf die für einstweilige Anordnungen ungünstigere Regelung des § 1061 ZPO muss demgegenüber nicht zurückgegriffen werden. Für die Anwendung des § 1041 Abs. 2 ZPO ist es jedoch maßgeblich, dass der ausländische *Emergency Arbitrator* nach dem ausländischen Recht als schiedsrichterlich anerkannt wird.

Kapitel 9

Zusammenfassung und Bewertung

In der vorstehenden Arbeit wurden die rechtlichen Rahmenbedingungen des *Emergency*-Verfahrens im deutschen Schiedsrecht untersucht. In diesem Kapitel werden die Ergebnisse zusammengefasst und bewertet. Die Bewertung ist Grundlage für einen Regelungsvorschlag für die Integration des *Emergency*-Verfahrens in den Gesetzestext der ZPO, der im Anhang (ab S. 221) vorgestellt wird. Im Kern ist festzustellen, dass *Emergency*-Verfahren auf Grundlage der ZPO bereits sinnvoll durchgeführt werden können. Abgesehen von wenigen inhaltlichen Änderungen dient eine Neuregelung in der ZPO vor allem dazu, Transparenz und Rechtssicherheit für die Nutzer des *Emergency*-Verfahrens zu schaffen.

A. Definition des Emergency Arbitrators (Kapitel 1)

Aus der Betrachtung der Schiedsordnungen, die ein *Emergency*-Verfahren zur Verfügung stellen, ergibt sich folgende Definition des *Emergency Arbitrators*: Ein *Emergency Arbitrator* ist eine Person, die auf Antrag einer Partei von einer neutralen Stelle aufgrund vorheriger Parteivereinbarung zeitweilig ernannt wird, um vor Konstituierung eines Hauptsacheschiedsgerichts eine Maßnahme des einstweiligen Rechtsschutzes zu erlassen, die so dringend erforderlich ist, dass eine Entscheidung des Hauptsacheschiedsgerichts nicht abgewartet werden kann.[1]

An dieser Definition sollte sich ein Gesetzestext zum *Emergency Arbitrator* orientieren, um den *Emergency Arbitrator* sachgerecht von anderen Formen beschleunigter Verfahren abzugrenzen. Um mögliche Parteivereinbarungen nicht zu verhindern, sollte eine Definition im Gesetz jedoch nicht erfordern, dass der *Emergency Arbitrator* durch eine neutrale Stelle, wie eine Schiedsorganisation, ernannt werden muss. Haben sich die Parteien in ihrer Schiedsvereinbarung bereits auf eine bestimmte oder bestimmbare Person als *Emergency Arbitrator* geeinigt, so sollte eine gesetzliche Regelung diesen Fall ebenfalls erfassen.

---

[1] Siehe zur Definition: Kapitel 1.E. (S. 40).

Die ZPO-Vorschriften zum *Emergency*-Verfahren sollten aber nur dann anwendbar sein, wenn sich die Parteien in der Verfahrensvereinbarung oder durch Bezugnahme auf eine Schiedsordnung für ein *Emergency*-Verfahren entschieden haben. Es sollte nicht automatisch anwendbar sein, nur weil deutsches Recht auf das Schiedsverfahren Anwendung findet. Das *Emergency*-Verfahren ist nur dann wirkungsvoll, wenn der *Emergency Arbitrator* innerhalb weniger Stunden bis Tage ernannt werden kann. In der Regel wird dafür eine neutrale Stelle erforderlich sein. Wer im Einzelfall diese neutrale Stelle sein kann – oder wie die Geschwindigkeit anderweitig gewährleistet werden kann –, muss von den Parteien vereinbart werden. Der Staat sollte hier nicht tätig werden, indem er eine Stelle zur Verfügung stellt, die *Emergency Arbitrator* ernennt. Vereinbaren die Parteien kein *Emergency*-Verfahren, bleiben immer noch die staatlichen Gerichte für einstweiligen Rechtsschutz.

B. Qualifikation des Emergency Arbitrators als Schiedsgericht (Kapitel 2)

Der *Emergency Arbitrator* ist Schiedsrichter im Sinne der ZPO.[2] Er steht nicht unabhängig neben dem Hauptsacheschiedsgericht, sondern bildet mit diesem zusammen ein einheitliches Schiedsgericht.[3] Die Zusammensetzung dieses einheitlichen Schiedsgerichts ändert sich planmäßig, sobald das Hauptsacheschiedsgericht ernannt ist. Für die Qualifikation des *Emergency Arbitrators* ist es zudem unerheblich, ob die Parteien ihre Schiedsvereinbarung geschlossen haben, bevor oder nachdem die Regelungen zum *Emergency Arbitrator* in die betreffende Schiedsordnung aufgenommen wurden.[4] Sofern nichts anderes vereinbart war, gilt die aktuellste Fassung der Schiedsordnung, denn die Aufnahme des *Emergency Arbitrators* in die Schiedsordnung verstößt unter Berücksichtigung von Treu und Glauben nicht gegen die anerkennenswerten Interessen der Parteien.

Um Unsicherheiten zu vermeiden, sollte die Qualifikation des *Emergency Arbitrators* in der ZPO geregelt werden. Die Einordnung des *Emergency Arbitrators* als Teil eines einheitlichen Schiedsgerichts sollte dabei beibehalten werden, denn das *Emergency*-Verfahren ist eng mit dem Hauptsacheverfahren verknüpft. Beiden Verfahren liegt der gleiche Hauptsachestreit zugrunde und sobald das Hauptsacheschiedsgericht konstituiert ist, übernimmt es die Verantwortung für die *Emergency*-Anordnung, indem es sie aufheben oder ändern kann. Der *Emergency Arbitrator* hingegen verliert seine Funktion.

---

[2] Kapitel 2.A.

[3] Kapitel 2.B.

[4] Kapitel 2.C.

C. Vollziehungszulassung inländischer Emergency-Anordnungen (Kapitel 3.A)

§ 1041 Abs. 2 ZPO erlaubt es dem staatlichen Gericht, eine einstweilige Anordnung von Schiedsgericht oder *Emergency Arbitrator* zur Vollziehung zuzulassen. Dabei hat das staatliche Gericht Ermessen,[5] welches in Einklang mit Effektivität und Geschwindigkeit des schiedsrichterlichen Eilverfahrens ausgeübt werden muss. Die Aufhebungsgründe des § 1059 ZPO können daher nicht vollständig übertragen werden, sondern dienen nur als Leitlinie. Insbesondere darf das staatliche Gericht nur überprüfen, ob Schiedsgericht oder *Emergency Arbitrator* offensichtlich unzuständig waren, nicht aber die Schiedsvereinbarung vollumfänglich prüfen.[6] Das staatliche Gericht darf zudem die sachlich-inhaltliche Bewertung des *Emergency Arbitrators* bzw. Schiedsgerichts nicht in Frage stellen.[7]

§ 1041 Abs. 2 ZPO sieht zudem keine gesonderten Beweisregeln für das Verfahren zur Vollziehungszulassung vor.[8] Alle streitigen Tatsachen müssen daher grundsätzlich im Strengbeweisverfahren bewiesen werden, Glaubhaftmachung nach § 294 ZPO genügt nicht. Allenfalls wenn sich die Parteien darauf einigen, kann auf das Freibeweisverfahren zurückgegriffen werden (§ 284 S. 2 bis 4 ZPO). Nicht anzuwenden ist § 1064 Abs. 1 S. 1 ZPO: Die *Emergency*-Anordnung muss daher nicht zwingend im Original oder als beglaubigte Abschrift beigebracht werden.

Die gegenwärtige Ausgestaltung des § 1041 Abs. 2 ZPO ist unglücklich, denn für die Parteien eines Schiedsverfahrens ist praktisch nicht vorhersehbar, unter welchen Voraussetzungen ein staatliches Gericht eine Maßnahme des einstweiligen Rechtsschutzes für vollziehbar erklären wird. *Münch* und *Leitzen* halten eine Ermessensentscheidung zwar für sinnvoll, weil sich dadurch notwendige Freiräume ergeben.[9] Diese verfahrensmäßigen Freiräume (*Münch* spricht von Formen und Fristen) lassen sich jedoch auch gewährleisten, wenn die gerichtliche Entscheidung an konkrete Vorgaben geknüpft wird. Zugleich steigt das Maß an Rechtssicherheit durch eine detailreichere Ausgestaltung erheblich. Es erscheint daher sinnvoll, die hier gefundenen Parameter, die der Ausübung des Ermessens zugrunde liegen, in eine gesetzliche Regelung zu übernehmen. Dadurch werden die Kriterien der Vollziehungszulassung transparent für die Nutzer der Schiedsgerichtsbarkeit.

---

[5] Kapitel 3 S. 75, Fn. 3.

[6] Kapitel 3.A.I.2.

[7] Kapitel 3.A.I.3.

[8] Kapitel 3.A.II.

[9] *Leitzen,* Die Anordnung vorläufiger oder sichernder Maßnahmen, S. 264; MüKo ZPO/*Münch,* § 1041 Rn. 37.

Mit Blick auf die Beweisführung im Verfahren zur Vollziehungszulassung sollte Glaubhaftmachung zugelassen werden. Das Verfahren zur Vollziehungszulassung ist Bestandteil eines Eilverfahrens, es sollte daher auf die auch sonst im Eilverfahren häufig anzutreffende Erleichterung der Glaubhaftmachung zurückgegriffen werden.

D. Aufhebung der Vollziehungszulassung (Kapitel 3.B.)

Nach § 1041 Abs. 3 ZPO darf das staatliche Gericht die Vollziehungszulassung wieder aufheben oder ändern. Die Norm ist eine Fortsetzung der Prüfkompetenz nach § 1041 Abs. 2 ZPO.[10] Voraussetzung für Aufhebung oder Änderung der Vollziehungszulassung ist daher, dass sich die Umstände geändert haben, die Grundlage für den ursprünglichen Erlass der Vollziehungszulassung nach § 1041 Abs. 2 ZPO waren.[11] Wie im Rahmen von § 1041 Abs. 2 ZPO auch darf das staatliche Gericht für die Änderung und Aufhebung der Vollziehungszulassung nicht eigenständig die Sach- und Rechtslage inhaltlich prüfen.

Voraussetzung für die Aufhebung oder Änderung ist zudem, dass sich Umstände geändert haben.[12] Das ist unter Heranziehung von Literatur und Rechtsprechung zu § 927 ZPO weit auszulegen. Es genügt allerdings nicht, dass das staatliche Gericht seine Rechtsauffassung ändert. Der Antragsgegner muss die Aufhebung der Vollziehungszulassung unverzüglich begehren, andernfalls ist er mit dem Antrag ausgeschlossen.[13]

Ohne eigenen Entscheidungsspielraum ist das staatliche Gericht zur Aufhebung der Vollziehungszulassung verpflichtet, wenn die einstweilige Anordnung des *Emergency Arbitrators* oder Schiedsgerichts ihre Wirksamkeit verliert.[14] Eine Aufhebung aus diesem Grund kann nicht durch Zeitablauf ausgeschlossen werden.

Eine Norm wie § 1041 Abs. 3 ZPO ist sinnvoll, weil sie es dem staatlichen Gericht erlaubt, die Vollziehungszulassung wieder aufzuheben. Das ist angesichts der Einstweiligkeit des Eilrechtsschutzes notwendig, um auf veränderte Umstände zu reagieren. Allerdings sollte § 1041 Abs. 3 ZPO – wie im Anhang vorgeschlagen[15] – präziser ausgestaltet werden, damit die Norm für die Nutzer der Schiedsgerichtsbarkeit transparenter wird.

---

[10] Kapitel 3.B.

[11] Kapitel 3.B.I.

[12] Kapitel 3.B.II.

[13] Kapitel 3.B.III.

[14] Kapitel 3.B.IV.

[15] Siehe zur vorgeschlagenen Regelung die Erläuterungen zu § 1041 Abs. 3 ZPO n.F. im Anhang (I.3., S. 224).

E. Aufhebung der Emergency-Anordnung (Kapitel 4)

Die ZPO erwähnt kein Aufhebungsverfahren, mit dem der Antragsgegner vor dem staatlichen Gericht auf eigene Initiative hin Beseitigung einer einstweiligen Anordnung von Schiedsgericht oder *Emergency Arbitrator* ersuchen kann. Allerdings ist § 1041 Abs. 2 ZPO erweiternd auszulegen: Wird die Vollziehungszulassung nach § 1041 Abs. 2 ZPO vom staatlichen Gericht verweigert, so fällt die einstweilige Anordnung weg. Den Antrag nach § 1041 Abs. 2 ZPO kann nicht nur der Antragsteller des *Emergency*-Verfahrens, sondern auch der Antragsgegner mit dem Ziel stellen, dass die einstweilige Anordnung verweigert wird.

Zu begründen ist diese Auslegung mit der Notwendigkeit, dem Antragsgegner ein Aufhebungsverfahren zur Verfügung zu stellen. Eine einstweilige Anordnung entfaltet mit Erlass materielle Wirkungen. So kann sie etwa bereits die Rechtslage unmittelbar umgestalten, das Schiedsgericht kann eine Zuwiderhandlung negativ beim Erlass des Schiedsspruches berücksichtigen oder der Antragsgegner macht sich durch die Zuwiderhandlung schadensersatzpflichtig.[16] Materielle Wirkungen können den Antragsgegner daher motivieren, einer einstweiligen Anordnung freiwillig Folge zu leisten, ohne dass staatliche Zwangsmaßnahmen erforderlich werden. Aus dem Justizgewährungsanspruch folgt ein Recht des Antragsgegners, sich mit dem Ziel an das staatliche Gericht wenden zu können, die einstweilige Anordnung zu beseitigen. Ohne Aufhebungsverfahren wäre der Antragsgegner der Anordnung schutzlos ausgeliefert und müsste abwarten, bis die einstweilige Anordnung inzident Berücksichtigung in einem staatlichen Verfahren findet, um seine Verteidigungsgründe vorzubringen.

Künftig sollte ein Aufhebungsverfahren gegen einstweilige Anordnungen ausdrücklich in die ZPO aufgenommen werden. Dadurch wird Rechtsklarheit geschaffen. Einen entsprechenden Vorschlag enthält § 1041 Abs. 4 ZPO n.F. im Anhang (Siehe zur vorgeschlagenen Ausgestaltung auch die Erläuterungen zu § 1041 Abs. 4 ZPO n.F. im Anhang B.I.4., S. 224).

F. Ablehnung des Emergency Arbitrators (Kapitel 5.A.)

Ein *Emergency Arbitrator* kann, wie jeder andere Schiedsrichter, abgelehnt werden. Es ist dabei grundsätzlich zulässig, dass die Schiedsordnungen für die Geltendmachung der Ablehnung sehr kurze Fristen von teilweise nur 24 Stunden vorsehen.[17] Eine kurze Frist ist nur im Einzelfall unzulässig, wenn das Ab-

---

[16] Kapitel 4.A.

[17] Kapitel 5.A.I.1.

lehnungsrecht aufgrund der konkreten Umstände dadurch faktisch ausgeschlossen wurde. Wird in einem solchen Fall keine Fristverlängerung gewährt und das Ablehnungsgesuch daher verworfen, kann sich die ablehnungswillige Partei an das staatliche Gericht wenden, um das Ablehnungsgesuch weiter zu verfolgen.[18]

Das Ablehnungsverfahren für den *Emergency Arbitrator* kann im Rahmen der ZPO sinnvoll ausgestaltet werden, da § 1037 Abs. 1 ZPO den Parteien große Freiheiten lässt. Zu begrüßen ist es insbesondere, dass die ZPO keine Mindestfrist vorgibt, die für die Ablehnung eines Schiedsrichters grundsätzlich zur Verfügung stehen muss. Ein Gesetz kann auch gar keine Mindestzeit festschreiben, die generell notwendig ist, um das Ablehnungsrecht effektiv auszuüben. Wie viel Zeit benötigt wird, hängt zu sehr von den konkreten Umständen des Einzelfalls ab. Daher sollte es den Parteien und Schiedsorganisationen überlassen werden, die Zeit zu bestimmen, die für ein Ablehnungsgesuch notwendig ist. In der Regel wird die Frist in der Schiedsordnung bestimmt, kann aber von der Schiedsorganisation verlängert werden, wenn dies erforderlich ist. In besonderen Ausnahmefällen, in denen das Ablehnungsrecht faktisch verweigert wurde, weil die zugestandene Zeit für die Ablehnung zu kurz war, kann Rechtsschutz vor dem staatlichen Gericht ersucht werden.

Bleibt ein Ablehnungsgesuch im schiedsgerichtsinternen Verfahren nach der Schiedsordnung erfolglos, kann das Ablehnungsgesuch vor dem staatlichen Gericht weiterverfolgt werden (§ 1037 Abs. 3 ZPO).[19] Nach der gegenwärtigen Rechtslage bleibt es bei der Frist von einem Monat. Eine Verkürzung dieser Frist ist durch Parteivereinbarung zulässig, den Schiedsordnungen kann jedoch keine Vereinbarung entnommen werden, wonach die Frist zur Weiterverfolgung des Ablehnungsrechts verkürzt wurde.

Die Frist für die Weiterverfolgung des Ablehnungsgesuchs sollte verkürzt werden. Ein Monat ist für ein *Emergency*-Verfahren deutlich zu lang, denn das *Emergency*-Verfahren ist häufig in sehr viel kürzerer Zeit abgeschlossen. Eine gesetzliche Regelung sollte daher eine Fristverkürzung enthalten. Angemessen erscheinen drei Tage, nachdem die ablehnende Partei von der Entscheidung Kenntnis erlangt, dass die Ablehnung von der Schiedsorganisation verweigert wurde. Das lässt Zeit, einen Anwalt zu suchen, der im deutschen Recht beraten und vor dem deutschen staatlichen Gericht auftreten darf. Gleichzeitig wird dem Eilcharakter des *Emergency*-Verfahrens Rechnung getragen.

Wird der *Emergency Arbitrator* abgelehnt, endet sein Amt.[20] Verliert der *Emergency Arbitrator* sein Amt erst nach Erlass einer einstweiligen Anordnung, kann die einstweilige Anordnung nicht mehr zur Vollziehung zugelassen

---

[18] Kapitel 5.A.I.2.
[19] Kapitel 5.A.II.
[20] Kapitel 5.A.III.1.

werden.[21] Wurde die einstweilige Anordnung bereits zur Vollziehung zugelassen, so ist die Vollziehungszulassung auf Antrag aufzuheben; die Vollziehungszulassung verliert ihre Wirkung nicht automatisch. Durch Parteivereinbarung, insbesondere in der Schiedsordnung, kann geregelt werden, dass eine Vollziehungszulassung trotz erfolgreicher Ablehnung des *Emergency Arbitrators* zulässig bleibt.[22]

G. Ex parte-Entscheidungen (Kapitel 5.B.)

Schiedsgerichte und *Emergency Arbitrator* dürfen nach deutschem Recht einstweilige Anordnungen nicht *ex parte* erlassen. Dafür fehlt es an einer gesetzlichen Grundlage.[23] Möglich ist es allein, dass der *Emergency Arbitrator* (oder ein Schiedsgericht) die einstweilige Anordnung zunächst *ex parte* erlässt und danach den Antragsgegner anhört.[24] Sobald beide Parteien angehört wurden, darf das staatliche Gericht die Anordnung zur Vollziehung zulassen.

Ex parte-Entscheidungen sind in bestimmten Fällen für die Effektivität des einstweiligen Rechtsschutzes unabdingbar.[25] Sie erhalten daher zunehmend Einzug in internationale Regelungen zum Schiedsrecht, vgl. etwa Art. 17B u. 17C UNCITRAL ModG 2006, Art. 9.7 LCIA Rules 2014, Art. 8 SIAC EA Rules 2016, Art. 26 (3) Swiss Rules 2012 und Art. 25.2 DIS SchGO 2018. Es bestehen auch keine grundsätzlichen Bedenken dagegen, einem Schiedsgericht oder *Emergency Arbitrator* den Erlass von einstweiligen Anordnungen ohne Anhörung der Gegenseite zu erlauben.[26] *Ex parte*-Entscheidungen sollten daher in die ZPO aufgenommen werden, um eine gesetzliche Grundlage zu schaffen, die nach der Rechtsprechung des BVerfG[27] erforderlich für *ex parte*-Entscheidungen ist. Die *ex parte*-Entscheidung ist an enge Voraussetzungen zu knüpfen. Zudem bedarf es einer gesetzlichen Verankerung, dass das Schiedsgericht sobald wie möglich nachträglich rechtliches Gehör gewähren muss und daraufhin die Kompetenz hat, die einstweilige Anordnung aufzuheben. Unabhängig von den verfassungsrechtlichen Vorgaben sollte zusätzlich der Umfang der gerichtlichen Überprüfung im Rahmen eines Verfahrens zur Vollziehungszulassung geregelt werden.[28]

---

[21] Kapitel 5.A.III.2.

[22] Kapitel 5.A.III.2.a).

[23] Kapitel 5.B.III.2.

[24] Kapitel 5.B.III.3.

[25] Kapitel 5.B.I.

[26] Kapitel 5.B.III.1.

[27] BVerfG, Beschluss v. 08.01.1959 – 1 BvR 396/55, Rn. 29 (juris) = BVerfGE 9, 89.

[28] Vgl. dazu auch *van Houtte*, 20(1) Arb.Int. 85, 92 (2004).

H. Feststellungsantrag nach § 1032 Abs. 2 ZPO (Kapitel 6.A.)

Der Antrag auf Feststellung der Zulässigkeit oder Unzulässigkeit des Schiedsverfahrens vor dem staatlichen Gericht nach § 1032 Abs. 2 ZPO bleibt auch nach Ernennung des *Emergency Arbitrators* zulässig.[29] Der *Emergency Arbitrator* ist zwar Teil des Schiedsgerichts, mit seiner Ernennung ist das Schiedsgericht aber noch nicht gebildet i.S.d. § 1032 Abs. 2 ZPO: Der *Emergency Arbitrator* darf nicht abschließend über die Zuständigkeit des Schiedsgerichts befinden. Um diese Wertung klarzustellen, sollte in einer gesetzlichen Regelung verankert werden, dass der Antrag nach § 1032 Abs. 2 ZPO nach Ernennung eines *Emergency Arbitrators* zulässig bleibt.

I. Rügepflichten (§ 1040 Abs. 2 ZPO) (Kapitel 6.B.)

Hält eine Partei das Schiedsgericht für unzuständig, so muss sie die Zuständigkeit des Schiedsgerichts mit der Klagebeantwortung rügen (§ 1040 Abs. 2 S. 1 ZPO). Das ist jedoch dahingehend einschränkend auszulegen, dass die Rüge nicht vor Bildung des Schiedsgerichts erhoben werden muss, da eine Schiedspartei Gelegenheit haben soll, an der Konstituierung des Schiedsgerichts mitzuwirken.[30] Daher muss die Zuständigkeit des Hauptsacheschiedsgerichts noch nicht im *Emergency*-Verfahren gerügt werden.[31] Allerdings muss der Antragsgegner im *Emergency*-Verfahren die Zuständigkeit des *Emergency Arbitrators* im ersten Schriftsatz des *Emergency*-Verfahrens rügen; das ergibt sich aus § 1040 Abs. 2 S. 3 ZPO.[32] Unterbleibt die Rüge, ist der *Emergency Arbitrator* zuständig, selbst wenn später das Schiedsverfahren im Übrigen wegen Unzuständigkeit des Schiedsgerichts beendet wird.

Die differenzierte Betrachtung für die Rüge der Zuständigkeit des Hauptsacheschiedsgerichts sowie der Zuständigkeit des *Emergency Arbitrators* ist angemessen und sollte in eine gesetzliche Regelung übernommen werden. Zum einen wird die passive Partei des *Emergency*-Verfahrens von der Bürde entlastet, schon im *Emergency*-Verfahren – von dem sie möglicherweise überrascht wird – beurteilen zu müssen, ob das Hauptsacheschiedsgericht zuständig ist und ob eine rügelose Einlassung sinnvoll wäre. Zum andern wird verhindert, dass die passive Partei zunächst am *Emergency*-Verfahren mitwirkt, eine ungünstige einstweilige Anordnung später aber durch eine Zuständigkeitsrüge vernichtet.

---

[29] Kapitel 6.A.
[30] Kapitel 6.B.
[31] Kapitel 6.B.I.
[32] Kapitel 6.B.II.

J. Verdrängung des staatlichen Eilrechtsschutzes (Kapitel 6.C.)

Die Zuständigkeit der staatlichen Gerichte für den einstweiligen Rechtsschutz bleibt vom *Emergency*-Verfahren grundsätzlich unberührt (§ 1033 ZPO). Selbst wenn eine Schiedsordnung ein *Emergency*-Verfahren vorsieht, bleibt es nach der ZPO weiter zulässig, einstweiligen Rechtsschutz vor den staatlichen Gerichten zu ersuchen. Das sollte in einer gesetzlichen Regelung beibehalten werden, denn es gibt Situationen, in denen ein *Emergency*-Verfahren nicht schnell genug ist, weil erst ein *Emergency Arbitrator* gefunden und die *Emergency*-Anordnung von einem staatlichen Gericht zur Vollziehung zugelassen werden muss.

K. Ort des Emergency-Verfahrens (Kapitel 7)

Obwohl *Emergency Arbitrator* und Hauptsacheschiedsgericht ein einheitliches Schiedsgericht bilden, können für *Emergency*-Verfahren und Hauptsacheschiedsverfahren eigene Schiedsorte bestehen. Nach den Schiedsordnungen kann eine solche Aufspaltung eintreten, wenn die Parteien in der Schiedsvereinbarung noch keinen Schiedsort festgelegt haben. Die Schiedsvereinbarung oder die Schiedsorganisation bestimmt dann einen *Emergency*-Ort, der nicht zwingend mit dem Hauptsacheschiedsort übereinstimmen muss.[33]

Nach der ZPO ist eine Trennung zwischen Hauptsacheschiedsort und *Emergency*-Ort zulässig.[34] Beide können dauerhaft nebeneinander bestehen; die Festlegung eines Hauptsacheschiedsortes ändert daher nichts am *Emergency*-Ort. Verfahrenshandlungen des *Emergency*-Verfahrens sind ausschließlich nach dem Recht am *Emergency*-Ort, Verfahrenshandlungen des Hauptsacheverfahrens nach dem Recht am Hauptsacheschiedsort zu bewerten.[35]

Durch die Trennung von *Emergency*-Ort und Hauptsacheschiedsort kann ein einheitliches Schiedsverfahren zwar zwei Rechtsordnungen unterstellt werden. Das ist letztlich aber die beste Lösung, denn nur so wird vermieden, dass sich die Rechtsgrundlage für das *Emergency*-Verfahren nachträglich ändert. Da Verfahrenshandlungen als Teil des *Emergency*-Verfahrens entweder der einen Rechtsordnung oder als Teil des Hauptsacheverfahrens der anderen Rechtsordnung unterstehen, ergeben sich zudem keine Rechtsunsicherheiten. Die Trennung von *Emergency*-Ort und Hauptsacheschiedsort sollte daher in die ZPO übernommen werden.

---

[33] Kapitel 7.

[34] Kapitel 7.A.II.

[35] Kapitel 7.A.I.4.

L. Vollziehungszulassung ausländischer Emergency-Anordnungen (Kapitel 8)

§ 1041 Abs. 2 ZPO ist analog auf ausländische *Emergency*-Anordnungen anzuwenden. Diese können daher in Deutschland zur Vollziehung zugelassen werden.[36] Grundlage für die analoge Anwendung ist die Auslegung der New York Convention, wonach diese auch auf *Emergency*-Anordnungen anzuwenden ist.[37] Aufgrund des dort enthaltenen Verbots, ausländische Schiedssprüche gegenüber inländischen zu benachteiligen, müssen ausländische einstweilige Anordnungen in Deutschland nach dem günstigeren § 1041 Abs. 2 ZPO für vollziehbar erklärt werden, nicht nach § 1061 ZPO, der für Hauptsacheschiedssprüche gilt.

Die leichte internationale Vollstreckbarkeit schiedsrichterlicher Entscheidungen ist zentraler Vorteil der Schiedsgerichtsbarkeit. Eine überarbeitete Fassung der ZPO sollte das noch stärker in den Fokus rücken und die Vollziehbarerklärung ausländischer einstweiliger Anordnungen ausdrücklich zulassen. Dadurch wird die Intransparenz einer analogen Anwendung vermieden.

M. Fazit

Das *Emergency*-Verfahren ist eine sinnvolle Ergänzung des schiedsrechtlichen Instrumentariums. Es bietet Parteien die Chance, bereits in einer frühen Verfahrensphase einstweiligen Rechtsschutz vor einer Institution der Schiedsgerichtsbarkeit zu ersuchen. In der internationalen Praxis wird diese Chance bereits häufig ergriffen und das *Emergency*-Verfahren erfreut sich zunehmender Beliebtheit bei den Parteien von Schiedsverfahren. In Deutschland selbst wird vom *Emergency*-Verfahren soweit erkennbar noch kein Gebrauch gemacht. Das hängt insbesondere damit zusammen, dass die Schiedsordnung der DIS keinen *Emergency Arbitrator* vorsieht. Ein solches wurde auch mit der Reform von 2018 nicht eingeführt, unter anderem weil zu große Unsicherheiten über die Anerkennung im deutschen Recht bestehen.

Vor dem Hintergrund der internationalen Entwicklungen wäre es jedoch für den Schiedsstandort Deutschland erstrebenswert, das *Emergency*-Verfahren auch in Deutschland zur Verfügung zu stellen. Die ZPO bietet jedenfalls den rechtlichen Rahmen dafür, ein *Emergency*-Verfahren auf der Grundlage des deutschen Rechts durchzuführen. Gleichwohl hat die Arbeit gezeigt, dass die ZPO mit Blick auf den einstweiligen Rechtsschutz und das *Emergency*-Ver-

---

[36] Kapitel 8.B.

[37] Kapitel 8.A.

fahren noch verbessert werden kann. Das Ziel besteht darin, durch die Schaffung expliziter Regelungen Unsicherheiten abzubauen, aber auch darin, die gegenwärtige Rechtslage zu verbessern.

Es ist daher sehr zu begrüßen, dass das Bundesministerium der Justiz und für Verbraucherschutz derzeit eine Reform des deutschen Schiedsrechts vorbereitet, die auch den einstweiligen Rechtsschutz und das *Emergency*-Verfahren in Angriff nimmt. Das BMJV greift damit ein aktuelles Thema der Schiedsgerichtsbarkeit auf und nutzt eine gute Gelegenheit, die Innovationsfähigkeit des deutschen Schiedsrechts unter Beweis zu stellen.

Sehr zu hoffen ist, dass bei der Reform die Ergebnisse dieser Arbeit berücksichtigt werden. Kernanliegen muss es sein, weiter Klarheit beim einstweiligen Rechtsschutz durch Schiedsgerichte insgesamt zu schaffen und darauf aufbauend den *Emergency Arbitrator* in das Schiedsverfahren zu integrieren. Der im Anhang aufgeführte Regelungsvorschlag bietet eine Grundlage für eine Reform unter dieser Prämisse.[38]

Perspektivisch legt die Implementierung des *Emergency*-Verfahrens in die ZPO die Grundlage dafür, dass auch die DIS ein *Emergency*-Verfahren in ihre Schiedsregeln aufnimmt. Eine gesetzliche Regelung wird Unsicherheiten über Fragen der Vollstreckung und der zulässigen inneren Abläufe abbauen und das Vertrauen der Parteien in das *Emergency*-Verfahren stärken. Das wird die Nutzung des *Emergency*-Verfahrens fördern und zur weiteren Entlastung der staatlichen Gerichte beitragen.

Auch auf internationaler Ebene sollte das *Emergency*-Verfahren weiter gefördert werden. Ein Aspekt wird sein, das *Emergency*-Verfahren im UNCITRAL ModG 2006 zu verankern. Für eine wissenschaftliche Untersuchung des UNCITRAL ModG 2006 bietet diese Arbeit eine gute Grundlage: Die ZPO ist weitestgehend dem UNCITRAL ModG 1985 nachempfunden und die Ergebnisse der Arbeit können daher auf das UNCITRAL ModG übertragen werden. Beachtet werden müssen jedoch die Unterschiede bei der Ausgestaltung des einstweiligen Rechtsschutzes, da das UNCITRAL ModG 2006 eine weitaus umfassendere Regelung kennt als die ZPO. Bei einer künftigen Überarbeitung des UNCITRAL ModG wäre es zudem wünschenswert Regelungen zum *Emergency Arbitrator* aufzunehmen. Der Regelungsvorschlag im Anhang[39] kann dazu entsprechend adaptiert werden.

Von zentraler Bedeutung wird zudem sein, die internationale Vollstreckung von *Emergency*-Anordnungen zu fördern. Hier steht zu hoffen, dass sich zunehmend Gerichte entscheiden, einstweilige Anordnungen als Schiedssprüche im Sinne der New York Convention anzusehen und diese entsprechend zu vollstrecken. In Kapitel 8 wurde eine Argumentation vorgestellt, wie dieses Ergebnis im Rahmen New York Convention zu erreichen ist. Langfristig wäre es

---

[38] Siehe Anhang: Regelungsvorschlag, ab S. 221.

[39] Ab S. 221.

wünschenswert, die internationale Vollstreckung des einstweiligen Rechtsschutzes in einem eigenen völkerrechtlichen Vertrag bzw. einem Nachfolgeabkommen zur New York Convention zu regeln. Das schafft mehr Rechtssicherheit und bestärkt Schiedsparteien darin, auf die Vollstreckung von einstweiligen Anordnungen genauso zu vertrauen wie auf die Vollstreckung von Schiedssprüchen.

Thesen

1. Ein *Emergency Arbitrator* ist eine Person, die auf Antrag einer Partei von einer neutralen Stelle aufgrund vorheriger Parteivereinbarung zeitweilig ernannt wird, um vor Konstituierung eines Hauptsacheschiedsgerichts eine Maßnahme des einstweiligen Rechtsschutzes zu erlassen, die so dringend erforderlich ist, dass eine Entscheidung des Hauptsacheschiedsgerichts nicht abgewartet werden kann.
2. Der *Emergency Arbitrator* ist Schiedsrichter. *Emergency Arbitrator* und Hauptsacheschiedsgericht sind Teile eines einheitlichen Schiedsgerichts, das zunächst aus dem *Emergency Arbitrator* besteht, seine Zusammensetzung jedoch ändert, sobald das Hauptsacheschiedsgericht gebildet ist.
3. Für die Einordnung des *Emergency Arbitrators* als Schiedsgericht ist es unerheblich, ob die Schiedsvereinbarung geschlossen wurde, bevor das *Emergency*-Verfahren in die gewählte Schiedsordnung aufgenommen wurde.
4. Wird das staatliche Gericht ersucht, die einstweilige Anordnung zur Vollziehung zuzulassen, so hat es grundsätzlich Ermessen. Nachdem es sich bei dem Vollziehungszulassungsverfahren um einen Bestandteil eines Eilverfahrens handelt, kann das Ermessen nicht frei ausgeübt werden, sondern muss von Effektivitätsüberlegungen geleitet werden. Grundsätzlich führen nur offensichtliche Mängel im *Emergency*-Verfahren zur Verweigerung der Vollziehungszulassung.
5. Im Vollziehungszulassungsverfahren müssen streitige Tatsachen bewiesen werden, Glaubhaftmachung nach § 294 ZPO oder Freibeweis genügt nicht.
6. Eine Vollziehungszulassung darf nach § 1041 Abs. 3 ZPO vom staatlichen Gericht nur aufgehoben werden, wenn die Voraussetzungen zum Erlass der Vollziehungszulassung weggefallen sind.
7. Die *Emergency*-Anordnung entfaltet materielle Wirkungen. So kann beispielsweise unmittelbar die Rechtslage umgestaltet werden, das Schiedsgericht darf eine Zuwiderhandlung beim Erlass des Schiedsspruchs berücksichtigen oder der von der Anordnung Verpflichtete kann sich bei Zuwiderhandlung schadensersatzpflichtig machen.
8. Die Wirkungen einer Verweigerung der Vollziehungszulassung (§ 1041 Abs. 2 ZPO) sind erweiternd auszulegen: Wird die Vollziehungszulassung

vom staatlichen Gericht verweigert, so verliert eine einstweilige Anordnung ihre materiellen Wirkungen.

9. Ein *Emergency Arbitrator* kann wie jeder andere Schiedsrichter abgelehnt werden. Es ist dabei grundsätzlich zulässig, dass die Schiedsordnungen sehr kurze Fristen von beispielsweise nur 24 Stunden vorsehen, innerhalb derer die Ablehnung geltend gemacht werden muss. Im Einzelfall muss jedoch eine Fristverlängerung gewährt werden, wenn das Ablehnungsrecht im Einzelfall durch die kurze Frist faktisch ausgeschlossen wird.
10. Wird dem Ablehnungsgesuch von der Schiedsorganisation nicht stattgegeben, so kann sich die Partei grundsätzlich innerhalb eines Monats an das staatliche Gericht wenden (§ 1037 Abs. 3 ZPO). Die Frist wird ohne ausdrückliche Vereinbarung nicht verkürzt, nur weil die Schiedsordnungen sehr kurze Fristen für die Geltendmachung der Ablehnung vor der Schiedsorganisation vorsehen.
11. Wird der *Emergency Arbitrator* abgelehnt, nachdem er bereits eine einstweilige Anordnung erlassen hat, kann die einstweilige Anordnung nicht mehr zur Vollziehung zugelassen werden. Wurde die einstweilige Anordnung bereits zur Vollziehung zugelassen, so ist die Vollziehungszulassung auf Antrag aufzuheben; die Vollziehungszulassung verliert ihre Wirkung aber nicht automatisch.
12. Schiedsgerichte und *Emergency Arbitrator* dürfen nach deutschem Recht einstweilige Anordnungen nicht *ex parte* erlassen. Eine einstweilige Anordnung kann erst zur Vollziehung zugelassen werden, nachdem beide Parteien gehört wurden.
13. Das Schiedsgericht ist mit Ernennung des *Emergency Arbitrators* noch nicht gebildet i.S.v. § 1032 Abs. 2 ZPO. Auch nach Ernennung des *Emergency Arbitrators* bleibt es daher zulässig, den Feststellungsantrag nach § 1032 Abs. 2 ZPO zu stellen.
14. Zweifelt der Antragsgegner des *Emergency*-Verfahrens an der Zuständigkeit des Schiedsgerichts, kann er mit der Rüge abwarten, bis das Hauptsacheschiedsgericht gebildet wurde. Im ersten Schriftsatz des *Emergency*-Verfahrens muss jedoch die Zuständigkeit des *Emergency Arbitrators* gerügt werden. Unterbleibt die Rüge, kann eine *Emergency*-Anordnung später nicht mehr mit dem Einwand angegriffen werden, der *Emergency Arbitrator* sei unzuständig gewesen.
15. Die Existenz des *Emergency*-Verfahrens schließt es nicht aus, einstweiligen Rechtsschutz vor den staatlichen Gerichten zu ersuchen. § 1033 ZPO bleibt unberührt.
16. Für das *Emergency*-Verfahren und das Hauptsacheschiedsverfahren können unabhängige Schiedsorte bestehen. Die *Emergency*-Anordnung ist daher nach dem Recht am *Emergency*-Ort zu bewerten. Der *Emergency*-Ort ändert sich nicht dadurch, dass das Hauptsacheschiedsgericht für das Hauptsacheverfahren einen anderen Schiedsort festlegt.

17. Die New York Convention findet auch auf *Emergency*-Anordnungen Anwendung; sie verpflichtet die Vertragsstaaten, ausländische *Emergency*-Anordnungen als Schiedssprüche zu vollstrecken. In Deutschland muss dem entsprochen werden, indem § 1041 Abs. 2 ZPO analog auf die Vollziehung ausländischer einstweiliger Anordnungen angewandt wird.
18. Die Regelungen zum schiedsrichterlichen einstweiligen Rechtsschutz und zum *Emergency*-Verfahren bedürfen der Verbesserung, um mehr Transparenz zu schaffen. Am Ende der Arbeit wird daher ein Regelungsvorschlag vorgestellt.

Anhang

Regelungsvorschlag

Die vorangegangene Zusammenfassung und Bewertung hat gezeigt, dass ein *Emergency*-Verfahren grundsätzlich nach deutschem Recht durchgeführt werden kann. Größtenteils fehlt es jedoch an präzisen gesetzlichen Regelungen, nicht nur für das *Emergency*-Verfahren, sondern auch für das schiedsrichterliche Eilverfahren überhaupt. Im Sinne größerer Rechtssicherheit wären daher detailliertere Regelungen in der ZPO wünschenswert. Zudem hat sich gezeigt, dass bestimmte Regelungen wünschenswert wären, die bisher in der ZPO noch nicht abgebildet sind. Um das schiedsrichterliche Eilverfahren und das *Emergency*-Verfahren besser in der ZPO zu verankern, wird daher ein Vorschlag für eine gesetzliche Regelung unterbreitet.

Eine gesetzliche Regelung des *Emergency*-Verfahrens zielt nicht auf vollständige Ausgestaltung eines solchen Verfahrens ab. Das Gesetz kann nur den Rahmen schaffen, um die Anerkennung des *Emergency*-Verfahrens und der *Emergency*-Anordnungen sicherzustellen. Die Details des *Emergency*-Verfahrens müssen die Parteien selbst ausgestalten, in der Regel durch Bezugnahme auf eine institutionelle Schiedsordnung. Dies ist schon deshalb geboten, weil das *Emergency*-Verfahren auf eine Schiedsorganisation angewiesen ist, die den *Emergency Arbitrator* im Bedarfsfall schnell und zuverlässig einsetzt.

Der Regelungsvorschlag betrifft zudem nicht allein das *Emergency*-Verfahren, sondern propagiert auch Änderungen am schiedsrichterlichen Eilverfahren insgesamt. Zwar war das schiedsrichterliche Eilverfahren nur aus der besonderen Perspektive des *Emergency Arbitrators* Gegenstand der Arbeit. Nachdem der *Emergency Arbitrator* zu Beginn der Arbeit jedoch als Schiedsgericht qualifiziert wurde, wurde ohnehin zur Regelung des schiedsrichterlichen Eilverfahrens in § 1041 ZPO Stellung genommen. Deckungsgleich sind die Problemstellungen daher bei Fragen der Vollziehungszulassung und deren Aufhebung (§ 1041 Abs. 2 und 3 ZPO), dem Aufhebungsverfahren gegenüber einstweiligen Anordnungen sowie der Zulassung von *ex parte*-Entscheidungen.

Ein Regelungsvorschlag auch in Bezug auf das schiedsrichterliche Eilverfahren ist im Rahmen des Vorschlags zudem erforderlich, denn es soll an dem hier gewählten Ansatz festgehalten werden, den *Emergency Arbitrator* als Teil eines einheitlichen Schiedsgerichts zu begreifen. Der *Emergency Arbitrator* soll daher die gleichen Befugnisse wie ein Schiedsgericht zum Erlass einstweiliger Anordnungen haben. Das wird durch eine Verweisung erreicht, die aber nur dann sinnvoll vorgeschlagen werden kann, wenn die Kompetenzen des Schiedsgerichts bereits feststehen.

A. Ein Regelungsvorschlag im Wortlaut

§ 1025 Anwendungsbereich

[...]

(2) Die Bestimmungen der §§ 1032, 1033, 1041 Abs. 2 und 3, 1041b Abs. 2 S. 2 und 1050 sind auch dann anzuwenden, wenn der Ort des schiedsrichterlichen Verfahrens im Ausland liegt oder noch nicht bestimmt ist.

[...]

§ 1041 Maßnahmen des einstweiligen Rechtsschutzes

(1) [Unverändert]

(2) [1]Unabhängig vom Ort des schiedsrichterlichen Verfahrens lässt das Gericht auf Antrag einer Partei die Vollziehung einer vorläufigen oder sichernden Maßnahme zu, sofern nicht schon eine entsprechende Maßnahme des einstweiligen Rechtsschutzes bei einem Gericht beantragt worden ist. [2]Die Zulassung zur Vollziehung wird nur verweigert, wenn

1. der Antragsgegner begründet geltend macht, dass
   a) es für das Schiedsverfahren nach dem Recht, dem die Parteien sie unterstellt haben oder, falls die Parteien hierüber nichts bestimmt haben, nach deutschem Recht offensichtlich unwirksam ist oder eine der Parteien, die die Schiedsvereinbarung geschlossen haben, nach dem Recht, das für sie persönlich maßgebend ist, zum Abschluss der Schiedsvereinbarung offensichtlich nicht fähig war, oder die vom Schiedsgericht angeordnete Maßnahme offensichtlich nicht der Schiedsvereinbarung unterfällt und die von der Maßnahme belastete Partei den Mangel bereits im schiedsrichterlichen Verfahren gerügt hat; oder
   b) die Bildung des Schiedsgerichts einer Bestimmung dieses Buches oder einer zulässigen Vereinbarung der Parteien offensichtlich nicht entsprochen hat und anzunehmen ist, dass sich dies auf die vorläufige oder sichernde Maßnahme ausgewirkt hat; oder
   c) das schiedsrichterliche Verfahren zum Erlass der vorläufigen oder sichernden Maßnahmen eine Bestimmung dieses Buches oder einer zulässigen Vereinbarung der Parteien nicht entsprochen hat und anzunehmen ist, dass sich dies auf die Maßnahme ausgewirkt hat; oder
   d) die vorläufige oder sichernde Maßnahme vom Schiedsgericht oder von einem zuständigen Gericht aufgehoben wurde; oder
2. das Gericht feststellt, dass
   a) der Gegenstand des Streits nach deutschem Recht nicht schiedsfähig ist oder
   b) die Vollziehung der einstweiligen Maßnahme zu einem Ergebnis führt, das der öffentlichen Ordnung (*ordre public*) widerspricht.

[3]Tatsachen sind glaubhaft zu machen. [4]Das Gericht kann die Anordnung abweichend fassen, wenn dies zur Vollziehung der Maßnahme notwendig ist.

(3) Ändern sich Umstände dergestalt, dass eine Zulassung der vorläufigen oder sichernden Maßnahme zur Vollziehung nach Maßgabe von Absatz 2 nicht mehr gerechtfertigt wäre, oder hebt das Schiedsgericht die angeordnete Maßnahme auf, nachdem deren Vollziehung zugelassen wurde, so hebt das staatliche Gericht auf Antrag die Vollziehungszulassung wieder auf.

(4) [1]Auf Antrag einer Partei hebt das Gericht eine Maßnahme nach Absatz 1 auf, wenn die Voraussetzungen zur Verweigerung der Vollziehungszulassung des Absatzes 2 vorliegen. [2]Die Aufhebung wirkt zurück auf den Zeitpunkt des Erlasses der angeordneten Maßnahme. [3]Das Gericht bestimmt einen anderen Zeitpunkt, ab dem die Aufhebung wirkt, wenn der Aufhebungsgrund erst nach Erlass der einstweiligen Anordnung eingetreten ist. [4]Aufhebungsgründe, die bereits in einem Verfahren zur Vollziehungszulassung nach Absatz 2 hätten vorgebracht werden können, werden im Aufhebungsverfahren nicht mehr berücksichtigt.

(5) [entspricht bisherigem Abs. 4]

§ 1041a Einstweilige Anordnungen ohne vorheriges rechtliches Gehör

(1) [1]Haben die Parteien nichts anderes vereinbart, so kann das Schiedsgericht auf Antrag eine vorläufige oder sichernde Maßnahme anordnen, ohne die übrigen Parteien über den Antrag in Kenntnis zu setzen oder diese anzuhören. [2]Das Schiedsgericht darf dem Antrag nur stattgeben, wenn zu befürchten ist, dass der Zweck der Maßnahme durch eine vorherige Bekanntgabe des Antrags oder durch eine Anhörung des Antragsgegners vereitelt wird. [3]Das Schiedsgericht setzt eine Sicherheit fest, die der Antragsteller zur Absicherung des Antragsgegners zu leisten hat, wenn sich die Maßnahme als von Anfang an ungerechtfertigt erweist.

(2) [1]Hat das Schiedsgericht über die Maßnahme ohne Anhörung des Antragsgegners entschieden, so entscheidet der Vorsitzende des Zivilsenats (§ 1063 Abs. 3) ebenfalls ohne Anhörung des Antragsgegners über einen Antrag nach § 1041 Abs. 2. [2]Auf die Nichtgewährung vorgängigen rechtlichen Gehörs darf die Verweigerung der Vollziehungszulassung nur gestützt werden, wenn der Verzicht auf die Anhörung des Antragsgegners willkürlich erscheint. [3]Lässt das Gericht die Maßnahme nicht zur Vollziehung zu, so wird der Antragsgegner über die Entscheidung des Gerichts nicht in Kenntnis gesetzt.

(3) [2]Die Vollziehbarerklärung ist davon abhängig zu machen, dass der Antragsteller die vom Schiedsgericht festgesetzte Sicherheit leistet. [2]Das Gericht darf die Sicherheit selbst festsetzen, wenn die Sicherheit so gering erscheint, dass eine Sicherung des Antragsgegners nicht gewährleistet ist.

(4) [1]Die Vollziehbarerklärung, die nach Abs. 2 erlassen wurde, bleibt 20 Tage in Kraft. [2]Um Vollstreckungsmaßnahmen aufrecht zu erhalten oder weitere Vollstreckungsmaßnahmen einzuleiten, muss der Antragsteller die Vollziehung erneut beantragen, nachdem der Antragsgegner Gelegenheit zur Stellungnahme hatte.

(5) [1]Nach der Einleitung von Vollstreckungsmaßnahmen informiert der Antragsteller den Antragsgegner über die Maßnahme. [2]Das Schiedsgericht hat dem Antragsgegner unverzüglich Gehör zu gewähren und soll unmittelbar nach der Stellungnahme des Antragsgegners seine Maßnahme bestätigen, abändern oder aufheben.

§ 1041b Eilschiedsrichterverfahren (Emergency Arbitrator)

(1) [1]Eilschiedsrichter ist eine Person, die aufgrund einer Parteivereinbarung oder einer schiedsrichterlichen Verfahrensordnung durch die Parteien oder einen damit beauftragten Dritten zeitweilig zum Schiedsrichter ernannt wurde, um vor Bildung des Schiedsgerichts über Maßnahmen des einstweiligen Rechtsschutzes zu entscheiden, die so dringend erforderlich sind, dass eine Entscheidung durch das Schiedsgericht nicht abgewartet werden kann. [2]Der Eilschiedsrichter ist Teil des Schiedsgerichts; durch seine Ernennung ist das Schiedsgericht noch nicht gebildet und er darf nicht verbindlich über die Zuständigkeit des Schiedsgerichts entscheiden. [3]Er muss die gleichen Anforderungen wie ein Schiedsrichter erfüllen. [4]§ 1037 findet auf den Eilschiedsrichter mit der Maßgabe Anwendung, dass die genannten

Fristen drei Tage betragen; an die Stelle des Schiedsgerichts tritt der mit der Ernennung des Eilschiedsrichters beauftragte Dritte, hilfsweise der Eilschiedsrichter selbst.

(2) [1]Der Eilschiedsrichter kann wie ein Schiedsgericht vorläufige und sichernde Maßnahmen (§§ 1041, 1041a) anordnen, ändern und aufheben. [2] § 1041 Abs. 2, 3 und 4 finden auf vorläufige oder sichernde Maßnahmen eines Eilschiedsrichters entsprechend Anwendung.

(3) [1]Der Eilschiedsrichter soll in seiner ersten Anordnung über seine eigene Zuständigkeit entscheiden. [2]Der Antragsgegner muss die Unzuständigkeit des Eilschiedsrichters spätestens in der ersten sachlichen Äußerung zum Eilschiedsrichterverfahren rügen, andernfalls ist er mit der Rüge ausgeschlossen. [3]Der Eilschiedsrichter kann eine verspätete Rüge bei hinreichender Entschuldigung zulassen.

(4) [1]§ 1043 findet auf das Verfahren vor dem Eilschiedsrichter entsprechend Anwendung. [2]Der für das Eilverfahren gewählte Schiedsort muss nicht mit dem Schiedsort des Hauptsacheverfahrens übereinstimmen.

B. Erläuterungen

I. Regelungen zur Ergänzung des schiedsrichterlichen Eilverfahrens

1. Vollziehung ausländischer einstweiliger Anordnungen (§ 1025 Abs. 2, § 1041 Abs. 2 ZPO-E)

Die Änderungen in § 1025 Abs. 2, § 1041 Abs. 2 ZPO-E sorgen dafür, dass einstweilige Anordnungen von Schiedsgerichten und *Emergency Arbitrator* auch dann in Deutschland zur Vollziehung zugelassen werden können, wenn der Schiedsort nicht in Deutschland liegt (ausländische einstweilige Anordnung).

2. Zulassung der einstweiligen Anordnung zur Vollziehung (§ 1041 Abs. 2 ZPO-E)

Der Vorschlag gießt die Erwägungen zur Konkretisierung des geltenden § 1041 Abs. 2 ZPO, die im Rahmen der Arbeit getroffen wurden, in Gesetzesform.[1] Dadurch wird mehr Rechtssicherheit geschaffen. § 1041 Abs. 2 S. 3 ZPO-E sorgt zudem dafür, dass künftig Glaubhaftmachung nach § 294 ZPO im Verfahren zur Vollziehungszulassung genügt.

3. Aufhebung der Vollziehungszulassung (§ 1041 Abs. 3 ZPO-E)

§ 1041 Abs. 3 ZPO-E konkretisiert § 1041 Abs. 3 ZPO in der aktuellen Fassung. Er überführt die hier gefundenen Ergebnisse zur Auslegung von § 1041 Abs. 3 ZPO[2] in den Gesetzestext.

4. Aufhebung der einstweiligen Anordnung (§ 1041 Abs. 4 ZPO-E)

§ 1041 Abs. 4 ZPO-E räumt dem staatlichen Gericht ausdrücklich die Kompetenz ein, einstweilige Anordnungen eines Schiedsgerichts aufzuheben. Die Gründe für die Aufhebung sind

---

[1] Kapitel 3.A.

[2] Kapitel 3.B.

dabei die gleichen, die zur Verweigerung der Vollziehungszulassung führen. Dies entspricht dem Zusammenspiel von § 1060 Abs. 2 und § 1059 Abs. 2 ZPO.

Die Aufhebung der einstweiligen Anordnung wirkt grundsätzlich auf den Zeitpunkt des Erlasses zurück, denn regelmäßig wird der Grund für die Aufhebung im Schiedsverfahren selbst liegen. Sollte der Grund für die Aufhebung allerdings erst später eingetreten sein, so muss dem Gericht erlaubt werden, einen anderen Zeitpunkt zu bestimmen, zu dem die Aufhebung wirksam wird. In der Zeit davor können die materiellen Wirkungen noch greifen.

Anders als in § 1059 ZPO sollte keine Ausschlussfrist bestimmt werden, innerhalb derer der Antragsgegner die Aufhebung begehren muss. Die einstweilige Anordnung wirkt nicht auf Dauer wie ein Schiedsspruch, sondern ist nur auf einen vorübergehenden Zeitraum angelegt. Es bedarf daher keiner Ausschlussfrist, um für alle Zeiten Rechtssicherheit zu schaffen. Zudem kann der Antragsteller, wenn er eine Aufhebung fürchtet, die Vollziehungszulassung beantragen. Aufhebungsgründe, die dort geltend gemacht werden konnten, dürfen dann in einem späteren Aufhebungsverfahren nicht mehr vorgebracht werden.

5. Zulassung der ex parte-Entscheidung (§ 1041a ZPO-E)

§ 1041a ZPO-E erlaubt es Schiedsgericht und *Emergency Arbitrator*, einstweilige Anordnungen *ex parte* zu erlassen. Der Regelungsvorschlag orientiert sich an Art. 17B u. 17C UNCITRAL ModG 2006, wonach Schiedsgerichte sogenannte *preliminary orders* erlassen dürfen. Anders als die nicht vollstreckbaren *preliminary orders* (Art. 17C Abs. 5 UNCITRAL ModG 2006)[3] sollen die einstweiligen Anordnungen vollstreckbar sein. Die *ex parte*-Entscheidung setzt voraus, dass die Anhörung des Antragsgegners den Zweck der Maßnahme vereiteln würde, weil nicht ausreichend Zeit für eine Anhörung bleibt.

Abs. 2 regelt die Vollziehungszulassung der *ex parte*-Entscheidung. Um dem Eilcharakter gerecht zu werden, wird die Entscheidung nach dem Vorbild des § 1063 Abs. 3 ZPO dem Vorsitzenden des Zivilsenats beim OLG übertragen. Es wird klargestellt, dass das staatliche Gericht grundsätzlich nicht über die Gebotenheit der *ex parte*-Entscheidung befinden darf. Das staatliche Gericht darf die Vollziehungszulassung nur verweigern, wenn der Verzicht auf die Anhörung des Antragsgegners willkürlich erscheint.

Abs. 2 S. 3 entspricht § 922 Abs. 3 ZPO. Selbst wenn das staatliche Gericht die Vollstreckung der *ex parte*-Entscheidung ablehnt, bleibt dem Antragsteller damit das Überraschungsmoment erhalten. Er kann versuchen eine neue *ex parte*-Entscheidung zu erlangen, sei es erneut beim *Emergency Arbitrator* oder Schiedsgericht oder beim staatlichen Gericht.

§ 1041a Abs. 3 ZPO-E trägt der besonderen Gefahr von *ex parte*-Entscheidungen Rechnung, dass sich die Anordnung wegen der fehlenden Anhörung des Antragsgegners später als ungerechtfertigt herausstellt. Abs. 3 ordnet daher zwingend die Stellung einer Sicherheitsleistung für die Vollstreckung an. Vorrangig entscheidet das Schiedsgericht über die Angemessenheit der Sicherheitsleistung.

Aus Art. 17C (4) UNCITRAL ModG 2006 wird eine feste Gültigkeitsdauer der *ex parte*-Entscheidung als weitere Sicherung des Antragsgegners übernommen. Ebenfalls zur Sicherung des Antragsgegners dient die Informationspflicht in § 1041a Abs. 5 ZPO-E, die sich an Art. 17C (1) UNCITRAL ModG 2006 orientiert. Die Informationspflicht wird jedoch nicht dem Schiedsgericht, sondern dem Antragsteller auferlegt. Die Informationspflicht soll erst greifen, wenn die Vollstreckungsmaßnahmen eingeleitet sind. Wann das der Fall ist, weiß nur der Antragsteller, nicht aber das Schiedsgericht. S. 2 entspricht Art. 17C (2) UNCITRAL

[3] *Holtzmann, et al.,* A Guide to the 2006 Amendments to the UNCITRAL Model Law, Article 17–17J, S. 172.

ModG 2006 und trägt dafür Sorge, dass dem Antragsgegner Gehör gewährt wird und er effektiv die Möglichkeit hat, die *ex parte*-Entscheidung aufheben zu lassen.

II. Regelungen speziell zum Emergency Arbitrator

1. Definition des Emergency Arbitrators (§ 1041b Abs. 1 S. 1 ZPO-E)

§ 1041b Abs. 1 ZPO-E liefert eine Definition des *Emergency Arbitrators* und regelt damit zugleich den Anwendungsbereich der folgenden Regelungen.

2. Verhältnis des Emergency Arbitrators zum Schiedsgericht (§ 1041b Abs. 1 S. 2 ZPO-E)

§ 1041a Abs. 1 S. 2 ZPO-E legt das Verhältnis des *Emergency Arbitrators* zum Schiedsgericht fest. Der Vorschlag folgt der hier vertretenen Ansicht zur aktuellen Rechtslage, wonach der *Emergency Arbitrator* Teil eines einheitlichen Schiedsgerichts ist. Um Missverständnissen vorzubeugen, ordnet der zweite Halbsatz ausdrücklich an, dass mit Ernennung des *Emergency Arbitrators* das Schiedsgericht noch nicht gebildet ist; ein Feststellungsantrag nach § 1032 Abs. 2 ZPO bleibt daher weiterhin zulässig. Der *Emergency Arbitrator* kann zudem nicht verbindlich über die Zuständigkeit des Hauptsacheschiedsgerichts befinden.

3. Anforderungen an den Eilschiedsrichter und Ablehnungsverfahren (§ 1041b Abs. 1 S. 3 u. 4 ZPO-E)

§ 1041b Abs. 1 S. 3 ZPO-E verdeutlicht, dass der *Emergency Arbitrator* den Anforderungen entsprechen muss, die an einen Schiedsrichter gestellt werden. Dazu gehören neben der gesetzlich angeordneten Unabhängigkeit und Unparteilichkeit mögliche Parteiabreden über die Voraussetzungen, die ein Schiedsrichter erfüllen muss, ohne dass die Parteien explizit die Anwendung auf den *Emergency Arbitrator* vereinbaren müssen. S. 4 verweist explizit auf das Ablehnungsverfahren in § 1037 ZPO. Möglich bleibt insbesondere eine Ausgestaltung durch Parteivereinbarung (§ 1037 Abs. 1 ZPO). Lediglich die Fristen werden modifiziert.

4. Kompetenz des Emergency Arbitrators (§ 1041b Abs. 2 ZPO-E)

§ 1041b Abs. 2 ZPO-E legt die Kompetenzen des *Emergency Arbitrators* fest. Hier wird auf die Vorschriften zu einstweiligen Anordnungen, die ein Schiedsgericht erlässt, verwiesen. § 1041b Abs. 2 S. 2 ZPO-E erklärt zudem § 1041 Abs. 2, 3 und 4 ZPO-E für anwendbar auf *Emergency*-Anordnungen. Einstweilige Anordnungen des *Emergency Arbitrators* können dementsprechend wie die einstweiligen Anordnungen eines Schiedsgerichts für vollstreckbar erklärt werden.

5. Zuständigkeit des Emergency Arbitrators (§ 1041b Abs. 3 ZPO-E)

§ 1041b Abs. 3 ZPO-E bildet in verkürzter Version § 1040 ZPO nach. Ein Verweis erscheint nicht angemessen, da § 1040 ZPO in weiten Teilen nicht passt. Insbesondere ist ein Eilschiedsrichterverfahren von so kurzer Dauer, dass eine eigenständige Zuständigkeitsentscheidung nicht sinnvoll erscheint und der *Emergency Arbitrator* daher angehalten werden soll, sich erst in der einstweiligen Anordnung über seine Zuständigkeit zu äußern. Eines eigenständigen Verfahrens zur Überprüfung der Zuständigkeit durch das staatliche Gericht bedarf es nicht; die Prüfung erfolgt, wenn der Antrag auf Zulassung zur Vollziehung oder Aufhebung der einstweiligen Anordnung gestellt wird.

6. *Emergency-Ort (§ 1041b Abs. 4 ZPO-E)*

§ 1041b Abs. 4 ZPO-E erklärt einen eigenen *Emergency*-Ort für zulässig, der nur für das *Emergency*-Verfahren Gültigkeit besitzt und nicht mit dem Ort des schiedsrichterlichen Verfahrens übereinstimmen muss. *Emergency*-Verfahren und Hauptsacheverfahren können also unterschiedliche Nationalitäten haben. Es ist somit möglich, dass deutsche Gerichte ausschließlich für das *Emergency*-Verfahren zuständig sind, nicht aber für das Hauptsacheschiedsverfahren.

Literaturverzeichnis

Aden, Menno: Internationale Handelsschiedsgerichtsbarkeit – Kommentar zu den Schiedsverfahrensordnungen ICC, DIS, Wiener Regeln, UNCITRAL, LCIA, 2. Aufl., München 2003 (zitiert: *Aden*, Internationale Handelsschiedsgerichtsbarkeit).

–: Verfahrensverstoß und Ursächlichkeit für den Schiedsspruch im Aufhebungsverfahren nach § 1059 Abs. 2 Nr. 1 d ZPO, DZWIR 2013, 149–155.

Arato, Julian: Subsequent Practice and Evolutive Interpretation, 9 Law&Prac.Int'l Cts Trib. 443 (2010).

Armbrüster, Christian: Fremdsprachen in Gerichtsverfahren, NJW 2011, 812–818.

Arroyo, Manuel (Hrsg.): Arbitration in Switzerland – The Practioner's Guide, Alphen aan den Rijn, New York 2013 (zitiert: Arroyo/*Bearbeiter*).

Azelius, Krister/Bergqvist, Lina/Olsson, Emma: Making Use of the New SCC Rules on Emergency Arbitration – Why the Emergency Arbitrator's Decision Cannot Be Enforced and How the New Rules May Be Made Useful Nonetheless, 4 Juridisk Tidskrift 936 (2009–2010).

Baigel, Baruch: The Emergency Arbitrator Procedure under the 2012 ICC Rules – A Juridical Analysis, 31 J.Int.Arb. 1 (2014).

Bandel, Stefan: Einstweiliger Rechtsschutz im Schiedsverfahren – Zulässigkeit und Wirkungen schiedsrichterlicher und gerichtlicher einstweiliger Maßnahmen gemäß den Bestimmungen des SchiedsVfG, München 2000 (zitiert: *Bandel*, Einstweiliger Rechtsschutz im Schiedsverfahren).

Bao, Chiann: Chapter 14 – Developing the Emergency Arbitrator Procedure: The Approach of the Hong Kong International Arbitration Center, in: Ziyaeva, Diora/Laird, Ian A./Ṣabāḥī, Burzū/Whitesell, Anne Marie (Hrsg.), Interim and Emergency Relief in International Arbitration, Huntington, New York 2015, S. 265–284 (zitiert: *Bao*, Chapter 14, in: Ziyaeva, et al. [Hrsg.], Interim and Emergency Relief).

Baumbach/Lauterbach/Albers: Zivilprozessordnung – Mit FamFG, GVG und anderen Nebengesetzen, begründet von Adolf Baumbach, Wolfgang Lauterbach & Jan Albers, herausgegeben von Peter Hartmann, 76. Aufl., München 2018 (zitiert: Baumbach/Lauterbach/Albers/*Bearbeiter*).

Baumgärtel, Gottfried/Laumen, Hans-Willi/Prütting, Hanns (Hrsg.): Handbuch der Beweislast – Grundlagen, 3. Aufl., Köln 2016 (zitiert: Baumgärtel/Laumen/Prütting/*Bearbeiter*).

BeckOK ZPO: Beck'scher Online-Kommentar ZPO, herausgegeben von Volker Vorwerk & Christian Wolf, 28. Ed., München 2018 (zitiert: BeckOK ZPO/*Bearbeiter*).

Bělohlávek, Alexander J.: Importance of the Seat of Arbitration in International Arbitration: Delocalization of Arbitration as an outdated Myth, ASA Bulletin 31 (2013), 262.

Bensaude, Denis: S.A. Otor Participations v. S.A.R.L. Carlyle (Luxembourg) Holdings 1 – Interim Awards on Provisional Measures in International Arbitration, 22 J.Int.Arb. 357 (2005).

Beraudo, Jean-Paul: Recognition and Enforcement of Interim Measures of Protection Ordered by Arbitral Tribunals, 22 J.Int.Arb. 245 (2005).

van den Berg, Albert Jan: The New York Arbitration Convention of 1958 – Towards a Uniform Judicial Interpretation, Deventer 1981 (zitiert: *van den Berg,* The New York Arbitration Convention of 1958).

–: The 1958 New York Arbitration Convention Revisited, in: Karrer, Pierre A. (Hrsg.), Arbitral Tribunals or State Courts. Who Must Defer to Whom? – ASA Swiss Arbitration Association. IBA International Bar Association. Conference in Zurich of January 28, 2000. Reports and Materials 2001 (zitiert: *van den Berg,* The 1958 New York Arbitration Convention Revisited, in: Karrer [Hrsg.], Arbitral Tribunals or State Courts).

Berger, Klaus Peter: Die Rechtsstellung des Pre-Arbitral Referees, SchiedsVZ 2006, 176–182.

Bernhardt, Rudolf: Evolutive Treaty Interpretation – Especially of the European Convention on Human Rights, 42 German Yb.Int'l L. 11 (1999).

Besson, Sébastien: Arbitration and Human Rights, ASA Bulletin 24 (2006), 395–416.

–: Anti-suit Injunctions by ICC Emergency Arbitrators, in: Carlevaris, Andrea/Lévy, Laurent/Mourre, Alexis/Schwartz, Eric A. (Hrsg.), International Arbitration under Review – Essays in Honour of John Beechey, Paris 2015, S. 69–89 (zitiert: *Besson,* Anti-suit Injunctions by ICC Emergency Arbitrators, in: Carlevaris, et al. [Hrsg.], International Arbitration under Review).

Bjorge, Eirik: The Evolutionary Interpretation of Treaties, Oxford 2014 (zitiert: *Bjorge,* Evolutionary Interpretation).

Böckstiegel, Karl-Heinz/Kröll, Stefan Michael/Nacimiento, Patricia (Hrsg.): Arbitration in Germany – The Model Law in Practice, 2. Aufl., Alphen aan den Rijn 2015 (zitiert: Böckstiegel/Kröll/Nacimiento/*Bearbeiter*).

Boog, Christopher/Raneda, Julie: The 2016 SIAC Rules – A State-of-the-Art Rules Revision Ensuring an even more Efficient Process, ASA Bulletin 34 (2016), 584–605.

Borck, Hans-Günter: Das rechtliche Gehör im Verfahren auf Erlaß einer einstweiligen Verfügung, MDR 1988, 908–915.

Born, Gary Brian/Lee, Sabrina: The Emergency Arbitrator Procedures Under the New HKIAC Rules, Asian Dispute Review 2013, 116–121.

Born, Gary Brian: International Commercial Arbitration, 2. Aufl., Alphen aan den Rijn 2014 (zitiert: *Born,* International Commercial Arbitration).

–: International Arbitration – Law and Practice, 2. Aufl., Alphen aan den Rijn 2015 (zitiert: *Born*, International Arbitration).

Bösch, Axel: Einstweiliger Rechtsschutz in der internationalen Handelsschiedsgerichtsbarkeit, Frankfurt am Main 1989 (zitiert: *Bösch,* Einstweiliger Rechtsschutz).

–: General Introduction, in: Bösch, Axel (Hrsg.), Provisional Remedies in International Commercial Arbitration – A Practitioner Handbook, Berlin 1994, S. 3–15 (zitiert: *Bösch,* General Introduction, in: Bösch [Hrsg.], Provisional Remedies).

Böth, Katharina: Evolutive Auslegung völkerrechtlicher Verträge, Berlin 2013 (zitiert: *Böth,* Evolutive Auslegung völkerrechtlicher Verträge).

Brinkmann, Gisbert: Schiedsgerichtsbarkeit und Maßnahmen des einstweiligen Rechtsschutzes, Berlin 1977 (zitiert: *Brinkmann,* Schiedsgerichtsbarkeit und Maßnahmen des einstweiligen Rechtsschutzes).

Calavros, Constantin: Das UNCITRAL-Modellgesetz über die internationale Handelsschiedsgerichtsbarkeit, Bielefeld 1988 (zitiert: *Calavros,* Das UNCITRAL-Modellgesetz).

Canaris, Claus-Wilhelm: Die Feststellung von Lücken im Gesetz – Eine methodologische Studie über Voraussetzungen und Grenzen der richterlichen Rechtsfortbildung praeter legem, Berlin 1983 (zitiert: *Canaris,* Die Feststellung von Lücken im Gesetz).

Castello, James E.: Arbitral Ex Parte Interim Relief – The View in Favor, 58(3) Disp.Resol.J. 60 (2003).

Castineira, Eliseo: The Emergency Arbitrator in the 2012 ICC Rules of Arbitration, Les Cahiers de l'Arbitrage 2012, 65.

Cavalieros, Philipp/Kim, Janet: Emergency Arbitrators Versus the Courts – From Concurrent Jurisdiction to Practical Considerations, 35 J.Int.Arb. 275 (2018).

CEPANI (The Belgian Centre for Arbitration and Mediation): 2017 Statistical Report, im Internet abrufbar unter: <http://www.cepani.be/sites/default/files/images/2017_statistical_report_-_final.pdf>, zuletzt geprüft am 11.11.2018 (zitiert: CEPANI, 2017 Statistical Report).

Chattopadhyay, Mihir: Recent Event: The Case for Arbitration of Patent Disputes, Kluwer Arbitration Blog, im Internet abrufbar unter: <http://kluwerarbitrationblog.com/2016/02/25/recent-event-the-case-for-arbitration-of-patent-disputes>, zuletzt geprüft am 11.11.2018 (zitiert: *Chattopadhyay,* Recent Event: The Case for Arbitration of Patent Disputes).

Daele, Karel: Challenge and Disqualification of Arbitrators in International Arbitration, Alphen aan den Rijn, New York 2012 (zitiert: *Daele,* Challenge and Disqualification of Arbitrators).

Delbrück, Jost/Wolfrum, Rüdiger: Völkerrecht – Band I/3. Die Formen des völkerrechtlichen Handelns. Die inhaltliche Ordnung der internationalen Gemeinschaft, Berlin 2002 (zitiert: *Delbrück/Wolfrum,* Völkerrecht).

Distler, Wolfram: Private Schiedsgerichtsbarkeit und Verfassung – Eine rechtsvergleichende Untersuchung zum deutschen und englischen Recht, Frankfurt am Main 2000 (zitiert: *Distler,* Private Schiedsgerichtsbarkeit und Verfassung).

Djeffal, Christian: Static and Evolutive Treaty Interpretation, Cambridge 2015 (zitiert: *Djeffal,* Static and Evolutive Treaty Interpretation).

Do, Hye-Jeong: A Study on the Emergency Arbitrator Provisions in Korea – A Focus on Urgency Inherent and Enforcement, 28 J.Arb.Stud. 45 (2018).

Donovan, Donald Francis: The Allocation of Authority Between Courts and Arbitral Tribunals to Order Interim Measures – A Survey of Jurisdictions, the Work of UNCITRAL and a Model Proposal, in: van den Berg, Albert Jan (Hrsg.), New Horizons in International Commercial Arbitration and Beyond – ICCA Congress Series No. 12 (Beijing 2004) 2005, S. 203–241 (zitiert: *Donovan,* The Allocation of Authority, in: van den Berg [Hrsg.], New Horizons).

Dörr, Oliver/Schmalenbach, Kirsten (Hrsg.): Vienna Convention on the Law of Treaties – A Commentary, Heidelberg 2012 (zitiert: Dörr/Schmalenbach/*Bearbeiter*).

Dreier, Horst (Hrsg.): Grundgesetz – Kommentar. Band II. Artikel 20 – 82, 3. Aufl., Tübingen 2015 (zitiert: Dreier/*Bearbeiter*, GG).

Droug, Olexander/Gontar, Olesia: Ukrainian Approach To Recognition And Enforcement Of Interim Measures Granted By The Arbitral Tribunals, im Internet abrufbar unter: <http://www.mondaq.com/x/626988/Arbitration+Dispute+Resolution/Ukrainian+Approach+To+Recognition+And+Enforcement+Of+Interim+Measures+Granted+By+The+Arbitral+Tribunals>, zuletzt geprüft am 11.11.2018 (zitiert: *Droug/Gontar,* Ukrainian Approach To Recognition And Enforcement Of Interim Measures Granted By The Arbitral Tribunals).

Ebbing, Frank: Private Zivilgerichte – Möglichkeiten und Grenzen privater (schiedsgerichtlicher) Zivilrechtsprechung, München 2003 (zitiert: *Ebbing,* Private Zivilgerichte).

Edler, Franziska: Die Aufhebung von Schiedssprüchen und der Erlass einstweiliger Maßnahmen in Deutschland und Schweden – Ein Rechtsvergleich vor dem Hintergrund der Investitionsschiedsgerichtsbarkeit, Frankfurt am Main, Heidelberg 2009 (zitiert: *Edler,* Die Aufhebung von Schiedssprüchen).

Erman, Walter: Eilmaßnahmen aus §§ 117, 127 HGB und Schiedsvertrag, in: Hefermehl, Wolfgang/Nipperdey, Hans Carl (Hrsg.), Festschrift für Philipp Möhring zum 65. Geburtstag, München, Berlin 1965, S. 3 (zitiert: *Erman,* Eilmaßnahmen aus §§ 117, 127 HGB und Schiedsvertrag, in: Hefermehl/Nipperdey [Hrsg.], FS Möhring).

Fitzmaurice, Malgosia: Dynamic (Evolutive) Interpretation of Treaties, Part II, 22 Hague Yb.Int'l L. 3 (2009).

Fry, Jason/Greenberg, Simon/Mazza, Francesca: The Secretariat's Guide to ICC Arbitration – A Practical Commentary on the 2012 ICC Rules of Arbitration from the Secretariat of the ICC International Court of Arbitration, Paris 2012 (zitiert: *Fry/Greenberg/Mazza,* The Secretariat's Guide to ICC Arbitration).

Fry, Jason: The Emergency Arbitrator – Flawed Fashion or Sensible Solution?, 7 Disp.Resol.Int'l 179 (2013).

Gaillard, Emmanuel/Savage, John: Fouchard Gaillard Goldman on International Commercial Arbitration, The Hague 1999 (zitiert: *Gaillard/Savage,* Fouchard Gaillard Goldman on International Commercial Arbitration).

Galagan, Dmytro: Enforcement of the JKX Oil & Gas Emergency Arbitrator Award – A Sign of Pro-Arbitration Stance in Ukraine?, Kluwer Arbitration Blog, im Internet abrufbar unter: <http://kluwerarbitrationblog.com/2015/07/27/enforcement-of-the-jkx-oil-gas-emergency-arbitrator-award-a-sign-of-pro-arbitration-stance-in-ukraine/>, zuletzt geprüft am 11.11.2018 (zitiert: *Galagan,* Enforcement of the JKX Oil & Gas Emergency Arbitrator Award).

Gardiner, Richard K.: Treaty Interpretation, 2. Aufl., Oxford 2015 (zitiert: *Gardiner,* Treaty Interpretation).

Gätzschmann, Ina: Der vorläufige Rechtsschutz in Schiedsverfahren nach der ICSID-Konvention, Baden-Baden 2015 (zitiert: *Gätzschmann,* Der vorläufige Rechtsschutz).

Geimer, Reinhold: Schiedsgerichtsbarkeit und Verfassung (aus deutscher Sicht), in: Schlosser, Peter (Hrsg.), Integritätsprobleme im Umfeld der Justiz – Die Organisation der Rechtsberatung. Schiedsgerichtsbarkeit und Verfassungsrecht. Ein Forschungsbericht zu zwei Themen aus dem Umfeld der Justiz, Bielefeld 1994, S. 113–198 (zitiert: *Geimer,* Schiedsgerichtsbarkeit und Verfassung, in: Schlosser [Hrsg.], Integritätsprobleme im Umfeld der Justiz).

Geimer, Reinhold: Internationales Zivilprozessrecht, 7. Aufl., Köln 2015 (zitiert: *Geimer,* IZPR).

Ghaffari, Amir/Walters, Emmylou: The Emergency Arbitrator – The Dawn of a New Age?, 30(1) Arb.Int. 153 (2014).

Giessen, Philipp: Der Pre-Arbitral-Referee und der Emergency Arbitrator in der internationalen Schiedsgerichtsbarkeit, Frankfurt am Main 2012 (zitiert: *Giessen,* Der Pre-Arbitral-Referee).

Greenberg, Simon/Mange, Flavia: Institutional and Ad Hoc Perspectives on the Temporal Conflict of Arbitral Rules, 27 J.Int.Arb. 199 (2010).

Greger, Reinhard/Stubbe, Christian: Schiedsgutachten – Außergerichtliche Streitbeilegung durch Drittentscheidungen, München 2007 (zitiert: *Greger/Stubbe,* Schiedsgutachten).

Grierson, Jacob/van Hooft, Anne: Arbitrating under the 2012 ICC Rules – An Introductory User's Guide, Alphen aan den Rijn, New York 2012 (zitiert: *Grierson/van Hooft,* Arbitrating under the 2012 ICC Rules).

Haas, Ulrich: Internationale Sportschiedsgerichtsbarkeit und EMRK, SchiedsVZ 2009, 73–84.

–: Aufhebungsklage und Beendigungsbeschluss nach § 1056 Abs. 2 ZPO, SchiedsVZ 2010, 286–295.

Habegger, Philipp A.: The Revised Swiss Rules of International Arbitration – An Overview of the Major Changes, ASA Bulletin 30 (2012), 269–311.

Habscheid, Walther J.: Das Schiedsgutachten, in: Nipperdey, Hans Carl (Hrsg.), Das deutsche Privatrecht in der Mitte des 20. Jahrhunderts – Festschrift für Heinrich Lehmann zum 80. Geburtstag, Berlin 1956 (zitiert: *Habscheid,* Das Schiedsgutachten, in: Nipperdey [Hrsg.], FS Lehmann).

–: Zur Frage der Kompetenz-Kompetenz der Schiedsgerichte, in: Grunsky, Wolfgang/Stürner, Rolf/Gerhard, Walter/Wolf, Manfred (Hrsg.), Festschrift für Fritz Baur, Tübingen 1981, S. 425–442 (zitiert: *Habscheid,* Kompetenz-Kompetenz der Schiedsgerichte, in: Grunsky, et al. [Hrsg.], FS Baur).

Hamama, Olga/Sendetska, Olga: Interim Measures in Support of Arbitration in Ukraine – Lessons from JKX Oil & Gas et al v Ukraine and the Recent Reform of Ukrainian Legislation, 34 Arb.Int. 307 (2018).

HdBdGr III: Handbuch der Grundrechte in Deutschland und Europa – Band III. Grundrechte in Deutschland: Allgemeine Lehren II, herausgegeben von Detlef Merten & Hans-Jürgen Papier, Heidelberg 2009 (zitiert: HdBdGr III/*Bearbeiter*).

HdBdGr V: Handbuch der Grundrechte in Deutschland und Europa – Band V. Grundrechte in Deutschland: Einzelgrundrechte II, herausgegeben von Detlef Merten & Hans-Jürgen Papier, Heidelberg 2013 (zitiert: HdBdGr V/*Bearbeiter*).

HdBdStR V: Handbuch des Staatsrechts der Bundesrepublik Deutschland – Band V. Rechtsquellen, Organisation, Finanzen, herausgegeben von Josef Isensee & Paul Kirchhof, 3. Aufl., Heidelberg 2007 (zitiert: HdBdStR V/*Bearbeiter*).

HdBdStR VIII: Handbuch des Staatsrechts der Bundesrepublik Deutschland – Band VIII. Grundrechte: Wirtschaft, Verfahren, Gleichheit, herausgegeben von Josef Isensee & Paul Kirchhof, 3. Aufl., Heidelberg, Hamburg 2010 (zitiert: HdBdStR VIII/*Bearbeiter*).

Hanessian, Grant: Chapter 14 – Emergency Arbitrators, in: Newman, Lawrence W./Hill, Richard D. (Hrsg.), The Leading Arbitrators' Guide to International Arbitration, Huntington, New York, 3. Aufl. 2014, S. 343–366 (zitiert: *Hanessian,* Chapter 14, in: Newman/Hill [Hrsg.], The Leading Arbitrators' Guide).

Hanessian, Grant/Dosman, Alexandra E.: Songs of Innocence and Experience: Ten Years of Emergency Arbitration, 27 Am.Rev.Int'l Arb. 215 (2016).

Hauser, Paul: Eilrechtsschutz nach der neuen ICC-Schiedsordnung: Der „Emergency Arbitrator", RIW 2013, 364–368.

Helmersen, Sondre Torp: Evolutive Treaty Interpretation – Legality, Semantics and Distinctions, 6 Europ.J.L.Stud. 161 (2013).

Hempel, Karl: Einstweiliger Rechtsschutz durch Schiedsgerichte – Cui bono?, in: Fischer-Czermak, Constanze/Kletečka, Andreas/Schauer, Martin/Zankl, Wolfgang (Hrsg.), Festschrift Rudolf Welser zum 65. Geburtstag, Wien 2004, S. 269–283 (zitiert: *Hempel,* Einstweiliger Rechtsschutz durch Schiedsgerichte, in: Fischer-Czermak, et al. [Hrsg.], FS Welser).

Herdegen, Matthias: Einstweiliger Rechtsschutz durch Schiedsgerichte in rechtsvergleichender Betrachtung, RIW 1981, 304.

HKIAC (Hong Kong International Arbitration Centre): Statistics, im Internet abrufbar unter: <http://www.hkiac.org/about-us/statistics>, zuletzt geprüft am 11.11.2018 (zitiert: HKIAC, Statistics [zuletzt geprüft am 11.11.2018]).

Hobeck, Paul/Weyhreter, Matthias: Anordnung von vorläufigen oder sichernden Maßnahmen durch Schiedsgerichte in ex-parte-Verfahren, SchiedsVZ 2005, 238–241.

Holtzmann, Howard M./Neuhaus, Joseph E./Kristjánsdóttir, Edda/Walsh, Thomas W.: A Guide to the 2006 Amendments to the UNCITRAL Model Law on International Commercial Arbitration – Legislative History and Commentary, Alphen aan den Rijn 2015 (zitiert: *Holtzmann/Neuhaus/Kristjánsdóttir/Walsh*, A Guide to the 2006 Amendments to the UNCITRAL Model Law).

Horn, Simon: Der Eilschiedsrichter im institutionellen Schiedsverfahren, SchiedsVZ 2016, 22–30.

Hosking, James M./Valentine, Erin/Lindsey, David M.: Emergency Measures of Protection – Creeping Consensus or a Passing Fancy?, im Internet abrufbar unter: <www.chaffetzlindsey.com/wp-content/uploads/2011/04/00070460.PDF>, zuletzt geprüft am 11.11.2018 (zitiert: *Hosking/Valentine/Lindsey*, Emergency Measures of Protection).

van Houtte, Hans: Ten Reasons Against a Proposal for Ex Parte Interim Measures of Protection in Arbitration, 20(1) Arb.Int. 85 (2004).

IBA Arb 40 (International Bar Association, Arb 40 Subcommittee): The Current State and Future of International Arbitration – Regional Perspectives, IBA, im Internet abrufbar unter: <http://www.ibanet.org/Document/Default.aspx?DocumentUid=2102ca46-3d4a-48e5-aa20-3f784be214ca>, zuletzt geprüft am 11.11.2018 (zitiert: IBA Arb 40, The Current State and Future of International Arbitration).

ICCA (International Council for Commercial Arbitration): ICCA's Guide to the Interpretation of the 1958 New York Convention – A Handbook for Judges, The Hague, New York 2011 (zitiert: ICCA's Guide to the Interpretation of the 1958 New York Convention).

ICC (International Chamber of Commerce): 2014 ICC Dispute Resolution Statistics, ICC Dispute Resolution Bulletin 2015, 7–19.

–: 2015 ICC Dispute Resolution Statistics, ICC Dispute Resolution Bulletin 2016, 9–21.

–: 2016 ICC Dispute Resolution Statistics, ICC Dispute Resolution Bulletin 2017, 49–59.

Jeong-Ha, Sunju: Einstweilige Maßnahmen in der Schiedsgerichtsbarkeit, Köln 1991 (zitiert: *Jeong-Ha*, Einstweilige Maßnahmen in der Schiedsgerichtsbarkeit).

Johns, J. Brian: ICDR Emergency Arbitrator, 5 ICDR International Arbitration Reporter (2016).

Joseph, David/Lee, Lim Wei: Chapter 7 – Interim Measures in International Arbitration, in: Joseph, David/Foxton, David (Hrsg.), Singapore International Arbitration – Law and Practice, Singapore 2014, S. 225–260 (zitiert: *Joseph/Lee*, Chapter 7, in: Joseph/Foxton [Hrsg.], Singapore International Arbitration).

Karl, Roland: Die Gewährleistung der Unabhängigkeit und Unparteilichkeit des Schiedsrichters, Konstanz 2004 (zitiert: *Karl*, Unabhängigkeit und Unparteilichkeit).

Kent, Rachel/Hollis, Amanda: Chapter 5 – Concurrent Jurisdiction of Arbitral Tribunals and National Courts to Issue Interim Measures in International Arbitration, in: Ziyaeva, Diora/Laird, Ian A./Ṣabāḥī, Burzū/Whitesell, Anne Marie (Hrsg.), Interim and Emergency Relief in International Arbitration, Huntington, New York 2015, S. 87–105 (zitiert: *Kent/Hollis*, Chapter 5, in: Ziyaeva, et al. [Hrsg.], Interim and Emergency Relief).

Kindler, Peter: Beurkundungsbedürftigkeit von Schiedsgerichtsordnungen beim GmbH-Beteiligungskauf, NZG 2014, 961–967.

Kindl, Johann/Meller-Hannich, Caroline/Wolf, Hans-Joachim (Hrsg.): Gesamtes Recht der Zwangsvollstreckung – ZPO, ZVG, Nebengesetze, Europäische Regelungen, Kosten; Handkommentar, 3. Aufl., Baden-Baden 2016 (zitiert: Kindl/Meller-Hannich/Wolf/*Bearbeiter*).

Knapp, Lotta: Emergency Arbitrator Decisions Rendered 2014, im Internet abrufbar unter: <http://www.sccinstitute.com/media/62020/scc-practice-emergency-arbitrators-2014_final.pdf>, zuletzt geprüft am 11.11.2018 (zitiert: *Knapp,* Emergency Arbitrator Decisions Rendered 2014).

Kohl, Berthold Johannes: Vorläufiger Rechtsschutz in internationalen Handelsschiedsverfahren, Frankfurt am Main 1990 (zitiert: *Kohl,* Vorläufiger Rechtsschutz).

Kojovic, Tijana: Court Enforcement of Arbitral Decisions on Provisional Relief, 18 J.Int.Arb. 511 (2001).

Kommission zur Neuordnung des Schiedsverfahrensrechts: Bericht mit einem Diskussionsentwurf zur Neufassung des 10. Buches der ZPO, Februar 1994, Bonn (zitiert: Kommission zur Neuordnung des Schiedsverfahrensrechts, Bericht mit einem Diskussionsentwurf zur Neufassung des 10. Buches der ZPO).

Kramer, Ernst A.: Juristische Methodenlehre, 4. Aufl., Bern 2013 (zitiert: *Kramer,* Juristische Methodenlehre).

Kremer, Michael J.R./Weimann, Thomas: Die Aufhebbarkeit von Schiedssprüchen, insbesondere Zwischen- oder Teilschiedssprüchen über den Anspruchsgrund – Widerspruch zu Prinzipien der Prozessökonomie?, SchiedsVZ 2007, 238–245.

Krimpenfort, Mark Tell: Vorläufige und sichernde Maßnahmen im schiedsrichterlichen Verfahren, Marburg 2001 (zitiert: *Krimpenfort,* Vorläufige und sichernde Maßnahmen).

Kröll, Stefan Michael: Die Ablehnung eines Schiedsrichters nach deutschem Recht, ZZP 116 (2003), 195–221.

Kronke, Herbert/Nacimiento, Patricia/Port, Nicola Christine/Otto, Dirk (Hrsg.): Recognition and Enforcement of Foreign Arbitral Awards – A Global Commentary on the New York Convention, Austin 2010 (zitiert: Kronke, et al./*Bearbeiter*).

Kühn, Wolfgang: Vorläufiger Rechtsschutz und Schiedsgerichtsbarkeit, Jahrbuch für die Praxis der Schiedsgerichtsbarkeit 1 (1987), 47.

Lachmann, Jens-Peter: Handbuch für die Schiedsgerichtspraxis, 3. Aufl., Köln 2008 (zitiert: *Lachmann,* Schiedsgerichtspraxis).

Larenz, Karl: Methodenlehre der Rechtswissenschaft, 6. Aufl., Berlin 1991 (zitiert: *Larenz,* Methodenlehre).

Laukemann, Björn: Effektiver einstweiliger Rechtschutz an der Schnittstelle von Schiedsverfahren und staatlicher Justiz, ZZP 126 (2013), 175–202.

LCIA (*London Court of International Arbitration)*: Registrar‘s Report 2015, im Internet abrufbar unter: <http://www.lcia.org/LCIA/reports.aspx>, zuletzt geprüft am 11.11.2018 (zitiert: LCIA, Registrar‘s Report 2015).

–: Facts and Figures 2016 – A Robust Caseload, im Internet abrufbar unter: <http://www.lcia.org/LCIA/reports.aspx>, zuletzt geprüft am 11.11.2018 (zitiert: LCIA, Facts and Figures 2016).

–: Facts and Figures 2017 – Casework Report, im Internet abrufbar unter: <http://www.lcia.org/LCIA/reports.aspx>, zuletzt geprüft am 11.11.2018 (zitiert: LCIA, Facts and Figures 2017).

Leitzen, Mario: Die Anordnung vorläufiger oder sichernder Maßnahmen durch Schiedsgerichte nach § 1041 ZPO, Köln, Bonn, Berlin, München 2002 (zitiert: *Leitzen,* Die Anordnung vorläufiger oder sichernder Maßnahmen).

Lemenez, Guillaume/Quigley, Paul: The ICDR's Emergency Arbitrator Procedure in Action – Part I: A Look at the Empirical Data, 63(3) Disp.Resol.J. 60 (2008).

–: The ICDR's Emergency Arbitrator Procedure in Action – Part II: Enforcing Emergency Arbitrator Decisions, 63(4) Disp.Resol.J. 66 (2008/2009).

Lew, Julian D. M./Mistelis, Loukas A./Kröll, Stefan Michael: Comparative International Commercial Arbitration, Den Haag 2003 (zitiert: *Lew/Mistelis/Kröll,* Comparative International Commercial Arbitration).

Lindacher, Walter F.: Schiedsgerichtliche Kompetenz zur vorläufigen Entziehung der Geschäftsführungs- und Vertretungsbefugnis bei Personengesellschaften, ZGR 1979, 201.

Lüke, Gerhard: Probleme der Schiedsgerichtsbarkeit, in: Leonardy, Helmut/Holschuh, Rose (Hrsg.), 150 Jahre Landgericht Saarbrücken – Festschrift, Köln 1985, S. 297–316 (zitiert: *Lüke,* Probleme der Schiedsgerichtsbarkeit, in: Leonardy/Holschuh [Hrsg.], FS LG Saarbrücken).

Lundstedt, Johann: Emergency Arbitrator Decisions – 1 January 2010 – 31 December 2013, SCC, im Internet abrufbar unter: <http://www.sccinstitute.com/media/29995/scc-practice-2010-2013-emergency-arbitrator_final.pdf>, zuletzt geprüft am 11.11.2018 (zitiert: *Lundstedt,* Emergency Arbitrator Decisions).

Lye, Kah Cheong/Yeo, Chuan Tat/Miller, Williams: Legal Status of the Emergency Arbitrator under the SIAC 2010 Rules – Neither Fish nor Fowl?, 23 S.Ac.L.J. 93 (2011).

Maas, Heiko: Streitbeilegung – Made in Germany, Rede vom 13.06.2017, BMJV, im Internet abrufbar unter: <http://www.bmjv.de/SharedDocs/Reden/DE/2017/06132017_Buendnis_fuer_das_deutsche_Recht.html>, zuletzt geprüft am 11.11.2018 (zitiert: *Maas,* Streitbeilegung – Made in Germany, Rede vom 13.06.2017).

von Mangoldt/Klein/Starck: Kommentar zum Grundgesetz – Band 3. Art. 83 – 146, begründet von Hermann von Mangoldt, Friedrich Klein & Christian Starck, herausgegeben von Peter M. Huber & Andreas Voßkuhle, 7. Aufl., München 2018 (zitiert: von Mangoldt/Klein/Starck/*Bearbeiter*, GG).

Mankowski, Peter: Die Ablehnung von Schiedsrichtern, SchiedsVZ 2004, 304–313.

Mann, Marius E./Lumpp, Stephanie: Das Feststellungsverfahren nach § 1032 Abs. 2 ZPO – Zum Verhältnis von Feststellungsverfahren und gerichtlichem Hauptsacheverfahren, SchiedsVZ 2011, 323–328.

Maunz/Dürig: Grundgesetz – Kommentar, begründet von Theodor Maunz & Günter Dürig, herausgegeben von Roman Herzog, Rupert Scholz, Matthias Herdegen & Hans H. Klein, 81. EL September 2017, München (zitiert: Maunz/Dürig/*Bearbeiter*, GG).

–: Grundgesetz – Kommentar. Band IV. Art. 91a–146, begründet von Theodor Maunz & Günter Dürig, herausgegeben von Roman Herzog, Rupert Scholz, Peter Lerche, Hans-Jürgen Papier, Albrecht Randelzhofer & Eberhard Schmidt-Aßmann, 31. EL, München 1994 (zitiert: Maunz/Dürig/*Bearbeiter*, GG, 31. EL).

Müller, Christoph/Pearson, Sabrina: Waving the Green Flag to Emergency Arbitration under the Swiss Rules – the Sauber Saga, ASA Bulletin 33 (2015), 808–824.

Müller, Friedrich/Christensen, Ralph: Juristische Methodik – Band I. Grundlegung für die Arbeitsmethoden der Rechtspraxis, 11. Aufl., Berlin 2013 (zitiert: *Müller/Christensen,* Juristische Methodik).

MüKo BGB: Münchener Kommentar zum Bürgerlichen Gesetzbuch – Band 1. Allgemeiner Teil. §§ 1–240. ProstG. AGG, herausgegeben von Franz Jürgen Säcker, Roland Rixecker, Hartmut Oetker & Bettina Limperg, 7. Aufl., München 2015 (zitiert: MüKo BGB/*Bearbeiter*).

MüKo BGB: Münchener Kommentar zum Bürgerlichen Gesetzbuch – Band 11. Internationales Privatrecht I. Europäisches Kollissionsrecht. Einführungsgesetz zum Bürgerlichen Gesetzbuche (Art. 1–26), herausgegeben von Franz Jürgen Säcker, Roland Rixecker, Hartmut Oetker & Bettina Limperg, 7. Aufl., München 2018 (zitiert: MüKo BGB/*Bearbeiter*).

–: Münchener Kommentar zum Bürgerlichen Gesetzbuch – Band 2: Schuldrecht – Allgemeiner Teil, herausgegeben von Franz Jürgen Säcker, Roland Rixecker, Hartmut Oetker & Bettina Limperg, 7. Aufl., München 2016 (zitiert: MüKo BGB/*Bearbeiter*).

MüKo ZPO: Münchener Kommentar zur Zivilprozessordnung – mit Gerichtsverfassungsgesetz und Nebengesetzen. Band 1. §§ 1–354, herausgegeben von Thomas Rauscher & Wolfgang Krüger, 5. Aufl., München 2016 (zitiert: MüKo ZPO/*Bearbeiter*).

–: Münchener Kommentar zur Zivilprozessordnung – Mit Gerichtsverfassungsgesetz und Nebengesetzen. Band 2. §§ 355 – 1024, herausgegeben von Thomas Rauscher & Wolfgang Krüger, 5. Aufl., München 2016 (zitiert: MüKo ZPO/*Bearbeiter*).

–: Münchener Kommentar zur Zivilprozessordnung – mit Gerichtverfassungsgesetz und Nebengesetzen. Band 3. §§ 946–1117. EGZPO. GVG. EGGVG. UKlaG. Internationales und Europäisches Zivilprozessrecht, herausgegeben von Thomas Rauscher & Wolfgang Krüger, 5. Aufl., München 2017 (zitiert: MüKo ZPO/*Bearbeiter*).

Musielak, Hans-Joachim/Voit, Wolfgang (Hrsg.): Zivilprozessordnung – mit Gerichtsverfassungsgesetz. Kommentar, 13. Aufl., München 2018 (zitiert: Musielak/Voit/*Bearbeiter*).

Nedden, Jan Heiner/Herzberg, Axel Benjamin (Hrsg.): ICC-SchO/DIS-SchO – Praxiskommentar zu den Schiedsgerichtsordnungen, Köln 2014 (zitiert: Nedden/Herzberg/*Bearbeiter*).

Nicklisch, Fritz: Instrumente der Internationalen Handelsschiedsgerichtsbarkeit zur Konfliktregelung bei Langzeitverträgen, RIW 1978, 633.

Oreamuno, Valériane/Dreyfuss, Jennyfer: SCAI Newsletter 3/2016: Emergency Relief under the Swiss Rules (Art. 43) – An overview after 4 years of practice, SCAI, im Internet abrufbar unter: <https://www.swissarbitration.org/News>, zuletzt geprüft am 11.11.2018 (zitiert: *Oreamuno/Dreyfuss,* SCAI Newsletter 3/2016: Emergency Relief under the Swiss Rules (Art. 43)).

Osadchiy, Maxim: Emergency Relief in Investment Treaty Arbitration – A Word of Caution, 34 J.Int.Arb. 239 (2017).

Paraguacuto-Maheo, Diana/Lecuyer-Thieffry, Christine: Emergency Arbitrator: A New Player in the Field – The French Perspective, 40 Fordham Int'l L.J. 749 (2017).

Park, Eun Young/Richardson, Joel: Rush to Judgment: Speed v Fairness in International Arbitration, Asian Dispute Review 2016, 174–180.

Paulsson, Marike R. P.: The 1958 New York Convention in Action, Alphen aan den Rijn 2016 (zitiert: *Paulsson,* The 1958 New York Convention in Action).

Petrov, Yaroslav: JKX vs. Ukraine: An Update on the Enforcement of Emergency Arbitrator's Award, im Internet abrufbar unter: <http://kluwerarbitrationblog.com/2016/08/12/jkx-vs-ukraine-an-update-on-the-enforcement-of-emergency-arbitrators-award/>, zuletzt geprüft am 11.11.2018 (zitiert: *Petrov,* JKX vs. Ukraine: An Update on the Enforcement of Emergency Arbitrator's Award).

Pörnbacher, Karl/Baur, Sebastian: Die Reform der Schiedsgerichtsordnung der ICC, BB 2011, 2627–2633.

Poudret, Jean-François/Besson, Sébastien/Berti, Stephen V.: Comparative Law of International Arbitration, 2. Aufl., London 2007 (zitiert: *Poudret/Besson/Berti,* Comparative Law of International Arbitration).

Prütting, Hanns/Gehrlein, Markus (Hrsg.): ZPO – Kommentar, 10. Aufl., Köln 2018 (zitiert: Prütting/Gehrlein/*Bearbeiter*).

Queen Mary University (Queen Mary University of London, School of International Arbitration): 2015 International Arbitration Survey – Improvements and Innovations in International Arbitration, 2015, im Internet abrufbar unter: <http://www. arbitration. qmul. ac.uk/media/arbitration/docs/2015_International_Arbitration_Survey.pdf >, zuletzt geprüft am 11.11.2018 (zitiert: *Queen Mary University*, 2015 International Arbitration Survey).

–: 2018 International Arbitration Survey – The Evolution of International Arbitration, 2018, im Internet abrufbar unter: <http://www.arbitration.qmul.ac.uk/media/arbitration/docs/2018-International-Arbitration-Survey---The-Evolution-of-International-Arbitration-(2).PDF>, zuletzt geprüft am 11.11.2018 (zitiert: *Queen Mary University*, 2018 International Arbitration Survey).

Raeschke-Kessler, Hilmar/Berger, Klaus Peter: Recht und Praxis des Schiedsverfahrens, 3. Aufl., Köln 1999 (zitiert: *Raeschke-Kessler/Berger,* Recht und Praxis des Schiedsverfahrens).

Redfern, Alan/Hunter, Martin/Blackaby, Nigel/Partasides, Constantine: Redfern and Hunter on International Arbitration, 6. Aufl., Oxford 2015 (zitiert: *Redfern*, et al., Redfern and Hunter on International Arbitration).

Reed, Lucy/Mangan, Mark/Choong, John: A Guide to the SIAC Arbitration Rules, Oxford 2014 (zitiert: *Reed/Mangan/Choong*, A Guide to the SIAC Arbitration Rules).

Reimer, Franz: Juristische Methodenlehre, Baden-Baden 2016 (zitiert: *Reimer,* Juristische Methodenlehre).

Rosenberg, Leo/Schwab, Karl Heinz/Gottwald, Peter: Zivilprozessrecht, München 2018 (zitiert: *Rosenberg/Schwab/Gottwald*, Zivilprozessrecht).

Rüßmann, Helmut: Zwingendes Recht in den Schiedsregeln einer Schiedsinstitution?, in: Bruns, Alexander/Kern, Christoph/Münch, Joachim/Piekenbrock, Andreas/Stadler, Astrid/Tsikrikas, Dimitrios (Hrsg.), Festschrift für Rolf Stürner zum 70. Geburtstag – 1. Teilband. Deutsches Recht, Tübingen 2013, S. 481–492 (zitiert: *Rüßmann,* Zwingendes Recht in den Schiedsregeln einer Schiedsinstitution?, in: Bruns, et al. [Hrsg.], FS Stürner).

Sabater, Anibal: When Arbitration Begins Without a Seat, 27 J.Int.Arb. 442 (2010).

Saenger, Ingo (Hrsg.): Zivilprozessordnung – Familienverfahren. Gerichtsverfassung. Europäisches Verfahrensrecht. Handkommentar, 7. Aufl., Baden-Baden 2017 (zitiert: Saenger/*Bearbeiter*).

Sanders, Pieter/van den Berg, Albert Jan: Consolidated Commentary Vol. III-IV, IV YCA 231 (1979).

Sandrock, Otto: Wann wird ein ausländischer Schiedsspruch im Sinne des Art. V Abs. 1 Buchst. (e) der New Yorker Konvention und des § 1044 ZPO „verbindlich"?, in: von Westphalen, Friedrich (Hrsg.), Lebendiges Recht – Von den Sumerern bis zur Gegenwart; Festschrift für Reinhold Trinkner zum 65. Geburtstag, Heidelberg 1995, S. 669–703 (zitiert: *Sandrock,* Wann wird ein ausländischer Schiedsspruch „verbindlich"?, in: von Westphalen [Hrsg.], FS Trinkner).

Santacroce, Fabio G.: The Emergency Arbitrator – A Full-Fledged Arbitrator Rendering an Enforceable Decision?, 31(2) Arb.Int. 283 (2015).

Santens, Ank A./Kudrna, Jaroslav: The State of Play of Enforcement of Emergency Arbitrator Decisions, 34 J.Int.Arb. 1 (2017).

Sawang, Judith: Geheimhaltung und rechtliches Gehör im Schiedsverfahren nach deutschem Recht, Tübingen 2010 (zitiert: *Sawang,* Geheimhaltung und rechtliches Gehör).

SCAI (The Swiss Chambers' Arbitration Institute): Commented Statistics 2015, im Internet abrufbar unter: <https://www.swissarbitration.org/files/515/Statistics/Commented%20 Statistics%202015%20final%2020160810.pdf>, zuletzt geprüft am 11.11.2018 (zitiert: SCAI, Commented Statistics 2015).

SCC (Arbitration Institute of the Stockholm Chamber of Commerce): APRAG Conference 2013 – Arbitration in Asia and the Pacific in the Next Ten Years. Opportunities and Challenges, June 28–29, 2013, Beijing, im Internet abrufbar unter: <http: //www. sccinstitute. com/media/56037/aprag-2013_scc-practice-2010-2013-emergency-arbitrator-2.pdf >, zuletzt geprüft am 11.11.2018 (zitiert: SCC, APRAG Conference 2013).

–: Statistics 2015, im Internet abrufbar unter: <http://sccinstitute.com/media/181705/scc-statistics-2015.pdf>, zuletzt geprüft am 11.11.2018 (zitiert: SCC Statistics 2015).

–: Statistics 2016, im Internet abrufbar unter: <http://www.sccinstitute.com/media/246918/statistics-2016.pdf>, zuletzt geprüft am 11.11.2018 (zitiert: SCC Statistics 2016).

–: Statistics 2017, im Internet abrufbar unter: <http://sccinstitute.com/statistics/>, zuletzt geprüft am 11.11.2018 (zitiert: SCC Statistics 2017).

Scheef, Hans-Claudius: Der einstweilige Rechtsschutz und die Stellung der Schiedsrichter bei dem Abschluß von Schiedsvergleichen nach dem deutschen und englischen Schiedsverfahrensrecht – Eine rechtsvergleichende Untersuchung, Frankfurt am Main 2000 (zitiert: *Scheef,* Der einstweilige Rechtsschutz).

Scherer, Maxi/Richman, Lisa M./Gerbay, Remy: Arbitrating under the 2014 LCIA Rules – A User's Guide, Alphen aan den Rijn, New York 2015 (zitiert: *Scherer/Richman/Gerbay,* 2014 LCIA Rules).

Schlosser, Peter: Einstweiliger Rechtsschutz durch staatliche Gerichte im Dienste der Schiedsgerichtsbarkeit, ZZP 99 (1986), 241–270.

–: Das Recht der internationalen privaten Schiedsgerichtsbarkeit, 2. Aufl., Tübingen 1989 (zitiert: *Schlosser,* Das Recht der internationalen privaten Schiedsgerichtsbarkeit).

Schönke, Adolf: Das Schiedsgerichtsverfahren nach dem heutigen Deutschen Recht – Ein Handbuch für Schiedsrichter und Schiedsparteien, 2. Aufl., Berlin, Köln 1954 (zitiert: *Schönke,* Das Schiedsgerichtsverfahren nach dem heutigen Deutschen Recht).

Schroeder, Hans-Patrick: Die lex mercatoria arbitralis – Strukturelle Transnationalität und transnationale Rechtsstrukturen im Recht der internationalen Schiedsgerichtsbarkeit, München 2007 (zitiert: *Schroeder,* Die lex mercatoria arbitralis).

Schroeter, Ulrich G.: Der Antrag auf Feststellung der Zulässigkeit eines schiedsrichterlichen Verfahrens gemäß § 1032 Abs. 2 ZPO, SchiedsVZ 2004, 288–296.

Schroth, Hans-Jürgen: Einstweiliger Rechtsschutz im deutschen Schiedsverfahren, SchiedsVZ 2003, 102–109.

Schuschke, Winfried/Walker, Wolf-Dietrich (Hrsg.): Vollstreckung und Vorläufiger Rechtsschutz – Nach dem achten und elften Buch der ZPO einschließlich der europarechtlichen Regelungen. Kommentar, 6. Aufl., Köln 2016 (zitiert: Schuschke/Walker/*Bearbeiter*).

Schütze, Rolf A./Tscherning, Dieter/Wais, Walter (Hrsg.): Handbuch des Schiedsverfahrens – Praxis der deutschen und internationalen Schiedsgerichtsbarkeit, 2. Aufl., Berlin 1990 (zitiert: Schütze/Tscherning/Wais/*Bearbeiter*).

Schütze, Rolf A.: Einstweiliger Rechtsschutz im Schiedsverfahren – Praxisgerechte Neuregelung oder juristischer Papiertiger?, BB 1998, 1650–1653.

–: Die gerichtliche Überprüfung von Entscheidungen des Schiedsgerichts, SchiedsVZ 2009, 241–247.

Schwab, Karl Heinz: Einstweiliger Rechtsschutz und Schiedsgerichtsbarkeit, in: Grunsky, Wolfgang/Stürner, Rolf/Gerhard, Walter/Wolf, Manfred (Hrsg.), Festschrift für Fritz Baur, Tübingen 1981, S. 627–645 (zitiert: *Schwab,* Einstweiliger Rechtsschutz und Schiedsgerichtsbarkeit, in: Grunsky, et al. [Hrsg.], FS Baur).

Schwab, Karl Heinz/Walter, Gerhard: Schiedsgerichtsbarkeit – Systematischer Kommentar zu den Vorschriften der Zivilprozeßordnung, des Arbeitsgerichtsgesetzes, der Staatsverträge und der Kostengesetze über das privatrechtliche Schiedsgerichtsverfahren, 7. Aufl., München 2005 (zitiert: *Schwab/Walter*, Schiedsgerichtsbarkeit).

Sesser, Anke/Voser, Nathalie: Die Revidierte ICC-Schiedsgerichtsordnung – Schwerpunkte, SchiedsVZ 2012, 120–129.

Shaughnessy, Patricia: Pre-arbitral Urgent Relief – The New SCC Emergency Arbitrator Rules, 27 J.Int.Arb. 337 (2010).

Sheppard, Ben H./Townsend, John M.: Holding the Fort Until the Arbitrators Are Appointed – The New ICDR International Emergency Rule, 61(2) Disp.Resol.J. 74 (2006).

SIAC (Singapore International Arbitration Centre): SIAC Annual Report 2016, im Internet abrufbar unter: <http://siac.org.sg/2013-09-18-01-57-20/2013-09-22-00-27-02/annual-report>, zuletzt geprüft am 11.11.2018 (zitiert: SIAC Annual Report 2016).

–: SIAC Annual Report 2017, im Internet abrufbar unter: <http://www.siac.org.sg/images/stories/articles/annual_report/SIAC_Annual_Report_2017.pdf>, zuletzt geprüft am 11.11.2018 (zitiert: SIAC Annual Report 2017).

Simsive, Paata: Indirect Enforceability of Emergency Arbitrator's Orders, Kluwer Arbitration Blog, im Internet abrufbar unter: <http://kluwerarbitrationblog.com/2015/04/15/indirect-enforceability-of-emergency-arbitrators-orders>, zuletzt geprüft am 11.11.2018 (zitiert: *Simsive,* Indirect Enforceability of Emergency Arbitrator's Orders).

Sonnauer, Heinz: Die Kontrolle der Schiedsgerichte durch die staatlichen Gerichte, Köln, Regensburg 1992 (zitiert: *Sonnauer,* Die Kontrolle der Schiedsgerichte).

Spohnheimer, Frank: Die Vorabentscheidung über die (Un-)Zulässigkeit des schiedsgerichtlichen Verfahrens nach § 1032 Abs. 2 ZPO durch staatliche Gerichte, in: Rüßmann, Helmut (Hrsg.), Festschrift für Gerhard Käfer, Saarbrücken 2009, S. 357–386 (zitiert: *Spohnheimer,* Vorabentscheidung über die (Un-)Zulässigkeit des schiedsgerichtlichen Verfahrens, in: Rüßmann [Hrsg.], FS Käfer).

–: Gestaltungsfreiheit bei antezipiertem Legalanerkenntnis des Schiedsspruchs – Zugleich ein Beitrag zur Gewährung rechtlichen Gehörs in Schiedsverfahren und zur Aufhebung von Schiedssprüchen, Tübingen 2010 (zitiert: *Spohnheimer,* Gestaltungsfreiheit).

Staudinger BGB: J. von Staudingers Kommentar zum Bürgerlichen Gesetzbuch – Mit Einführungsgesetz und Nebengesetzen. Buch 2. Recht der Schuldverhältnisse. §§ 315–326 (Leistungsstörungsrecht 2), begründet von Julius von Staudinger, herausgegeben von Hansjörg Otto, Manfred Löwisch & Karl-Dieter Albrecht, 15. Aufl., Berlin, Saarbrücken 2015 (zitiert: Staudinger BGB/*Bearbeiter*).

Stein/Jonas: Kommentar zur Zivilprozessordnung – Band 1. Einleitung. §§ 1–77, begründet von Friedrich Stein & Martin Jonas, herausgegeben von Reinhard Bork & Herbert Roth, 23. Aufl., Tübingen 2014 (zitiert: Stein/Jonas/*Bearbeiter*).

–: Kommentar zur Zivilprozessordnung – Band 9. §§ 916–1068, EG ZPO, begründet von Friedrich Stein & Martin Jonas, 22. Aufl., Tübingen 2002 (zitiert: Stein/Jonas/*Bearbeiter*, 22. Aufl.).

–: Kommentar zur Zivilprozessordnung – Band 10. §§ 1026–1066, begründet von Friedrich Stein & Martin Jonas, herausgegeben von Reinhard Bork & Herbert Roth, 23. Aufl., Tübingen 2014 (zitiert: Stein/Jonas/*Bearbeiter*).

Steinbrück, Ben: Die Unterstützung ausländischer Schiedsverfahren durch staatliche Gerichte, Tübingen 2009 (zitiert: *Steinbrück,* Die Unterstützung ausländischer Schiedsverfahren durch staatliche Gerichte).

Tallent, Kassi D.: Chapter 15 – Emergency Relief Pending Arbitration in the U.S. Context, in: Ziyaeva, Diora/Laird, Ian A./Ṣabāḥī, Burzū/Whitesell, Anne Marie (Hrsg.), Interim and Emergency Relief in International Arbitration, Huntington, New York 2015, S. 285–310 (zitiert: *Tallent,* Chapter 15, in: Ziyaeva, et al. [Hrsg.], Interim and Emergency Relief).

Thümmel, Roderich C.: Einstweiliger Rechtsschutz im Schiedsverfahren nach dem Entwurf zum Schiedsverfahrens-Neuregelungsgesetz, DZWIR 1997, 133–138.

Triantafilou, Epaminontas E.: Contemporaneity and Evolutive Interpretation under the Vienna Convention on the Law of Treaties, 32 ICSID Review 138 (2017).

UNCITRAL Guide New York Convention: UNCITRAL Secretariat Guide on the Convention on the Recognition and Enforcement of Foreign Arbitral Awards (New York, 1958), herausgegeben von United Nations Commission on International Trade Law (UNCITRAL), New York 2017 (zitiert: UNCITRAL Guide New York Convention/*Bearbeiter*).

Vasani, Sarah: The Emergency Arbitrator – An Effective Option for Urgent Relief, 4 YAR 4 (2015).

–: The Emergency Arbitrator – doubling as an effective option for urgent relief and an early settlement tool, Lexology, im Internet abrufbar unter: <http://www.lexology.com/library/detail.aspx?g=e786221a-8823-4f25-8307-d28df1078fdc>, zuletzt geprüft am 11.11.2018 (zitiert: *Vasani,* The Emergency Arbitrator).

Verbist, Herman/Schäfer, Erik/Imhoos, Christophe: ICC Arbitration in Practice, 2. Aufl., Alphen aan den Rijn, The Netherlands, Bern 2015 (zitiert: *Verbist/Schäfer/Imhoos,* ICC Arbitration in Practice).

Voit, Wolfgang: Die Entscheidung des Schiedsgerichts über die eigene Unzuständigkeit als Prüfstein der dogmatischen Grundlagen des Schiedsverfahrensrechts, in: Heinrich, Christian (Hrsg.), Festschrift für Hans-Joachim Musielak zum 70. Geburtstag, München 2004, S. 595–617 (zitiert: *Voit,* Die Entscheidung des Schiedsgerichts über die eigene Unzuständigkeit, in: Heinrich [Hrsg.], FS Musielak).

Wagner, Gerhard: Prozeßverträge – Privatautonomie im Verfahrensrecht, Tübingen 1998 (zitiert: *Wagner,* Prozeßverträge).

–: Anmerkung zu BayObLG v. 5.10.2004 – 4Z SchH 09/04, SchiedsVZ 2004, 316–319.

Webster, Thomas H./Bühler, Michael W.: Handbook of ICC Arbitration – Commentary, Precedents, Materials, 3. Aufl., London 2014 (zitiert: *Webster/Bühler*, Handbook of ICC Arbitration).

Werdnik, Rainer: The Enforceability of Emergency Arbitrators' Decisions, in: Zeiler, Gerold/Welser, Irene/Power, Jenny/Pitkowitz, Nikolaus/Petsche, Alexander/Kremslehner, Florian/Klein, Peter/Klausegger, Christian (Hrsg.), Austrian Yearbook on International Arbitration 2014, Wien 2014, S. 249–283 (zitiert: *Werdnik,* The Enforceability of Emergency Arbitrators' Decisions, in: Zeiler, et al. [Hrsg.], Austrian Yearbook on International Arbitration 2014).

Wieczorek, Bernhard/Schütze, Rolf A. (Hrsg.): Zivilprozessordnung und Nebengesetze – Großkommentar. Band 4. §§ 253–299a, Berlin 2013 (zitiert: Wieczorek/Schütze/*Bearbeiter*).

–: Zivilprozessordnung und Nebengesetze – Großkommentar. Band 11. §§ 916–1066, 4. Aufl., Berlin 2014 (zitiert: Wieczorek/Schütze/*Bearbeiter*).

Wilske, Stefan/Markert, Lars/Bräuninger, Laura: Entwicklungen in der internationalen Schiedsgerichtsbarkeit im Jahr 2014 und Ausblick auf 2015, SchiedsVZ 2015, 49–68.

Windthorst, Jan Erik: Die Wirkung des Antrags auf Feststellung der Zulässigkeit eines schiedsrichterlichen Verfahrens (§ 1032 Abs. 2 ZPO) auf die Verjährung, SchiedsVZ 2004, 230–234.

Wolf, Christian: Die institutionelle Handelsschiedsgerichtsbarkeit, München 1992 (zitiert: *Wolf*, Die institutionelle Handelsschiedsgerichtsbarkeit).

Wolff, Reinmar: Party Autonomy to Agree on Non-Final Arbitration?, ASA Bulletin 26 (2008), 626–641.

Wolff, Reinmar (Hrsg.): New York Convention – Convention on the Recognition and Enforcement of Foreign Arbitral Awards of 10 June 1958. Commentary, München, Oxford, Baden-Baden 2012 (zitiert: Wolff/*Bearbeiter*).

Wolff, Reinmar: Verzicht auf rechtliches Gehör im Schiedsverfahren, in: Nueber, Michael/Przeszlowska, Dominika/Zwirchmayr, Michael (Hrsg.), Privatautonomie und ihre Grenzen im Wandel, Wien 2015, S. 171–182 (zitiert: *Wolff*, Verzicht auf rechtliches Gehör im Schiedsverfahren, in: Nueber/Przeszlowska/Zwirchmayr [Hrsg.], Privatautonomie und ihre Grenzen im Wandel).

Xavier, Francis/Rong, Ting Shen: Chapter 2 – Role of Court, in: Menon, Sandaresh/Brock, Denis (Hrsg.), Arbitration in Singapore – A Practical Guide, Malaysia, Petaling Jaya 2014, S. 36–66 (zitiert: *Xavier/Rong*, Chapter 2, in: Menon/Brock [Hrsg.], Arbitration in Singapore).

Yeşilirmak, Ali: Provisional Measures in International Commercial Arbitration, The Hague 2005 (zitiert: *Yeşilirmak*, Provisional Measures).

Zöller: Zivilprozessordnung – Mit FamFG (§§ 1–185, 200–270, 433–484) und Gerichtsverfassungsgesetz, den Einführungsgesetzen, mit internationalem Zivilprozessrecht, EU-Verordnungen, Kostenanmerkungen. Kommentar, begründet von Richard Zöller, 32. Aufl., Köln 2018 (zitiert: Zöller/*Bearbeiter*).

Zuberbühler, Tobias/Müller, Christoph/Habegger, Philipp A. (Hrsg.): Swiss Rules of International Arbitration – Commentary, 2. Aufl., Zürich 2013 (zitiert: Zuberbühler/Müller/Habegger/*Bearbeiter*, Swiss Rules 2012).

Verzeichnis der Gesetze, Schiedsordnungen und sonstigen Regelwerke

AAA Rules 1999–2013: American Arbitration Association (AAA) – Commercial Arbitration Rules and Mediation Procedures vom 1. Juli 2003 (Schiedsordnung).

English Arbitration Act 1996: Arbitration Act 1996. Chapter 23. An Act to restate and improve the law relating to arbitration pursuant to an arbitration agreement: to make other provision relating to arbitration and arbitration awards; and for connected purposes. [17th June 1996] (Schiedsgesetz des Vereinigten Königreichs).

SCC Rules 1999: Arbitration Institute of the Stockholm Chamber of Commerce (SCC) – Arbitration Rules vom 1. April 1999 (Schiedsordnung), im Internet abrufbar unter: <http://www.sccinstitute.com/media/56035/1999_web_a4_vanliga_2004_eng_rev_2005.pdf>, zuletzt geprüft am 11.11.2018.

SCC Rules 2010: Arbitration Institute of the Stockholm Chamber of Commerce (SCC) – SCC Arbitration Rules 2010 vom 1. Januar 2010 (Schiedsordnung), im Internet abrufbar unter: <http://www.sccinstitute.com/media/40120/arbitrationrules_eng_webbversion.pdf>, zuletzt geprüft am 11.11.2018.

SCC Rules 2017: Arbitration Institute of the Stockholm Chamber of Commerce (SCC) – 2017 Arbitration Rules vom 1. Januar 2017 (Schiedsordnung), im Internet abrufbar unter: <http://www.sccinstitute.com/dispute-resolution/rules/>, zuletzt geprüft am 11.11.2018.

SCC EA Rules 2017: Arbitration Institute of the Stockholm Chamber of Commerce (SCC) – Appendix II (Emergency Arbitrator) of the SCC Arbitration Rules 2017 vom 1. Januar 2017 (Schiedsordnung), im Internet abrufbar unter: <http://www.sccinstitute.com/dispute-resolution/rules/>, zuletzt geprüft am 11.11.2018.

ACICA Rules 2016: Australian Centre for International Commercial Arbitration (ACICA) – ACICA Rules incorporating Clauses for Arbitration and Mediation vom 1. Januar 2016 (Schiedsordnung).

BGB: Bürgerliches Gesetzbuch in der Fassung der Bekanntmachung vom 2. Januar 2002 (BGBl. I S. 42, 2909; 2003 I S. 738), das zuletzt durch Artikel 1 des Gesetzes vom 20. Juli 2017 (BGBl. I S. 2787) geändert worden ist.

CCIG Rules 1992: Chamber of Commerce and Industry of Geneva (CCIG) – Arbitration Rules. In Force as of 1st January 1992 vom 1. Januar 1992 (Schiedsordnung), im Internet abrufbar unter: <https://www.swissarbitration.org/FileDownload/Download/261>, zuletzt geprüft am 11.11.2018.

CIETAC Rules 2015: China International Economic and Trade Arbitration Commission (CIETAC) – CIETAC Arbitration Rules (Revised and adopted by the China Council for the Promotion of International Trade/China Chamber of International Commerce on November 4, 2014) vom 1. Januar 2015 (Schiedsordnung), im Internet abrufbar unter: <http://www.cietac.org/index.php?m=Page&a=index&id=106&l=en>, zuletzt geprüft am 11.11.2018.

ital. ZPO: Codice di Procedura Civile Italiano, R.D. 28 ottobre 1940, n.1443 (Zivilprozessordnung der Italienischen Republik).

Geneva Convention: Convention on the Execution of Foreign Arbitral Awards Signed at Geneva.

New York Convention: Convention on the Recognition and Enforcement of Foreign Arbitral Awards (New York, 10 June 1958).

DIS SchGO 2018: Deutsche Institution für Schiedsgerichtsbarkeit e.V. (DIS) – DIS-Schiedsgerichtsordnung 2018 vom 1. März 2018 (Schiedsordnung).

GROFOR Arbitration Conditions: Deutscher Verband des Großhandels mit Ölen, Fetten und Öhlrohstoffen e.V. (GROFOR) – GROFOR Arbitration Conditions (Schiedsordnung), im Internet abrufbar unter: <https://www.grofor.de/fileadmin/user_upload/grofor-arbitration-rules.pdf>, zuletzt geprüft am 11.11.2018.

EMRK: Europäische Konvention zum Schutz der Menschenrechte und Grundfreiheiten vom 4. September 1950 in der Fassung der Protokolle Nr. 11 und 14 samt Zusatzprotokoll und Protokolle Nr. 4, 6, 7, 12 und 13.

öster. ZPO: Gesetz vom 1. August 1895 über das gerichtliche Verfahren in bürgerlichen Rechtsstreitigkeiten (Zivilprozessordnung – ZPO), RGBl. Nr. 113/1895 idF Schiedsrechts-Änderungsgesetz 2013, BGBl. I Nr. 118/2013 (Zivilprozessordnung der Republik Österreich).

SchiedsVfG: Gesetz zur Neuregelung des Schiedsverfahrensrechts (Schiedsverfahrens-Neuregelungsgesetz) vom 22. Dezember 1997, BGBl. I 1997, S. 3224.

GG: Grundgesetz für die Bundesrepublik Deutschland in der im Bundesgesetzblatt Teil III, Gliederungsnummer 100-1, veröffentlichten bereinigten Fassung, das zuletzt durch Artikel 1 des Gesetzes vom 13. Juli 2017 (BGBl. I S. 2347) geändert worden ist.

Hong Kong Arbitration Ordinance: Hong Kong Arbitration Ordinance. An Ordinance to reform the law relating to arbitration, and to provide for related and consequential matters., L.N. 38 of 2011 (Schiedsgesetz der Sonderverwaltungszone Hong Kong der Volksrepublik China).

HKIAC Rules 2013: Hong Kong International Arbitration Centre (HKIAC) – Administered Arbitration Rules 2013 vom 1. November 2013 (Schiedsordnung), im Internet abrufbar unter: <http://www.hkiac.org/sites/default/files/ck_filebrowser/PDF/arbitration/2013_hkiac_rules.pdf>, zuletzt geprüft am 11.11.2018.

HKIAC EA Rules 2013: Hong Kong International Arbitration Centre (HKIAC) – Schedule 4 of the Administered Arbitration Rules 2013 vom 1. November 2013 (Schiedsordnung), im Internet abrufbar unter: <http://www.hkiac.org/sites/default/files/ck_filebrowser/PDF/arbitration/2013_hkiac_rules.pdf>, zuletzt geprüft am 11.11.2018.

HKIAC Rules 2018: Hong Kong International Arbitration Centre (HKIAC) – Administered Arbitration Rules 2018 vom 1. November 2018 (Schiedsordnung), im Internet abrufbar unter: <http://www.hkiac.org/sites/default/files/ck_filebrowser/PDF/arbitration/2018_hkiac_rules.pdf>, zuletzt geprüft am 11.11.2018.

HKIAC EA Rules 2018: Hong Kong International Arbitration Centre (HKIAC) – Schedule 4 of the Administered Arbitration Rules 2013 vom 1. November 2018 (Schiedsordnung), im Internet abrufbar unter: <http://www.hkiac.org/sites/default/files/ck_filebrowser/PDF/arbitration/2018_hkiac_rules.pdf>, zuletzt geprüft am 11.11.2018.

ICDR Rules 2006: International Centre for Dispute Resolution (ICDR) – Summary of Changes for the International Dispute Resolution Procedures vom 1. Mai 2006 (Schiedsordnung), im Internet abrufbar unter: <https://www.adr.org/sites/default/files/Summary%20of%20Changes%20for%20the%20International%20Dispute%20Resolution%20Procedures%20May%2001%2C%202006.pdf>, zuletzt geprüft am 11.11.2018.

ICDR Rules 2014: International Centre for Dispute Resolution (ICDR) – International Dispute Resolution Procedures. International Arbitration Rules vom 1. Juni 2014 (Schiedsordnung), im Internet abrufbar unter: <https://www.icdr.org/sites/default/files/document_repository/International_Dispute_Resolution_Procedures_English.pdf>, zuletzt geprüft am 11.11.2018.

ICC PAR-Rules: International Chamber of Commerce (ICC) – Rules for a Pre-arbitral Referee Procedure vom 1. Januar 1990 (Schiedsordnung), im Internet abrufbar unter: <http://www.iccwbo.org/products-and-services/arbitration-and-adr/pre-arbitral-referee/rules-for-a-pre-arbitral-referee-procedure/>, zuletzt geprüft am 11.11.2018.

ICC EA Rules 2017: International Chamber of Commerce (ICC) – Appendix V (Emergency Arbitrator Rules) of the ICC Rules of Arbitration vom 1. Januar 2017 (Schiedsordnung), im Internet abrufbar unter: <https://iccwbo.org/publication/arbitration-rules-and-mediation-rules/>, zuletzt geprüft am 11.11.2018.

ICC Rules 2017: International Chamber of Commerce (ICC) – Rules of Arbitration vom 1. Januar 2017 (Schiedsordnung), im Internet abrufbar unter: <https://iccwbo.org/publication/arbitration-rules-and-mediation-rules/>, zuletzt geprüft am 11.11.2018.

CPR Rules 2014: International Institute for Conflict Prevention & Resolution (CPR) – CPR Rules for Administered Arbitration of International Disputes vom 1. Dezember 2014 (Schiedsordnung), im Internet abrufbar unter: <https://www.cpradr.org/resource-center/rules/international-other/arbitration/international-administered-arbitration-rules>, zuletzt geprüft am 11.11.2018.

LCIA Rules 2014: London Court of International Arbitration (LCIA) – Arbitration Rules vom 1. Oktober 2014 (Schiedsordnung), im Internet abrufbar unter: <http://www.lcia.org/Dispute_Resolution_Services/lcia-arbitration-rules-2014.aspx>, zuletzt geprüft am 11.11.2018.

NAI Rules 2015: Netherlands Arbitration Institute (NAI) – Arbitration Rules vom 1. Januar 2015 (Schiedsordnung), im Internet abrufbar unter: <https://www.nai-nl.org/en/documents/rules/>, zuletzt geprüft am 11.11.2018.

SIAC Rules 2007: Singapore International Arbitration Centre (SIAC) – Arbitration Rules of the Singapore International Arbitration Centre SIAC Rules (3rd Edition, 1 July 2007) vom 1. Juli 2007 (Schiedsordnung), im Internet abrufbar unter: <http://www.siac.org.sg/images/stories/articles/rules/Rules2007.pdf>, zuletzt geprüft am 11.11.2018.

SIAC Rules 2013: Singapore International Arbitration Centre (SIAC) – Arbitration Rules of the Singapore International Arbitration Centre (5th Edition, 2013) vom 1. April 2013 (Schiedsordnung), im Internet abrufbar unter: <http://siac.org.sg/our-rules/rules/siac-rules-2013>, zuletzt geprüft am 11.11.2018.

SIAC EA Rules 2013: Singapore International Arbitration Centre (SIAC) – Schedule 1 to the Arbitration Rules of the Singapore International Arbitration Centre (5th Edition, 2013) vom 1. April 2013 (Schiedsordnung), im Internet abrufbar unter: <http://siac.org.sg/our-rules/rules/siac-rules-2013>, zuletzt geprüft am 11.11.2018.

SIAC Rules 2016: Singapore International Arbitration Centre (SIAC) – Arbitration Rules of the Singapore International Arbitration Centre (6th Edition, 2016) vom 1. August 2016 (Schiedsordnung), im Internet abrufbar unter: <http://www.siac.org.sg/our-rules/rules/siac-rules-2016>, zuletzt geprüft am 11.11.2018.

SIAC EA Rules 2016: Singapore International Arbitration Centre (SIAC) – Schedule 1 on the Arbitration Rules of the Singapore International Arbitration Centre (6th Edition, 2016) vom 1. August 2016 (Schiedsordnung), im Internet abrufbar unter: <http://www.siac.org.sg/our-rules/rules/siac-rules-2016>, zuletzt geprüft am 11.11.2018.

CEPANI Rules 2013: The Belgian Centre for Arbitration and Mediation (CEPANI) – Arbitration Rules. In force as from 1 January 2013 (Schiedsordnung), im Internet abrufbar unter: <http://www.cepani.be/sites/default/files/images/rules_en.pdf>, zuletzt geprüft am 11.11.2018.

Singapore IAA 2012: The Statutes of the Republic of Singapore. Chapter 143A: International Arbitration Act (Original Enactment: Act 23 of 1994)(Schiedsgesetz der Republik Singapur).

Swiss Rules 2004: The Swiss Chambers' Arbitration Institute (SCAI) – Swiss Rules of International Arbitration vom Juli 2004 (Schiedsordnung), im Internet abrufbar unter: <https://www.swissarbitration.org/FileDownload/Download/249>, zuletzt geprüft am 11.11.2018.

Swiss Rules 2012: The Swiss Chambers' Arbitration Institute (SCAI) – Swiss Rules of International Arbitration vom Juni 2012 (Schiedsordnung), im Internet abrufbar unter: <https://www.swissarbitration.org/Arbitration/Arbitration-Rules-and-Laws>, zuletzt geprüft am 11.11.2018.

UNCITRAL ModG 2006: UNCITRAL Model Law on International Commercial Arbitration 1985. With amendments as adopted in 2006, General Assembly Resolution 61/33 (4 December 2006).

UNCITRAL ModG 1985: UNCITRAL Model Law on International Commercial Arbitration. As adopted by the United Nations Commission on International Trade Law on 21 June 1985, United Nations Document A/40/17, Annex I.

UNCITRAL Rules 1976: United Nations Commission on International Trade Law (UNCITRAL) – Arbitration Rules of the United Nations Commission on International Trade Law. Resolution 31/98 Adopted by the General Assembly on 15 December 1976 (Schiedsordnung), im Internet abrufbar unter: <http://www.uncitral.org/pdf/english/texts/arbitration/arb-rules/arb-rules.pdf>, zuletzt geprüft am 11.11.2018.

UNCITRAL Rules 2013: United Nations Commission on International Trade Law (UNCITRAL) – UNCITRAL Arbitration Rules (with new Article 1, Paragraph 4, as adopted in 2013)(Schiedsordnung), im Internet abrufbar unter: <http://www.uncitral.org/uncitral/en/uncitral_texts/arbitration/2010Arbitration_rules.html>, zuletzt geprüft am 11.11.2018.

Federal Arbitration Act: United States Code Annotated. Title 9. Federal Arbitration Act effectice as of January 1, 1926 (Schiedsgesetz der Vereinigten Staaten).

SchGO VdG Hamburger Börse: Verein der Getreidehändler der Hamburger Börse e.V. – Schiedsgerichtsordnung für das Schiedsgericht des Vereins der Getreidehändler der Hamburger Börse e.V. vom 1. August 1998 (Schiedsordnung), im Internet abrufbar unter: <https://www.vdg-ev.de/kontraktwesen-und-schiedsgerichtsbarkeit/>, zuletzt geprüft am 11.11.2018.

Brüssel I-VO: Verordnung (EU) Nr. 1215/2012 des Europäischen Parlaments und des Rates vom 12. Dezember 2012 über die gerichtliche Zuständigkeit und die Anerkennung und Vollstreckung von Entscheidungen in Zivil- und Handelssachen (Neufassung), ABl. EU 2012 L 351/1.

Vienna Convention: Vienna Convention on the Law of Treaties, United Nations-Treaty Series No. 18232 (1980), p. 332.

niederl. ZPO: Wetboek van Burgerlijke Rechtsvordering (Zivilprozessordnung der Niederlande).

ZPO: Zivilprozessordnung in der Fassung der Bekanntmachung vom 5. Dezember 2005 (BGBl. I S. 3202; 2006 I S. 431; 2007 I S. 1781), die zuletzt durch Artikel 11 Absatz 15 des Gesetzes vom 18. Juli 2017 (BGBl. I S. 2745) geändert worden ist.

Sachregister